光明社科文库
GUANGMING DAILY PRESS:
A SOCIAL SCIENCE SERIES

·历史与文化书系·

金朝东平史稿

郑延琦 丨 著

光明日报出版社

图书在版编目（CIP）数据

金朝东平史稿 / 郑延琦著 . -- 北京：光明日报出版社，2022.6

ISBN 978 - 7 - 5194 - 6679 - 4

Ⅰ.①金… Ⅱ.①郑… Ⅲ.①中国历史—研究—辽金时代 Ⅳ.①K246.07

中国版本图书馆 CIP 数据核字（2022）第 107477 号

金朝东平史稿

JINCHAO DONGPING SHIGAO

著　　者：郑延琦

责任编辑：杨　茹　　　　　　　责任校对：李　兵

封面设计：中联华文　　　　　　责任印制：曹　净

出版发行：光明日报出版社

地　　址：北京市西城区永安路 106 号，100050

电　　话：010-63169890（咨询），010-63131930（邮购）

传　　真：010-63131930

网　　址：http：// book. gmw. cn

E - mail：gmrbcbs@ gmw. cn

法律顾问：北京市兰台律师事务所龚柳方律师

印　　刷：三河市华东印刷有限公司

装　　订：三河市华东印刷有限公司

本书如有破损、缺页、装订错误，请与本社联系调换，电话：010-63131930

开　　本：170mm×240mm

字　　数：449 千字　　　　　　　印　　张：25.5

版　　次：2023 年 5 月第 1 版　　　印　　次：2023 年 5 月第 1 次印刷

书　　号：ISBN 978 - 7 - 5194 - 6679 - 4

定　　价：99.00 元

前　言

迄今，这是山东东平首部近古区域断代史。累十年识文码字，三易其稿，终于即告付梓。

作为出身于书香世家的东平人，作者把对家乡的挚爱变成编写金朝东平史书的动力，将发掘东平历史文化作为义不容辞的任务，十年来，坚守"钉钉子精神"，孜孜从古籍、石刻的吉光片羽中，择东平历史上最为辉煌的金朝，绘出一幅忠孚中华、气壮山河、熠熠生辉的画卷，徐徐展开在读者面前。

东平，古称"东原"，因《尚书·禹贡》中载"大野既潴，东原底平"之说而得名。东平地处鲁西南，东望五岳独尊的泰山，汶水自东而西入黄河，京杭大运河南北穿境而过，南接孔孟故里曲阜，北依山东省会济南。东平有文字记载的历史已近五千年，历史悠久、人杰地灵、文化厚重。宋、金、元三朝，是东平历史上政治、经济、文化发展极具特色，也是为"省会"城市近290年的最辉煌的时期。宋、金、元，你方唱罢我登场，风雷激荡，多民族交互融合。所以，金、元史是中国史学界公认的史料罕缺、研究相对偏冷的"难"点。岁月荒芜，东平的地方史料更显其阙，存、传者多散见于方志、正史、专门史和古人子集、别集及笔记、经籍金石，以及考古新发现之中。故考述金代东平断代史专著，尚未见读。由此，著时憾于文献罕缺、考证艰难，辑录时以"难舍"之情，不避芜杂之谓，宁宽务失，凡于所叙金代东平相关联者，无论直接或间接，定论或者俟考，涉者尽量采录，力求收罗全面。

《金朝东平史稿》选择以金代东平近百年历史做"重点突破"，循其轨迹，凝心聚力，力览宋、金、元历史文献和今人最新研究成果，细窥藏于其中的蛛丝马迹，深中肯綮，旁征博引，追本溯源。"冷板凳"一坐十年，"吃"下有金一代各类古籍文献和近、现代文成近半千，探珠搜玉，笔记近20万余字，书稿码字41万，易、删再三。终成15卷，其中"上编"7卷，描出了金朝治下东平的政治、经济、军事及社会、文化、教育发展脉络，凸显了有金一代东平"雄藩大郡"的风貌。"下编"8卷，搜列了上至皇亲国戚、勋贵及东平府尹、东平兵马都总管等官吏，下至"盗贼"的义军将士等，传记者多达260余人，另涉人物110余人，再现了金代东平豪杰摩肩接踵、名士茂郁如林的镜像。

除古籍外，作者利用了当代学者的许多研究成果，其中，张博泉著《金史简编》，李昌宪著《金代行政区划史》，安作璋主编《山东通史·宋金元卷》，泰山管理委员会编《泰山石刻大全（增订本）》，唐家品、高儒林总主编《泰安区域文化通览》，孙祚民主编《中国农民战争史（四）·宋辽金元卷》，程妮娜著《金代政治制度研究》，陈志英著《金元之际转运司制度的变迁》，聂立申著《金代泰山名士稽考》等书籍，特于此一一标出。在书稿修改过程中，蒙受青岛大学地方史研究所所长唐致卿教授点拨迷津；同时，承蒙光明日报出版社垂青征入"光明社科文库"，一并顺致献谢之忱。

宽眼观史，国家的统一，民族的融合，始终是宋、金、元时期的主旋律。对金朝发生在东平的历史事件和人物，后人不可避免地会有不同的评骘。史学者需要用"统一与融合"主旋律作标尺，并与时俱进地不断审视历史、感受历史、品评人物。同时观照现实、思考未来，从中体会出中华民族优秀传统文化的丰富内涵，汲取精神力量，坚定文化自信，提升品德修养。

明镜所以昭形，古事所以知今。只有与历史同步伐、与时代共命运的人，才能赢得光明的未来。东平作为龙山文化、大汶口文化、泰山文化的沃土，优秀传统文化的创造性转化、创新性发展，必将如春风化雨，泽润东平。

作者企望这部书，对于填补、促进东平乃至山东地区的金史研究之阙，夯实文化自信的基础，具有一些参考价值和起到一定的启迪作用。但由于著者学识水平和经验的制约，虽然在写作过程中着力构建中华民族多元一体格局，力克宋朝视角看金元的"原始民族主义"（primitive nationalism）情感，奋力复原历史原貌，但仍可能挂一漏万，甚或错讹及疏漏之处，敬请广大方家、读者斧正。

2021年7月于岱下

郑延琦

图一　东平白佛山金代三教寺①（拍摄者　姜广智）

_____

① 姜广智. 东平历史图集［M］. 东营：华泰出版社，2009：31.

大金重修东岳庙之碑

　　"大金重修东岳庙之碑"立于金大定二十二年（1182年）。碑高6.37米，宽1.85米，龟趺圆首。碑阳刻文27行，满行61字，共计1050字，皆正书。额篆书阴刻"大金重修东岳庙之碑"3行9字。礼部侍郎杨伯仁撰文，礼部员外郎、东平人黄久约撰书，大学士、奉符人党怀英篆额。《金史·列传》记载："伯仁文词典丽，久约善书，怀英工篆籀。"三美荟萃一碑，书法结构展拓，笔格秀整，实为金代金石之冠。该碑文内容记载金世宗重修岱庙之事："大定十八年，岁在戊戌春，岳庙灾，虽门墙俨若，而堂室荡然。"第二年开始兴建，3年告成："凡殿、寝、门、阆、亭、观、廊、庑、斋、库，虽仍旧制，加壮丽焉。诏谓'格神之道，所贵致洁'。其当阳之像毋用漆塑，以涿郡白玉石为之。"碑文不仅叙述了修建的原因，还记载了大殿中的泰山神像更换成玉雕像之事，是研究岱庙的兴废及历史沿革的宝贵资料。

例　言

一、内容采录，坚持以"正史"为准绳。首先，以正史、政书、纪事本末、传记、地志为主，以《金史》《金史纪事本末》及《东平州志》等为主要资料源。其次，兼采元好问《中州集》、石刻碑铭等史料。最后，注重汲取现、当代最新研究成果。

二、人事编排，以"东平"为核心。用笔方面，凡涉东平的人和事"优先"，且序显墨浓。余则"淡写"。

三、一事多证，实证实锤。对人和事，尽可能多地占有史料，多元论证。有两种及以上说法的，列出供考；证据不足的，存疑。

四、人物编排，以"类"为聚。或因同一职务，如"东平尹"；或因同一地域，如"郡人"等分卷或节。有血缘关系的一般合一，以相对"显"者列先。人物交集或行踪互及的，采用互见法，若在某卷中详考脉络，另卷中则"详见某某卷"。

五、参考文献，使用页下注。同一卷中，使用同一史料时，首现详述，再现则省略。如首次引述为"《金史》卷六十，表第二《交聘表上》"；再次引述则为"《金史·交聘表上》"，且页末不再注。援引史料的，页下注中汇集援引作者、作品注之。

六、结构安排，保持各卷的相对独立性。为易于读者"各取所需"，每卷相对独立，各卷成章。

目 录
CONTENTS

上 编 **01**

| 史 览 |

卷一　金朝概述

　　金朝(1115—1234年)是中国历史上由女真族(今之满族)为主建立的一个多民族国家。女真族住在白山黑水间的松花江流域,受到以契丹族为主的辽的统治。长期的寡弱贫穷,使女真族养成了艰苦尚武的特质,并成为其崛起的主因。金太祖文烈皇帝完颜旻(完颜阿骨打)在统一女真诸部后,于金收国元年(1115年)立"大金国",都会宁府(今黑龙江省阿城南白城镇),1153年迁都燕京(今北京市)后改称中都,1214年再迁都南京(今河南省开封市)。至金天兴三年(1234年,元太宗六年)正月,后主完颜承麟被蒙古乱军杀死。金朝立国120年后,亡。

　　金朝上承辽、北宋,下接元朝,并与南宋、西夏峙争,疆域极盛时北达今外(今俄罗斯境内,又名斯塔诺夫山脉),南抵淮河,东临于海,西至陕甘,时全国人口约5600万。

　　金朝作为女真贵族掌握最高权力的政权,在我国多民族及其文化的碰撞、融合中,产生了重大的影响,为我国多民族国家的统一与巩固发挥了积极的作用,是为中国大一统、民族大融合主旋律中的一段历史佳韵,在中国五千年文明进程中占有重要一席。

一、金朝的兴亡

　　公元916年,契丹族首领耶律阿保机杀害了诸部落领袖后,建立了契丹国,947年改国号为辽,女真族一直受辽朝统治。女真族杰出领袖完颜阿骨打,在辽契丹贵族对生女真(女真族的北方部族)各部落的压榨勒索下,于汹涌澎湃的反辽斗争中崛起。在逐步统一女真诸部后,于金收国元年(1115年)在会宁府(今黑龙江省阿城南白城镇)建都立国,国号大金。至亡,共历10帝。金太祖文烈皇帝完颜旻（完颜阿骨打），1115—1123 年在位，历年收国、天辅。太宗文烈皇帝完颜晟（完颜吴乞买），1123—1135 年在位，历年天会。熙宗孝成皇帝完颜亶（完颜合刺），1135—1149 年在位，历年天会、天眷、皇统。海陵王完颜亮（完颜迪古乃），1149—1161 年在位，历年天德、贞元、正隆，并于贞元元年（1153 年），迁都燕京（今北京市）后改称中都。世宗圣明皇帝完颜雍（完颜乌禄），1161—1189 年在位，历年大定。章宗皇帝完颜璟（完颜麻达葛），1189—1208 年在位，历年明昌、承安、泰和。金世宗与金章宗时期，为金国政治、经济、文化达到最高峰，女真族随之奢侈慵懒成习，耐苦善战的特质渐失，并在金章宗中后期逐渐衰败。卫绍王完颜永济（完颜兴胜），1209—1213 年在位，历年大安、崇庆、至宁。宣宗皇帝完颜珣（完颜吾睹补），1213—1223 年在位，历年贞祐、兴定、元光，时北方逐步强大起来的大蒙古国南伐；贞祐二年（1214 年）五月被迫迁都南京（今河南省开封市）。哀宗完颜守绪（完颜宁甲速），1223—1234 年在位，历年正大、开兴、天兴。金天兴三年（1234 年，元太宗六年）正月，做了一天皇帝的后主完颜承麟（完颜呼敦）被蒙古乱军杀死。

大金国建立后，于金收国元年（1115 年，辽天庆五年）九月，在驰门、护步答冈（今吉林省农安县附近）会战中大败辽天祚帝的 70 万大军，随后展开了以辽朝东京辽阳府（今辽宁省辽阳市）等"五京"为战略目标的灭辽之战。金天辅四年（1120 年，宋宣和二年），北宋获悉辽失"五京"后，欲趁辽衰之机收回燕云诸州，宋徽宗便派燕人马政为使，由今山东蓬莱渡海北上与金国签订"海上盟约"，联合对辽。金天会三年（1125 年，辽保大五年），辽天祚帝被俘，辽亡。金国完全控制了北方后，便把矛头直指宋朝。金太宗完颜吴乞买（完颜晟）挟灭辽之威，大举进攻北宋，虽然北宋军民全力反抗，但由于宋统治者的无能，使得金国连连得胜。金天会五年（1127 年，宋靖康二年），金在攻占了北宋都城汴京后，虏徽、钦二帝北去，北宋亡。

金朝行"以汉治汉"，通过"立异姓"的方式先后诏立"大楚"张邦昌、"大齐"刘豫两个傀儡政权辖治汉地，废后仍由金廷以汉法直接管理。

宋建炎元年（1127 年，金天会五年），南宋赵构王朝建立后，金继续向南用兵，而南宋军民的顽强抵抗及抗金名将岳飞、韩世忠等人对金国的军事斗争，使得其元气大伤，无力再和南宋交战，从而逐渐形成了南北对峙的局面。

金朝疆域广袤。金统治的疆域由原辽统治的东北区域与漠南地区、辽上京临潢府（今内蒙古自治区赤峰市巴林左旗林东镇南）以南，及河北、山西等燕云 16 州汉族居住地区和黄河、秦岭以北原宋地三个部分组成。疆围东到混同江下游吉里迷、兀的改女真部落的居住地,直抵日本海;北到火鲁火疃谋克(今俄罗斯外兴安岭南侧巴金诺城),西北到河套地区,与蒙古部、塔塔儿部、汪古部等大漠诸部落为邻;西沿泰州附近界壕与西夏毗邻。南部以秦岭、淮河,西以大散关与宋为界。

金章宗时,原居住在北方额尔古纳河上游、按例向金朝纳贡的蒙古族逐渐崛起。金泰和六年(1206 年,元太祖元年)元太祖孛儿只斤·铁木真(成吉思汗)统一了蒙古各部落,被推举为全蒙古的大汗,号成吉思汗,建立了大蒙古国。孛儿只斤·铁木真(成吉思汗)以统一大中国为目标,实施先稳西夏,再图金、宋的战略,元太祖四年(1209 年)攻打西夏都城中兴府(今宁夏银川市老城),迫其降服,从而解除了西夏的牵制,完成了对金的战略包围。然后,于元太祖六年(1211 年,金大安三年)二月,开始发动大规模的伐金战争,于野狐岭(今河北省张家口张北县与万全区交界处)大破 40 万金军,随后围困金朝都城中都燕京(今北京市)达三个月之久。是役,成为蒙盛金衰的转折点。继之,蒙古大军在金宣宗崇庆二年(1212年,元太祖七年)、至宁元年(1213 年,元太祖八年)连年南征,金被迫遣使求和,并于金贞祐二年(1214 年)迁都于汴京(今河南省开封市)。此后,蒙古军多次以河北、山东为主攻方向攻宋,金正大四年(1227 年,元太祖二十二年),蒙古军占领山东全境。然后,元太宗窝阔台(孛儿只斤·窝阔台)由南、北两路对金发动进攻,战开封、攻归德、下蔡州,金天兴三年(1234 年,元太宗六年,宋端平元年)正月,金朝在蒙古和南宋的合围下灭亡了。

(一)立国灭辽

女真原名黑水靺鞨,唐朝时称为靺鞨,五代时有完颜部等部落,是靺鞨部落中的一部,是居住在我国东北及远东地区的一个古老的少数民族,长期过着游牧生活。到献祖徙居海姑水,再徙安出虎水,即现在的阿勒楚喀河流域。女真族原臣属于契丹渤海国。辽朝攻灭渤海国后,收编南方的女真族,称为熟女真,北方则是生女真。在辽统治初期,女真族还处于原始氏族形态,寡弱贫穷。但随着人口的增加与铁器的大量使用,使其快速发展起来,到辽朝末年,女真族已成为北方一支不可小觑的力量。在女真 30 多个部落中,最为强大的完颜部逐步地统一了女真各部。辽朝晚期朝政混乱,天祚帝昏庸无能,辽廷不断压榨女真百姓。辽天庆二年(1112 年),天祚帝赴长春州与女真各族的酋长聚会时,对完颜阿骨打等酋长肆行侮辱,促使完颜阿骨打决意反抗辽廷。《金史》卷二,本纪第二《太祖纪》载,完颜阿骨打在统一女真各部后,于辽天庆二年(1112年)六月,谋划伐辽。辽天庆四年(1114年),与诸路兵约2500人会师涞流河(今吉林省扶余市拉林河),在宁江州(今吉林省扶余市境)、出河店(今吉林省扶余市任家店境)两个战役中,以少胜多击败辽军,拉开了为期10年的伐辽战争序幕。辽天庆五年(1115年)一月,阿骨打在会宁府"皇帝寨"称帝,国号大金,建元收国,是为金太祖。《金史·太祖纪》记其政权的建立,"收国元年(1115年)正月壬申朔,群臣奉上尊号。是日,即皇帝位。上曰:'辽以宾铁为号,取其坚也。宾铁虽坚,终亦变坏,惟金不变不坏。金之色白,完颜部色尚白。'于是国号大金,改元收国"。

金国建立后次月,即攻陷了辽军事重镇黄龙府(今吉林省农安市)。之后,又兵分两路展开了以辽"五京"为目标的灭辽之战。金收国二年(1116年)五月,东路军占领辽东京辽阳府(今辽宁省辽阳市)。金天辅四年(1120年,宋宣和二年)五月攻陷辽上京临潢府(今内蒙古开鲁县)。是年八月,北宋和金国双方签订"海上之盟",联兵夹攻辽国,从而进一步加速了辽政权的灭亡。金天辅六年(1122年)正月,东路军攻下辽中京大定府(今内蒙古宁城县)。金天辅七年(1123年)九月,完颜吴乞买继位,是为金太宗。金太宗继续讨伐散布于西京大同一带的辽军。金天会二年(1124年)五月,金克辽南京平州。金天会三年(1125年,辽保大五年)五月,辽天祚帝在逃往党项的途中为金人追兵俘获,辽国在金和北宋、西夏的夹击下灭亡了。

在辽亡的前一年(1124年),辽皇族耶律大石被迫率军西行,在天山南北及中亚一带建立政权,称哈剌契丹,于唐代原安西都护府治所虎思斡耳朵(唐称碎叶城,今吉尔吉斯斯坦托克马克市附近)建都,史称"西辽",此后延续了90余年。①

(二)并存西夏

西夏(990—1227年)位于金西部,出于古羌族的一支党项族,始祖名拓跋赤辞。由青海、四川一带逐渐发展到甘肃、宁夏、陕西一带的西北地区。大约自9世纪起,党项族以畜牧业为主,间以农业,使用仿汉字形体的西夏文。从唐到北宋,党项在这一地区建立起来的封建割据政权,都得到皇朝的承认并赐姓,故党项贵族在唐姓李,在宋姓赵。在辽、宋相争中,党项贵族常常附辽抗宋。1034年,党项族首领赵元昊称帝,建都兴庆(今宁夏银川市),国号大夏,史称西夏。

---

① 白寿彝.中国通史纲要(上)[M].北京:中国友谊出版社,2012:174-175.

金与西夏并存达 110 余年。西夏和金的关系,随着金朝的盛衰而波动。

李有棠《金史纪事本末》卷十三《征抚西夏》载,女真族兴起之初,西夏仇金而援辽。"金太祖天辅六年(1122 年)夏六月,大破辽兵,辽主走阴山,西夏将领李良辅将兵三万救辽,次天德境野谷,斡鲁、罗索败之于宜水,追至野谷,涧水暴至,漂没者不可胜计。(完颜)宗望至阴山,以便宜与西夏议和。并喻'辽主至彼,可令执送'"①。

据《金史》卷六十,表第二《交聘表上》至卷六十二,表第四《交聘表下》记载,金太宗天会二年(1124 年,西夏元德六年),金在与西夏的交战中多次获胜,加上辽朝气数将尽,已不可依,金太宗为了联合西夏灭辽,把下寨以北、阴山以南的辽地割给西夏。西夏遂于正月对金朝称藩。此后双方和平交往 80 余年。②

西夏应天元年(1206 年,金泰和六年)一月,镇夷郡王李安全,勾结纯祐王的母亲罗氏,发动宫廷政变,废黜纯祐自立。《金史·交聘表下》云,金朝开始不予承认,后在罗氏的多次请求下,才勉强给予"册封"。③

金泰和六年(1206 年,元太祖元年),成吉思汗立大蒙古国后,不断发动战争扩张其疆域。《元史》卷一,本纪第一,《太祖纪》载,元太祖四年(1209 年,西夏应天四年)九月,孛儿只斤·铁木真(成吉思汗)遣蒙古兵围西夏都城中兴府(今宁夏银川市)。夏襄宗李安全求救于金,金因时遭蒙古军的不断侵扰,自身难顾,没有派兵援救,西夏在金坐视不救情势下,遂献女向蒙古求和,施行"亲蒙联宋犯金"政策。随后,蒙古国"遂与金决"。④

西夏皇建元年(1210 年,金大安二年)八月,西夏发兵万余骑,犯金国境,进攻陕西,从此,西夏、金关系正式宣告破裂,开始了长达十余年的战争时期。例如,西夏光定六年(1216 年,金贞祐四年)九月,遵项联合蒙古军队,合兵攻打金延安、代州等地,并攻陷潼关。

西夏亦常扰宋。1040 年至 1042 年,宋、西夏间发生了 3 次大战,北宋庆历四年(1044 年,西夏天授礼法延祚七年),西夏对北宋再次议和称臣纳贡。

蒙古灭西夏。西夏献宗乾定四年(1226 年,元太祖二十一年),蒙古趁金举全力于围攻宋汴京之际,发动了大规模的灭西夏之战。次年(1227 年)春,西夏末帝

---

① [清]李有棠.金史纪事本末[M].北京:中华书局,2015:269-301.
② [元]脱脱,等.金史[M].北京:中华书局,1975:1385-1489.
③ [元]脱脱,等.金史[M].北京:中华书局,1975:1477.
④ [明]宋濂,等.元史[M].北京:中华书局,1975:14.

李睨出城降蒙。七月,蒙古大将拖雷依成吉思汗之愿杀掉西夏末帝,西夏亡。蒙古灭西夏,使金朝失去了一个盟友,亦失去了西方的缓冲地,导致金朝后来灭亡的命运,而蒙古则奠定了日后统一中原的根基。

(三)"靖康之耻"

金灭辽后,很快便将其矛头指向了北宋。《金史》卷三,本纪第三《太宗纪》载,金天会三年(1125年,宋宣和七年)十月,太宗"诏诸将伐宋"。金军分东西两路南下攻宋。西路军遭到宋河东军民的坚强抵抗而阻于太原。东路军由于河北宋军逃遁而长驱直下渡过黄河,并于十二月包围了宋京都汴京(今河南省开封市)。宋徽宗在内外交困下让位于宋钦宗赵桓,改元靖康(1126年)。宋廷内部由于以李纲为首的主战派力主抗金,加强了开封防务,各地的勤王兵也不断向开封集结,金军攻城失败;春正月,宋廷主和派高宗等人却迫于金军事压力而屈膝于金,对金称"侄"。①《金史纪事本末》卷六《太宗克汴》载,宋钦宗派使求和,"宋使李梲(锐)来谢罪,且请修好,宗望许宋之,并约质,割中山(今河北省定县)、河间(今河北省河间市)、太原三镇地,输金五百万两,牛马万头,表缎百万匹,载书称伯侄"。金军在宋割地赔款、自贬称侄后退兵。二月,宋将姚仲平率40万军袭宗望失败,金军再围汴京,宋以枢王为人质后,金军还师。②

金天会四年(1126年,宋靖康元年)八月,金太宗诏左副元帅宗翰、右副元帅宗望,分别由西京、保州两路南进,计划在开封会师。《金史·太宗纪》载:"八月庚子,诏左副元帅宗翰、右副元帅宗望伐宋"。十一月,金东西两路军合围了汴京开封。"闰月(闰十一月)壬辰朔,宋出兵拒战,宗望等击败之。癸巳,宗翰至汴。丙辰,克汴城"③。

徐梦莘《三朝北盟会编》卷六十九,《靖康中帙四十四》载:宋靖康元年(1126年)闰十一月,"二十五日丙辰,郭京以兵出宣化门,败绩。金人登城,京师失守。"④"十二月癸亥,宋主(赵)桓降。"

金天会五年(1127年,宋靖康二年)"二月丙寅,诏降宋二帝为庶人"。《宋史纪事本末》卷五十七《二帝北狩》载,金天会五年(1127年,宋靖康二年)"夏四月丙

① [元]脱脱,等.金史[M].北京:中华书局,1975:53-54.
② [清]李有棠.金史纪事本末[M].北京:中华书局,2015:116-117.
③ [元]脱脱,等.金史[M].北京:中华书局,1975:55-56.
④ [宋]徐梦莘.三朝北盟会编[M].上海:上海古籍出版社,2008:519.

戌,宗翰、宗望以宋二帝北归"。四月初一,虏徽、钦二帝和后妃、宗室,连同教坊乐工、技艺工匠等3000多人及大批珍宝、藏书、州府地图等北去,北宋灭亡。①《金史》卷七十四,列传第十二《完颜宗望传》载:"(天会)五年(1127年)四月,以宋二主及其宗族四百七十余人,及珪璋、宝印、衮冕、车辂、祭器、大乐、灵台、图书,与大军北还"②。史称"靖康之耻"。

是年五月,宋康王赵构即位于南京归德府(今河南省商丘市),改元"建炎",史称南宋。

(四)对峙南宋

1. 金宋和战

宋靖康二年(1127年)五月,南宋政权建立后,金欲灭之而后快。宋高宗赵构即位之初,起用了抗战派代表人物李纲为相,宗泽为开封留守。不久,李纲罢相,曾经在东平辅赵构聚兵的汪伯彦、黄潜善为首的投降派占据要位,为避战,投降派由南京迁都扬州。南宋的怯懦更激起了金军南征的欲望。《金史·太宗纪》载:金天会五年(1127年,宋建炎元年)五月,宋康王赵构"即位于归德。宋杀张邦昌。娄室降解、慈、石、河中、岢岚,宁化等城。挞懒徇地山东,下密州。迪虎下单州,广信军降"。九月,金军取河间、雄州、祁州、保州等地。③ 十二月,金大规模举兵进攻南宋。右副元帅宗辅和其弟宗弼(俗称"金兀术")统东路军进攻山东,掠淄、青、潍后还军。宗翰率军向河南洛阳用兵,先后攻掠邓州、襄阳、郑州及京兆、凤翔、延安等地。

金天会六年(1128年)十月,宗辅、宗翰会师于濮(今山东省鄄城县北旧城)。宗辅自河北连下开德、大名、东平、徐州、济南等府州,并于天会七年(1129年)五月直指扬州,宋高宗等人仓皇逃往杭州。七月,金太宗下令追讨扬州的宋高宗。十二月,宗弼直取开德府,攻破都城临安府(今浙江省杭州市)及越州(今浙江省绍兴市)、明州(今浙江省宁波市),逼迫宋高宗一路逃跑,最后漂泊于温州海面。金军大肆掳掠后,于金天会八年(1130年,宋建炎四年)四月北返。途中被宋将韩世忠于黄天荡打得溃不成军。

《金史纪事本末》卷八《张邦昌之僭》载,金天会五年(1127年)九月,张邦昌伏

---

① [明]陈邦瞻. 宋史纪事本末[M].北京:中华书局,2015:600-601.

② [元]脱脱,等. 金史[M].北京:中华书局,1975:1706.

③ [元]脱脱,等. 金史[M].北京:中华书局,1975:57.

诛,"宋罪张邦昌,以隐事杀之,太宗闻之大怒,诏元帅府南侵,宋帝走扬州"①。

金天会八年(1130年)秋,金军在陕西进攻。第二年,在和尚原被宋将吴玠、吴璘军打得大败,数万金兵被俘。金以后数年的几次伐宋,亦无功而还。大齐阜昌七年(1136年,宋绍兴六年)十一月,伪齐刘豫三路大军犯宋,败退。金熙宗天会十五年(1137年)废齐后,金宋议和。但由于议和时金割让河南、陕西两地给宋,导致金廷主战派完颜宗弼不满。《金史》卷四,本纪第四《熙宗纪》载,金天眷三年(1140年)"五月丙子,诏元帅府复取河南、陕西地。……是月,河南平。六月,陕西平"②。

宋绍兴十年(1140年,金天眷三年),宋刘锜军以2万人在顺昌大破十余万金军;岳飞于郾城击败金军主力并逼近汴京。至此,宋军已取得了部分军事优势。由此,金军大规模的伐宋基本结束,宋、金进入了战略相持阶段。

金皇统元年(1141年,宋绍兴十一年)四月,"宗弼请伐江南,从之。……是秋,蝗。都元帅宗弼伐宋"③。但均遭到宋军阻击。最后,宗弼与南宋怯战的主和派和谈,在宋廷以"莫须有"罪名杀害岳飞后,宋金签订"绍兴和议",宋向金称臣,输纳银绢。此后的"隆兴和议""嘉定和议",金与南宋关系降为叔侄、伯侄,宋臣服于金。至此,金和南宋以淮河为边界的局势基本稳定。

金皇统八年(1148年)十二月,海陵王完颜亮弑熙宗自立。金贞元元年(1153年)三月,正式迁都于燕京(今北京市),后改称"中都"。金正隆六年(1161年,宋绍兴三十年)九月"(皇)上自将三十二总管兵伐宋,进自寿春"。金海陵王完颜亮不顾部分大臣的反对,撕毁和议,执意举兵南征。完颜亮率领了约60万的金军,分四路南下。这时,西北的契丹族叛变,镇守东京辽阳府的葛王完颜雍借机自立为帝,是为金世宗。海陵王在这种情势下,仍执着渡江南下,但其先遣部队在采石之战中被宋将虞允文击败,船舰也被宋军烧毁。海陵王又意图强渡长江移师扬州,遭到部下大力反对,之后完颜元宜等发动兵变。十一月,海陵王完颜亮在扬州被乱箭射杀。海陵王统一江南的计划,彻底失败。金军派人与南宋议和,引军北还。宋军趁机收复淮南地区。此后,金朝不再有灭宋之举。④ 金大定五年(1165

① [清]李有棠.金史纪事本末[M].北京:中华书局,2015:179-180.
② [元]脱脱,等.金史[M].北京:中华书局,1975:75.
③ [元]脱脱,等.金史[M].北京:中华书局,1975:77.
④ [元]脱脱,等.金史[M].北京:中华书局,1975:115.

10

年,宋乾道元年)初,宋金和议立,此后约30年双方之间没有发生大的战争。

成吉思汗建立蒙古国后第6年(1211年,金大安三年),蒙古开始攻金,攻掠州县,蚕食金境。金宣宗被迫于贞祐二年(1214年)迁都于汴京(今河南省开封市),金朝国运日衰,猛安谋克(金代女真族的军事和社会组织单位)战力严重退化。而时金廷却采取"取偿于宋"的政策,南伐攻宋,徒耗国力,腹背受敌,致南宋联蒙。正如《金史》卷十六,本纪第十六《宣宗纪下·赞》所言,当时金廷"南开宋衅,西启夏辱,兵力既分,功不补患"。是故,金朝对南宋的威胁日益减弱。①

宋亦无力攻金。金宋和议,于南宋则为军兵孱弱、盗贼蜂起,主降势盛,攻金实力不济。宋南渡之初,情形颇危。一是兵力靠不住。稍有战力的将领如李全、韩世忠、张俊等,都是招抚"群盗"而用之,军队的战斗力较弱。二是"盗贼蜂起"。宋孝宗立,天灾人祸叠加,广东、广西、湖南等地"盗起",淮北红巾军"劫掠",累"盗"数十万人。宋廷不得不常态化地派兵镇压,从而大大分散了宋军兵力。由此,宋抗金乏力,加上秦桧等投降派得势,议和已成必然。

2. 建立楚齐

宋靖康二年(1127年,金天会五年),逐渐强盛的金国,已控制了中原广大地区。四月,金军从汴京掳徽、钦二帝及宗室、工匠等3000余众北去,北宋亡。女真统治者为了要集中全力经营和镇抚华北地区,建立军事缓冲区,遂行以汉治汉政策。金军撤离汴京前的三月七日,便立张邦昌为"大楚"皇帝,使其在女真族支配之下统治黄河以南地区。

《金史》卷三,本纪第三《太宗纪》载,"三月丁酉(七日),立宋少宰张邦昌为大楚皇帝"②。时山东属大楚。《三朝北盟会编》卷八十四《靖康中帙五十九》载,金天会五年(1127年)三月"七日丁酉金人立张邦昌僭位……国号大楚,都金陵"③。同书卷九十一《靖康中帙六十六》载,在金军退北、民众反对及康王赵构勤王兵马的声势下,四月"九日戊辰邦昌召侍从职事官议事,晚降手书,请元祐皇后垂帘听政,邦昌行太宰事。……十日己巳张邦昌避位"。处在金国淫威下的张邦昌,在过了33天"儿皇帝"瘾后,"退位"向南宋朝廷请罪。同书卷一百五载,张邦昌被宋高宗流放后,六月三日于潭州被赐死。④《金史·太宗纪》载,"五月庚寅期,宋康王

① [元]脱脱,等.金史[M].北京:中华书局,1975:370.
② [元]脱脱,等.金史[M].北京:中华书局,1975:56-57.
③ [宋]徐梦莘.三朝北盟会编[M].上海:上海古籍出版社,2008:629.
④ [宋]徐梦莘.三朝北盟会编[M].上海:上海古籍出版社,2008:683-773.

构即位于归德。宋杀张邦昌"。

宋高宗立南宋后,金又开始寻找"如张邦昌者"以汉治汉,作为代理人来统治中原。于是在金天会八年(1130 年)七月,下诏立刘豫为"大齐"傀儡皇帝。九月,刘豫于大名(今河北省大名县)即伪位,不久复还东平。十一月,改元"阜昌"。大齐阜昌三年(1132 年,金天会十年)四月,迁都于汴京(今河南省开封市)。大齐的管辖范围,大致在黄河故道以南的今山东、河南、江苏、陕西、甘肃的广袤地区。伪齐政权存在的 8 年间,政治上助金,镇压反抗民众;经济上行"什一税法",发行"阜昌通宝",横征暴敛;军事上充当金军攻伐江南的打手。宋绍兴六年(1136 年,齐阜昌七年)十一月,刘豫纠集 30 万大军攻打南宋,在刘豫的侄子刘倪被宋击败后溃退。

伪齐亦曾组织过两次科考。

大齐阜昌八年(1137 年,金天会十五年)十一月,金废齐。

（五）占、失山东

金军在攻占开封时,山东惨遭蹂躏。《金史·交聘表上》云,金天会四年(1126 年,宋靖康元年)十一月,宗望军至汴。闰十一月,宗翰军至汴。十二月,宋帝以表降。天会五年(1127 年,宋靖康二年)二月,降宋二帝(徽、钦)为庶人。四月,执宋二帝以归。金军在此期间,肆意烧杀抢掠。《三朝北盟会编》卷九十六《靖康中帙七十一》援引《靖康遗录》载：

> 初,敌围城,放兵四掠。东及沂(今山东省临沂市),西至濮(今山东省鄄城县)、兖(今山东省济宁市兖州区),南至陈(今河南省淮阳市)、蔡(今河南省汝南县)、颖(今安徽省颍阳县)者,皆被其害。陈、蔡二州(城)虽不被害,属县焚烧略尽,淮、泗之间荡然矣!京城之外,坟垄悉遭掘出尸,取其棺为马槽,杀人如割麻,臭闻数百里。[①]

同书卷三十六《靖康中帙十一》援引《靖康遗录》还载,金人退师时：

> 去所过皆残破,其所得汉人并削发使控马荷担,得妇女好者掠去,老丑者杀之。自京师至黄河数百里间,井里萧然无复烟爨(烧火煮饭),尸骸之属不可

---

① [宋]徐梦莘. 三朝北盟会编[M].上海：上海古籍出版社,2008:711.

胜数。①

金军的残暴遭到宋地人民的抵抗。《三朝北盟会编》卷七十四《靖康中帙四十九》至卷八十一载,宋靖康二年(1127年)正月初三,在金军犯汴之际,宋徽宗第九子康王赵构,以河北兵马大元帅往驻东平府聚兵勤王。至二月二十日发兵,赵构在东平府驻扎的48天期间,召集天下勤王兵马近17万。他还曾在东平飞仙台发矢问天,"三矢俱发,果中牖上三字"。② 后经今汶上、济宁、安阳到达南京(今河南省商丘市)即位。

南宋政权建立的消息传到金廷后,金太宗大怒,欲用兵消灭刚刚成立的南宋政权。金天会五年(1127年,宋建炎元年)十二月,金军兵分三路,从河南、山东、陕西南征。进攻山东的一路金军由右副元帅完颜宗辅(完颜窝里温)和其弟完颜宗弼(俗称金兀术)率领,自沧州渡过黄河,攻入山东境内,围棣州(今山东省惠民县),陷潍州(今山东省潍坊市)、青州(今山东省青州市)、淄州(今山东省淄博市)。③《金史·太宗纪》④载,"十二月丙寅,右副元帅宗辅伐宋,徇地淄、青"。金天会六年(1128年,宋建炎二年)正月,金军陷潍州,"宗弼破宋郑宗孟军于青州"。又下千乘县(今山东省广饶县)。二月,金兵在山东军民联合抗击下退兵。次年(1128年),金军又扰山东。九月"庚辰,宗翰、宗辅会于濮,伐宋"。十一月,金军攻陷山东的德州(今山东省德州市)、淄州、青州、潍州。十二月初十,金将挞懒(完颜昌)率兵由大名(今河北省大名县)攻入山东,进攻东平府,宋京东西路安抚使、知东平府事权邦彦,兵少粮乏,无力抵抗,弃老母及其家人,连夜逃遁淮西。金军占领东平后,相继攻占兖州、郓城等地,宋济南知府刘豫以城降金帅宗维。金天会七年(1129年,宋建炎三年)春,粘罕(完颜宗翰)依东平为根据地,从兖州发兵南下,破滕州,下徐州,攻扬州,四月,粘罕自扬州返回东平,占单州(今山东省单县)、沂州(今山东省临沂市兰山区)。九月,曹州(今山东省曹县)降。是冬,金军攻占莱州(今山东省莱州市)等山东东部各州县及山东西部的济州(今山东省巨野县)、兴仁府(今山东省东明县)、广济军(今山东省菏泽市定陶区)等地。是年底,山东地区尽为金占。

---

① [宋]徐梦莘. 三朝北盟会编[M].上海:上海古籍出版社,2008:271.
② [宋]徐梦莘. 三朝北盟会编[M].上海:上海古籍出版社,2008:554-611.
③ [清]李有棠. 金史纪事本末[M].北京:中华书局,2015:181-301.
④ [元]脱脱,等. 金史[M].北京:中华书局,1975:58.

元太祖时期，蒙古军队多次袭扰山东地区。《元史》卷一，本纪第一《太祖纪》①元太祖八年(1213年)，蒙古军三路攻金时，成吉思汗部曾大掠山东西部各州县而还，木华黎部进攻山东东部，屠密州(今山东省诸城市)。十二年(1217年)，蒙古军再次袭攻山东，邹平、淄川、滨州、棣州、博州(今山东省聊城市)、益都、沂州等十余州县落入蒙古军之手。十五年(1220年，金兴定四年)秋，木华黎率蒙古军攻入济南，驻守济南的地主武装严实，原已归顺南宋，此时将其控制的大名、洺(今河北省邯郸市永年区)、恩(今山东省武城县)、滑(今河南省浚县)等地献于蒙古，木华黎授严实山东西路行尚书省。十六年(1221年，金兴定五年)五月，蒙古军队围金山东西路治所、鲁西南军事重镇东平，金右副元帅、权参知政事、行东平省事蒙古纲弃城南奔，严实进驻东平，建东平行省机构。随后，严实又助蒙古军攻占鲁西南的曹州、濮州、单州三州之地。木华黎于十八年(1223年)死后，其子孛鲁继续对山东用兵。二十年(1225年，宋宝庆元年)，曾一度占领东平、大名的宋将彭义斌战死，山东西部的抗蒙形势大变。二十二年(1227年，金正大四年)五月，占据青州的金将李全坚守一年、援绝粮尽后降蒙。此后山东东部"郡县闻风款附，山东悉平"。至此，金国军、政被逐出山东全境。

(六)蒙宋灭金

蒙古草原地区的诸多部落原臣属于金，随着金国的衰落，蒙古部落开始壮大起来。元太祖元年(1206年，金泰和六年)，太祖孛儿只斤·铁木真(成吉思汗)于漠北建立大蒙古国后，不断发动战争扩张其疆域。

《元史·太祖纪》载，元太祖四年(1209年，西夏应天四年)，在成吉思汗三次攻打下，西夏襄宗李安全向蒙古臣服，附蒙伐金。成吉思汗在消除后顾之忧后，与金朝断交。元太祖五年(1210年，金大安二年)，蒙古兵开始袭扰金西北边境。元太祖六年(1211年，金大安三年)二月，蒙古军队发动伐金战争，"帝自将南伐，败金将定薛于野狐岭"。八月，金、蒙两军于野狐岭(今河北省张家口市万全区与张北县交界处)激战3天，蒙古铁骑大破40万金军，随后攻入华北并四处掠夺。九月，陷德兴府。十月，攻下云中等数城后"抵中都"，围困金朝首都中都(今北京市)3个月之久。由于金军的坚守，蒙古军久攻不下，始大掠退去。是役，金军元气大伤。

---

① [明]宋廉,等. 元史[M].北京:中华书局,1975:13-25.

元太祖七年(1212年,金崇庆元年),攻金西京未下。元太祖八年(1213年,金贞祐元年)"是秋,兵分三道"伐金。成吉思汗兵分三路征金,攻下昌、桓、抚诸州,"秋,围西京"大同府,攻城不下,退回阴山;冬十一月,"攻东京"辽阳府。而此时,金廷老巢又生内乱,契丹人耶律留哥在东北叛金附蒙,并在迪吉脑儿(今辽宁省昌图附近)击败金兵,称辽王,建元天统,两年后攻破东京。成吉思汗趁乱攻打金宣德州、德兴府,进至怀来,围居庸关,秋七月,再攻西京,下涿州、易州。"帝至中都,三道兵还"。蒙古军再次逼近金中都燕京。成吉思汗、拖雷、木华黎统率的中路军,进攻金中都以南诸州县,大掠黄河以北的河北大名及山东东、西部,直抵海滨;木华黎一部屠山东密州城后而还。右路军术赤、窝阔台等循太行山东麓南下,拔保州、洺州等和太行山西麓的太原、岚州等近30城而还。左路军哈撒儿经海而东,破蓟州平州、辽西诸郡而还。元太祖九年(1214年,金贞祐二年)三月,蒙古诸军会师于中都北,金宣宗献岐国公主给成吉思汗和纳贡后,蒙古回军。时"河北郡县尽拔,唯中都、通、顺、真定、清、沃、大名、东平、德、邳、海等十一城未下"。金宣宗迫于蒙古攻势,于金贞祐二年(1214年)五月迁都于南京(今河南省开封市)。宣宗行至涿州时,后方的乣军又反,投靠了蒙古。成吉思汗抓住宣宗南迁和乣军来降的时机,再围金中都。从此,金一直陷于动荡之中。

元太祖十年(1215年,金贞祐三年)初,金辽东宣抚使蒲鲜万奴于东京叛金独立,称大真国天王,后改立东夏国,成为从金朝"老巢"分裂出来的地方割据势力。元太祖十一年(1216年,金贞祐四年)二月,蒙古军进攻北京,金元帅寅答虎、乌古论以城降,金失中都(今北京市)。八月,蒙古军与西夏兵合力攻金延安、坊州,十月过潼关,又由河南嵩山小路至汝州。十一月,直驱汴京,至距汴京仅20里的杏花营,因金军有备而退。

元太祖十二年(1217年,金兴定元年)九月,蒙古军在一路掠河东代州、吉州等地后,攻占太原。十月,攻潞州、平阳。另一路进攻中山府、大名府,赵州等,金守将相继投降。十一月,木华黎进攻山东,占棣州(今山东省滨州市惠民县)、博州、沂州等州县,十二月,又破密州城。山东十余州县落入蒙古军手中。元太祖十三年(1218年,金兴定二年),内外交困的金统治者,对宋、西夏连开兵衅。趁成吉思汗以主力攻西辽、西夏之机,对宋又发动空前猛烈的攻势。攻枣阳一部大败。纥石烈牙吾塔部攻占滁、濠、光3州,又攻扬州,震惊宋廷。元太祖十五年(1220年,金兴定四年)秋,木华黎率蒙古军攻入山东济南,驻守济南的南宋地主武装严实,献彰德、大名、洺等地30万户于木华黎,降蒙古。

元太祖十六年(1221年,金兴定五年)五月,蒙古军队攻占山东西路首府东平。元太祖二十二年(1227年,金正大四年)五月,金将李全献山东东路首府青州降蒙,蒙古军遂占领山东全境。[①]

金正大六至七年(1229—1230),金军亦取得了卫州解围、大昌原之捷等战果。元太宗三年(1231年,金正大八年)五月,窝阔台分3路行灭金计划。左军(东路)进兵济南方向,右军(西路)从凤翔南下,中路指河中、洛阳。元太原四年(1232年,金开兴元年)正月,钧州三峰山(今河南省禹州市境)之战,15万金军主力惨败,主要抗蒙名将如杨沃衍、移剌蒲、完颜合达等大部牺牲。金军由此一蹶不振。蒙古军队乘胜进迫汴京,金京城陷入危机。金哀宗以曹王讹可为人质求和,蒙古大军主力方北还,仍留军3万继续围汴。四月,在守汴军民英勇抗击下,蒙古退兵。金天兴元年(1232年)十二月二十五日,金哀宗放弃开封,逃往归德。崔立政变,汴京失守。天兴二年(1233年)又逃往蔡州(今河南省汝南县)。元太宗六年(1234年,宋端平元年,金天兴三年)正月初九,蒙古军攻入蔡州西城。正月初十,南宋军从蔡州城南攻入,刚做了一天皇帝的完颜承麟被蒙古乱兵杀死。在蒙、宋夹击下,金亡。

二、金朝的政治制度

金朝是我国北方统一的多民族、多体制并存的,特色鲜明的王朝,其政治制度的核心是以女真人为核心。在决策层,初期行勃极烈、勃堇制度,熙宗后行三省制度。金朝的地方行政区域采用路(府)、州、县、镇4级管理,皇统二年(1142)设有5京19路,大定末(1160年前后),置17路,贞祐二年(1214)行17路。

(一)中央决策机构

1. 奴隶制政治制度:勃极烈、勃堇制度和猛安谋克世袭制度

金初,袭行女真奴隶制政治制度。景祖做了生女真部族节度使,才建起极为简单的官制,其官长皆称"勃极烈",女真语意为官员,其中"都勃极烈"相当于宰相。中央最高权力机构为勃极烈会议。勃极烈商议国是,位尊权大,为中央统治集团与皇族核心成员。故20余年间仅有12人获授。

---

① [明]宋濂,等. 元史[M].北京:中华书局,1975:12-25.

勃堇,则为部落的部长。字堇地位有高下之分,万夫长称"忒母勃堇"、千夫长称"猛安勃堇"、百夫长称"谋克勃堇"、牌子头称"蒲辇勃堇"。

猛安谋克世袭制度。猛安谋克是金代独具特色的封建政治制度,是以女真为主体,佐以契丹、奚等族的,具有政治、军事、生产职能的,与州县并行的地方组织。猛安谋克以户为单位,谋克为百夫长,统领 300 户;10 谋克为一猛安,为千夫长。

《金史》卷五十七,志第三十八《百官志三》①载:

> 猛安,从四品。掌修理军务、训练武艺、劝课农桑,余同防御。(司吏四人,译一人,挞马、差役人数并同旧例。)诸谋克,从五品。掌抚辑军户、训练武艺。惟不管常平仓,余同县令。

猛安谋克世袭制度,后来又延伸至南迁中原的猛安谋克。也就是说,猛安谋克作为金朝极具特色的统治组织,一直被金廷视为统治阶级的主体,长期在女真内地与中原并存。

金廷始终坚守女真族的统治地位,长期施行民族歧视政策。如《金史》卷八十八,传第二十六《唐括安礼传》载,皇帝责唐括安礼,说:"前日宰臣皆女直拜,卿独汉人拜,是邪非邪?所谓一家者皆一类也。女直、汉人其实则二。朕即位东京,契丹、汉人皆不往,惟女真人偕来,此可一类乎?"②因此,为巩固女真族的统治主体地位,金廷还于"天眷三年(1140 年),罢汉、渤海千户谋克"③。

2. 封建政治制度:"天眷官制"和"正隆官制"

金朝前期,在汉地设元帅府、枢密院、行台以揽治理汉地之权。金熙宗时,大力推动汉制改革,重用汉人,于天眷元年(1138 年)颁行"天眷官制"。隔年,派太祖的儿子宋王宗磐和辽王宗翰,以及完颜宗干三人共同总管政府机构,"并领三省事"。金朝官制从此沿袭辽宋,基本汉化,建立起了以尚书省为中心的"三省制",为中央集权制打下了基础。《金史》卷五十五,志第三十六《百官志一·序》载,是年八月,颁行"天眷官制",废止中央国论勃极烈制度,实行预立太子制度,确立了皇帝世袭制;中央实行三省(尚书省、中书省、门下省)、六部(吏部、户部、礼部、兵部、刑部、工部)。在地方,则实行路、府、州、县、镇制度。④

---

① [元]脱脱,等. 金史[M].北京:中华书局,1975:1329.
② [元]脱脱,等. 金史[M].北京:中华书局,1975:1964.
③ [元]脱脱,等. 金史[M].北京:中华书局,1975:1809.
④ [元]脱脱,等. 金史[M].北京:中华书局,1975:1215-1238.

金海陵王正隆元年(1156年),推行"正隆官制"。《金史》卷五十五,志第三十六《百官志一·序》①载:

> 海陵庶人正隆元年(1156年)罢中书门下省,止置尚书省。自省而下官司之别,曰院、曰台、曰府、曰司、曰寺、曰监、曰局、曰署、曰所,各统其属以修其职。职有定位,员有常数,纪纲明,庶务举,是以终金之世守而不敢变焉。

海陵王创立了以尚书省为中央最高权力机构的"一省制",后又行枢密院于尚书省并立,使君主集权达到了新的高峰,有效提高了执政能力和治理效果。

《金史·百官志一·序》载,尚书省的主管为宰相和执政。宰相:尚书省设尚书令一员,正一品;下设左丞相、右丞相各一员,从一品;平章政事二员,皆为从一品。执政官有左丞、右丞各一员,参知政事二员,"为宰相之贰,佐治省事"。尚书省还根据需要,在地方设行尚书省,如汴京、燕京行台。六部均设尚书、侍郎、郎中、员外郎,诸官皆备。

3. 金朝的职官制度

(1)选官制度。金朝的官员选拔任用大体有六个途径。一是世袭制。如猛安谋克,父子、兄弟均可继袭。二是军功入仕,依大小6种军功,授予不同品级、职务。三是科举和荐举。据持不同观点的学者考证,金朝科举考试在21~47次,累计取士5000~6000人之间,及第既授官。同时,行各级官员荐举入仕。四是荫补。皇亲国戚、朝廷认为有功官员等可荫其后人以官阶。五是官民自身卒殁赠官。六是由中央机关外派各地任职,称"流外出职"。金廷还对职官任期做出了规定。如《金史》卷五十二,志第三十三《选举志二》②载,职级品阶不同的职官而任期有别。凡是职事官吏,原则上以30个月考核一次,群牧使及管课官以满3年为一考核期,防御使则以40个月、三品以上官则以50个月、转运则以60个月为满,等等。

(2)考课制度。治国必先治吏。通过绩效考核对官员履职进行有效鉴评,是国家治理能力的重要体现。金代对地方官员的考课具有一定的特色,创制了"四善十七最"考课法、勘验年劳的"循资法",均在继承唐宋制度的基础上有新的发展。金代袭宋,由御史台负责职官监察权。金初无考课制度。海陵王正隆二年(1157年)初创"廉察之制",有朝廷随机遣使臣巡行。《金史》卷六,本纪第六《世

---

①　[元]脱脱,等. 金史[M].北京:中华书局,1975:1215-1246.

②　[元]脱脱,等. 金史[M].北京:中华书局,1975:1157-1171.

宗纪上》载,金大定九年(1169 年)三月,金世宗"御史中丞移剌道廉问山东、河南"时,指示凡在廉察中发现"廉能、污滥、不职"的,予以降职、免职、杖击等惩处。金大定二十六年(1186 年)世宗"定职官犯罪同知相纠察法",严惩渎职犯罪者。金章宗泰和四年(1204 年),参考唐朝的"四善二十七最"考课法,制定了"四善十七最"考课制度。① 如"四善","四善之一曰德义有闻,二曰清慎明著,三曰公平可称,四曰勤恪匪懈"。"十七最"则规定了地方官员的政绩考课标准。金宣宗时又复行廉察制度,颁《辟举县令法》。同时,金朝还对监察官规定了严格的监督管理制度。此外,金朝在职官致仕方面也做出了一些规定。

(二)地方行政管理体制

金朝地方政府机构分为路、府、州、县、镇 5 级。

《金史》卷二十四,志第五《地理志上》载:

> 袭辽制,建五京,置十四总管府,是为十九路。其间散府九,节镇三十六,防御郡二十二,刺史郡七十三,军十有六,县六百三十二。后复尽升军为州,或升城堡寨镇为县,是以金之京府州凡百七十九,县加于旧五十一,城寨堡关百二十二,镇四百八十八。②

《金史纪事本末》卷七《宋帝北迁》③载,皇统二年(1142 年),"金既画界,建五京,置十四总管府,凡十九路,其间散府九,节镇三十六,守御郡二十二,刺史郡七十三,军十有六,县六百三十二"。至金大定中后期,置县 683 个。

1. 金朝的路制

金朝的"路"相当于现代的"省",是金代地方富有民族特色的、最高最大的政区。金朝的行政路职掌地方的政治、经济、军事、司法等众多事务。路的治所皆为府,路治府的长官是否兼任路官,没有定制,大多数兼任,但也有少部分府尹不兼,如原辽朝地区的路制,主要为都统司、军帅司。路府设正三品都总管府尹、从四品同知都总管府尹、正五品副都总管(少尹,治中)等职官。

金因地制宜地在不同地区有区别的设置不同性质的路。一是在女真地区,建立以猛安谋克为基础的、军政合一的万户路。金海陵王天德三年(1151 年)世袭

---

① [元]脱脱,等.金史[M].北京:中华书局,1975:1227-1228.
② [元]脱脱,等.金史[M].北京:中华书局,1975:549-550.
③ [清]李有棠.金史纪事本末[M].北京:中华书局,2015:141-170.

万户路,但猛安谋克一直在女真内地与中原并存。二是在原辽地,设都统、军帅司路。在游牧边境地区,金还设有民族地区节度使、祥稳、群牧所等。三是在原宋地,设总管府路及转运司路、提刑司路、按察司路和统军司路等。

李昌宪《金代行政区划史》考证,金自天眷元年(1138年)开始整顿路制,皇统二年(1142年)金、宋基本划定疆界后,亦基本确立了其政区,金境分为19路:上京路(会宁府)、咸州路(咸平府)、东京路(辽阳府)、中京路(大定府)、北京路(临潢府)、西京路(大同府)、燕京路(析津府)、汴京路(开封府,又称河南路)、河北东路(河间府)、河北西路(真定府)、大名府路(大名府)、山东东路(益都府)、山东西路(东平府)、河东南路(平阳府)、河东北路(太原府)、京兆府路(京兆府)、庆原路(庆阳府)、熙秦路(临洮府,即熙州)、鄜延路(延安府)。[①] 金海陵王天德年以后除路名及个别区划范围有所调整外,仍为19路。[②] 其中,上京、河东南北、河北东西、河南、山东东路、山东西路、陕西路等9路为总管府路。[③] 金大定二十九年(1189年)与金泰和八年(1208年)曾调整为20个行政路,但山东东路、山东西路的设置始终未变。

同时,金廷还选择部分政治、军事、经济重镇路,设置与总管府路并行的中央直属的派出机构,如管理一路或二路财税的转运司路,管理司法监察的按察司路,主管刑狱的提刑司路,以及职掌军事、治安、税赋、诉讼的都统、军帅、统军司路等。此外,生产食盐的路还设有专营食盐的盐使司路。

今山东省境内,金朝时置山东东路,治益都,除设有兵马都总管府外,还置转运司、统军司(副司曾置密州、莱州)、山东盐司使,驻镇海军。山东东西路提刑司,金大定二十九年(1189年)置司济南。山东西路,治东平,设有兵马都总管府,同时设转运司、宣抚司、元帅府等,驻天平军、泰定(宁)军、泰安军等。

2. 金朝的府制

金朝的府制较为复杂,以诸京留守司留守职本府府尹、兼本路兵马都总管的如燕京为第一级,诸府府尹兼兵马都总管的如东平为第二级,诸府府尹不兼兵马都总管的为第三级。各等级府又有上、中、下之类别。金朝"府"的最高长官称"府尹"。所有的府尹,职阶均为正三品,只不过管辖的区域、职掌的权力有大、小

---

① 李昌宪.金代行政区划史[M].上海:上海古籍出版社,2015:42-46.

② 李昌宪.金代行政区划史[M].上海:上海古籍出版社,2015:550-668.

③ 李昌宪.金代行政区划史[M].上海:上海古籍出版社,2015:46-68.

之别。

京府。金朝的"京"大致相当于现在的"直辖市",其数量、地址变化多次。金太宗天会五年至六年(1127—1128年),金朝的京、都制度基本形成规模,设有皇都会宁府(初称皇帝寨,今黑龙江省阿城境内)、汴京开封府(大齐立后划归刘豫)、东京辽阳府、西京大同府、中京大定府、上京临潢府、南京析津府(今北京市;金朝的南京初设于平州,今河北省卢龙县)七京。金熙宗天眷元年(1138年),袭辽制,建五京。海陵王即位后,京都制度出现了较大变化。金贞元元年(1153年)三月,迁都燕京,形成"一都四京":中都大兴府(今北京市)、东京辽阳府、北京大定府、西京大同府、南京开封府。直到金世宗大定十三年(1173年),恢复会宁府为上京。从此金朝"一都五京"成为定制。① "五京"均设留守司、都总管府。金在中都大兴府以外各京不专设府尹,由诸京留守兼任。诸京的行政长官主管行政、司法、财政、文教及军事等事务。诸京设正三品留守、正四品同知留守、从四品副留守等官。

上京会宁府、中都燕京、汴京开封及金末时的归德府(今河南省安阳市)、蔡州(今河南省汝南县),相继为金朝的"首(陪)都"。

此外,"大齐"刘豫在大齐阜昌元年(1130年,金天会八年)尝建"四京",既北京大名府、东京东平府、汴京开封府、西京河南府。二年(1131年),废北京大名府,行"三京"之制。然大齐为金廷的傀儡、附庸,故其"京"不可与金比肩,但汴京开封在金主废齐后的地位与金诸京等同。

总管府。金朝的总管府与路并立,全称为"兵马都总管府路"。金朝在占领了原宋地河北、陕西、山东、山西等地之后,为了适应发达的封建地主租佃经济的需要,施行了以都总管府为主体的地方行政管理体制。至金海陵王正隆年间,在全国设5京、置14路总管府路,构建了全国19路的封建制的"路制"。兵马都总管府的长官都总管一般以府尹兼,府尹由汉地枢密院和都元帅府承制任免,负责治一府之事,掌一路兵权。《金史》卷五十七,志第三十八《百官志三》②载:都总管府的府尹"掌统诸城隍兵马甲仗,总判府事"。都总管下配备同知都总管、副都总管、总管判官、府判、推官等左贰、幕职官,分治吏、户、礼、兵、刑、工诸案及通检推排之务。

---

① 李昌宪. 金代行政区划史[M].上海:上海古籍出版社,2015:166-170.
② [元]脱脱,等. 金史[M].北京:中华书局,1975:1307-1329.

　　散府。金之散府即府尹非兼总管府事者。府尹掌本府兵民之事。府尹下配同知、少尹、府判、推官等佐贰、幕职官,分治吏、户、礼、兵、刑、工诸案及通检推排之务。

　　总管府和散府多从辽、宋旧制,均带军额。金熙宗朝始,在旧宋地境内的总管府、散府,实行府尹兼都总管、节度使的制度。《金史》卷二十五,志第六《地理志中》①载,益都总管府、东平总管府"以府尹兼总管"。济南为散府,"初置兴德军节度使,后置尹"。

　　金朝的总管府、散府均分为上、中、下三种类别。在今山东省境,总管府置有益都府镇海军,上;东平府天平军,上。散府置有济南府兴德军,上。

　　3. 金朝的州制

　　金朝根据该州的人户数和其在政治、军事、经济及地理上的位置,由高到低划分为节镇州、防御州、刺史州三个等级;各等级又分为上、中、下三个类别,但长官的品级都是一样的。各州分别设节度使、防御史、刺史,管理一州的军政。

　　不同等级、类别的州,其置官情况有别。《金史·百官志三》②载:

　　诸节镇州:节度使一员,从三品。掌镇抚诸军防刺,总判本镇兵马之事,兼本州管内观察使事。其观察使所掌,并同府尹兼军州事管内观察使。同知节度使一员,正五品。通判节度使事,兼州事者仍带同知管内观察使。副使一员,从五品。节度判官一员,正七品。掌纪纲节镇众务,佥判兵马之事,兼判兵、刑、工案事。观察判官一员,正七品。掌纪纲观察众务,佥判吏、户、礼案事,通检推排簿籍。知法一员,州教授一员,司狱一员,正八品。

　　诸防御州。防御使一员,从四品。掌防捍不虞、御制盗贼,余同府尹。同知防御使事一员,正六品。掌通判防御使事。判官一员,正八品。掌签判州事,专掌通检推排簿籍。知法,从九品。州教授一员。司军,从九品。军辖兼巡捕使,从九品。

　　诸刺史州。刺史一员,正五品。掌同府尹兼治州事。同知一员,正七品。通判州事。判官一员,从八品。签判州事,专掌通检推排簿籍。司军,从九品。知法一员。军辖兼巡捕使,从九品。

　　①　[元]脱脱,等. 金史[M].北京:中华书局,1975:613-617.
　　②　[元]脱脱,等. 金史[M].北京:中华书局,1975:1311-1313.

同时,配备数量不等的司吏、译人、通事、抄事、公使等。

州官的任免权,原辽地掌握在路级长官都统、军帅手中。河北、河南、山东等原宋地由枢密院和都元帅府承制任免之。①

同时,金朝曾还以河南、山东、大名、彰德、京兆等地若干州的军事为支郡。如山东地区的淄州支郡、棣州支郡、德州支郡、滕州支郡、泰安州支郡等。②

4. 金朝的县制

金初,县制由废而建。金朝关于县制的记载,最早见于《金史》卷二,本纪第二《太祖纪》,元太祖收国二年(1116 年)五月,"东京州县及南路系辽女直皆降"。金大定中后期置县 683 个。而关于"县令"的记载,始见于《金史》卷七十五,列传第十三《孔敬宗传》,孔敬宗于金太祖天辅二年(1118 年)前"以功补顺安令"。③ 金太宗天会二年(1124 年)以后,《金史》中有关县官任命、县制发展和规范的记载开始大量出现。金熙宗天眷三年(1140 年),县制方在全国推行。

《金史》卷五十四,志第三十五《选举志四》称,"刺史、县令亲民之职"。时南宋大理寺少卿张枸言"亲民之官,莫如县令"。即县官的品级虽低但肩上的担子很重,故金世宗大定七年(1167 年)诏"年老者勿授县令"。

金朝行政县的官员品级依据县的等级不同而异。《金史·百官志三》载,金朝的县划分为五个等级 7 个档次:凡县 25000 户以上为次赤、为剧,20000 户以上为次剧,在诸京倚郭者曰京县。自京县而下,以万户(6 万~7 万人口)以上者为上县,3000 户(约 20000 人口)以上者为中县,不满 3000 户者为下县。具体地说,一等县是中京依郭县曰赤县,即中都大兴府的东附郭县大兴县和西附郭县宛平县两县;二等县是在诸京依郭者曰京县,如西京大同府依县大同县等;三等县是领户超过 2.5 万户的名曰次赤县(又称剧县、剧邑),如山东西路的兖州县、须城县等;四等县是领户 2 万~2.5 万户的名曰次剧县,是为金朝独置,如山东西路滕阳县;五等县是诸县,诸县分为上、中、下县三个档次。

金朝的县,设置令、丞、主簿、尉等。金制,五等县之中、下档县,不设置县丞,以主簿与县尉通领巡捕事,下县则不设置县尉,以主簿兼任:

赤县。(谓大兴、宛平县。)令一员,从六品,掌养百姓、按察所部、宣导风化、劝

---

① 程妮娜. 金代政治制度研究[M].长春:吉林大学出版社,1998:84.
② 李昌宪. 金代行政区划史[M].上海:上海古籍出版社,2015:96.
③ [元]脱脱,等. 金史[M].北京:中华书局,1975:1314-1315.

课农桑、平理狱讼、捕除盗贼、禁止游惰,兼管常平仓及通检推排簿籍,总判县事。丞一员,正八品。掌贰县事。主簿一员,正九品。掌同县丞。尉四员,正八品。专巡捕盗贼。余县置四尉者同此。(司吏十人,内一名取识女直、汉字者充。公使十人。)

次赤县又曰剧县。令一员,正七品。丞一员,正九品。主簿一员,正九品。尉一员,正九品。

诸县。令一员,从七品。丞一员,正九品。主簿一员,正九品。尉一员,正九品。

5. 金朝的镇制

金朝的镇作为行政建制中最基层的单位,在地方经济、社会治安管理中具有不可忽视的作用。白寿彝总编、陈振主编《中国通史·五代辽宋夏金时期》依据《金史·地理志》等统计,金代共有镇513个,其中,山东东路83个、山东西路48个。[①]

《金史·百官志三》载:"诸知镇、知城、知堡、知寨,皆从七品。其设公使皆与县同,惟验户口置司吏"。可见镇的长官称知镇,主要负责课税。金承宋制。《宋史》卷一百六十七,志第一百二十《职官志七》载:"诸镇置于管下人烟繁盛处,设监官,管火禁酒税或兼之事"[②]。《二十五别史17·大金国志》卷三十五《杂色仪制·镇城院务仪》[③]载,"城镇院务监当官虽本管百里内者,掌本镇贼盗并城门钥匙,百里外者兼烟火、词讼"。可见,镇监的职能为掌课税(如仓、商、酒、盐),职治安,禁盗窃,管火禁,断词讼。

三、金朝的经济制度

金朝统治区域的经济制度,呈现出奴隶制和封建制并存的局面。在金朝内地,基本上是推行奴隶制度,在汉地则袭宋之封建关系。在齐国刘豫统治辖域的原属北宋的中原和陕西地区,亦基本上延续了北宋时更为发展的封建经济关系。

---

① 白寿彝. 中国通史[M].上海:上海人民出版社,1999:713.

② 高占祥. 二十五史·宋史[M].北京:线装书局,2011:900.

③ [金]宇文懋昭. 二十五别史17·大金国志[M].李西宁,点校. 济南:齐鲁书社,2000:267.

（一）奴隶制与封建制的土地占有关系

金在辽内地，在金太祖、太宗时期"一如本朝之制"。土地为皇帝或国家占有，土地不能买卖。私人只可占有，不能所有。金熙宗、金海陵王时期，女真土地占有关系依然是牛头田或"计口授地"的猛安谋克的屯田、占田。至金世宗时期，封建经济制度得以更大发展，女真户已开始向出卖奴隶、土地租佃化急剧转变，奴隶制被蚕食瓦解。到金章宗时，不得不颁诏废除奴隶制。

女真族在占领了华北大量宋地后，为强化女真人的统治地位，多次成规模向中原迁移人口，其中于金太宗天会十一年（1133 年）、十五年（1137 年）和金海陵王贞元元年（1153 年），组织了三次大规模的猛安谋克内迁。《金史》卷四十四，志第二十五《兵志》载：

贞元迁都，遂徙上京路太祖、辽王宗干、秦王宗翰之猛安，并为合扎猛安，及右谏议乌里补猛安，太师勖、宗正宗敏之族，处之中都。斡论、和尚、胡剌三国公，太保昂，詹事乌里野，辅国勃鲁骨，定远许烈，故果国公勃迭八猛安处之山东。阿鲁之族处之北京。按达族属处之河间。①

《金史》卷四十六，志第二十七《食货志一》载，金世宗大定二十三年（1183 年），金国共有猛安 202 个，谋克 1878 个，户 615624。② 据孙祚民主编《中国农民战争史（四）》载，金朝迁入中原诸路的猛安谋克户，大定二十三年（1183 年）时达 39 万户，396 万人之多。③ 大量涌入的女真人为了强占更多的土地资源，于是金以救济女真人为目的，分别于正隆元年（1156 年）、大定十七年至二十一年（1177—1181 年）、承安五年（1200 年）进行三次大规模的括地行动，大量霸占汉人土地，从而更加激化了民族矛盾。《金史》卷四十七，志第二十八《食货志二》④载："工部尚书张九思执强不通，向遣刷官田，凡犯秦、汉以来名称，如长城、燕子城之类者，皆为官田。此田百姓为己业不知几百年矣"。《金史·食货志二·田制》，几乎全部是女真统治者抢夺土地的记录。在汉族封建地主经济的影响下，女真贵族借势大量兼并土地。《金史》卷八十三，列传第二十一《纳合椿年传》载，椿年的儿子猛安

---

① ［元］脱脱，等. 金史［M］.北京:中华书局,1975:993.

② ［元］脱脱，等. 金史［M］.北京:中华书局,1975:1034-1035.

③ 孙祚民. 中国人民战争史［M］.武汉:湖北人民出版社,1991:143.

④ ［元］脱脱，等. 金史［M］.北京:中华书局,1975:1048.

参谋合、故太师耨碗温敦思忠的孙子长寿等,亲属 30 多家。另《金史·食货志二》称 70 多家,共贪婪冒占土地 3000 余顷。①"大定初又于中都路赐田百顷,命拘山东之地入官"。大定十七年(1177 年)六月,刑州男子赵迪简言:"随路不附籍官田及河滩地,皆为豪强所占,而贫民土瘠税重,乞遣官拘籍冒佃者,定立租课,复量减人户税数,庶得轻重均平"。御史台奏:"大名、济州因刷梁山泺官地,或有以民地被刷者。"金廷残酷的括地,导致"怨磋争讼至今未绝"。

(二)赋役制度和通检推排

金初无徭役,壮者皆兵,即平时为民,战时为兵。《金史·食货二·租赋》载:"金制,官地输租,私田输税"。金袭宋制,继征夏秋两税。是为纯地税,由金朝始。金代的夏秋两税皆为输纳粟米,"夏税亩取三合,秋税亩取五升,又纳秸一束,束十有五斤。夏税六月止八月,秋税十月止十二月"。两税主要由汉人承担,其税重于女真猛安谋克户牛头税 20~40 倍。除两税之外,还征缴物力钱,即资产税:计民田园、邸舍、车乘、牧畜、种植之资、藏镪之数,徵钱,谓之物力钱。《金史·食货一》载:"租税之外算其田园屋舍车马牛羊树艺之数,及其藏镪多寡,征钱曰物力。物力之征,上自公卿大夫,下逮民庶,无苟免者"。户等,是物力钱征收的根基。先是通括各户物力多寡,然后分户为 3 或 4 等,按籍科差。"猛安谋克户又有所谓牛头税者,宰臣有纳此税,庭陛间谘及其增减,则州县征求于小民盖可知矣。故物力之外又有铺马、办军须、输庸、司吏、河夫、桑皮故纸等钱,名目琐细,不可殚述"。金朝盐、酒、醋、茶等都征收课税。诸商征课,城郭有租房税、地基钱、关税等。金世宗大定二十年(1180 年),定商税法。海陵王时期,还征养马钱等杂税。此外,金朝还沿用宋朝的"和籴""括马"等名目的杂捐。

金廷向猛安谋克户征收名为"牛头(具)税"、负担较轻的粮税。《金史·食货二》载:"牛头税,即牛具税,猛安谋克部女直户所输之税也。其制每末牛三头为一具,限民口二十五受田四顷四亩有奇,岁输粟大约不过一石,官民占田无过四十具。"即凡占有耕牛一具(3 头),民口 25 人,即受田 4.04 顷。由此,一个占有 40 牛具的大奴隶主,可占有土地 160 多顷。金天会三年(1125 年)十月,金太宗下诏,丰收之年要贮蓄备荒,命令每牛一具,纳粟一石。五年(1127 年)九月,再次给猛安谋克减税,内地诸路,每耕牛一具,纳粟 5 斗。

---

① [元]脱脱,等. 金史[M].北京:中华书局,1975:1873.

金廷约每 10 年施行一次通检推排,主要目的是以女真为本,解决女真内部"新强旧弱"问题,但客观上一定程度遏制了贫富不均的社会现象,国家财政状况亦有所改善,但仍掩盖不了金廷利用国家的强制力量洗劫汉人财富的本质。《金史·食货志一·通检推排》云:"通检,即《周礼》大司徒三年一大比,各登其乡之众寡、六畜、车辇,辨物行征之制也"。金章宗大定四年(1164 年),遣泰宁军节度使张弘信等 13 人,分路通检天下物力钱起,于十五年(1175 年)、二十年(1180年)、二十六年(1186 年)等多次遣臣分路推排。通检推排,前弊未革,后弊又生,变成了对百姓的又一场新的掠夺。

金之役法,主要有职役、兵役、力役及其他杂役,如治黄"役夫钱"等。

(三)工、农、商业的发展

金朝各地区的经济发展存在很大差异。金初,女真族尚处于渔猎农耕的混合制度,而它所控制的汉地,手工业、农业与商业经济早已高度发展。

1. 手工业

女真族在立国前盛行炼铁。金朝初期,由于战争的影响,手工业生产遭到一定的破坏,形势稳定之后,陶瓷、矿冶、铸造、造纸、印刷等逐步复苏、发展,云内州、真定府、莱芜县等地的冶铁业在北方地区继续发展,种类繁多、结构复杂的铁制农具被大量推广。另外,在东北地区,也开始开采煤矿。陶瓷业因为有辽、宋的基础也比较发达。金熙宗时,原来的北方名窑如陕西耀州窑、河南均窑、山东淄博窑陆续恢复生产,临汝等新兴窑址,工艺各具特色。金银业和玉器业也相当发达,有许多珍贵的文物出土。印刷行业的技术水平有一定的提高。时刻书蔚然成风气,其雕版技术,可与南宋媲美。

2. 农业

女真族平日从事农牧。女真的生产方式为家族合耕。《金史》第四十四卷,志第二十五《兵志》载,"参政粘割斡特剌曰:'旧时兄弟虽析犹相聚种,今则不然(指大定期间),宜令约束之'"①。金朝的土地制度主要为统治者所有。从事农业耕种的人是自由人和奴隶。金熙宗时期开始施行"计口授田"制度。早在金朝统治广大的华北地区后,就有计划地将大量的猛安谋克分散于中原各地与汉族百姓杂处,此被称为屯田军。金廷对内迁的屯田军户,按户口给以官田,即所谓"计口授

① [元]脱脱,等 . 金史[M].北京:中华书局,1975:993-996.

田"。当官田不敷分配时，就会大量抢占民田。屯田军户分得土地以后，大多让租给汉族耕种或是强迫汉族无偿耕种。由于剥削严重，无人愿意耕种，土地逐渐荒废。金世宗时再派官吏到各地去"拘刷良田"，兼并土地为官田。金占中原以后，土地私有制产生。屯田导致猛安谋克公有制逐渐瓦解，并在此基础上产生了大批女真地主，从而催生了土地私有制。金世宗、金章宗时期，农业生产得到较大恢复。中原地区铁制生产工具及先进的耕作技术逐渐传播到当时落后的今东北地区，促进了农业生产的发展，谷、麦等农作物品种也日益增多。金廷鼓励垦荒，例如，规定开垦荒地或黄河滩地可以减免租税，所以开垦农田面积有所增加。由于女真族长期生活在东北地区，其畜牧业也十分发达。金帝完颜亮时原有 9 个群牧所。在南征时，征调战马达 56 万多匹。

3. 商业与货币

金初，各地的商业发展处于极不平衡的状态。当时女真的东北地区还是"无市井，买卖不用钱，惟以物相贸易"。金朝中期，由于生产、经济的恢复和发展，促使商业日益繁盛。汴京成为最重要的商业中心。金世宗时，开封府的相国寺仍旧每月逢三、八日开寺，商贩集中在此贸易，宣德楼门下"浮屋"中买卖者甚众，金天德四年（1152 年），达 23.5 万户。到金章宗泰和时，又增加到 174 万多户。会宁府、金中都、开封府与东平府、益都府等都是当时较大的商业中心。

金与宋、高丽、西夏等国之间，为行贸易而建立了登州、兖州、泗州等多处"権场"。不过宋、金之间由于时战时和，権场的贸易受到了一定的影响。金朝主要向南宋输出皮革、人参、纺织品等商品，南宋向金朝输入茶、药材、丝织品等。

金朝的货币制度。金初用辽、宋旧钱以及伪齐刘豫所铸"阜昌通宝"作为流通手段。海陵南迁以后，开始铸钱，但因境内产铜有限，所以铜钱不足以供应商品交换之需，于是大量印制"交钞""宝券""通宝""宝泉"等作为铸币的代用品，以促进商品流通。但"交钞"之类的代用币无限制发行，使其信用丧失殆尽，于是，金朝末年，伴随政治统治日趋瓦解，财政竭蹶，加赋以足饷；滥发钞票，金融秩序逐渐崩溃。哀宗时造"天兴宝会"，同现银流转，面值分为"一钱""二钱""三钱""五钱"，凡四等。因毫无信用可言，不足月便停滞流通。

四、金朝的人口

金初，女真贵族南入中原后，由于不断发动对北宋的掠夺战争，对在北宋末已经衰落的北方生产的摧残、破坏极为严重,汉民族等中原人口锐减,给北方人民带来了极大的灾难和痛苦。金熙宗即位后,改征宋、灭宋为与宋和议,铲除宗翰、挞懒等奴隶主代表在北方的统治势力,采取了恢复发展生产的有力措施。从熙宗、世宗到章宗,北方生产与人口逐步恢复发展,章宗时达到极盛。户口方面,金大定初为300余万户,大定二十七年(1187年)时增至6789449户44705086口。到金章宗泰和七年(1207年)增至8413164户53532151口。金国人口峰值时约有5600万,其中女真族人口约占六分之一。若当时中国境内的南宋、西夏、大理等国的人口相加,总人口数可达1.4亿。

据《金史》记载,金朝进行过4次比较准确的人口统计,每户均口数都在6人以上,金朝的户规模较大,与很多贵族以及猛安谋克户大量使用奴仆有一定关系。女真族在占领了华北大量原宋地后,金太祖、太宗为巩固其在中原的统治,将百万以上的女真人徙置于黄河下游人口稠密的中原地区,是以牺牲汉人利益的办法来救济女真人。在把女真族迁往新占领地区的同时,继续把契丹族、汉族迁到金朝的内地。被迫迁徙的汉族居民,流离失所,沦为奴隶。从多元一体的民族观角度,金廷的猛安谋克南迁大大促进了中华各民族的交流交往交融。

表1 金朝户口变化表

年代	户数(户)	口数(口)	户均口数(口)	备注
金世宗大定元年(1161年)	300余万	19650000	6.55	—
金世宗大定二十七年(1187年)	6789449	44705086	6.58	—
金章宗明昌元年(1190年)	6939000	45447900	6.55	—
金章宗明昌六年(1195年)	7223400	48490400	6.71	户数比1195年增46万,人口数不应减260万,实际人口达5600万
金章宗泰和七年(1207年)	7684438	45816079	5.96	—
金世宗大定二十三年(1183年)	615624	6158636	7.8	仅代表猛安谋克
金哀宗天兴三年(1234年)	200万	1050万	—	—

注:本表数据参考《金史·食货志》及诸版《中国人口史》《山东通史》。

五、金朝的军事制度

金人艰苦尚武。金军建制有着鲜明的"全民皆兵"的种族特色。《金史》卷四十四,志第二十五《兵志》载:

金之初年,诸部之民无它徭役。壮者皆兵,平居则听以佃渔射猎习为劳事,有警则下令部内,及遣使诣诸勃堇征兵,凡步骑之杖糗皆取备焉。其部长曰孛堇,行军则称猛安谋克,从其多寡以为号,猛安者千夫长也,谋克百者夫长也。谋克之副曰蒲里衍,士卒之副从曰阿里喜。①

就是说,猛安谋克,主要是军事组织,同时也是行政、生产组织。女真及奚、渤海、契丹等所有成年男子都是战士,平时从事农牧生产,战争时参加战斗,兵器、粮食自给。万户府下辖诸猛安,猛安下辖谋克,谋克之下还有五十、十、伍等组织。兵员配置大多是一正一副,战时副军可以递补正军,兵为世袭制。金初军队按各民族编建,有女真军、汉军、奚军、渤海军等。移驻中原的屯田军,由女真、奚、渤海三族组成,隶属于总管府节制。金军以骑兵为主,步兵次之,再加上用兵如神,因而具有很强的战斗力。"金初,用兵如神:战胜攻取,无敌当世。曾未十年,遂定大业。……是故将勇而志一,兵精而力齐。一旦奋起,变弱为强,以寡制众"。而到金末,因南迁猛安占良田却不事耕垦,酒食游宴,奢侈糜烂,金军建制原有的种族特点和耐苦善战的特质逐渐消失,最终在强悍的蒙古军队面前不堪一击。

禁军。金初,禁军指合扎谋克,用于保卫宫廷和皇帝的安全,所以又称为"亲军"。后来也用于戍守。

汉军。汉军制度袭辽、宋。汉军有种种名号,如诸路射粮军、京师城防军(武卫军)、牢城军等。金末,尚有被金廷作为"以汉制汉"工具的忠孝军、"义军"。忠孝军为河朔诸路宋朝"归正人";而"义军"主要指各地农民起义军与地方豪强,其中最著名的如"封建九公"。

金代的军事指挥机关,初设有都统,后改为元帅府、枢密院等,协助皇帝统辖全军。战时,皇帝指定亲王领兵出征,设置都元帅,左、右副元帅等临时职位。边防、地方军事机构有招讨司、统军司等。金末,枢密院、行尚书省、元帅府的设置比较紊乱。

---

① [元]脱脱,等. 金史[M].北京:中华书局,1975:991−1010.

六、金朝的司法监察制度

金初,法制简易,无轻重贵贱之别,刑、赎并行。没有成文立法。伴随金统治区域扩大,金太宗时期开始使用辽、宋的法律。金天会七年(1129 年),太宗诏令,盗窃罪,以赃物数量多寡量刑,分为数等,但旧时征偿制度仍不废弃。此时女真固有旧俗与辽、宋法并行。金熙宗时,开始有明确立法。皇统五年(1145 年),参酌唐、辽、宋律令,颁发了金第一部成文法典《皇统新制》。到了海陵王时期,著为《续降制书》与《皇统新制》并行。世宗于大定二十二年(1182 年)颁行《大定重修制条》,泰和元年(1201 年)新法典修订完成,名为《泰和律义》。金朝刑法制度的一个严重问题是成文法的权威性不被统治者尊重。

中央监察机关为御史台。又称宪台,以御史大夫、御史中丞为长官。地方监察机构,金大定二十九年(1189 年)置提刑司,金承安四年(1199 年)改为按察司,金贞祐三年(1215 年)罢。金朝审理案件,州县官的自由裁量权空间较大。

卷二 金朝雄藩大郡

东平，是我国古代史上南北水路交通的咽喉，北通燕赵，南控江淮，东振齐鲁，西逾赵魏，一直是古、近代兵家必争之地和宋、金、元时期我国北方的政治、经济、文化中心。

金源一代，东平府为大金国皇统二年(1142年)"天下十有九路"之一的山东西路的首府(省会)，全国14个总管府路之一的兵马都总管府，全国14个路转运司之一的山东西路转运司，全国16个重兵驻守的"军节度使"之一的天平军节度使。故东平在金朝时被誉为"雄藩大郡"。

一、历代名郡数东平

东平，地处泰山西部余脉、汶水下游，滨黄河，域东平湖，古称东原。从西周至清代，曾为国、为郡、为府、为州、为路、为军等两千多年，是古老的大汶口文化的发祥地之一。境内拥有古"大野泽""梁山泺"遗存水域——东平湖，是著名的京杭大运河山东段的重要枢纽。古济水与古汶水、大运河在东平交汇。故宋金元文学家常称"梁山泺"为"小洞庭"，别称东平区域为"济东""汶阳""郓""天平"。

(一)东平历为名郡

秦行郡县制以后，东平的区域地位日趋重要。秦代，境内设须昌、无盐、张县3县。西汉至西晋在东平置东平国，最盛时领10县。东晋至北魏为东平郡，盛时领7县。隋朝起至北宋，置郓州。唐贞观八年(634年)，郓州治须昌城，领9县，并先后置平卢军、天平军节度使，至北宋皆袭之。

宋咸平三年(1000年)，黄河决于郓州，州城浸淤，没于今东平湖水下，郓州治和须城县城遂由埠子坡(今东平县老湖镇境)移至东南15里汶阳高原处(今东平县州城街道),辖6县。宋庆历二年(1024年),置京东西路安抚使于郓州,治须城,领二府、天平军,辖6州43县。宋大观元年(1107年)升郓州为大都督府。宋宣和元年(1119年)改郓州为东平府,治须城。

金置山东西路,治东平府须城,辖东平府及9州43县。初置郓州,后置山东西路总管府,又置转运司。金太宗立刘豫为"大齐"皇帝,升东平府为"东京"并为大齐国都城,东平府时领6县。金朝统治期间,金廷不断将都城南移,先遣中都燕京,再移南京汴京,金国的政治、经济重心也随着南移,使得东平地区的政治、经济、军事地位日益凸显。一方面,东平府地处女真人东京、燕京、汴京"三角"要津,位于交通的要冲,水运可抵汴梁,是南北方物资文化交流要塞之地;另一方面,山东西路有泰山"五岳独尊"之仰,曲阜与邹城为孔、孟圣人之土,新泰和圣柳下惠故乡,故成为北、西部地区人文学士崇教、崇学的首选之地。

元代须城为直属中书省的东平路治,盛极半个世纪的严实父子职山东西路行省兵马总管,时领54州(县)。

如是,在宋、金、元三朝长达290年间,东平是"省会"城市的大郡名城。迄今为止,是东平五千年文明史中最辉煌的时期。宋哲宗时宰相东平人刘挚《忠肃集》卷二《谢青州到任表》称:"东方大国,莫如郓、青"。《金史》一百十七,列传第五十五《国用安(咬儿)传》云:"山东富庶甲天下……东连沂、海,西接徐、邳,南扼盱、楚,北控淄齐。"《金史》卷七十三,列传第十一《完颜守贞传》载,明昌三年(1192年)金章宗口谕知东平府事完颜守贞时云:"东平素号雄藩"。元朝翰林学士、东平府学教官王构在《东平路共廨纪略》中写道:"郓自汉唐以来为名郡。曰东平郡,曰天平军,曰京东安抚司,曰山东西路兵马总管府,代有因革,而治者如旧。宋咸平间,大水,城坏,乃东徙焉。金兴定之季,毁于兵"①。

(二)东平人才荟萃

东平人文历史厚重、文化昌盛、人才辈出。春秋战国以来,东平名扬中华的政治家、文学家、军事家、科学家、医学家、书法家等灿若星河、惊艳古今、熠熠生辉。

战国初,劝谏齐王的无盐丑女钟离春,史称"无盐娘娘"。两汉时期,东平为经学重镇。春秋公羊学董仲舒,传东平嬴公。鲁诗的传人有东平徐公、王式、唐长宾等。"建安七子"之一、东平人刘桢,被曹丕赞为"其五言诗之善者,妙绝时人"。

---

① 泰安市地方史志办公室. 泰安府志[M].北京:线装书局,2017:890.

西晋名将、东平人马隆,"义"字豪天,善待遭杀害的魏兖州刺史令狐愚,传为美谈。南北朝时期,东平涌现出以北魏名将、益州刺史、封山阳公的吕罗汉为代表的"吕氏家族";以刘宋泰山太守、官至兖州刺史、封东平公的毕众敬为代表的"毕氏家族"等名门望族。东平僧安道一,集佛学、书法艺术于一身,刻泰山经石峪大字《金刚经》等摩崖书经刻经。唐代,东平名人武有以"三板斧"半路杀出的唐朝开国元勋程咬金;文有尚书左丞吕元膺,吏部尚书毕构;著名诗人苏源明,曾职东平太守。李白、高适等群贤毕至,在东平引吭高歌。东平人和凝、王朴,是五代时期著名宰执。宋代,东平经济繁荣,人才荟萃。刘挚、梁适等官至宰相,"父子状元"梁颢、梁固名贯古今;善用古方良方疗脚气、痘疹的董汲和首创六味地黄丸的儿科医学家钱乙名扬两宋;八方才俊驱聚东平,刘敞《初到东平得雨》,柳宗元《同刘二十八哭吕衡州,兼寄江陵李元二侍御》,白居易《游小洞庭》,欧阳修《乐郊诗》,苏轼《和鲜于子骏郓州新堂月夜》二首,张籍《节妇吟——寄东平李司空即道》等宿儒硕望,为东平留下了传世鸿章。南宋宰相文天祥,在被押漠北途中路过东平,写下了《东平馆》等诗作。

金代,东平继唐宋之盛,续硕儒荟萃之世,涌现出一大批文豪贤士和一些家族群杰。从金代"一代宗师"元好问《遗山集》中,可以"管窥"东平人才之盛。其卷三十二《东平府新学记》载:

伪齐已废,而乡国大家如梁公子美、贾公昌朝、刘公长言之子孙故在,生长见闻,不替问学,尊师重道,习以成俗。泰和以来,平章政事寿国公张公万公、萧国侯公挚、参知政事高公霖,同出于东阿,故郓学视他郡国为最盛。

其(刘蹈)孝于父母,善于兄弟,行己应物,一以至诚,横逆不校,忧乐不惊云。①

又,卷二十一《御史张君墓表》载:

仆尝谓:圣人泽后世,深矣。今虞、芮有间田,丰、镐之间,男女异路。孔子近文王六七百岁,故言衣冠礼乐,则莫齐鲁为盛,宜矣。百年以来,东平刘革老、斯立(刘跂)、宣叔(刘长言)之祖孙(刘挚、刘蹟)、文元贾公昌朝之家世、滕阳张丞相永锡、日照清献张公父子(张暐及其子张行简、张行信),东阿寿国张公(张万公),萧国公侯公(侯挚),参政高公(高霖),奉高承旨党公(党怀英),黄山内翰赵公(赵

---

① [金]元好问.元好问全集(上)[M].太原:山西人民出版社,1990:728.

汦),磁阳内翰阎公(阎长言),敦庞者艾,海内取以为法。①

东平府域,宋、金时期名震四方的就有贾昌朝、贾益谦家族;刘跂、刘长言家族;赵悫、赵汲家族;李世弼、李昶家族;王去非、王广道、王仲元家族等名门望族;等等。

元代,山东世侯严实与严忠济、严忠范父子,统治东平近半个世纪,辖地东抵泰莱,西至太行,南控江淮,北到德博,占地三千。《三国演义》作者罗贯中,高文秀、康进之等 20 余位元杂剧作家,享誉中外。

东平府学盛极宋、金、元三朝,居宰相位者达 7 人。元学者胡祇遹云,"元初,今内外要职人才,半出东原府学生徒"。东平是为元朝的高层次人才教育孵化中心、北方的元杂剧创作与戏曲展演中心和乐工培养基地。

(三)东平为战略要塞

金自天会六年(1128 年,宋建炎二年)十二月占据东平,至元太祖十六年(1221 年,金兴定五年)四月或五月蒙古纲弃守东平,金治东平近百年。《金史》卷十六,本纪第十六《宣宗纪下》载,兴定五年(1221 年)五月癸丑,东平内徙,命蒙古纲行省于邳州。《元史·太祖纪》载,元太祖十六年(1221 年)四月,金东平行省事蒙古纲弃东平府城逃遁,蒙古大元帅、太师木华黎命严实入守东平。

1.东平作为金之战略重镇,屯重兵以镇周边

金占东平后,金帅粘罕(完颜宗翰)便以东平为据点,出兵南下维、扬地区。山东西路辖区的今山东省境内,就驻有天平军、泰定军、泰安军、广信军等诸军。金天会六年(1128 年,宋建炎二年)冬,金宗辅部将挞懒(完颜昌)攻济南,在军力威逼与封官许愿的利诱下,宋济南知府刘豫献城降金。为笼络刘豫,遂任刘豫为东平知府,充京东、西、淮南安抚使,节制大名等。《三朝北盟会编》卷一百三十《炎兴下帙三十》载,金天会七年(1129 年)七月"粘罕(完颜宗翰)自扬州归至东平,差济南叛臣刘豫知东平府,并节制河南诸州郡"②。《金史》卷七十四,列传第十二《完颜宗翰传》载:

宗翰会东军于黎阳津,遂会睿宗于濮。进兵至东平,宋知府权邦彦弃家宵遁,降其城,驻军东平东南五十里。复取徐州。先是,宋人运江、淮金币皆在徐州官

---

① [金]元好问.元好问全集(上)[M].太原:山西人民出版社,1990:546-547.

② [宋]徐梦莘.三朝北盟会编[M].上海:上海古籍出版社,2008:946.

库,尽得之,分给诸军。袭庆府(今山东省济宁市兖州区)来降。宋知济南府刘豫以城降于挞懒。乃遣拔离速、乌林荅泰欲、马五袭康王于扬州,未至百五十里,马五以五百骑先驰至扬州城下。①

为加强对中原汉族的统治,金廷先立"大楚"张邦昌,辖黄河以南的原宋地,后于金天会八年(1130 年,大齐阜昌元年)至天会十四年(1137 年,大齐阜昌八年),置"大齐"国,立伪齐皇帝刘豫,辖治区域为东平历史上最大、最阔,包括山东东路、山东西路及今河北、河南、江苏、陕西、甘肃天水等广袤地区。同时,金廷为控制刘豫,派遣左监军挞懒(完颜昌)坐镇东平监抚之。大齐国的建立,在金与宋之间建起了一大片缓冲地带,有效巩固了金廷的统治。废齐后,山东西路辖东平府及 9 州 43 县,置天平军节度使、兵马都总管府。金大定十年(1170 年),东平府曾辖 63 县。又置山东西路转运司,管辖山东西路、大名府路两路财税事。

有金一代,东平为全国 34 府、16 军节度使、14 个转运司路之一。金廷还于泰和八年(1208 年)短期内于东平置山东西路按察转运司、山东西路宣抚司。金末年,为御拒蒙古军南下和镇压山东起义军,置东平行省,设东平元帅府。同时,侯挚、蒙古纲等,依东平府为大本营,多次调遣、集结军队,镇压李全、刘二祖、郝定等"山东红袄军"。

2.立东平为省会城市并选派重臣镇守

北宋、金、元三朝近 290 年,东平均为"省会"城市。金袭宋制,设置山东东路,治益都(今山东省青州市);山东西路,治须城(今山东省东平县州城街道办),东平成为金朝全国 5 京 19 路之一的"省会"城市。东平,还被伪齐刘豫称"东京",成为大齐的都城。金廷多选派皇亲国戚任东平府尹。如完颜昂、完颜守贞等皇室,徒单克宁、乌古论德升等国戚,以及众多的女真人、契丹人仕于东平府。

3.大量迁入猛安谋克户,固控东平及周边

金经过数次女真人大规模向中原迁移后,迁入山东西路的女真人口 30 万~44 万之众。安作璋《山东通史(宋金元卷)》称,经过数次女真人大规模内迁后,金迁入山东西路的蒲底山猛安、三屯(一作土)猛安、蒲底山挙兀鲁河谋克等女真猛安谋克等 12 个,女真人约 44.2 万人。② 李昌宪《金代行政区划史》则集成了金代迁入山东西路的 9 个猛安:把鲁古猛安、盆买必刺猛安、按必出虎必刺猛安、僝春

① [元]脱脱,等. 金史[M].北京:中华书局,1975:1698.

② 安作璋,等. 山东通史[M].北京:人民出版社,2009:338-339.

(蠢)猛安、失秃猛安、蒲底山猛安、徙毋坚猛安、三屯猛安、三土猛安。范学辉《金朝内迁女真人猛安数量考辨》①(2019年)在李昌宪考证的基础上,认为迁入山东西路的猛安,还应加上《宴台女真进士题名碑》记载的"东平府路石之猛安",共10个猛安,约30万人。时占金朝内迁中原地区40个猛安谋克的四分之一。这些女真人迁入山东西路后,一般筑垒聚居于汉人村落间,与汉人村寨犬牙杂处。《金史》卷七十,列传第八《完颜思敬(撒改)传》载:"猛安谋克屯田山东,各随所受地土,散处州县"。作为统治阶级中坚力量的猛安谋克,通过括地而霸占田地,出租剥削汉民。在山东的猛安谋克与原住汉人,在不断斗争中共处,在矛盾激荡中融合。《金史》卷四十七,志第二十八《食货志二》②载,金大定二十一年(1181年)正月,金世宗对大臣说:

> 山东、大名等路猛安谋克户之民,往往骄纵,不亲稼穑,不令家人农作,尽令汉人佃莳,取租而已。富家尽服纨绮,酒食游宴,贫者争慕效之,欲望家给人足,难矣!近已禁卖奴婢,约其凶吉之礼,更当委官阅实户数,计口授地,必令自耕,力不赡者,方许佃于人。

同时,金廷还在东平设屯田军,将所括民田甚至黄河故道分给女真屯田户。"黄河已移故道,梁山泺水退,地甚广,已尝遣使安置屯田。民昔尝恣意种之,今官已籍其地,而民惧征其租,逃者甚众"。朝廷还封女真人温迪罕察剌为东平府世袭千户,兼管山东西路的屯田军。

4.众多皇亲贵族、勋臣藩封或封谥东平

金世宗完颜雍的3个儿子越王允功、豫王允成、夔王允升,以及皇室完颜璋、完颜咬住、完颜守纯、完颜合达均封为山东西路的世袭猛安谋克。加上屯田军及女真内迁山东西路的10个猛安30万~44万人口,从而在东平形成了一个庞大的女真族统治集团。《金史·食货志二》载,居驻山东西路的猛安,通过统治阶级的力量强占屯田后,再"转与它人种佃,规取谋利",欺诈百姓。东平府寿张县主簿张仓理(字正伦)云:"县境多营屯,世袭官主兵,挟势横恣,令佐莫敢与之抗。兵人殴县民,民诉之县,县不决,申送军中,谓之就被论官司,民大苦之"③。

5.置宣(安)抚司、转运司、提刑司等司路机构,金末还曾置元帅府,以强化对

---

① 范学辉.金朝内迁女真人猛安数量考辨[J].历史研究(京),2019,5:166-176.

② [元]脱脱,等.金史[M].北京:中华书局,1975:1048.

③ [金]元好问.元好问全集(上)[M].太原:山西人民出版社,1990:531.

东平社会、经济、军事的全面掌控。

6. 东平为金朝末期的坚守之地

金宣宗贞祐年间(1213—1217年),蒙古军队不断南下,"山东红袄军"四起,金廷在丢师失地、危机四伏的情势下,东平依然是金军把控的中心城市。贞祐三年(1215年)前后,金廷不顾军粮短缺,仍然命令北方各路军户集结东平,"北方(蒙古军)侵及(黄)河南,由是尽起诸路军户南来,共图保守"。当时东平集结的诸路屯兵,累近10万之众,用于抗元、御宋、防寇。为此,东平府官员通过贩运滨州之盐交换粮刍,勉强解决了数额巨大的军需供给。①

(四)东平物产丰富

北宋时,郓州为冲要之地,物产丰饶,商业繁荣,号称"剧郡"。

安作璋《山东通史》援引清徐松《宋会要辑稿·食货》卷十五至十六记载,宋熙宁十年(1077年),郓州年税纳原额达92729贯,时为山东第一。辖区内曹州27585贯;商税额在3万贯以上的有兖州、济州、单州、濮州等;5万贯以上的除郓州外,还有博州、德州、棣州等。故宋朝著名诗人苏辙言"齐鲁之富,甲于四方"。②金朝前期(1125—1161年),东平地区的经济呈现出衰败的景象。综合诸文献记载,当时东平地区经济的衰败的主要原因有三:一是战火连绵,城池遭毁,基础设施遭到严重损坏。如《金史纪事本末》卷九《攻取中原》云:金天会六年(1128年)十月,在金军的不断南进下,宋东京(今河南省开封市)留守"杜充决黄河,自泗入淮以阻金兵",③致今河南滑县、鲁西南等地陷入一片汪洋之中,数10万百姓或死于洪水、瘟疫,或流离失所,无家可归;金军的屠城恶行,致益都、密州、濮州等城市毁于战火。二是人口死于战乱者众。战乱导致百姓流离失所,农田抛荒。时东平处于金、宋、元及"群盗"的"拉锯战"之中,百姓备受蹂躏,甚至发生"人相食"的惨剧,致劳动力急剧减少。如"靖康之难"时,金军在回师时一路烧、杀、抢、掠、纵,兖州、郓州、濮州一带,众多被杀害者的尸体"臭闻数百里"。三是民族压迫、税赋沉重,有的被迫沦为"驱口"或流民。再加上金廷大行民族歧视政策,女真贵族对北方汉族人的政治、经济榨取,治黄民夫钱、办军须钱等苛捐杂税压得人民喘不过气来,给人民带来沉重灾难。金天会八年(1130年)至天会十五年(1137年),在伪齐

---

① 安作璋,等. 山东通史[M].北京:人民出版社,2009:250.

② 安作璋,等. 山东通史[M].北京:人民出版社,2009:212.

③ [清]李有棠. 金史纪事本末[M].北京:中华书局,2015:196-197.

刘豫称帝的8年间,强签东平等地的汉人为兵(又称签军、金军),加重税赋征收,如百姓庭院种菜纳税,甚至以池塘荷叶数目纳钱。人民对其恨之入骨。[①]

金世宗、章宗时期,金朝的社会秩序趋于稳定,尤其是在隆兴和议(1164年)之后,宋、金之间大规模的战争基本停止,社会的稳定促使东平经济得到迅速恢复,并快速发展。[②]

1.农林牧渔业有了很大发展

北宋时期的农田水利建设,为以后的发展奠定了较好的基础。《宋史》卷九十五、志第四十八《河渠志五》载,经过"累岁于京东、西碱卤之地,尽成膏腴之地,为利极大"。博、德、濮等州水稻种植面积不断扩大。金代山东水稻产区主要分布在单、沂、曹等州。东平府的梁山泊地区,湖泊数百里,水稻生产兴旺,高产地块每亩达四五石,成为著名粮仓,且渔产丰富。北宋苏轼《和李公择赴历下道中杂咏十二首》其七《梁山泊》写道:"近通沂泗麻盐熟,远控江淮粳稻秋。"《宋史》卷四百六十八,列传第二百二十七《宦官三·杨戬传》[③]载,梁山泊"绵亘数百里,济、郓数州赖以其蒲鱼之利"。林业方面,郓州广植麻桑。宋司马光《奉和始平公忆东平(其二)》云,郓州"千岩秀色拥晴川,万顷陂不上下天。委地针监随处市,蔽空桑柘不容田。讼庭虚静官曹乐,儒服宽长邑里贤。不为从知方负羽,独乘渔艇老风烟"。李焘《续资治通鉴长编》卷三四五条载,宋元丰七年(1084年)五月辛酉,北宋时京东路的青、郓等州"产马最多",说明东平乃至山东,养马遍布各地。1041年,宋廷一次就从京东等地括驴5万余;金廷多次从东平、兖州括马;1263年,元廷从东平等路买马1550匹。

2.手工业进一步繁荣

金代山东西路的手工业门类众多,有制盐业、丝织业、制瓷业、刻书业、采煤业等,产品种类齐全,并在技术上取得不少新突破,如瓷器的烧造和绘制技术等。从而丰富了商品市场,促进了金中期商业经济的繁荣。金代,山东西路为纺织业聚集区。

《金史·地理志中》载,东平"产天麻、全蝎、阿胶、薄荷、防风、丝、绵、绫、锦、绢。"当时兖州的镜花绫、博州和棣州的小绫等都是享誉全国的丝织珍品。济州、

① 安作璋,等.山东通史[M].北京:人民出版社,2009:64-66.
② 安作璋,等.山东通史[M].北京:人民出版社,2009:192-195.
③ 高占祥.二十五史·宋史[M].北京:线装书局,2011:2514.

临清等地，还出现了专门从事纺织生产的专业户"机户"。南宋灭亡后，随宋宗室北上的严光大路经东平时，颇有感慨地说："此处风俗甚好，商旅辐辏，绢帛价极贱，一路经过，惟此为最"。山东西路纺织业的聚集，为金"丝绵绢税"提供了丰厚的税源。元代苏天爵《元朝名臣事略》卷第十《尚书刘文献公》①载，刘肃在金汴京失守后北投东平严实，"汴梁下（1127年，靖康二年）二月，公（刘肃）挈家入东平，严武惠公招致幕下，署行尚书省员外郎，改行军万户府经历。东平岁赋丁丝包银，而复输蛾蚕十余万两，色绢万匹，民不堪重"。

3.矿冶业得到快速发展

宋代，兖州莱芜监是举国闻名的四大监之一，年产生铁120余万斤。郓州也是重要的冶铁基地之一。枣庄采煤业已出现了小煤窑群。宋初，山东西路的池盐，也具一定规模。《宋史》卷一百八十一，志一百三十四《食货志下三》载："南京（今河南省开封市）及曹、濮、济、兖、单郡、广济七军食池盐"。

4.陶瓷业成为重要手工业部门之一

金代山东陶瓷业经过金初的短暂衰退后，到金朝中后期，无论窑场的规模还是产品质量，都已超北宋时期。山东西路陶瓷产区主要分布于泰安、枣庄、德州等地区。金代陶瓷遗址如宁阳县西瓷、西太平，新泰汶南、枣庄中陈郝、柏山等。

5.酿酒业名酒飘香

宋、金时期，山东酿酒的产、质量都达到了一流水平。金置东平"酒使司"管理。宋代朱牟《曲洧旧闻》卷七转引张能臣《酒名记》列举的北宋末年的郓州名酒，就有凤曲酒、白佛泉酒、香桂酒等。

6.商业经济进一步发展

东平水陆四通八达的交通网络，大大促进了区域性内外物资流通、民间商旅往来、商业繁荣和沿线地区的发展。金代中兴期，东平、临清、东阿、聊城、定陶、济宁等城市，以及部分市镇，百货山集，商业繁荣。如东平府寿张县的竹口镇、平阴县的傅家岸镇和但欢镇，及济州任城的山口镇等，"河流来往货物之众可以惊人"，苏天爵《元朝名臣事略》卷第十《尚书刘文献公》②载，金末严实初占东平时，"东平水运万石至旧卫"。特别是平阴县傅家岸镇，北宋时年商税额达22467.439贯，是当时平阴县城年商税额的532.09%。

---

① ［元］苏天爵．元朝名臣事略［M］.姚景安，点校.北京：中华书局，1996：198.
② ［元］苏天爵．元朝名臣事略［M］.姚景安，点校.北京：中华书局，1996：197-199.

总体来看,金代东平及山东西路地区的农业经济、手工业生产较为发达,商业贸易十分活跃,经济总体发展程度相对较高。由此,东平为金王朝的经济与财税收入重镇。

金朝末年(1211—1234 年),东平一带战争频仍,社会动荡,人口急剧减少,土地大量荒芜,经济再度遭到重创。

二、金朝东平总管府

金朝时期的东平府,宋东平郡,旧称郓州,置天平军,历史上曾为诸侯国、府、路、州治,是金代山东境内两大(山东东路治青州,山东西路治东平)政治、经济、军事、文化中心之一,历史悠久、经济发达、人文厚重,文化灿烂。东平府管辖的区域范围大约为现在的东平县、东阿县、阳谷县、汶上县、平阴县 5 县全境,加上原寿张县辖地(部分现已划归今梁山县、阳谷县和河南省台前县),金时平阴县辖今肥城市辛寨以西之地等,大金国时期东平府辖区总面积约 5100 平方千米。

金代的东平府治,地址在今东平县州城街道办事处。城池为须城县、东平府、山东西路的治所,即宋郓州守权邦彦弃守的郓州治。旧志载,故郓州城在金东平府治西北 15 里,即隋朝所置须昌县地、唐徙郓州治此,地处今东平湖北岸、老湖镇埠子坡村,故城因黄河决堤已淤没于东平湖水底。北宋真宗咸平三年(1000 年)时,黄河在郓州决口,浩荡洪水涌入巨野湖后再入淮河、泗水,郓州故城被淹没,积水坏庐舍,毁道路。三月,宋郓州知州姚铉奉宋真宗旨移建州城署东南 15 里的汶阳之高原,筑土立城,形如方胜,南北各一城门,东西各两城门,城墙周围总长 12000 米,高 6.67 米,阔 2.67 米。姚铉初建时在城中央,建州署头门、仪门和大堂 5 间,两翼各列曹房 6 间、班房 3 间,后来又在"大堂"之后,向北延续建设"二堂""三堂"等。州署的东、西为常平仓,州署西北方向为东平府学。城内还建有须城县衙、监狱、寺庙等。金朝山东西路官廨当袭宋郓州署。至金末时东平府城池被战火严重损坏,后经明、清多次修缮,形成"两门六堂"的"八进八出"的宏大建筑布局。

(一)东平兵马都总管府的机构设置

早在北宋仁宗庆历初,宋廷置京东西路安抚使于须城,初步确立了东平的"省会"城市地位。宋徽宗时又将郓州升格为大都督府。金天会六年(1128 年)冬,刘豫献济南降金,七年(1129 年)七月任命其职东平府,是为金朝袭宋,正式设置东平府之始。废齐后,金朝置东平兵马都总管府,天平军节度使,东平正式成为金朝的"省会"城市。时东平府辖须城(今东平县州城街道)、东阿(今聊城市东阿县)、阳谷(今聊城市阳谷县)、汶上(今济宁市汶上县)、寿张(今东平、梁山、河南省范县等境)、平阴(今济南市平阴县及肥城市西部)6县。

金废齐后,从熙宗天眷年起,金朝在诸京以外各路设置了山东东路(益都府)、山东西路(东平府)等14处兵马都总管府路。《金史》卷八十四,列传第二十二《完颜昂(奔睹)传》载,完颜昂"天眷元年(1138年),授镇国上将军,除东平尹"。

有金一代,东平总管府在不同的历史时期表现为三种情形,一是大齐国东平府;二是山东西路治东平,置兵马都总管府,金宣宗朝又置称东平行省;三是金末置东平行总管府。

第一种情形:大齐刘豫治东平府,为府为京。南宋建炎二年(1128年,金天会六年)冬,南宋知济南府事刘豫,杀宋济南守关胜降金,被金廷任命为东平知府。《建炎以来系年要录》卷三十五《建炎四年庚戌》载,金帝《册文》对刘豫职务的全称为"中奉大夫,京东、西等路安抚使兼诸路马步军都总管,知东平府,节制大名、开、德等府,濮、博、滨、棣、沧等州"。① 1130年金立大齐后,东平府作为刘豫的都城东京,管辖范围因"大齐国"而被扩大至河北、河南、江苏、陕西、甘肃等数省之地。金天会八年(1130年)七月,金廷颁诏立大齐,九月刘豫登基莅位大齐"皇帝",始都大名,复还居平,以东平为都。十一月,改元阜昌,史称"伪齐"。金初,袭宋制。刘豫"大齐"所辖政区仍保留宋朝路、府、州、军、县等地方建置及转运等机构,唯将东平府升为东京,并设京东路或曰山东路。东平府辖须城、汶上、阳谷、寿张、东阿、平阴6县。时东平府的等级为"望",设知府一人,通判一人,推、判、若干人。知府的职责是"掌总理郡政,宣布条教,导民以善而纠其奸慝;岁时劝课农桑,旌别孝悌;其赋役、钱谷、狱讼之事,兵民之政皆兑焉。凡法令条制,悉意奉行,以率所属"②。

第二种情形:东平府与山东西路兵马都总管合二为一。金天眷年(1138年)初,设立山东东路、山东西路作为统辖山东地区的最高一级的行政区划,在东平府置山东西路兵马都总管府,掌管本路兵马。时皇室完颜昂就身兼东平府尹、山东西路兵马都总管二职。山东西路兵马都总管的长官,同知都总管、副都总管等,同

---

① [宋]李心传.建炎以来系年要录[M].北京:中华书局,2013:681.
② 高占祥.二十五史·宋史[M].北京:线装书局,2011:899.

时也是东平府的府尹,同知府尹、少尹(治中)等,既掌管本路兵马,又兼领本府行政。① 另设判官等官吏、置录事司等机构来处理本府事务。

第三种情形:东平行总管府。行总管府主要职能为治理南徙的猛安谋克军户。金宣宗贞祐二年(1214 年),黄河以北的大量民户避难于黄河以南,金朝政府鉴于"兵势益弱,遂尽拥猛安户之老稚渡河,侨置诸总管府以统之"而设立东平等多处行总管府。刘浦江先生认为,金朝曾设山东东路、山东西路、河北东路、大名府路四个行总管府。

山东西路行总管府始立于金贞祐二年(1214 年),到 1223 年后,史未见载。贞祐二年(1214 年)八月,"置山东西路总管府于归德府及徐、亳二州",既随着蒙军的步步南下,东平等地失守,为管理南逃的猛安谋克军户,在归德府等异地置东平行总管府。归德府、亳、徐三地在东平府南邻,徐州又是山东西路辖区,徙山东西路军户于此,可以防阻蒙古军队取山东道入河南。金兴定三年(1219 年)知东平府事、元帅右监军蒙古纲奏请朝廷将济南"乞权隶本路"管理,从此至金败走山东大部之后,济南府划归东平行总管府管理。《金史》卷十六,本纪第十六《宣宗纪下》载,金兴定四年(1220 年)八月,皇帝诏令,"山东东路军户徙许州,命行东平总管府治之,判官一人分司临颍"②。山东东路军户在蒙古军队的进逼下逃迁至许州,其事务划归东平行总管府管治。这时的东平行总管府,即山东西路行总管府,已经管理山东东路、山东西路即今山东省全境的南徙猛安谋克军户,以防卫汴京东面的安全。金兴定五年(1221 年)五月,东平失守,东平府内徙,命蒙古纲行省于邳州。八月,罢黄陵岗招抚司。金元光二年(1223 年)后,《金史》再无有关东平行总管府的记载。

行总管府与金代行政路的路治府不同,主要管理猛安谋克南徙军户,是执行临时性的军事和行政性事务的建置。

(二)东平都总管府的人员编制

由于金朝视东平府为雄藩大郡,金朝政府多派品阶较高的重臣职东平府尹,且人员编制多于他镇。

东平都总管府官员的设置。金代的诸总管府路,路治设总管府,以本路兵马

---

① 安作璋. 山东通志(宋金元卷)[M]. 北京:人民出版社,2009:158.
② [元]脱脱,等. 金史[M].北京:中华书局,1975:355.

都总管兼本府尹。金熙宗以来,作为全国 14 个兵马都总管府路之一的东平都总管府路,依《金史》卷五十七,志第三十八《百官志三》①载,其官员品秩与人员编制为:

都总管一员,正三品。掌统诸城隍兵马甲仗,总判府事。同知都总管一员,从四品。掌通判府事。副都总管一员,正五品。所掌与同知同。总管判官一员,从六品。掌纪纲总府众务,分判兵案之事。府判一员,从六品。掌纪纲众务,分判户、礼案,仍掌通检推排簿籍。推官一员,正七品。掌同府判,分判工、刑案事。知法一员。(司吏,女直,山东西路十五人,大名十四人,山东东路、咸平府、临潢府各十二人,曷懒路、河北西路各十人,婆速路十一人,河北东路八人,河东南北路、京兆、庆阳、临洮、凤翔、延安各四人。汉人,户十八万以上四十二人,十五万以上四十人,十三万以上三十八人,十万以上三十五人,七万以上三十二人,五万以上二十八人,三万以上二十二人,不及三万户二十人,婆速路、曷懒路各二人。译人,咸平三人,河北东西、山东东西、曷懒、大名、临潢各二人,余各一人。通事,婆速、曷懒路高丽通事一人,临潢北部通事一人、部落通事一人、小部落通事二人,庆阳府通事一人。抄事一人。公使八十人。临潢别置移剌十三人。凡诸府置员并同。)

金制,正三品外任军政官员允许配备叫作"牵拢官"的服务人员 45 人。这样,东平兵马都总管府的人员编制 200 余人。

金章宗明昌元年(1190 年),东平兵马都总管府路长官称谓由府尹、同知府尹、少尹改为知府(事)、同知府(事)、治中。有时还有"权""充"称谓,是为"代理""试用期";"倅"称,是为副职"佐贰官",如李之翰"终于东平倅",庞铸"出倅东平";"遥授"称,是为金廷任命而未实际到任者,但享同等俸禄。

(三)东平府尹

1. 朝廷高度重视东平尹的人选

金朝视东平为战略要塞,东平尹为重臣,金廷多派统治集团的宗室、国戚、勋贵、功臣等要员担任。尽搜《金史》《宋史》《金史纪事本末》《三朝北盟会编》等古籍和东平历代旧志,已集得金代东平兵马总管府府尹 23 人。其中金太宗朝 4 人:刘豫、李邺、李俦、孔彦舟;金熙宗朝 2 人:完颜昂、重国;金海陵王朝 4 人:蒲察斡

---

① [元]脱脱,等. 金史[M].北京:中华书局,1975:1295-1330.

论、纥石烈撒八、张汝为、石抹荣;金世宗朝4人:徒单克宁、乌古论三合、蒲察鼎寿、乌古论思烈;金章宗朝9人:完颜守贞、张万公、仆散琦、乌古论谊、乌林答与、徒单金寿、完颜弼、蒙古纲、孙邦佐。

表2 金代山东西路东平府历任府尹(知府)一览表

姓名	官职	民族	出身	任职时间	累官	文献来源
刘豫	知东平府事	汉	宋元符年间(1098—1100年)进士	金太宗天会七年(1129年)	大齐皇帝曹王	《宋史·刘豫传》《金史·刘豫传》
李邺	知东平府事	汉	进士	金太宗天会八年(1130年)	翰林学士承旨	《建炎以系年要录》《宋史·唐琦传》
李俦	知郓州	汉	进士(以监察御史推)	大齐阜昌元年(1130年)秋	汴京同知副留守	《三朝北盟会编》
孔彦舟	知东平府事	汉	行伍,军功	金太宗天会十年(1132年)	金紫光禄大夫南京留守	《金史·孔彦舟传》《宋史·高宗本纪》
完颜昂(奔睹吾都补)	东平尹	女真	宗室	金熙宗天眷元年至皇统四年(1138—1144年)	平章政事郓王	《金史·始祖以下诸子》《金史·完颜昂传》
重国	遥授东平尹	女真	国戚	金熙宗皇统九年(1149年)	横海军节度使	《金史·逆臣·唐括辨》
蒲察斡论	东平尹	女真	荫补	金海陵王天德四年至贞元元年(1152—1153年)	北京留守大定尹	《金史·蒲察斡论传》《山东通史》(宋金元卷)

续表

姓名	官职	民族	出身	任职时间	累官	文献来源
纥石烈撒八（赐怀忠）	东平尹	女真	国戚	金海陵王贞元三年至正隆三年（1156—1158年）	平章政事金源郡王	《金史·纥石烈志宁传》
石抹荣	东平尹	渤海	辽宗室	金海陵王正隆四年至金世宗大定二年（1159—1162年）	临洮尹	《金史·石抹荣传》《山东通史》（宋金元卷）
张汝为	知东平府事（存疑）	汉	金天眷二年（1139年）进士	金海陵王正隆元年（1156年）	户部侍郎	清·光绪《东平州志》《金史·张浩传》
徒单克宁（习显）	东平尹	女真	国戚	金世宗大定八年至九年（1168—1169年）	太师淄王	《金史·徒单克宁传》《山东通史》（宋金元卷）
乌古论三合	东平尹	女真	军功	金世宗大定十四年至十五年（1174—1175年）	签书枢密院事	《金史·乌古论三合传》《山东通史》（宋金元卷）
蒲察鼎寿（和尚）	东平尹	女真	国戚	金世宗大定十六年至十七年（1176—1177年）	太尉越国公	《金史·世戚·蒲察鼎寿传》明《山东通志·职官志一》
乌古论思烈	东平尹	女真	国戚	金世宗大定二十四年至二十五年（1184—1185年）	东平尹	《金史·世宗下》《山东通史》（宋金元卷）
完颜守贞	知东平府事	女真	宗室	金章宗明昌三年（1192年）	平章政事济南尹谥"肃"	《金史·完颜守贞传》《金史·完颜希尹传》

续表

姓名	官职	民族	出身	任职时间	累官	文献来源
张万公	知东平府事	汉	金正隆二年（1157年）进士	金章宗明昌四年至明昌六年（1193—1195年）	仪同三司寿国公谥"文贞"	《金史·张万公传》
仆散琦（又：布萨琦）	东平尹	女真	国戚	金章宗承安二年至承安四年（1197—1199年）	贺宋生日使	《山东通史》（宋金元卷）《金史记事本末》卷37
乌古论谊（雄名）	知东平府事	女真	国戚	金章宗泰和三年至四年（1203—1204年）	谋逆伏诛	《金史·世戚·乌古论元中传》《金史·世戚·乌古论谊传》
乌林答与（合住）	知东平府事	女真	国戚	金章宗崇庆二年至贞祐二年（1213—1214年）	兵部尚书	《金史·仆散安贞转》《金史·乌林答与传》《山东通史》（宋金元卷）
徒单金寿	遥授知东平府事	女真	国戚	金宣宗贞祐初	知归德府事	《金史·逆臣·纥石烈执中传》
完颜弼（完颜达吉不）	知东平府、山东西路兵马都总管、充宣差招抚使	女真	宗室	金宣宗贞祐三年至元光末（1215—1223年）	封密国公	《金史·完颜弼传》《金史·仆散安贞传》
蒙古纲（胡里纲）	知东平府事	契丹	金承安五年（1200年）进士	金宣宗兴定元年至五年（1217—1221年）	行省邳州	《金史·蒙古纲传》

续表

姓名	官职	民族	出身	任职时间	累官	文献来源
孙邦佐	遥授知东平府事	汉	义军,军功	金宣宗元光二年(1223年)	山东西路兵马都总管、充宣差招抚使	《金史·宣宗本纪》《金史·完颜弼传》

2. 东平尹成分分析

从民族上看,金朝的主体统治民族为女真及契丹、渤海等民族,所以,在执掌一地军政大权的东平尹这个"亲民官"位置上,出身女真等统治民族者,占比近70%。既出任东平尹的汉族人有7人,占已经收集到的23名"尹"的30.4%;女真族、契丹族等16人(其中女真族14人,契丹族1人,渤海族1人),占69.6%。更重要的,东平尹中皇室宗亲有4人,国戚11人,合计15人,占比高达65.2%。文化程度方面,已知进士及第者6人,其中汉族5人,契丹1人。此外,还有2名汉人因军功或可利用价值大而遣任。即汉人被选任东平尹的,要么进士出身,要么军功卓著或可利用价值较高。在升迁方面,除2人(一人被诛,一人逝于任上)外,都得到了提拔、重用,占91.3%,获朝廷封谥的多达8人,占34.8%。

可以说,金朝担任东平尹者,或女真宗室,或国戚、勋臣,皆为金之重臣,且一任府尹,政途光明。

三、东平府辖县

(一)金朝东平总管府辖制区域

《宋史》卷八十五,志第三十八《地理志一》①载:东平,宋东平郡,旧郓州。天平军,转运司。北宋末,东平府领须城、阳谷、中都、寿张、东阿、平阴6县。

《金史·地理志中》载,东平府,宋京东西路治东平,旧郓州。金以东平府尹兼总管,置天平军、转运司。辖须城、阳谷、东阿、寿张、平阴、汶上6县。

根据军事、政治、经济发展的需要,金对东平府辖制的区域进行过数次较大的调整。其中,第一次是金天会八年九月至十五年十一月(1130—1138年),刘豫统

---

① 高占祥.二十五史·宋史[M].北京:线装书局,2011:473-479.

治东平8年间,东平为"东京",东平作为刘豫僭位之初的都城,是其"管辖"区域最大的时期。第二次是金皇统二年(1142年),山东西路东平总管府,天平军节度,转运司路。治6县:须城、东阿、阳谷、中都、寿张、平阴。之后,辖区内的中都县于金正隆二年(1157年)改称汶阳县,金泰和八年(1208年)又改称汶上县。但东平府管辖的6县未变。

据《宋史》《金史》《元史》之《地理志》所记载的东平府(含6县)人口数据,整理列表如下:

表3　宋金元时期东平府人口表

朝代	名称	户数(户)	人数(口)
宋代京东西路	东平府	130305	396083
金代山东西路	东平府	118046	813330
元代东平路	东平路	44731	50247

(二)东平府属县各论

金代对行政县分为7档管理,囿于金代的历史文献资料十分匮乏,历史资料难觅,依金袭宋制(宋朝的县分为畿、望、紧、上、中、中下和下7档),特列宋代各县等级供参考:须城县、阳谷县为2等"望县",中都县(汶上)、东阿县为3等"紧县",寿张县、平阴县和东平监为4等"上县"。

1. 须城县(1127—1221年)

历史沿革。东平,古称东原。境内约在15000年前,即有华夏先民在此繁衍聚居。东平作为山东大汶口文化、龙山文化、北辛文化的发源地之一,从"丁公遗址"的刻字陶片算起,已有5000多年的文字史。在唐虞(唐尧、虞舜)夏商时期,东平属徐州。《尚书·禹贡》载,"大野既潴,东原底平",是为"东平"得名之始。据兖州、东平旧志,佐以唐家品、高儒林总主编的《泰安区域文化通览·东平县卷》①,东平在西周春秋时期(前11世纪—前476年),今东平境内的大汶河两岸,有须句、郓、宿等诸侯国。战国时期(前475—前221年),郓、宿为齐国无盐邑。

秦朝(前221—前206年)行郡县制,始设须昌县(治今东平县老湖镇埠子

---

① 唐家品,高儒林.泰安区域文化通览·东平县卷[M].济南:泰山出版社,2012:6-8.

坡)、无盐县(治今东平县东平街道办无盐村)、张县(治今东平县新湖镇霍庄村),属薛郡。西汉(前206—25年),增置富城、章县,与无盐县属梁。须昌、寿良时属东郡,后改为大河郡、东平国(时治无盐县宿城,领7县)。东汉(25—220年),境内须昌、无盐、寿张、富城、章县,隶东平国,东平国辖10县,属兖州刺史部。

三国魏(220—265年),撤章县,余4县隶属东平国,领8县属兖州。西晋(265—317年),东平国治迁须昌城。东晋(317—420年),改东平国为东平郡,郡治宿城。南北朝(420—581年),东平历南朝宋、北朝魏、北齐、北周,境内置县代有更替,但大体未变。

隋朝(581—618年),置郓州,治万安(今山东省郓城县东)。寿张县治迁寿张集(今山东省梁山县寿张集),属济北郡;须昌县属兖州。后改郓州为东平郡,治郓城县,属兖州。唐朝(618—907年),须昌县、宿城县(原无盐县境内置)、寿张县属郓州。唐贞观八年(634年),撤宿城县并入须昌县,郓州治所由郓城县迁须昌城,领9县,属河南道。唐贞元四年(788年),改宿城县为东平县,与须昌县同附郡都,是为东平县名之始。同时,先后置平卢军节度使、天平军节度使,治须昌。后唐时改须昌县为须城县。

北宋(960—1127年),隶属沿袭五代。北宋咸平三年(1000年),黄河决于郓州,州城浸没,州、县城由埠子坡遂移至东南7.5千米汶阳高原处(今东平县州城街道办事处),辖6县。宋庆历二年(1042年),置京东西路安抚使于郓州(治须城),是为东平"省级"城市之始,时领2府、天平军、6州、43县。宋大观元年(1107年)升郓州为大都督府。宋宣和元年(1119年)改郓州为东平府,治须城。是以,金末元初时期著名文学家元好问等硕儒大家称东平为"天平""东州""济上"。

金天会六年(1128年)十二月十日,金军攻领东平府,时东平县称须城县。有金一代,须城县为山东西路、东平兵马都总管府、天平军节度、转运司治所。

《金史·宣宗纪下》载,金兴定五年(1221年)五月癸丑,东平内徙,命蒙古纲行省于邳州。《元史·太祖纪》载,蒙古太祖十六年(1221年,金兴定五年)四月,金东平行省事蒙古纲弃城遁,严实入守之。东平第一次入隶大蒙古国。之后,南宋义军将领彭义斌曾于1225年四月至七月间短时占据东平,蒙古军败杀彭义斌后,第二次占据东平。从此,东平纳入元的治下。

疆域。须城县金时的辖域包括今东平县大部、梁山县大部和肥城市西南部。梁山县志编纂委员会《梁山县志·建置》(1997年)载,西周,梁山县境大部属于须句国或称须句城,在安民山以东济水之滨的东张庄村(今东平县新湖乡境)。① 战国时,属齐国的范、寿、须句等邑。秦朝时属薛郡须昌县、张县和东郡范县。汉代,属范、须昌、寿张、东平陆。三国因之。隋,属寿张、须昌、平陆等。唐,分属郓州须昌、寿张、中都、郓城诸县。宋,分属郓州须城、东阿、中都、寿张。金,分属山东西路东平府须城、汶上、寿张和济州的郓城县。1949 年,中华人民共和国成立初,以昆山县为前身,割原寿张、东阿、东平、汶上、郓城 5 县的边沿地带组成梁山县。

今东平县,隶属于山东省泰安市,在五岳独尊的泰山西南部,地处东经116°3′~116°40′、北纬 35°46′~36°10′,北与平阴县接壤,与阳谷县及河南省台前县隔黄河相望。东与肥城市为邻,南与汶上县、西和梁山县相连。县境南北纵距45 千米,东西横距56 千米,面积 1343 平方千米。地势北高南低,东高西低。最高海域451米,最低海拔 36.7 米。山区、平原、湖洼各占三分之一。境内西部的东平湖,是山东省第二大淡水湖。大汶河(古汶水,戴村坝以东即上游为大汶河,以西即下游称大清河),自东向西横穿;大运河南北纵穿全境。境西北濒临黄河。辖 14 个乡镇,716 个村居。

金代须城县辖区范围整体上大于今东平县的行政区划。"四至"为:东临泰安州,南接汶上县,西界寿张县,北连平阴县(金代,今肥城市境大部分属平阴县)、阳谷县。

形胜。东平境内北部群峰列峙,脉岱阴。白佛山,古称峻山、金螺山,在今东平县城北,建有隋代石佛造像、金代"三教寺"遗迹等。龙山,在今东平县城中,明代建有龙山书院。黄华山,在须城县治以北 15 千米,金代著名书法家、翰林学士、东平人赵沨因爱黄华山水,自号"黄山"。瓠山,在今梯门乡境。元代翰林学士丞旨、谥文肃、东平人王构,自号"瓠山"。蚕尾山与凤凰山、黄华山皆相联络,其右有湖,故元代王构之子王士祯有《蚕尾集》。黄石岩,州城街道北 12.5 千米,宋代父子状元梁灏、梁固墓在焉。腊山,位于东平湖西岸,为著名道教名山。此外,还有安民山、金山、土山等山峰。

东平境内西南部地势低平,为古汶水、济水、黄河流经之区,河道、湖洼、坑塘、山泉、沼泽较多。山东省东平县志编纂委员会编《东平县志》载,东平境内的主要湖泊、河流有东平湖、稻屯洼和大汶河、大清河、小清河、汇河、京杭大运河(东平

---

① 梁山县志编纂委员会.梁山县志[M].北京:新华出版社,1997:41-42.

段)等中、小河道 15 条。①

东平湖。位于境内西部，古称大野泽、巨野泽、梁山泊、安山湖，唐宋文学家称其为"小洞庭"，如唐白居易、宋欧阳修都曾作《游小洞庭》诗。清朝咸丰年间定名为东平湖，现总面积 627 平方千米，常年水面 124 平方千米，是山东省第二大淡水湖和南水北调储水库。《宋史·宦官三·杨戬传》载："筑(梁)山泺，古钜野泽，绵亘数百里，济、郓数州，赖其蒲鱼之利"。《水浒传》中，被描绘为"八百里水泊"。到金代，黄河多次决口，泥沙淤积严重，金明昌五年(1194 年)黄河再次决堤，河水在梁山泊分流，向南夺淮入海，梁山泊(泺)一带被淤平，部分被开发为农田。今东平湖是《水浒传》描写的八百里水泊唯一遗存，京杭大运河纵穿东平湖，并新建有东平港。

古汶水，又称大汶河(东平境内的戴村坝以东即上游为大汶河，以西即下游为大清河)。汶水源自济南市莱芜区原山之阳，由东向西流入东平湖。清光绪《东平州志》卷三《山川考·川·汶水》载："《水经注》:汶水自桃多四分，谓之四汶口，其左三汶，皆在汶上县界。其右一汶，西南流经无盐故城(今东平县东平街道办无盐村)南，又西南经寿张故城北，又西南入济(水)"②。汶水在东平境内的明朝建戴村坝，坝以东即上游为大汶河，坝以西即下游为大清河，然后流经东阿县、平阴县，在寿张县小安山入古济水。

古济水。济水为古代"四渎"之一，清咸丰年间消失。清康熙五十六年《寿张县志》载："济水，由定陶(今山东省菏泽市定陶区)经今(寿张)县南五十里坝上。《书》所谓东出于陶丘，又东至于荷(ké)，又东北会于汶(水)，又东北入于海也。后枯竭，为黄河支派"。在今东平境内小安山一段与大清河汇合，东北后再分，入东海。清光绪《东平州志》卷三《山川考·川》③云："《府志》《水经注》:汶水自冈县北，西南过东平章县南，又过无盐县南，至安平县亭(今小安山)入济"。据考，从黄河至巨野泽的这段济水在东晋时已被淤平、湮没，巨野泽以下的济水由于有汶水等河流的补充，依然存在，但是因为和原来的济水已经没了太大关系，后来就逐渐改叫清河。济水出巨野泽后，经东平往东北方向从泰山北麓流经济南、济阳等地，在今东营市境内流入渤海。清咸丰五年(1855 年)，黄河铜瓦厢决口，造成黄

① 山东省东平县志编纂委员会．东平县志[M].济南:山东人民出版社,1989:56-58.

② 郭云策,李宏生.东平州志[M].北京:中国文史出版社,2008:765.

③ 郭云策,李宏生.东平州志[M].北京:中国文史出版社,2008:767-768.

河第6次大改道,由原来的夺淮入海改从山东境内夺大清河(济水)入海,济水从此消失。由是,《山东通史》言,"又辨东平须昌在济东,宜属鲁",《隋书·地理志》,"兖州于禹贡为济河之地。……东郡东平济北等郡……"是为中国古代特别是在宋、金、元时期的硕德儒学之士的作品中,常泛称东平为济东、东郡之据。

黄河。自金元至明,黄河自河南省仪封县,流经山东省曹县,东北历菏泽市定陶区、郓城县、寿张县进入须城县境。清光绪《东平州志·山川考·川·旧黄河》载:

> 东原受河患,由来古矣。……《书》不明言,河患实千古河流第一患。

> 五代河决郓州,河决环梁山入汶、济。宋乾德端拱间,河决郓州者五,至咸平三年(1000年),河决郓州王陵,扫须句,须昌城桓沦没,汶被河淤,不复南,入安民亭。既而河决郓州,河决东平,河决澶渊,横陇归扫类,以大清河为尾闾。

黄患导致宋真宗咸平三年(1000年)郓州治所迁址。北宋时期,黄河水有北流(由阳战经东明、曹州、寿张、东平、济阳、滨州等)入渤海。东流经泗水由淮入东海。常二支互变,但主要为北流。金代,黄河或决或塞,迁徙无定。宋建炎二年(1128年,金天会六年)十月,南宋为阻金军南下,宋东京(开封)留守杜充在河南决开黄河大堤,但金军未阻住,水淹和后继的瘟疫致数10万人无家所归,溃水东涌梁山泊,夺南清河(泗水)入淮,由此,黄河逐渐南拐东流,改道长达620余年。金天德二年(1150年),因河决巨野,济州治所巨野被淹,而迁任城(今山东省济宁市)。金大定六年(1166年),河决曹、单。次年又决阳武,水入梁山泊,寿张县城迫迁。大定八年(1168年)六月,河决李固渡,水溃曹州,形成黄河会泗夺淮入海主流。大定二十年(1180年)秋,河决泗州,水淹东明、定陶、单州、徐州、邳州等地,再拓东行入海,北流基本断流,从而导致梁山泊水面剧减,所以大定二十一年(1181年),金世宗在梁山泺"安置屯田"。大定二十九年(1189年)五月,河决曹州,金廷征430余万名民夫治河。金明昌五年(1194年)八月,黄河决,水淹濮州、曹州、郓州等地,并改道徐州境由淮入海。"河决阳武南,北流汇入梁山泺,南北清河变为浊流。嗣后夺入淮,汶阳作艺,东阳屯田所由起也"。

今黄河东平段,南临东平湖,境内全长33千米,河道最宽处约5.5千米,最窄处约1.4千米。河床高出地面数米,是名副其实的地上悬河。

东平县现隶属山东省泰安市。人口78万。

2. 东阿县（1127—1220 年）

历史沿革。东阿县地处山东省鲁西平原，东依泰山，南临黄河，为著名的中国阿胶之乡。清道光《东阿县志》卷之二《方域志》载："（东）阿在秦以前皆邑也"。东阿，古之名邑，历史悠久，"会盟征战，废垒遗墟，见于经史者不一而足"。东阿置邑，始见《春秋》，名柯左氏；原属卫国，后属齐国。战国改称阿，仍隶田齐。秦朝东阿、谷城二邑并置县，时东阿县治在今阳谷县境内，属东郡。西汉置东阿县，属东郡；置谷城县，属济北郡，皆隶兖州部。东汉时二邑皆隶东郡。三国时为魏地，隶属同汉。西晋时二邑并置，属济北国，东晋改国为郡，东阿属之。南北朝时，因南北分裂、政权迭易，刘宋孝武大明元年（457 年），东阿并入谷城县，隶兖州部济北郡；后魏，复置二邑，恢复东阿县；北齐谷城并入东阿，属济州部。隋朝，东阿属兖州部济北郡。唐武德四年（621 年），属济州，隶河南道；唐天宝元年（742 年），更州为郡，隶济阳郡，同年恢复谷城县；唐天宝十三年（754 年），改属郓州东平郡；唐大历元年（766 年），郓州改为淄青道，东阿属之；唐元和十四年（819 年），郓州为天平军，东阿随之改隶。五代十国时期，东阿属郓州天平节度使。宋初，属京东路；宋开宝二年（969 年），县治徙南谷镇；宋太平兴国二年（977 年），迁利仁镇，境北部卢县废，铜城镇等地划归东阿县；宋庆历元年（1041 年），置京东西路安抚使，东阿随东平郡改隶；宋大观元年（1107 年）东平郡升为大都督府；宋宣和元年（1119 年），改郓州为东平府，县皆隶焉；宋靖康二年（1127 年），改为东平府，东阿均属之。时县的类别为"紧"。现存北宋大观三年（1109 年）建净觉古寺。金代，天会十一年（1133 年，宋绍兴三年），东阿县治再徙新桥镇，隶山东西路东平府。

东阿县人才辈出。三国魏名相程昱，金尚书右丞侯挚、参知政事张万公、安国节度判官高霖以及元集贤大学士李谦等，皆为东阿人。

疆域。清道光《东阿县志》卷之二《方域志》载：

东阿县在泰安府西二百一十里。东十五里至平阴县界至县治五十里，西四十里至兖州府之阳谷县界至县治一百里，南三十里至东平州界至州治七十里，北六十里至东昌府之茌平县界至县治一百里。东南三十里至东平州界，东北十五里至平阴县界，西南六十里至兖州府之寿张县界至县治九十里，西北四十五里至东昌府聊城县界至县治九十里。

东西广五十五里，南北袤九十里。东北至省城（济南）二百里，西北至京师（北京）陆以九百九十里，水以一千四百九十里。

东阿县的利仁镇、景德(安平)镇,为宋、金、元时期的名镇。

形胜。今东阿县位于泰山西部,黄河岸边。地处东经 116°02′~116°33′,北纬 36°07′~36°33′。县境沿黄河呈西南东北狭长形,土地总面积 729 平方千米。东阿县沿黄河一带有 11 处残丘,全境多为由黄河泛滥漫流沉积而成的缓平坡地。

旧志载,东阿县城北 2.5 千米为黄山即毂城山,有纪念秦人的黄石公祠;清道光《东阿县志》载,唐代,张良少时,遇圯上老人传授兵法,并约 13 年后相见于济水之北的毂城山下黄石。张良果得黄石,立庙祠之,后人因此称黄石庙。城东北 5 千米有石门山;东南 1.5 千米曰冠山,有侯(挚)丞相林;冠山之南曰黄崖山,狼溪河之水出于此山 12 泉。清乾隆二十五年,《泰安府志》《山东通志》《兖州志》均载"小谷(毂)"即东阿县治"小谷(毂)城","今姑乃仍之"。另据平阴县旧志说,谷(毂)城山、黄山、狼溪位于今济南市平阴县东阿镇,金时此地属东阿县。此外,还有黄山东平说,依旧志载有黄石岩;东平人赵沨号"黄山"。

城南 15 千米处有云翠山,相传丘处机曾在此修炼;绵有六工山,有唐初建福院,旁有元学士李谦故居。河流有黄河、赵王河、赵牛河、中心河、巴公河、班滑河、官路沟、洛神湖等。东阿名胜古迹较多。境内现有金代及以前的古迹香山、青冢子等大汶口文化和龙山文化遗址多处;三国东阿王曹植之墓位于鱼山西麓;遗存宋、元以来的石造像的姜楼武当庙,始建于北宋大观三年(1109 年)的净觉古寺等。此外,还有元朝札剌王桓肃墓及邓庙石刻造像等。

东阿县现隶属山东省聊城市。人口 40 万。

3. 阳谷县(1127—1220 年)

历史沿革。清康熙《阳谷县志》卷之一《建置》载:

阳谷者,以谷山在县治之东北,据城之中央,而县治居离坤间,故以取名。按《禹贡》,阳谷古属徐州之域。周为齐地。《春秋传》鲁文公十六年(前 641 年)使李文子会齐侯于阳谷,属齐地。

阳谷秦属东郡。汉为须昌县(今东平县)。东汉属东平国。晋因之。南北朝俱属东平郡。隋开皇十六年(596 年),始置阳谷县,属济州;隋大业三年(607 年),改济州为郡,阳谷属。唐武德元年(618 年)阳谷县改隶郓州;唐武德四年(621 年)重置济州,阳谷从郓州划出,再属济州;唐贞观八年(634 年)废须昌县并入须城县,郓州治迁须城,唐天宝元年(742 年)改州为郡,阳谷属东平郡;唐天宝十三年(754 年)济州城为黄河洪水所冲没而废,阳谷改属河南道郓州东平郡。五代时,袭之。宋初,因之。宋开宝六年(973年),县治水没;太平兴国八年(983年),县治迁孟店;宋熙宁七年(1074年),阳谷县属京东西路郓州;宋宣和元年(1119年),属京东西路东平府。金天会十五年(1137年),阳谷县属山东西路东平府。元朝时属东平路。

疆域。清康熙《阳谷县志·疆域》载:

阳谷东西广七十五里,南北袤九十里。四至为东至东阿县界安平镇四十里至县治一百里,西至朝城县界石大店三十里至县治四十五里,南至寿张县界三十里至县治三十五里,北至双庙村聊城县界六十里至县治九十里。

阳谷县总面积1000余平方千米。

形胜:由于历史上黄河曾多次在境内泛滥、改道、冲决、泥沙淤积,故阳谷县境为黄河泛滥平原,地势由西南向东北缓倾,平均海拔高度为40米。河流:以横亘于县南境的金堤为界,分属于两个水系及流域。金堤以南为金堤河水系,黄河流域;金堤北为徒骇河水系,海河流域。有黄河、金堤河、新金线河、徒骇河和小运河、赵王河、羊角河7条河流。黄河流经县东南部,境内金堤河流经县南部。金时阿城镇是为名镇。

清康熙《阳谷县志》卷之四《古迹》载,《春秋传》鲁文公十六年(前641年)使李文子会齐侯于阳谷时的"会盟台"遗址,"在城南,春秋鲁僖公三年(前661年)齐宋江黄会于阳谷即此。今犹存遗址"。境内金及以前的古迹有位于县城东25千米的阿城镇古运河畔的海会寺;位于县城东16千米的景阳冈;坐落在县城大隅首西南角、始建于北宋景祐三年(1036年)的狮子楼等。

阳谷县现隶属山东省聊城市,人口83.46万。

4. 汶上县(1127—1152年称中都县,1153—1207年称汶阳县,1208—1221年称汶上县)

历史沿革。明万历《汶上县志》卷之一《方域志·沿革》载,汶上县,取"汶水在上"之意名之。上即北。汶上县地处山东西南部。

汶上境内约在15000年前,即有华夏先民在此繁衍聚居。至商代,境内置厥国。周代,先后置郕国,中都邑、阚邑,周武王封同母弟叔武于郕,鲁定公朝(前501年),孔子曾任中都宰。战国时,齐置平陆邑,后属楚。秦代县境内分属薛郡的张县(治今东平县新湖镇霍庄)、无盐县(治今东平县东平街道办事处无盐村)。汉宣帝甘露二年(前52年)前后,境内始置东平陆县,以别于山西平陆故曰东平陆,隶属兖州东平国。东汉时汶上并入须昌县(今东平县)。三国属兖州东平国(郡)东平陆县。晋因之。南北朝时期,刘宋曰平陆,属东平郡;后齐置乐平县。隋朝初仍称平陆县,属鲁郡。唐初属兖州;唐天宝元年(742年),改称中都县,移县城于今治,割属郓州。宋属东平府。金初(1127—1152年),袭宋称中都县;金贞元元年(1153年)更名汶阳县(1153—1207年);金泰和八年(1208年),取"汶水在上(北)"之意,更名汶上县,此为"汶上"专用地名之始,沿用至今。

著名历史古迹有:宝相寺、文庙、贾柏遗址、蚩尤墓等。现存宋代建佛教圣地太子灵踪塔。宋、金、元时期的圣泽书院,名噪八方。

疆域。明万历年间,汶上境域,"南北最大纵距一百一十六里,东西最大横距七十里"。北至东平界沙河站村,东至宁阳县界西梳村,南至济宁州界康庄驿,西至郓城县界肖皮口,西北至须城县安山西面的张博士集(今属梁山县),西南至孟姑集以西申家海(今属嘉祥县),东南至南唐阳,东北至琵琶山。当时辖域面积达1300余平方千米。

形胜:汶上县东北山丘属泰沂山系,多为东南—西北走向,主要有昙山、太白山(水牛山)、卧佛山、彩山、九峰山等。太白山醉似卧牛,亦叫水牛山,有摩崖石刻,唐代大诗人李白曾到此观赏,因此得名。西南部属古大野泽、梁山泊东畔,整个地势由东北缓倾西南。境内河流属淮河流域,大汶河流经东北部;内河主要有小汶河、泉河、小新河、因势由东北向西南注入。著名的京杭大运河经汶上西南边境。县境西南部有南旺、蜀山、马踏3湖。

汶上县现隶属山东省济宁市,人口82万余。

5. 寿张县(1127—1221年)

历史沿革。清康熙五十六年《寿张县志》卷之一《方舆志·沿革》[①]载,"寿张,《禹贡》《职方》徐州之地也。春秋为良邑(治今东平县新湖镇霍庄),战国为刚(治今宁阳县堽城镇)、寿"。春秋时期,设良邑,秦朝设张县,隶属徐州。西汉改置寿良县,东汉改成寿张县归东平国。南北朝时属南宋,改为寿昌县,属东平郡。治所均在今东平县霍庄。北魏时置济州(今巨野县),兖州和济州各置东平郡,各设寿张县;至东魏,济州东平郡寿张县移至寿张集(今梁山县西北寿张集),后撤并入须昌县(今东平县)。隋朝时属济州,大业二年(606年)改属济北郡。唐武德四年(621年)寿张县改置寿州,并设寿良县;五年(622年),废寿州及寿良县,复寿张

---

① 崔彩云,张玉珂.寿张县志[M].郑州:中州古籍出版社,2017:2.

县,属郓州东平郡。宋宣和元年(1119年),改郓州为东平府,县仍为属。金因之。金大定七年(1167年)黄河决堤,洪水环城,治所被迫迁至竹口镇(今阳谷县李台镇祝口),大定十九年(1179年),仍复旧治于寿张集。《金史》卷二十五,志第六《地理志中》①,寿张县,"大定七年,河水坏城,迁于竹口镇,十九年复旧治"。隶属东平府。金以后至民国,历代均置寿张县。

疆域。寿张县治"东西广八十里,南北袤六十五里"。"四境"为:东至东平府戴家庙(今东平县新湖镇戴庙村),西至范县东关(今莘县古城镇),北至阳谷县新庄,南至郓城县潘家渡(今郓城县潘渡镇)。"四隅"是:东南临汶上县,西南抵濮州(今鄄城县),东北邻须城县,西北接阳谷县。寿张、张秋、安山为宋金名镇。

寿张县于1964年撤销。1964年11月寿张县建制撤销,金堤以南地区划归河南省(今河南省台前县南临黄区),金堤以北地区划归山东省阳谷县(今阳谷县寿张镇)。黄河以南部分划归东平县、梁山县。

6. 平阴县(1127—1220年)

历史沿革。平阴县,别称"玫城",位于山东省西部,因地处古东原(平)之阴(北方),东原底平,故名平阴。平阴被誉为中国玫瑰之乡、中国阿胶之乡。

清顺治《平阴县志》卷之二《舆地志·沿革》②载,唐虞夏商,为兖州之地,"按:《禹贡》'东原底平'而本邑实东原之阴,又为河流所经古疆域应属兖州"。周为卢地,周王未下车,封尧后于铸,即平阴地;后属齐国,为谭子国。春秋战国时期,平阴仍属齐国,时有卢城、平阴城、京兹城,皆城也,而平阴实统之;平阴县内的谷邑即为齐相管仲的采邑之地,有管仲三归台碑刻等遗迹;《史记》载:"齐长城西起平阴。"洪范池镇张海为春秋时扈邑之地,相传为古会盟处。"春秋庄公二十三年,公及齐侯遇于谷。十有三年公及齐侯盟于扈"。庄公、齐桓公曾会盟于此。秦行郡县,分天下为36郡,属东郡。汉为卢县,为济北王都,属泰山郡。东汉时,仍卢县,属济北国。魏晋皆因之;七步成诗的曹植,于太和三年(229年)封东阿王,死后谥"陈思王",葬鱼山。南北朝时期属济北郡。隋朝初因之;隋开黄十六年(596年),以其地置榆山县;隋大业二年(606年),复齐故城名,置平阴县,故"平阴"命名始于齐,复于隋;现存隋开皇十三年(593年)神道碑,碑文书体杂用,篆隶8分,结构

---

① [元]脱脱,等. 金史[M].北京:中华书局,1975:614.

② 平阴县史志办公室. 平阴县志[M].北京:中国文史出版社,2018:27-33.

严谨,书体奇异。唐武德四年,属济州;唐贞观元年(627年),属河南道郓州;唐太和六年(831年),省入卢县、东阿县;唐开成二年(837年),复置平阴县,属郓州东平郡。五代时期后梁开平二年(908年)至后周显德六年(959年)均属天平节度使郓州。宋初因之,宋宣和元年(1119年),属京东西路东平府;现存有宋熙宁十年(1077年)苏东坡新桥镇铁塔寺"荐诚禅院五百罗汉浮图记"碑;金改山东西路,治东平府,平阴县仍属东平府;现存洪范池镇的李山头、玫瑰镇焦庄的金墓和东阿镇铁杨村的金碑,玫瑰镇有"双王墓",所葬为王去非、王去执兄弟二人;洪范池,据清道光十八年(1838年)《重修洪范池碑记》载:"金完颜时,村人因祷雨辄应,建龙祠于池北,故又号龙池"。

疆域。平阴县,位于鲁西黄河南岸,距省会济南市60千米,与肥城、东平、东阿、长清等县(市)区接壤。介于东经116°12′~116°27′,北纬36°1′~36°23′之间,总面积827平方千米。

清顺治《平阴县志·舆地志·疆域》载:

东西广五十里,南北袤一百里。古平阴北据卢,南据京兹,东有铸乡,西有石门。东至肥城界二十里,西至东阿界三十里,南至东平界五十里,北至长清县九十里。县治距东平州治南一百里,距寿张县治西南一百四十里。①

宋、金时,傅家岸镇是为经济名镇。

形胜。泰山余脉纵贯县境,北部有黄河流经,南部有山东省第二大淡水湖东平湖,地势南高北低,中部隆起。山脉从肥城市西北部的陶山入境,呈西南走向绵延起伏,纵横交错的大小山头800余个,遍布于全县。境内过境河流有黄河和发源于肥城市湖屯镇北部的陶山的汇河,并以县城东南分水岭为界,形成黄河、汇河两大水系,县境西部、北部的水流入黄河,东南部的水流入汇河。境内河流主要有浪溪河、玉带河、龙柳河、锦水河、安栾河等。宋、金、元文人笔下提及的浪溪河,发源于平阴县与东平县接壤的洪范池镇的南部山区,上游由3条较大的自然冲沟(溪、泉)形成,一条发源于南天观西侧的刘庄村一带,一条发源于南天观东侧,两条冲沟纳扈泉之水在张海村东汇流而下,又纳东流(书院)泉及龙池(洪范池)泉之流,向北至纸房村,又与发源于大寨山东侧的另一条自然冲沟之水汇流,形成浪溪河,故古籍中有3泉汇为浪溪之说。从纸房村向北,经东阿镇,在东阿镇大河口

---

① 平阴县史志办公室. 平阴县志[M].北京:中国文史出版社,2018:30.

村入黄河。河道长度26千米,河宽30~50米。东阿镇以上为上游段,以下为下游段。洪范池镇的南部山区的书院泉等17处泉在旧志中有记载。

关于"谷(穀)城"实为何地,旧平阴县志、旧东阿县志、旧阳谷县志均有载。宋、金、元文人笔端的"小谷(穀)城",皆考载在本县境内。岁月荒芜,无法明证,尚无定论。喜探究者,亦可研读清·顾炎武《小谷辨》、张宗良《谷城非小谷辨》的"谷城曲阜说"。

平阴县现隶属山东省济南市。总人口37万余。

卷三　大齐刘豫都东平

"靖康之难"后,由于尚处于奴隶社会晚期的金国无法有效统治已处于发达的封建社会的北宋国土,同时为缓冲南宋军事压力,避免、减缓北方宋朝遗民起义的打击,金国通过施行"以汉制汉"策略,在金廷苦心培植的伪楚张邦昌苦撑33天失败后,于金天会八年(1130年)九月,在原宋地又"如法炮制"建立了又一个傀儡政权——伪齐。至天会十五年(1137年)十一月被废的8年间,刘豫在政治上使金廷达到了"以僭逆诱叛党"的目的,在军事上作为宋金之间的军事缓冲带,并助金伐宋"灭宋",在经济上横征暴敛,为金廷积累了大量财富。

一、僭号称帝

女真族12世纪初逐渐强盛,灭亡辽国、征服西夏、攻打北宋,在我国北方建立了金国,并控制中原广大地区。因为一时无法用女真奴隶制来进行统治,只有保存原北宋的封建生产方式不变,采取树立傀儡政权的办法。于是金人便采取了"以汉治汉""立异姓"的策略,先册立宋朝降臣张邦昌为皇帝,国号"大楚",定都汴京;又扶植叛宋降金的原济南知府刘豫为大齐皇帝,初定都大名,称"北京"。

《金史纪事本末》卷六《太宗克汴》①,记载了金占汴京及立张邦昌的经过。金天会四年(1126年,宋靖康元年)闰十一月,"丙辰,克汴城。时日已暮,宋人犹力战,枪刺中富埒珲手,战益力,遂败宋师",城中宋军溃而西出者13万人。宋靖康二年(1127年)四月一日,金从汴京虏徽、钦二帝及3000余众北去,北宋亡。五月,赵构即位于归德,改元建炎,是为宋高宗,南宋立。逐渐强盛的金国,已控制中原广大地区,金人在从开封撤退之前,于靖康二年(1127年)三月册立了原北宋宰相

---

① ［清］李有棠. 金史纪事本末[M].北京:中华书局,2015:105-140.

张邦昌为"大楚"皇帝,使其在女真族支配之下统治包括京东西路在内的黄河两岸地区。33天后,张邦昌附宋,后被诛。

金人采取"以汉治汉"策略、册立张邦昌为"大楚"皇帝失败后,又想立另一个"张邦昌"。《金史》卷七十七,列传第十五《刘豫传》①载:"俟宋平,当援立藩辅,以镇南服,如张邦昌者"。于是金如法炮制,又拟以叛宋降金的原济南知府刘豫,或宋麟、府、丰三州降将折可求作傀儡政权人选。这个信息激起了刘豫的"皇帝"梦,于是一场"刘豫揣意求于金,庆裔怀私属于豫"的历史闹剧上演了。刘豫随即主动迎合造势,四处活动,愿为傀儡,先是以重金贿赂经略山东的挞懒(完颜昌),后又在高庆裔操纵下投入粘罕(完颜宗翰)怀抱。《三朝北盟会编》卷一百四十一《炎兴下帙四十一》援引《节要》云:金将立藩辅时,挞懒即有立刘豫之意。当时,西京留守高庆裔作为占据山东、久居滨潍的"西朝廷"——西路元帅府左副元帅粘罕(完颜宗翰)的心腹,恐为挞懒所先,力劝宗翰立刘豫之功归己,以收推荐之恩,达掌控山东之愿,同时也排除了异己即"东朝廷"东路都元帅府右副元帅宗望、宗辅以及宗弼、挞懒等。于是,在宗翰的授意下,高庆裔自"西朝廷"治所云中,经由燕山、河间越旧黄河之南,先后至景(今河北省景县)、德(今山东省德州市)、博(今山东省聊城市)和东平府等诸州郡,制造舆论,称诸州共同拥戴刘豫,然后由宗翰遣完颜希尹请求朝廷批准。于是,刘豫转身投靠了宗翰,这也导致其后来成为金朝统治者派系斗争的牺牲品。②

《宋史》卷四百七十五,列传第二百三十四《叛臣上·刘豫传》③载,金天会初年间,济南曾有渔翁捕获鳢鱼,是一种鲟类的大鱼,它背部灰黄色,口小而尖,背部和腹部有大片硬鳞,淡水中生,入海越冬。刘豫妄称之为神物之应,大张旗鼓地祭祀了一番。之后又在大名府的顺豫门下发现有棵结了5个穗子的禾苗,他的同伙就附会说是上天有意让刘豫受命登大位。刘豫就让儿子刘麟携带金银珠宝贿赂挞懒,要求他在朝里疏通,以便能够顺利当上"皇帝"。这时挞懒的政敌宗翰,加快了结党营私速度,在此后两个月里,又让高庆裔驰至东平,假征"民意",并征求刘豫的意见,刘豫假惺惺地推荐被掳的原宋太原守臣张孝纯。宗翰说:"拥戴你的是河南万姓,推荐张孝纯的只有你一个人,不能以一人之请,而阻挡万千百姓的心

---

① [元]脱脱,等.金史[M].北京:中华书局,1975:1759-1762.
② [宋]徐梦莘.三朝北盟会编[M].上海:上海古籍出版社,2008:1026-1027.
③ 高占祥.二十五史·宋史[M].北京:线装书局,2011:2544-2546.

愿。你理当就位,我就让张孝纯辅佐你吧"。于是,完颜希尹于金天会八年(1130年,宋建炎四年)七月底请求皇帝批准下诏后,于九月九日刘豫正式登基"皇帝"位,国号"大齐",定都大名府。不久,刘豫迁都东平,升东平府为东京,以汴京为西京,以归德为南京。天会十年(1132年)四月迁都于汴京(今河南省开封市)。天会十五年(1137年)十一月,存在8年的大齐被金废除。

《建炎以来系年要录》卷三十二《建炎四年(1130年)三月癸卯朔》,对刘豫自己造势、高庆裔力助刘豫当大齐"皇帝"一事记载甚详:

> 初,故陷山东,左监军完颜昌密有许封刘豫之意。会济南有渔得鳣者,豫妄谓神物之应,乃祀之。既而北京顺豫门下生禾,三穗同本,其党指言以为豫受命之符,乃使豫子、伪知济南府麟赍重宝略昌求僭立。大同尹高庆裔,左副元帅宗维(注:即宗翰,下同)心腹也,恐为昌所先,乃说宗维曰:"吾君举兵,止欲取两河,故汴京既得,则立张邦昌,后以邦昌废逐,故再有河南之役。方今河南州郡,官制不易、风俗不更者,可见吾君意非贪土,亦欲循邦昌之故事也。元帅盍建此议,无以恩归它人。"宗维乃令希尹驰白金主晟,晟许之。宗维遂遣庆裔自河阳越旧河之南,首至豫所隶景州,会官吏军民于州治,谕以求贤建国之意,皆莫敢言。曰:"愿听所举。"庆裔徐露意以属豫,郡人迎合敌情,惧豫权势,又豫适景人,故进士张浃等遂共举之。庆裔至德、博、大名,一如景州之故。既至东平,则分递诸郡以取愿状而已。庆裔归,具陈诸州郡推戴之意,宗维许之。①

《金史》卷三,本纪第三《太宗纪》载:金天会八年(1130年)"九月戊申(初九),立刘豫为大齐皇帝,世修子礼,都大名(今河北省邯郸市大名县城东北)"②。《金史·刘豫传》载:"天会八年九月戊申,备礼册命,立豫为大齐皇帝,都大名,仍号北京,置丞相以下官,赦境内。复自大名还居东平,以东平为东京,汴州为汴京……"刘豫"登基"后,置相设部,任命太原俘臣张孝纯为宰相,李孝杨权左丞,张柬权右丞、兼吏部侍郎,李俦为监察御史,郑亿年为工部侍郎,王夔为汴京留守,儿子刘麟为太中大夫、提领诸路兵马兼知济南府。

《三朝北盟会编·炎兴下帙四十一》载:金天会八年(1130年)七月,

> 二十七日丁卯金人立刘豫于北京国号齐。金人册豫文曰……遣西京留守高

① [宋]李心传.建炎以来系年要录[M].北京:中华书局,2013:628.
② [元]脱脱,等.金史[M].北京:中华书局,1975:62.

庆裔,副使礼部侍郎知制诰韩昉,备礼以玺绶宝册命尔为皇帝,国号大齐,都于大名府,世修子礼(儿皇帝),永贡虔诚。付尔封疆,并从楚旧。以十一月十三日后为阜昌元年,布告天下,咸使知闻。

金立刘豫后,就让其管辖原伪楚张邦昌曾辖疆域,即今河南、河北、陕北、山东、陕西及后增的甘肃天水等广袤地区。①

刘豫大齐政权,史称"伪齐"。金廷既然把刘豫作为"世修子礼,永贡虔诚",父事金主的儿皇帝看待,并且委派挞懒(完颜昌)以左监军大事专决、屯兵冲要之处镇抚之。刘齐实质上就是金统治下的一个藩属政权,也就是代金统治汉地的傀儡政权,其后果必然是无用则弃。

二、大齐疆界

大齐的管辖范围和行政区的划分,应追溯至伪楚时期。从金天会五年(1127年)金廷《行府告谕亡宋诸路立楚文》来看,伪楚管辖原北宋的京畿路、京西路、京东路、陕西路、河北东路、淮南路。是年,张邦昌募人携带伪诏告谕四方。金天会七年(1129年)三月,金以"刘豫知东平府,充京西东、淮南等路安抚使,节制大名开德府、濮、滨、博、棣、德、沧等州,……自旧河以南,皆豫所统"。金在册封刘豫的诏文中说,"赐尔封疆,并从楚旧",则伪齐与伪楚的辖境应大致相同。《建炎以来系年要录》卷四十《建炎四年(1130年)十有二月己巳朔》载,"时既立刘豫,复以旧河为界"。同书卷四十二《绍兴元年(1131年)二月戊辰朔》又载,金军占领熙河地区后,将陕西全部及现甘肃天水等地交予刘豫管辖,"左副元帅宗维(翰)既得关中地,遂悉革以予伪齐"。② 就是说,大齐的疆界,与金接壤的地区"以旧(黄)河为界",金天会九年(1131年)金军攻占陕西后,将其全部划归于刘豫。由于此"界"是行政管辖范围而非军事分界线,所以在刘豫统治期间比较稳定。虽然大齐南部与宋接壤地区的疆界,由于战事频仍、互相攻占、常有变动,但大体以淮河为界。

这样,大齐统治的疆界,东至黄海,西至陕西、甘肃天水,长约1500千米;北至大名,南至淮河,宽约600千米。

大齐国统治之初仿北宋行"四京制",设置了汴京开封府、东京东平府、西京河南府、北京大名府。次年,复降北京为大名府,故伪齐时期长期行用的是"三京

---

① [宋]徐梦莘. 三朝北盟会编[M].上海:上海古籍出版社,2008:1025-1026.
② [宋]李心传. 建炎以来系年要录[M].北京:中华书局,2013:774.

制"。其政区应分为汴京(或汴京路)、河南府路、归德府路、山东路、大名府路、陕西路6路。金初在黄河(旧河)以南执行袭宋"官制不易、风俗不更"的政策,因此,大齐在地方行政体制上也主要沿用宋制,兼采唐制(如置"兵马大总管"),设置总管府、安抚(经略)使衙、转运(漕)司等路司机构。

大齐建立后不久,刘豫既迁都东平府,因其坚持与宋朝为敌,故不袭宋京东路而改称山东路。后来,金分割为山东东路和山东西路。刘豫视为"大本营"的山东路辖治地域较今山东省为大。据《金史·地理志·中》载,山东东路,治益都,设转运司、山东东西路统军司,驻镇海军、兴德军(济南)、定海军(莱州)、宁海军(宁海州)。领益都府、济南府2府,潍、滨、沂、密、海、莒、棣、淄、莱、登、宁海等11州,53县,83镇。且析密、沂二州之莒、沂水、日照3县为城阳军;割登州牟平、文登二县置宁海军。山东西路,领东平府,济、徐、邳、博、兖、德、宿、泗、寿等9州与滕阳、泰安二军。后又析兖、沂二州之奉符、莱芜、新泰3县建泰安军;析徐、兖二州之滕、沛、邹3县建滕阳军。故伪齐时山东西路应领东京东平府、济、徐、邳、兖、宿、寿等州与滕阳、泰安二军。

刘豫因是大名府景州人,故刘豫的"大本营"还有大名府。金天会六年(1128年)末,金军攻占宋河北开德府、大名府。伪齐建立后,建大名开德府路,以阿鲁补为都统,并将"大名、开德府、濮、博、滨、棣、沧、德州"划入齐境。刘豫当了大齐皇帝后,"自以生景州,守济南,节制东平,僭位大名,乃起四郡丁壮数千人,号'云从子弟'",推知大齐时的大名府路,辖治大名府,澶、恩、濮、滨、棣、沧、德、博、清、景10州。

宋建炎二年(1128年)十月,宋汴京留守杜充在河南滑县一带决黄河阻金军,黄河从此改道南径泗水入淮,致行政区划有所调整,但对刘豫的统治几无影响。

总之,大齐刘豫以"东京"东平为大齐的都城,辖治范围包括今山东、河南、河北、江苏、安徽、陕西、甘肃等广袤地区。从大齐管辖的区域范围上看,其远超后来被誉为东平"盛期"之元朝初期的严实行台,为东平历史之最。

三、移都东京(东平)

《金史·刘豫传》载:"天会八年(1130年)九月戊申,备礼册命,立豫为大齐皇帝,都大名,仍号北京,置丞相以下官,赦境内。复自大名还居东平,以东平为东京,汴州为汴京……"《宋史·叛臣上·刘豫传》载:"九月戊申,豫即伪位""豫还东平,升为东京。改东京为汴京……十月,册其母翟氏为皇太后,妾钱氏为皇后"。并布告天下。

《建炎以来系年要录》卷五十《绍兴元年(1131年)十有二月甲子朔》载,是月,刘益奉表请刘豫迁都于汴京。"伪齐汴京留守刘益遣父老史平、僧录德真、道录王从问,奉表请刘豫迁都"。是日,豫下伪诏曰:

> 汴京实四方之上游,名区奥壤,为天下最,今所宜都。无以易此,而重念迁都重事,未尝轻议。既而寇盗衰息,强梗还归,关辅混同,人渐宁谧,宅中而据会要。因旧以建新邦,乃其时矣。朕志已定,朝论佥协,将戒严而顺动,宜先事以示期,诞布诏音,宣孚群听。已定明年春末迁都于汴,凡尔遐迩,宜知朕意。①

金天会十年(1132年),"四月丙寅,豫迁都汴"。依据金、宋正史的表述,刘豫"复自大名还东平"即定都东平的时间,应在金朝宣诏的当年,即天会八年(1130年)的九月僭位于大名,于十月"复还东平"。也就是说,刘豫定都东平的时间为金天会八年十月至十年四月(1130—1132年)迁汴京止,长达19个月,跨金天会八、九、十"三年"。

刘豫"复自大名还东平",定都东平的主要原因有四:

一是东平"九省通衢",史为望郡,战略位置重要。东平地理位置十分重要,自古以来一直为兵家必争之地。陆路称"九省通衢",水路为大清河、大运河、黄河交汇之处。当时自东平大清河,经东阿、梁山泺、济州,入五丈河,水路即可到达汴京开封。东平北距大名府也不过200千米,且当时黄河水由泗水南向夺淮入海,故道水量不是很大,枯水季节如履平地,两地的交通比较方便。宋康王、天下兵马大元帅赵构曾从大名府率军来东平府驻扎48天,聚兵勤王,后经济宁、济州等地到达归德(今河南省商丘市)即皇帝位。东平城池,城新坚固,易守难攻。宋真宗咸平三年(1000年),黄河洪水冲毁故城池埠子,遂迁城于王陵山前汶阳高地(今东平县州城街道办),即成为城郭规制,形胜号"小东京",被视为开封的重要门户。其城原本夯土以筑,后以砖石;周围12000米,高6.67米,阔2.67米,形如方胜,南北各一门,东西各两门。规模宏大,易守难攻。后来的元明清代,不断加修城墙。并有护城河环绕。

二是东平为刘豫重要的立足、发祥之地。宋建炎二年(1128年)正月,刘豫知

---

① [宋]李心传.建炎以来系年要录[M].北京:中华书局,2013:889.

济南府,十二月,在金军攻打济南时,杀其将关胜降金。金天会七年(1129年)三月,金副元帅完颜宗弼(金兀术)闻高宗渡江,任命刘豫改知东平府,充京东、西、淮南等路安抚使,节制大名、开德府和濮、滨、博、棣、德、沧等州,以其子承务郎刘麟知济南府。至此,旧黄河以南的广大地区,都属刘豫节制。《建炎以来系年要录》卷六十四《绍兴三年(1133年)夏四月丙午朔》载,南宋武节大夫贵州刺史、权商虢狭州镇抚使董震奏称:"今山东富庶如昔,金人重兵亦不在彼。望朝廷乘此机会兴师深入,可以破伪齐之巢穴,兼牵制金人取四川之兵矣"①。也就是说,东平是刘豫"富庶"的"巢穴",经营有年,基础较牢固,局势较易掌控;最重要的是东平的手工业、农业、商业发达,经济基础丰厚,税赋源广。《建炎以来系年要录》卷一百一十《绍兴七年(1137年)夏四月壬辰朔》载:"山东膏腴之地,财赋所出,叛臣(刘豫)因之以活国者数年"。故刘豫"还复"东平府。②

三是刘意、刘麟屏障于北。刘豫的弟弟刘意,留守北京大名府;刘豫的儿子刘麟,提领诸路兵马兼知济南府。血缘亲属把控要津,手握兵权,列军于大名、济南,屏障于东平之北,外防强敌,内防"盗贼",刘豫心中感觉比较"安全"。

四是大名府的百姓敌视刘豫。刘豫准备在大名受册称帝时,大名府部分军民却不满刘豫前来,奋起杀城内金人,关闭城门,高举义旗做最后的抗争。刘豫为了顺利登基称帝,发兵攻打。这次举义虽然很快被扑灭,却在刘豫心头留下了一个"出师"不祥的阴影。《金史纪事本末》③卷十二《刘豫之立》援引《续通鉴》云,"初,北京军民闻豫至,杀金人,闭门拒豫,豫击而降之,遂即位"。由此刘豫一方面恶出师不利,另一方面出于安全考虑,弃北京大名不居,复还其"老巢"东平。刘豫复返东平后不久,就升东平府为东京,以汴京为西京,以归德为南京。此后,刘豫还"报复性"地把"北京"大名降格为府,变"四京"为"三京"。

四、顺昌逆亡

金立大齐后,刘豫开始"膨胀",把南宋政权视为僭垒和金朝统一中国的障碍,于是自认为伪齐政权是中原汉人地区合法的统治者,并且把江南地区视为自己的一统目标。由此,刘豫对宋人则视为异己与敌人,严加排斥、打击;臭味相投者,鸡

---

① [宋]李心传.建炎以来系年要录[M].北京:中华书局,2013:1085-1086.
② [宋]李心传.建炎以来系年要录[M].北京:中华书局,2013:1784.
③ [清]李有棠.金史纪事本末[M].北京:中华书局,2015:249-268.

毛上天;对反抗刘豫黑暗统治的军民,则视为"盗贼""忤逆",皆遭残酷镇压。

刘豫政权大行"顺我者昌"。立齐之初,宗翰、刘豫就网罗了原宋故地的一些地主官僚、宋朝叛臣等组成了封建傀儡政权。成员中有背叛宋朝的降人,如宋太原守臣、被金兵俘后晚节不保的张孝纯等,大都是旧北宋的官僚地主;有阿谀奉承之人,如马定国、高立之等;有反复变诈之人,如郦琼、李成、孔彦舟、徐文等,多为"今宋、明金、后蒙古"的首鼠两端之人;等等。大齐政权事事都要听命于金,既要帮助金朝稳定、镇抚社会,又要充当金军攻宋的"马前卒",故其大多是宋地主官僚中的一些叛臣和投机者的乌合体。

大齐"皇帝"刘豫以东平为东京,将东平作为大齐初期的都城,自然在东平聚集了不少马定国等投机取巧者,张孝纯等苟且自保者,高立之等献女色得差遣者,等等。可谓形形色色,"百鸟"云集。正如《三朝北盟会编》卷一百八十一《炎兴下帙八十一》载,"豫初僭立,奔赴者众。识者讥之云:'浓磨一铤两铤墨,画出千年万年树。误得百鸟尽飞来,踏枝不著空飞去。'轻薄子撰造词曲,指为笑端,不可胜纪"①。

刘豫执政后大力结党营私,拉拢亲信,封官许愿,"一人得道,鸡犬升天"。他的弟弟刘益封为北京(大名)留守,儿子刘麟封为尚书左丞相、诸路兵马大总管。遣张孝纯奉册宝册母翟氏为皇太后,立其姜钱氏为皇后。李邺留守东平,李俦知单州,李俅阳谷令。冯长宁请立"十一税法",除户部侍郎。大齐阜昌三年(1132年)四月庚寅(三十),刘豫移都于汴京(今河南开封)后,倍行一人得道。尊其祖刘忠曰毅文皇帝,庙号徽祖;父曰睿仁皇帝,庙号衍祖。左丞相刘麟籍所签乡兵10余万为皇子府13军,以尚书户部郎中兼权侍郎马长宁参谋军事,改汴京留守刘益为京兆留守。

阿谀奉承者,无端指斥污化南宋者,亦得高官。《建炎以来系年要录》卷六十八《绍兴三年(1133年)九月壬子朔》载,"是月,伪齐直学士马定国进《君臣名分论》,极其指斥。豫批进定国一官。杨克弼为豫传,载定国进论首句八十九字指斥,不录"。② 甚至一些心术不正、鲜廉寡耻之人,因献女色而得官。《三朝北盟会编·炎兴下帙八十一》载:

以献女献妻进婢妹得差遣,如高立之、宋揖者,纷纷皆是。如廉公谨以女奉

---

① [宋]徐梦莘. 三朝北盟会编[M].上海:上海古籍出版社,2008:1308.

② [宋]李心传. 建炎以来系年要录[M].北京:中华书局,2013:1162.

（刘）麟，以媳妇伴送麟，以二人进（刘）豫，豫遂以公谨为伪皇子府准备差委监理科库。有长葛令侯湜者，告其入已赃近万缗，湜计穷，遂饰侄女进豫，冀其幸免勘官，马揖观望从轻合除名勒停。豫曰使功不如使过，即命湜为带金牌天使、陕西五路传宣抚。

刘豫有悖常礼，仇视南宋使臣。刘豫无视外交礼节，或拘押，或傲慢藐视南宋使臣。第一件事是拘押宋使张邵。《三朝北盟会编》卷二百二十二《炎兴下帙一百二十二》①，宋绍兴元年（1131年），因金军多次渡河南下，南宋朝廷想派使臣止金军而求和，而朝廷上下没有一人愿意出使金国。张邵"慨然请行。朝廷特转五官，授奉议郎、直龙图阁借礼部尚书，充奉使大金军前使，杨宪副之"。张邵入金后被扣留于山东密州（今山东省诸城市）。绍兴二年（1132年）四月，挞懒将张邵送伪齐刘豫录用，于是张邵被送到东平府。张邵大义凛然，终不屈服，刘豫把张邵关进司理院半年后，复送给金人拘押，长达14年。第二件事是傲慢藐视南宋使臣肖胄、胡松年。《三朝北盟会编》卷一百五十五《炎兴下帙五十五》载，宋绍兴三年（1133年）六月，韩肖胄为大金通问使，胡松年为副使，通问于金国。

肖胄、松年至京师，刘豫欲见之。松年曰："见之无碍。"豫之伪臣，欲肖胄等以臣礼见，肖胄无一语，松年曰："皆大宋之臣，当用平交礼。"坚执其说，伪臣不能夺。既见豫，松年遂与肖胄长揖叙寒温如平时，豫欲以君臣之礼傲之。松年曰："松年与殿院比肩事主不宜"。如是，豫问："主上如何？"松年曰："圣躬万寿。"豫曰："其志何在？"松年对曰："主上之志必欲复故疆而后已。"豫有赧色。②

刘豫大行"逆我者亡"。凡反抗刘豫的人，皆遭残酷镇压。博州判官刘长孺致书刘豫，劝其反正，被囚于狱。有百姓酒醉骂刘豫说："尔是何人？要做官家！大宋何负于尔？"被刘豫所杀。《宋史·刘豫传》载：

博州判官刘长孺以书劝豫反正，豫囚之十旬，不屈；欲官之，不受。豫大索宋宗室，承务郎阎琦匿之，豫杖死琦。召迪功郎王宠，不至。文林郎李喆、尉氏令姚邦基皆弃官去。朝奉郎赵俊书甲子不书僣年，豫亦无如之何。洪皓久陷于金，粘罕劝皓仕豫，不从，窜皓冷山。处士尹焞闻豫召，逃山谷间，走蜀中。国信副使宋汝为以吕颐浩书勉豫忠义，豫曰："独不见张邦昌乎？业已然，尚何言哉！"沧州进

---

① ［宋］徐梦莘.三朝北盟会编［M］.上海：上海古籍出版社,2008:1601-1603.
② ［宋］徐梦莘.三朝北盟会编［M］.上海：上海古籍出版社,2008:1123.

士邢希载上豫书乞通宋朝,豫杀希载。

刘豫杀害唐佐,灭族李亘。《建炎以来系年要录》卷五十九《绍兴二年(1132年)冬十月戊子朔》载:

(宋)朝议大夫、直徽猷阁凌唐佐为伪齐所杀。初,唐佐即降,刘豫因唐佐知归德府。有尚书郎李亘者,乾封人,建炎末,避地不及,豫使守大名。时通问副使宋汝为亦以豫命同知曹州。三人素相厚。汝为知豫无改悔意,与唐佐等密疏其虚实,遣人持蜡书告于(宋)朝。唐佐、(李)亘募得卒刘全、宋万、僧惠钦,汝为募民王现、邵邦光,皆十余往反。(宋)尚书左仆射吕颐浩之过常州也,得唐佐从孙宪,授保义郎合门祗候,俾持帛书遗之。宪至睢阳,唐佐妻田氏使与馆客张约同食,宪疑不出。田氏曰,无伤也。既而为(张)约所告,豫遣人捕唐佐并其家至京师。宪走得免。唐佐见豫,责以大义。豫怒,斩唐佐于境上。下令曰,唐佐结连江南谋反,斩首号令,其家属皆从坐,贷死送颍昌府拘管。时(刘)全、(宋)万、惠钦为逻者所得,事泄,(李)亘亦坐诛。先是武显大夫孙安道为应天府兵马钤辖,城陷不得归,后谋挺身还朝,为人所告而死。事闻,赠安道忠州刺史。为(李)亘立祠,名愍忠。(张)约,江南人也。(宋绍兴)三年(1133年)三月唐佐妻田氏自诉状云,去年六月,蒙仆射相公差到姪孙凌宪将到蜡弹,即时跪领,后来已将回文去讫,不料于八月,唐佐的馆客、秀才张约向刘豫告密,说出蜡弹文字事。九月十五日,刘豫抓唐佐去审问,唐佐高声毁骂刘豫。十月十三日,于界首诛杀唐佐。又云,山东路兖州人李亘亦被灭族。①

五、苛征暴敛

伪齐政权建立之后,就秉承金廷的旨意,加紧了对北方人民的残酷剥削和压迫。刘豫为防止百姓造反,仿效金廷,在域内强推"株连"法,施行百姓家庭之间"伍保"。金宇文懋昭《二十五别史17·大金国志》卷三十一《齐国刘豫录》②载:

是年,以效金国法,乡各为寨,推土豪为寨长。五家为保,双丁籍一为军,月两点集,呈试合格者,与补效用正军,不愿者听。州县市民亦各籍为五军,单丁夜巡,

① [宋]李心传.建炎以来系年要录[M].北京:中华书局,2013:1021-1022.
② [金]宇文懋昭.二十五别史17·大金国志[M].李西宁,点校.济南:齐鲁书社,2000:232-239.

双丁上教。每调发一人,即同保四人备衣甲、钱粮等费,凡三年一替,惟效用正军官为请给。

被征为军者,有不少战死沙场却连"偿费"都得不到。《建炎以来系年要录》卷四十三《绍兴元年(1131年)三月戊戌朔》载:"自立刘豫之后,南犯淮,西犯蜀,生还者少,而得不到偿费"。可见,刘豫的横暴淫威达到了极点。

刘豫倚仗完颜宗翰为后盾,在经济上苛征暴敛,实施了一系列压榨迫害百姓的措施。颁行的"十一税法",税率高达10%。刘豫以剥削压迫人民为出发点,千方百计聚敛财物,以满足金廷官僚地主统治集团和维持伪齐统治的需求。刘豫即位之初,即行"什一之税","冯长宁请立什一税法,除户部侍郎"。阜昌三年(1132年),"李俅言'什一税法'利害,可采,迁监察御史"。阜昌四年(1133年),"五月,冯长宁、许伯通删修'什一税法',云:'宋之季世税法害民,权豪兼并,元元穷蹙。'"至阜昌六年(1135年)"二月,改'什一税法',行'五等税法'"这是宋、金时期最沉重的赋税负担。正如《金史》卷一百五,列传第四十三《范拱传》所言:"(刘)豫以什一税民,名为古法,其实衰敛,而刑法严急,吏贪缘为暴。民久畏兵革,益穷困,陷罪者众,境内苦之"。刘豫连老百姓栖身的房子都不放过。《建炎以来系年要录》卷三十八《建炎四年(1130年)冬十月庚午朔》载:"伪齐刘豫令民间房缗,以十分为率,五厘入官"①。伪齐各种各样的杂税多如牛毛,百姓"日纳官钱",民不聊生。《建炎以来系年要录》卷一百二十八《绍兴九年(1139年)己未五月庚辰朔》载:

起居舍人程克俊言:河南故地,复归版图,父老苦刘豫烦苛久矣。赋敛及于絮缕,割剥至于蔬果。宿债未偿,欠牍具在。欲望明诏新疆州县,取刘豫重敛之法,焚于通衢。诏如所请,豫之僭也。凡民间蔬圃之田皆令三季输税,又令民间供赡射士。②

《三朝北盟会编》卷一百八十一《炎兴下帙八十一》载:

四民凡含齿戴发,上自耆老,下至龆龀,微至倡优,无不日纳官钱。以内庭种菜,出卖京师池塘,计荷叶数目,猥屑不可尽言。士民凡出语,言稍涉时忌者,并许人告得其情,告者受赏,或遭诬执告者免罪。由是小人得志,父子不敢隐语,如负

---

① [宋]李心传.建炎以来系年要录[M].北京:中华书局,2013:730.
② [宋]李心传.建炎以来系年要录[M].北京:中华书局,2013:2078.

担相遇,或相问曰"那里去?"若应云"南头去",便以乱道言语斩之。衣着稍或鲜丽,又以宋之顽民尚,仍旧态斩之。

民鬻子者官以百税。①

百姓庭园种菜交税,出售池塘按荷叶数交税,连百姓活不下去出卖儿女也要交税! 可见,刘豫的剥削压迫是多么苛重。在伪齐的统治下,人民的生活异常痛苦。《宋史·刘豫传》云,金军驻守在大齐境内"镇抚"汉人,沿河、沿淮及陕西、山东等路,皆驻北(金)军,干涉政治、索要巨额岁币,伪齐在境内又不得民心,宋朝旧臣大多不肯归附,由是赋敛甚重,刑法太峻,百姓苦不堪言。

为了聚敛财富,刘豫甚至命人剟坟掘墓。《三朝北盟会编》卷一百八十一《炎兴下帙八十一》载:"(大齐)西京(今河南省开封市)奉先指挥李英卖玉注椀(与三路都统),豫疑非民间物,勘鞫之,知得之山林中,遂以崇石善为河南淘沙官,发掘古今山陵、民庶坟墓,求靖康之难发棺不尽者,取棺中水银等物,以吴俊为汴京淘沙官,发民间埋窖及无主坟墓中物"②。《宋史·刘豫传》云,刘豫"分置河南、汴京淘沙官,两京冢墓发掘殆尽。赋敛烦苛,民不聊生"。

金人宇文懋昭称刘豫父子荒淫。《二十五别史17·大金国志·齐国刘豫录》载,"(刘)豫内庭嫔御百余人,妊娠者九。(刘)麟婢妾百二十人。父子皆外示节俭,而内为淫泆"。

刘豫搜刮的大量财产,除用于维持政权统治、奢侈挥霍外,大量财产成为主子的"财政收入"。《三朝北盟会编·炎兴下帙八十一》载,废齐时,刘豫多年搜刮的"人马器甲,径归东京"。"金人得(刘)豫马四万余匹,在京有钱九千八百七十万缗,有绢二百七十万疋,金二百二十万两,银二百万两,粮九十万石,方州总数又倍之"③。金朝政权的财力大增。

六、作伥犯宋

刘豫大齐政权存在的唯一前提就是对宋作战。伪齐存在的8年间,刘豫不断武力扰宋、伐宋,并意图灭宋。《宋史·刘豫传》载,金人立刘豫,用完颜宗磐的话来说,便是"先帝立豫者,欲豫辟疆保境,我得按兵息民也"。《宋史》卷三百六十

---

① [宋]徐梦莘. 三朝北盟会编[M].上海:上海古籍出版社,2008:1307.
② [宋]徐梦莘. 三朝北盟会编[M].上海:上海古籍出版社,2008:1310.
③ [宋]徐梦莘. 三朝北盟会编[M].上海:上海古籍出版社,2008:1307.

五,列传第一百二十四《岳飞传》载,南宋抗金名将岳飞一言中的,"金人所以立刘豫于河南,盖欲荼毒中原,以中国攻中国,粘罕得因休兵观衅"①。刘豫的伪齐傀儡政权建立后,秉承金朝旨意,政治上实行残暴压迫,经济上聚敛财物,军事上助金攻打南宋,成为金伐宋灭宋的帮凶。刘豫的处境不啻张邦昌。只要南宋政权尚在,刘豫终难安全,所以只有不断地扰宋、犯宋,助金为虐,大齐政权和刘豫的"皇帝"位置才能存在。

刘豫大力扩大军事力量,厚积南向开疆拓土之势。一方面,刘豫大力组建自己的队伍。《二十五别史17·大金国志·齐国刘豫录》载,刘豫生景州,守济南,节制东平,僭位大名,遂起四郡强壮,号为"云从弟子",作为自己的护卫亲兵,应募者6000人。又以境内3代有官,或本身有官的人为3卫官:曰"翼卫",曰"动卫",曰"亲卫"。分3等,每2年升一等,及6年即以试弓马合格人出官。金天会十年(1132年)四月,刘豫迁都于汴京后,又在河南、陕西征籍乡兵10万余人,组成刘麟皇子府的13军。同时,刘豫在齐、宋接壤地区专设"归受馆""招受司",动摇瓦解南宋人心,招诱接纳宋朝的军卒、散兵、游勇及叛逃者。《三朝北盟会编》卷一百四十三《炎兴下帙四十三》②载:金天会九年(1131年,宋绍兴元年)六月,"刘豫建归受馆于宿州,招延南方士大夫军民"。《三朝北盟会编》卷一百四十九《炎兴下帙四十九》载:是年底,"刘豫置招受司于泗州""置榷场通南北之货"③,刘豫立招受司的目的就是以官禄引诱、招降南宋的军、政不坚官员,瓦解宋朝,起到了女真贵族起不到的作用,以致有一些心术不正的南宋军政大员降归刘豫。例如,宋绍兴二年(1132年)二月,宋知商州董先献商、虢二州叛附刘豫;蕲、黄镇抚使孔彦舟叛附刘豫;宋绍兴三年(1133年)正月,明州守将徐文率领所部海船60艘、官军4000多人从海上到达盐城,投降了刘豫;绍兴四年(1134年)正月,熙河路马步军总管关师古在左要岭与刘豫军交战失败后投降刘豫,等等。

刘豫还使用阴谋诡计瓦解、破坏宋军。宋河南镇抚使翟兴与其弟翟进二人,驻守在河南伊川的伊阳山,挡住了刘豫西联通道,并多次击败了来犯的金军,因而被刘豫视为眼中钉,于是便利用收买其部下行刺的卑劣手段,杀害了翟兴。《三朝北盟会编》卷一百一十五《炎兴下帙十五》载,宋建炎二年(1128年)时:

① 高占祥. 二十五史·宋史[M].北京:线装书局,2011:1985-1986.
② [宋]徐梦莘. 三朝北盟会编[M].上海:上海古籍出版社,2008:1042-1043.
③ [宋]徐梦莘. 三朝北盟会编[M].上海:上海古籍出版社,2008:1082-1084.

翟兴、翟进及金人战于伊川皂矾岭,败之。又战于驴道堰,又败之。翟兴弟进遇金人于伊川之皂矾岭,兴披甲先登,将士齐进,接战终日,擒其将夏太尉者。后旬日,又遇金人于伊川之驴道堰,力战擒首领傅太尉者。自是闻大翟小翟之名矣①。

翟氏兄弟这样的宋朝悍将,守地又挡在刘豫西联的通道上,自然成为刘豫的心头大患,必欲除之而后快。于是刘豫在以封王引诱不成后,于宋绍兴二年(1132年)四月采阴法收买了翟兴的部下翟伟,谋害了翟兴,夺取了伊川。

刘豫拼命凑集军队,招纳江南叛臣、群盗组成傀儡军,逐步壮大了伪齐的军事力量。金占据陕西地区之后,又将陕西、甘肃天水之地划入大齐,更使刘豫野心大增。此外,以藩王之礼见金使臣的规定,尤使刘豫忘乎所以。刘豫虽对金称臣为子,但最终还是做起了皇帝,因而甘心为金伐宋之打手。

刘豫除不断军事骚扰南宋外,还集中力量进行了两次较大规模的南下。第一次是金天会十一至十二年(1133—1134年)南进犯宋。《金史纪事本末·刘豫之立》载,金天会十一年(1133年,齐阜昌四年,宋绍兴三年)正月,南宋襄阳镇抚使李横率军攻伪齐地,攻占颖昌,控制了郑州以西、黄河以南的广大区域,直逼汴京。刘豫向金朝告急求援,于是金、齐纠结联军,合力展开反击,"三月,金兀术来援,(刘)豫亦遣(李)成逆战牟驰冈,(李)横败,颖昌陷"。由于南宋援军未到,致使李横一路败退,襄汉6郡被刘豫占据。金天会十二年(1134年)年五月,岳飞出师,襄汉6郡方得收复。是年九月,刘豫又组织兵力南下,金朝派5万大军给予增援。金、齐联军避开岳飞所在的中路战场,向东线两淮地区发动进攻。宋高宗一方面做好了再次出逃的准备,另一方面命张俊率部驰援驻守镇江的韩世忠,命令从淮西前线逃遁的刘光世移军建康府。但张、刘二人却按兵不动,只有韩世忠移师扬州,然后诱敌深入,在大仪镇设伏,大败金军。其后,金军转攻淮西,十二月,在庐州,金、齐联军遭到驰援而来的岳飞部将牛皋军队的痛击,被追杀30余里,金、齐军兵自相残杀,死者不可胜计。金将挞懒屯泗州(今江苏省盱眙市),兀术屯竹塾镇,宋韩世忠引兵渡淮进击。时遇大雨雪,金、齐联军粮道不通,野无所掠,只好杀马而食,士兵皆怨,度不能支,时又传金太宗病危,金军便趁夜黑引兵北退。金军北归后,伪齐军队失去了后盾,刘麟、刘倪势孤,亦不敢再战,于是也乘夜晚尽弃辎

---

① [宋]徐梦莘.三朝北盟会编[M].上海:上海古籍出版社,2008:841.

重逃遁。此次刘豫"南征"以失败告终。

第二次是金天会十四年（1136年，宋绍兴六年）南下。时刘豫听说宋高宗赵构亲征，便向金主完颜亶告急，领三省事完颜宗磐说，"先帝立刘豫，是希望刘豫辟疆保境，我能按兵息民。现在刘豫进不能取，退不能守，兵连祸结，休息无期。发援兵是刘豫得利，而实际是我受弊，怎能答应他？"于是金熙宗完颜亶答复刘豫，让他自行其是，暂派完颜宗弼率兵在黎阳见机行事。《三朝北盟会编》卷一百六十九《炎兴下帙六十九》载，齐阜昌七年（1136年，金天会十四年，宋绍兴六年）：

> 九月，刘豫入寇。刘豫以伪殿前太尉、开封府尹许清臣权大总管府事，以子（刘）麟领行台尚书令，冯长宁行台户部侍郎、行军参议，李邺行台右丞，签乡军三十万号称七十万，三路南寇。东路由涡口犯定远，趋宣化，以侄刘猊统之。一路由寿春犯合肥，子（刘）麟统之。一路自洛蔡之光州寇六安，孔彦舟统之。①

刘豫在乞金主发兵相助被拒后，仍征发30万号称70万大军，分3路进攻南宋两淮地区。《三朝北盟会编》卷一百七十《炎兴下帙七十》载，刘猊攻淮东，十月四日，大齐军首先兵败于安丰、芍陂，十月八日，刘猊又兵败于定远藕塘（史称"藕塘之战"）。十月十一日，刘麟军溃败庐州，是役，刘豫失运车7000辆、船700余只，丧军需金银犒赏等物不可胜计，且官兵归正、亡没散去者大半。孔彦舟围光州（今河南省潢川），久攻不能下。刘麟闻刘猊败于宋将韩世忠、杨沂中，恐被歼而退。孔彦舟亦撤围北去。至此，刘豫3路攻宋的计划被彻底粉碎。因此次南进刘豫大军以损兵折将，丢盔弃甲而惨败，刘豫怒废刘猊为庶人，免刘复之官，徙刘观为东京路留守，以其妻弟翟纶为南京路留守。②

刘豫的接连失利，令金主大失所望。第二次南下失败后，金廷便派人至汴京诘责，金主对刘豫的不满与日俱增。《建炎以来系年要录》卷一百五《绍兴六年（1136年）九月丙寅朔》载：

> 初，伪齐刘豫因金领三省事晋国王宗维（注：即宗翰，下同）、尚书左丞参知政事高庆裔在兵间而得立，故每岁皆有厚赂而蔑视其他诸帅左副元帅。鲁王（完颜）昌初在山东回易屯田，遍于诸郡，每认山东为己有。及宗维以封豫，昌不能平，屡言于金太宗晟，以为割膏腴之地以予人，非计，晟不从。及是，豫闻上将亲征，遣人

---

① ［宋］徐梦莘. 三朝北盟会编［M］. 上海：上海古籍出版社，2008：1224.
② ［宋］徐梦莘. 三朝北盟会编［M］. 上海：上海古籍出版社，2008：1024-1029.

告急于金主(熙宗)亶,求兵为援,且乞先寇江上。亶使诸将相议之。领三省事宋国王宗磐言曰:"先帝所以封豫者,欲豫辟疆保境,我得安民息兵也。今豫进不能取,又不能守,兵连祸结,愈无休息。从之,则豫受其利,败,则我受其弊。况前年因豫乞兵,尝不利于江上矣。奈何许之?"金主乃听豫自行遣,右副元帅沈王宗弼提兵黎阳以观衅。①

相传宋充迎奉梓宫使、山东莘县人王伦的"离间计"导致挞懒恶刘豫。《宋史》卷三百七十一,列传第一百三十《王伦传》和《建炎以来系年要录》卷一百十四《绍兴七年(1137年)丁巳九月庚申朔》②均载,1137年春,宋高宗得知徽宗与宁德在漠北去世的消息后,以山东莘县人王伦为徽猷阁待制、假直学士、充(试用)迎奉梓宫使赴金。临辞,高宗使王伦告金左副元帅挞懒(完颜昌),请金归还河南地。至睢阳(今河南省商丘市),刘豫接见了王伦,怀疑王伦此行另有他谋,移文索取国书,王伦没有给他。王伦渡过黄河于涿州(今河北省涿州市)见到完颜昌后,言刘豫索国书之事,且问完颜昌:"(刘)豫忍背本(宋)朝,他日安保不背(叛)大金?"金人遂怀疑刘豫。"始金人犯中原,有掳掠,无战斗,许其从军之费,及回日,所获数倍。自立刘豫后,南犯淮,西犯蜀,生还者少,而得不偿费,人始患之"。如是,王伦的"离间计"起了些作用,进一步激化了挞懒和刘豫的矛盾。

金朝立刘豫,是想利用刘豫"以汉治汉",与南宋政治、经济,特别是军事上的全面对立,以节省金军兵力而巩固两河的占领区。刘豫在对宋作战中一再失利,金朝感到伪齐在宋、金对峙中不但不能成为金、宋之间的缓冲屏障,反而成为金、宋和战的累赘、包袱,兼之金朝也慢慢摸索出了一套统治中原的有效形式,废齐便提上了金廷的案头。刘豫深忧,便以乞求立刘麟为皇太子的方式试探金人意向,遭到拒绝。《金史》卷七十七,列传第十五《刘豫传·附刘麟传》载,刘豫乞求立太子事,被金廷否决后,给了刘豫一张空头支票,"不许,曰:'若与我伐宋有功则立之。'"于是,刘豫拟再次发动对南宋的军事进攻,甘心充当金廷的帮凶,以谋取金主的欢心,达保住皇位之目的。齐阜昌八年(1137年,金天会十五年),已近失宠的刘豫想做最后的垂死挣扎,遣户部员外郎韩元英,游说金发兵合力攻宋。九月,刘豫借宋将郦琼降齐之际,又派其户部侍郎冯长宁再向金乞兵攻宋,均被金婉拒。至此,刘豫的"皇帝"日子快到尽头了。

---

① [宋]李心传.建炎以来系年要录[M].北京:中华书局,2013:1711.
② [宋]李心传.建炎以来系年要录[M].北京:中华书局,2013:1854.

七、治亦有业

大齐"皇帝"刘豫以"东平"为"东京",使东平的政治地位几与汴京(今河南省开封市)相当,成为金代原宋地的一处政治、经济、文化、军事中心。缘于东平政治地位相对提高,对东平及山东的经济、教育和文化发展有一定的促进作用。当然,刘豫治理、发展地方的一些举措,根本目的是维护金、齐的统治和统治阶级的利益,但客观上也为区域经济、社会的发展起到了一定的促进作用。

(一)置榷场通南北之货

《三朝北盟会编·炎兴下帙四十九》载:"先是刘豫置榷场通南北之货。吕颐浩亦以为便,乃奏通商贾。方商贾未通也,甘草一两为钱一贯二百,而市亦无卖。如生姜、陈皮之类,在北方亦皆阙之"。刘豫置泗州、登州等商榷场,虽然根本目的是获得生活及军事物资,积累财富以巩固其统治地位,但是客观上活跃了市场,促进了商贸发展,互通了有无,便利了民众。

(二)开凿小清河

刘豫称帝期间,令征集民工开挖济南的出海河道,历时数年,凿通了小清河。小清河河道始自历城,经章丘、济阳,最后从博兴的马家渎入海。到金皇统九年(1149年),改道高苑县城南与时水(乌河)相汇后入海。刘豫开凿小清河,在济南历城华山之南筑"下泺堰",使泺水分流,堰以北的北清河,从此便改称大清河;堰以南新开河流称"小清河",从而由华山向东北方向打通了一条与当时的"北清河"平行的河道。小清河开通后,原来注入大清河的济南北郊湖泊之水,改向东流,经章丘、邹平、长山、新城、高苑等地,于博兴的马家渎注入渤海,全长250余千米。刘豫当时开凿小清河,其主要目的是便于将广饶一带的海盐自小清河运至历城与南宋交易,从而增加财富。但对改善山东东、北部的航运、灌溉、排涝条件,供给下游沿河各地居民优质饮用水,促进小清河流域经济、文化和社会的交流与发展都起到了很大的作用。2018年,山东省启动小清河复航工程,建设绿色海河联运通道。

(三)两行科举考试

刘豫曾于齐阜昌四年(1133年,金天会十一年)二月和阜昌七年(1136年,金天会十四年)春举行过两次科举考试,共录得进士153名。《宋史·刘豫传》载,大齐阜昌四年(1133年)"二月,豫策进士"。阜昌"七年(1136年)春,豫策进士"。

大齐阜昌四年(1133年)二月的第一次科举考试,考试题目为《天子日射三十六熊赋》,状元罗诱以下84人及第。参考邹春秀《伪齐文学论》等文献知,罗诱(约1100—1160年),时山东路海州(今江苏省连云港市境内)人,四年(1133年)癸丑科状元及第。但其人传记无名,事迹失考。曾上《南征策(议)》。从文学角度说,《南征策(议)》是一篇出色的伐宋檄文。罗诱先辩驳大齐政权内部"以卑辞通旧主,告以大金敦迫不得已之意"等"四议",然后分析了南宋的"地利失其守"等"六击"之便。刘豫赏其文,任罗诱为行军谋主。《续资治通鉴》载:刘豫闻岳飞复襄阳,遣使乞师于金主以求入寇,金主以方遣韩肖胄、章谊来聘,未可起兵。齐奉仪郎罗诱上南征议于豫,豫大悦,以诱为行军谋主。

麻久畤《邓州重阳观记》记载,道教"七真人"之一、号重阳子的王喆,参加大齐本次科考而不中,以至情绪低落,天天喝醉酒:"当废齐阜昌间,脱落功名,日酣于酒""献赋春官,许意而黜"。

大齐阜昌七年(1136年)春的第二次科举考试,状元邵世矩以下69人及第。邵世矩,时山东路徐州人,时36岁。他先得兖州乡试第一名,后得省试第二,殿试时为第一甲第一人,成为"伪齐"第二个状元,官至中靖大夫。邵世矩守道恬淡,以诗书为乐,有古君子遗风。

(四)货币铸造

大齐曾铸造过能与东汉王莽钱、北宋赵佶钱相提并论的货币,即大齐刘豫以年号命名的"阜昌钱"。大齐的货币与货币铸造在历史上占有一定的地位。根据清代修成的《续通典》卷十二《食货十二》所载:"金初用辽、宋旧钱,太宗天会末,亦用齐阜昌元宝、阜昌重宝"。可知,金在其建立初期,未有自铸货币,通行辽、宋两朝旧币,而在金卵翼下的伪齐政权早期的情况也是如此。但其后伪齐因两朝旧币不足以满足流通,于是才仿北宋大观钱而铸行钱币。由于金所扶植的伪齐政权皇帝刘豫本为河北景州阜城县人,刘豫以为自己出身阜城,必是以阜城为昌,故取其年号为"阜昌",而沿袭自唐代以来以年号为货币命名的习惯,所以伪齐所铸行之货币为"阜昌通宝""阜昌重宝""阜昌元宝",合称阜昌钱。铸造阜昌钱实则是金政权之所为,为金立国以来的首次货币铸造。"阜昌通宝""阜昌重宝",直径约35毫米,币文清晰精美,书法精妙绝伦,比北宋钱精整。出土的"阜昌通宝"为折二型铜钱,与元宝及重宝同铸于一时。该钱制作精整,文字秀美,"阜昌通宝"钱文分楷、篆两种书体且为对品,其中篆书钱少于楷书钱。楷书钱略带宋徽宗"瘦金"遗风。钱文直读,光背无文。三种阜昌钱的区别是,"阜昌重宝"与"阜昌通宝"二钱的"昌"字在下,"阜昌元宝"钱的"昌"字在右,皆是对钱,分为真、篆二体。有"阜昌通宝"小平钱,折10钱,"阜昌重宝"折2钱、折5钱,"阜昌元宝"折3钱。由于伪齐政权仅存8年,加之阜昌钱的发行流通区域基本上与伪齐政权区域相同,仅限于北方局部地区,所以其铸造发行的数量并不是很多,成了古钱币市场上人们竞相争抢的珍品。

八、熙宗废齐

金天会十五年(1137年)十一月,金熙宗废除大齐国,在汴京设立行尚书台,治理河南、陕西地区。

金建立伪齐政权的目的是对峙南宋,统治所占领的汉族聚居区域,镇压北方人民的抗金斗争,缓冲与汉族人民的矛盾。金立刘豫的目的,《宋史·刘豫传》载,完颜宗磐说,"先帝立豫者,欲豫辟疆保境,我得按兵息民也"。《宋史·岳飞传》载,南宋岳飞说:"金人所以立刘豫于河南,盖欲荼毒中原,以中国攻中国,粘罕得因休兵观衅"。而刘豫8年间战则败、和则碍的表现,显然令金廷大失所望。金廷认为,随着宋、金和战形势的变化,伪齐傀儡政权已经完成了使命,无继续存在的价值。同时,培植刘豫的完颜宗翰一派,素为金熙宗"所忌"。至金太宗完颜吴乞买逝,金熙宗完颜亶继立后,为了夺取宗翰一派的军权,采取了"以相位易兵柄"的办法,以国论右勃极烈、都元帅宗翰为太保、封晋国王,与其政敌太师宗磐、太傅宗干,并领三省事。对宗翰一派的完颜希尹、韩企先、高庆裔、萧庆等则皆封相而"不欲用之于外"。金天会十五年(1137年)六月,金熙宗利用宗磐,以贪赃罪诛杀宗翰的死党、尚书左丞高庆裔。宗翰请求免去自己的官,为高庆裔赎罪,熙宗不允。七月,宗翰愤恨死去,其集团势力瓦解。刘豫从此失去了政治上的靠山。

完颜宗翰的政敌挞懒(完颜昌)、太宗皇子宗磐,早就对刘豫积愤不满。刘豫投入宗翰怀抱当上"皇帝"后,渐渐疏远"东朝廷",而把自己置于其对立面。《建炎以来系年要录》卷四十六《绍兴元年(1131年)秋七月乙未朔》记载了挞懒与刘豫的矛盾。"丙午。金左监军(完颜)昌自宿迁北归,昌过东平,伪齐刘豫不出迎,使人言于昌曰,豫今为帝矣,若相见,无拜之礼。昌怒责之,欲其献。豫遣伪相张孝纯随而和之。昌卒不解。"这与想当"皇帝"时给挞懒献金的脸色似两重天,故挞懒"不解"。刘豫自然成为挞懒一派的"恨鸟"。是以,完颜宗磐诘曰:"豫进不能取,退不能守,兵连祸结,休息无期"①。更重要的是,金统治集团中的改革派掌握政权,效法封建统治进行社会改革,社会经济发展,民族融合的进程加快;北方汉族聚居区经金廷多年的镇压和经营,社会秩序渐趋稳定,人民的抗金情绪有所缓和。还有,一些金政权中的奴隶主贵族,担心伪齐刘豫势力坐大后不可控制。为了金政权能够直接统治北方汉族聚居区,积聚力量以对付当时军力上升的南宋,金廷决心废除刘豫政权。

相传刘豫之亡早有"休也"和"星陨"先兆。《建炎以来系年要录》卷一百十《绍兴七年(1137年)丁巳四月壬辰朔》载:"是月,伪齐有枭鸣于后苑,又有鸟数千鸣于内庭,皆作休也之声。刘豫不乐,命立赏捕之"②。同书卷一百十五《绍兴七年(1137年)丁巳十月庚寅朔》载,"是日,有星陨于伪齐平康镇。壕寨官贾百详见之,谓人曰:'齐帝星陨,祸在百日之内。'刘豫问:'可禳否?'曰:'惟在修德。'(刘)麟怒以为诳斩于市"③。

废除存世8年、已具相当军政规模的伪齐政权颇费周折。毕竟刘豫8年间,积累、拥有自己的土地、人口、物资和大批的军队、官员,网织了一定的实力基础。金主废除刘豫主意已定之时,齐阜昌八年(1137年,金天会十五年,宋绍兴七年),发生了宋将郦琼"淮西兵变"降归伪齐事,刘豫此时借机再次乞金发兵攻宋,金熙宗便当面假意许其用兵,却在太原建立元帅府,在河间(今属河北省)屯兵,命令齐国兵听从元帅府节制,分别把守陈、蔡、汝、亳、许、颍之间。同时由金尚书省发文斥责刘豫治国无方,金主下诏列举了他的罪状。大体意思是,刘豫你立齐迄今8年了,还需要我来用兵打仗,要你这个"国"干什么!于是命令挞懒以攻宋为名,讨伐刘豫。《宋史·刘豫传》载:

金人业已废豫,而豫日益请兵,遂以女真万户束拔为元帅府左都监屯太原,渤海万户大挞不也为右都监屯河间。于是尚书省奏豫治国无状,当废。十一月丙午,废豫为蜀王。初,金主先令挞懒、兀术伪称南侵至汴,绐(刘)麟出至武城(今山东省菏泽市武城县),麾骑翼而擒之。因驰至(京)城中,豫方射讲武殿,兀术从三骑突入东华门,下马执其手,偕至宣德门,强乘以羸马,露刃夹之,囚于金明池。

① 高占祥.二十五史·宋史[M].北京:线装书局,2011:2545.
② [宋]李心传.建炎以来系年要录[M].北京:中华书局,2013:1789.
③ [宋]李心传.建炎以来系年要录[M].北京:中华书局,2013:1862.

豫求哀,挞懒曰:"昔赵氏少帝出京,百姓然顶炼臂,号泣之声闻于远迩。今汝废,无一人怜汝者,何不自责也?"豫语塞,迫之行,愿居相州韩琦宅,许之。翼日,集百官宣诏责豫,以铁骑数千围宫门,遣小校巡闾巷间,扬言曰:"自今不金汝为军,不取汝免行钱,为汝敲杀貌事人,请汝旧主少帝来此。"

《三朝北盟会编·炎兴下帙八十一》载,绍兴七年(1137年)九月十八日丙午,金人废刘豫。

金人既执刘麟,乃驰赴京城下,由梁门外登城,以百骑守宣德门、东华左右掖门。副元帅乌珠并三路都统阿噜伯奇五郎君三骑直突入东华门,问刘齐王何在?伪皇城使等错愕失对,乌珠以鞭击之,径趋垂拱殿入后宫门,问刘齐王何在?伪宫人揭帘应云,在讲武殿阅射。讲武殿,刘豫毁明堂,以明堂建殿也。三帅驰往直陛殿豫,遽欲退更衣,乌珠下马执其手曰:不须,近有急公事同登门议。于是同行至宣德门傍,遽命伪侍从监门就东阙亭少立,乌珠乃麾小校以小黄马强豫乘之,且曰:元帅请到寨中议事。豫始觉其谋,抚掌大哭上马,卫从犹数十人,三帅露刃夹之而行过。豫伪御马院命舍马出梁门,因于金明池,废为蜀王,年六十五。①

同时,金廷下诏责刘豫云:"建尔一邦,逮今八稔(年),尚勤吾成,安用国为,宁负而君毋滋民患,已降帝号,别应王封,罪有所归,余皆惩治,将大革于弊政"。

金废除刘豫之后,"置行台尚书省于汴,以张孝纯权行台左丞相。伪丞相张昂知孟州,李邺知代州,李成、孔彦舟、郦琼、关师古各予一郡。以女真胡沙虎为汴京留守,李俦副之。诸军悉令归农,听宫人出嫁。"金廷立即宣布废除齐国尚书省、设置汴京行台尚书省,隶归金朝中央直接管理。废齐所定一切重法、统一行金之法律,"除去豫弊政,人情大悦"。

刘豫并其子刘麟后来举家被迁到临潢府(今内蒙古巴林左旗东南波罗城)。《金史·刘豫传》云:金"皇统元年(1141年),赐豫钱一万贯、田五十顷、牛五十头。二年(1142年),进封曹王。六年(1146年),薨"。刘豫74岁时,魂逝他乡临潢府。

折可求作为大齐"皇帝"的候选人之一,金廷曾许其接、代刘豫的"皇帝"位子。宋绍兴九年(1139年),被金人毒死灭口。《宋史·刘豫传》载:"初,伪麟府路经略使折可求以事抵云中,左监军撒离喝密谕可求代豫。后挞懒以有归疆之议,恐可求望,鸩杀之"。

---

① [宋]徐梦莘.三朝北盟会编[M].上海:上海古籍出版社,2008:1306.

九、简要评价

由于伪齐刘豫政权违背统一大势,对外依附于金,积极攻宋;对内残酷剥削、压迫中原人民,聚敛兴兵,政治上腐败,贿赂公行,种种倒行逆施,势必垮台。正如《金史·刘豫传》所言:

> 君臣之位,如冠屦定分,不可顷刻易也。五季乱极,纲常斁坏。辽之太宗,慢亵神器,倒置冠屦,援立石晋,以臣易君,宇宙以来之一大变也。金人效尤,而张邦昌、刘豫之事出焉。邦昌虽非本心,以死辞之,孰曰不可。豫乘时徼利,金人欲倚以为功,岂有是理哉。挞懒初荐刘豫,后以陕西、河南归宋,视犹傥来,初无固志以处此也。积其轻躁,终陷逆图,事败南奔,适足以实通宋之事尔,哀哉!

卷四　山东西路治东平

山东之名始于金。宋、金、元时期,是中国历史上"山东"作为行政区域名称的确定期。在山东政区沿革史上具有重要的意义。北宋初期,"分路而治",设京东东路、京东西路,经金朝的山东西路,再到元朝的东平路,东平作为一定行政区,其行政区划与政区辖域,虽历经变化,迭有广狭,宋、金、元三朝东平都是屏蔽汴京开封的"畿辅"、北京的"腹里"要地。宋仁宗景祐四年(1037 年),知郓州府王曾在《王文正笔录》中称:"国初,方隅未一,京师诸储廪仰给,惟京西、京东数路而已。"金朝,山东西路治东平,南辖至徐州,西辖至曹州,北抵河北境,东至莱芜,被金廷视为根本之地。金立伪齐刘豫,大齐还把东平改称"东京",并作为都城,辖域东达东海,西至陕西、甘肃,是东平历史上管辖范围最广、版图最大的时期。

一、山东西路政区

(一)辖区和人口

1. 辖治范围

《金史》卷二十五,志第六《地理志中·山东西路》①载:山东西路治所东平,领"府一"东平府,"节镇(州)二"徐州、兖州,"防御(州)二"博州、德州,"刺郡五"济州、邳州、滕州、泰安州和曹州。后徐、邳二州于宣宗贞祐二年(1215 年)改属河南路。

东平府,天平军节度使。宋京东西路治东平,旧称郓州。辖须城、东阿、阳谷、汶上(阳)、寿张、平阴 6 县。

---

① ［元］脱脱,等．金史［M］．北京:中华书局,1975:612-617.

济州,中,刺史。宋济阳郡。旧治钜野(今山东省巨野县),金天德二年(1150年)徙治任城县(今山东省济宁市任城区),分钜野之民隶嘉祥、郓城、金乡3县。辖治任城县(有鲁桥镇)、金乡县(有昌邑镇)、嘉祥县(旧有合来、山口二镇,后废)、郓城县[金大定六年(1166年)五月因黄河决而迁徙治盘沟村]。

徐州,下,武宁军节度使。治所彭城(今江苏省徐州市古楼区),宋彭城郡,金贞祐三年(1215年)九月改隶河南路。辖"县三、镇五":彭城县[有吕梁、利国、卞唐3镇,又有厥塥镇、于元光二年(1223年)升为永固县]、萧县(有白土镇、安民镇,旧有晋城、双沟两镇)、丰县。

邳州,中,刺史。治所下邳(今江苏睢宁县西北古邳镇)。宋淮阳军。金贞祐三年(1215年)九月改隶河南路。辖"县三":下邳县、兰陵县[原为承县,明昌六年(1195年)更名。贞祐四年(1215年)三月治所迁徙土娄村]、宿迁县[元光二年(1223年)四月废]。

滕州,上,刺史。治所滕阳(今山东省枣庄市滕州市)。本宋滕阳军,金大定二十二年(1187年)升军为州,二十四年(1184年)更名为滕州。贞祐三年(1215年)九月为兖州支郡。辖"县三、镇一":滕县[旧名滕阳,金大定二十四年(1184年)更为滕州]、沛县(有陶阳镇)、邹县(宋隶泰宁军)。

博州,上,防御。治所博平(今山东省聊城市东北)。宋博平郡。辖"县五、镇十一":聊城县(有王馆镇、武水镇)、堂邑县(有二回河、侯固镇)、博平县(有博平镇)、茌平县(有广平镇、兴利镇)、高唐县(有固河、齐城、灵城、夹滩4镇)。

兖州,中,泰定军节度使。治所兖州(在今山东省济宁市兖州区)。宋袭庆府,鲁郡。旧名泰宁军,金大定十九年(1179年)更为兖州。辖"县四":嵫阳县(原名瑕丘县)、曲阜县(北宋名仙源县)、泗水县、宁阳县[旧名龚县,金大定二十九年(1189年)因避显宗讳改]。

泰安州,上,刺史。治所泰安(今山东省泰安市泰山区)。本泰安军,金大定二十二年(1182年)升军为州。辖"县三、镇二":奉符县(有太平镇、静封镇)、莱芜县、新泰县。

德州,上,防御。治所安德(今山东省德州市陵城区)。宋平原郡军。辖"县三、镇七":安德县(有磁博、向化、盘河、德安4镇)、平原县(有水务镇)、德平县(有怀仁镇、孔家镇)。

曹州,中,刺史。治所济阴(今山东省菏泽市区境)。宋兴仁府济阴郡彰信军。

本隶南京,泰和八年(1208年)划归山东西路。金大定八年(1168年)黄河决淹没州治,遂迁州治于古乘氏县(今巨野县西南)。辖"县三、镇一":济阴县(有濮水镇)、定陶县(本宋广济军,熙宁间废为定陶县)、东明县(初隶南京,后因避黄河水患,县治所迁徙至河北冤句故地。后以故县为兰阳、仪封,有旧东明城)。

2. 户籍人口

山东作为我国历史上的人口大区,人口数量长期处于全国各地区的前列,宋、金、元时期,山东西路地区的人口分布、人口迁徙、人口民族成分虽然发生了较大变化,但人口大区的地位未变。

金代山东西路的人口中,最大的变化为猛安谋克户的大量迁入,进一步丰富了山东地区的民族成分构成,推进了女真人和山东人民在语言、文化、宗教、饮食等方面的交流交往交融。猛安谋克是金朝女真族进行统治的重要行政组织与军事力量,其既是封建国家的职业军队,又是盘剥汉人的封建地主。废大齐刘豫后,金朝统治者"虑中原士民怀二王之意",为巩固其统治,加强对中原汉民的控制,从金灭辽攻宋伊始,一些女真人和东北其他民族成员进入中原并有一部分留居内地。《建炎以来系年要录》卷五十三《绍兴二年(1132年)壬子四月壬戌朔》载:金太宗天会十年(1132年)"沿河、沿淮及陕西、山东等路,皆驻北军"[1]。这些女真驻军有相当一部分留居中原。之后,金又有计划地将女真人于天会十一年(1133年)秋、十五年(1137年)冬、贞元元年(1153年)等数次大规模向中原内地迁移。《三朝北盟会编》卷九十八《靖康中帙七十三》载,靖康年时,河东一带"每州汉人、契丹、奚家、渤海,金人多寡不同,大州不过留一千户,县镇百户,多阙数额"[2]。时迁入山东西路的猛安谋克10~12个,女真人口有30万~44万之众。同时,东平还有部分女真"屯田军"迁驻。总之,东平地区是女真南迁最为集中的地区。

金朝初期与末期,由于受战争、政治形势、自然灾害等因素的影响,北方人口锐减。金世宗大定初年,金朝人口恢复到300余万户。金章宗泰和七年(1207年)增加到8413164户53532151口。其间,山东西路区域内的人口数量经历了巨大的变化。其变化大体可以分为三个阶段:第一阶段从金天会三年到金海陵王正隆末年(1125—1161年),这一时期金军大肆掠地屠城,山东西路地区的人口数量呈快速下降和停滞不前的态势;第二阶段主要为金世宗和章宗统治时期(1161—1210

---

① [宋]李心传.建炎以来系年要录[M].北京:中华书局,2013:937.

② [宋]徐梦莘.三朝北盟会编[M].上海:上海古籍出版社,2008:726.

年),这一时期,金朝社会趋于安定,各项法规趋于完善,加之金世宗和金章宗的一系列发展生产、恢复人口的措施,山东西路地区的人口迅速恢复,并呈现出快速增长的极盛态势;第三阶段为卫绍王大安三年至金朝灭亡(1211—1234 年),这一时期正值金朝末期,蒙古军队南下攻城略地,山东西路地区再次陷入战乱之中,加上"红袄军"等起义此起彼伏,各种天灾人祸频发,从而导致金末元初这一时期山东西路人口的下降。

金朝山东西路是我国历史上重要的人口分布区。金源一朝,山东西路成为宋、金、元与农民战争的主战场,长期的战乱导致人口大减。自金熙宗起、金世宗大定以后,山东西路人口数量恢复并加快增长,到金章宗朝时达到盛期,人口已超宋时最高水平。金朝山东西路虽乏准确的人口统计,但据《金史·食货志》所载户口数,可以计算出金朝每户的平均人口。金大定二十七年(1187 年)金全国户数为 6789449 户,口 44705086 人,户均口数 6.58 人;金明昌元年(1190 年)户6939000,口 45447900 人,户均口数 6.55 人;金泰和七年(1207 年)户 7684438,口45816079 人,户均口数 5.96 人;金大定二十三年(1183 年)猛安谋克户 615624,口6158636 人,户均口数 7.8 人。综合加权计算,户均口数约 6.89 人。①

根据《金史》卷二十五,志第六《地理志中·山东西路》与《金史·食货志》记载,金代山东西路路户数为:东平府 118046 户,济州 40484 户,徐州 44689 户,邳州27232 户,滕州 49009 户,博州 88046 户,兖州 50099 户,泰安州 31435 户,德州15053 户,曹州 12677 户。依此,山东西路共有户数 466770 户,总人口数约322 万。②

又据安作璋《山东通史》,金代山东西路人口密度高达每平方千米 78 人,每平方千米居住的人数高于山东东路 11 人。如此,山东西路辖区总人口数应高于全国平均数。从这一个侧面也反映出了山东西部与山东东部及周边邻路经济社会发展的差异,而这种状况一直延续到清朝中期。

(二)山东西路行政区划沿革

郡邑州地,代有变置,依时而迁,沧海桑田。依据《金史·地理志中》和《宋史》卷八十五,志第三十八《地理志一·京东西路》③,参考李昌宪先生《金代行政

---

① 安作璋,等. 山东通史[M].北京:人民出版社,2009:138.

② [元]脱脱,等. 金史[M].北京:中华书局,1975:613-617.

③ 高占祥. 二十五史·宋史[M].北京:线装书局,2011:477-478.

区划史》(2015年),粗线条勾勒出了金代山东西路的行政区划沿革的路径。

1. 金正隆二年(1157年)山东西路政区

山东西路:府一,领节镇2、防御4、刺郡2、军2、县41。

(1)东平府,天平军节度,总管府,转运司,6县:须城、东阿、阳谷、汶阳、寿张、平阴。

(2)济州,刺史,治任城,4县:任城、郓城、金乡、嘉祥。

(3)徐州,武宁军节度,3县:彭城、萧县、丰县。

(4)邳州,刺史,3县:下邳、承县、宿迁。

(5)博州,防御,5县:聊城、堂邑、博平、茌平、高唐。

(6)兖州,泰宁军节度,4县:嵫阳、曲阜、泗水、龚县。

(7)德州,防御,3县:安德、平原、德平。

(8)宿州,防御,4县:符离、临涣、灵璧、蕲县。

(9)泗州,防御,3县:盱眙、虹县、临淮。

(10)滕阳军,3县:滕阳、沛县、邹县。

(11)泰安军,3县:奉符、莱芜、新泰。

2. 金大定二十九年(1189年)山东西路政区

山东西路辖域有所调整。府一,领节镇2、防御2、刺郡4、县34。山东西路辖区将正隆二年(1157年)时原辖的宿州、泗州及7县划出。山东西路时辖一府8州:东平府、济州、徐州、邳州、博州、兖州、德州、滕州、泰安州。其中,金大定二十二年(1182年),泰安军、滕阳军升格为州。龚县于金大定十九年(1179年)改称宁阳县。余未变。

3. 金泰和八年(1208年)山东西路政区

山东西路辖域调整为:府一,领节镇2、防御2、刺郡5、县37。山东西路辖区在金大定二十九年(1189年)版图基础上,新划入"曹州,刺史,三县:济阴、定陶、东明"。余有微调,大体未变。微调含汶阳县于金泰和八年(1208年)更名为汶上县,承县于金明昌六年(1195年)更名为兰陵县。

(三)山东西路辖区的区划沿革

(1)东平府(1127—1221年),上,天平军节度使,兵马都总管府,转运司。治须城县(今山东东平县州城街道)。

《宋史·地理志一》载,北宋时,东平府领须城、阳谷、中都、寿张、东阿、平阴6

县。《金史·地理中》载，宋东平郡，旧郓州，后以府尹兼总管，置转运司。金领6县未变，但中都县金代先后更名为汶阳、汶上。

《元史·太祖纪》，元太祖十六年(1221年)四月，金东平行省事蒙古纲弃城遁，严实入守，立行台，为蒙古军队将金朝势力驱出东平，东平始划入大蒙古国版图。

(2)济州(1127—1221年)，中，刺史州。先治钜野(今山东省菏泽市巨野县)，1150年后因水患迁治任城(今山东济宁市任城区)。

《宋史·地理志一》，北宋时，济州领钜野、郓城、金乡、任城4县。《金史·地理志中》，济州治钜野，金天德二年(1150年)因河患徙治任城。领嘉祥、任城、金乡、郓城4县。大齐阜昌(1130—1137年)年间刘豫置嘉祥县，则自金天眷元年(1138年)后，济州领钜野、金乡、郓城、任城、嘉祥5县。

(3)徐州(1127—1232年)，彭城郡，下，武宁军节度使。治彭城(今江苏徐州市)。

《宋史·地理志一》：北宋末，徐州领彭城、沛、萧、滕、丰5县。《金史·地理志中》，徐州领彭城、沛、萧3县。大齐阜昌元年(1130年)割滕、沛2县与滕阳军。金贞祐三年(1215年)九月，徐州改隶河南路。

(4)邳州(1127—1234年)中，刺史州。治下邳(今江苏省徐州市邳州市)。

金天会五年(1127年)淮阳军，六年(1128年)升格为邳州。领下邳、兰陵(承县)、宿迁3县。贞祐三年(1215年)九月，邳州改隶河南路。

(5)滕州(1127—1220年)，上，刺史州，治滕县(今山东省枣庄市滕州市)。

《金史·地理志中》载，滕州，本宋滕阳军，大齐阜昌元年(1130年)刘豫袭滕阳军，金大定二十二年(1182年)升格为滕阳州，二十四年(1184年)更为滕州，领滕、沛、邹3县。

(6)博州(1127—1219年)，上，防御州。治聊城(今山东聊城市东南)。

《宋史》卷八十六，志第三十九《地理志二·河北路》载，博州，宋河北东路博平郡，领聊城、堂邑、高唐、博平4县。① 大齐时刘豫置茌平县后，金代博州则增为领5县。

(7)兖州(1127—1219年)，宋袭庆府，中，泰定军节度使。治嵫阳(今山东省济宁市兖州区东北)。

① 高占祥.二十五史·宋史[M].北京：线装书局，2011：479-481.

兖州,宋代称袭庆府、鲁郡,泰宁军节度使。《宋史·地理志一》:领瑕县(今曲阜市境)、奉符(今泰安市岱岳区)、泗水、龚县(今宁阳县)、仙源(今曲阜市)、莱芜(今山东省济南市莱芜区、钢城区)、邹县7县。金天会五年(1127年)称兖州,泰定军节度使。《金史·地理志中》载,兖州领嵫阳、曲阜、泗水、龚4县。

(8)泰安州(1127—1219年),上,刺史州。治奉符(今山东省泰安市泰山区、岱岳区境)。

大齐刘豫阜昌元年(1130年)建泰安军。《金史·地理志中》载,金大定二十二年(1182年)泰安军升格为州。领奉符、莱芜、新泰3县。

(9)德州(1127—1219年),上,防御州。治安德(今山东省德州市陵城区)。

《宋史·地理志二·河北路》载,宋河北东路平原郡,军事;领安德、平原2县。金置防御州,领安德、平原、德平3县。

(10)曹州,中,刺史州。治济阴(今山东省菏泽市曹县西北)。

北宋时曹州,称兴仁府、济阴郡(辅郡),驻彰信军。《宋史·地理一》载,北宋末,兴仁府领济阴、宛亭、乘氏、南华4县,治济阴。金代初称兴仁府、后称曹州。其中,1127—1129年称兴仁府;1130—1138年改称曹州;1139年改回兴仁府;1140—1219年复称曹州。曹州原隶属于南京路,金泰和八年(1208年)划属山东西路。《金史·地理志中》载,金皇统二年(1142年)时曹州领济阴、乘氏、南华、考城(宋隶东京,金正隆元年(1156年)前隶曹州,后属睢州)、楚丘(金初隶曹州,海陵王末即1160年属归德府)、定陶(宋属广济军)6县;正隆时曹州领济阴、楚丘、定陶和乘氏、南华(后二县皆为黄河水淊废)5县;大定六年(1166年)时,曹州领济阴、定陶、东明3县。

(四)山东西路辖区的机构人员编制

金朝在总管府路辖区置州、县,均划分等级置官、配备职员。

1. 路属行政州机构编制

(1)山东西路诸州行政等级划分。

据《金史》卷五十七,志第三十八《百官志三》,金朝的州,依据其政治、经济、军事等要素,分为节镇州、防御州、刺史州三个等级,各等级再分上、中、下3个档次。山东西路所辖今齐鲁境内9州的等级为:节镇州1,防御州2,刺史州6。[①]

---

① [元]脱脱,等. 金史[M].北京:中华书局,1975:1310-1329.

兖州为节镇州(上)。金天会六年(1128年),州镇置节度使。节度使的职能是"掌镇抚诸军防刺,总判本镇兵马之事,兼本州管内观察使事,其观察使所掌,并同府尹兼军州事管内观察使"。节度使下配置同知节度使、副使、节度判官、观察判官等,分治诸事。

博州、德州为防御州(上)。金代防御州,因边州防务及相关州的等级因素而设。山东东路的沂州、棣州,山东西路的德、博二州,是从其区域政治、经济、军事的地位来评定的。防御州长官为防御使。《金史·百官志三》载,防御使的职能为"掌防捍不虞、御制盗贼,余同府尹"。并拥有一定的兵权。防御使下设同知防御使事,掌通判防御使事,以及判官、知法、司军等治理诸务。

滕州、泰安州为刺史州(上),济州、曹州、单州为刺史州(中),濮州为刺史州(下)。诸等级刺史州的长官皆称刺史,"掌同府尹兼治州事"。下设同知,"通判州事",以及判官、司军、知法等治理州务。

(2)山东西路诸州的人员编制。

诸州等级、档次不同,官员及公私人从配备亦不同。

节镇州,节度使一员秩从三品,同知节度使一员秩正五品,副使一员秩从五品。同时配有知法、州教授、司狱、司吏等官吏。兖州为上镇,可配备公使人为70人,而中、下镇,则分别配备65人、60人。不同档次的节镇州,为节度使配备的随从牵拢官均为40人。

防御州,防御使一员秩从四品、同知防御使一员秩正六品、判官一员秩正八品。还配备知法、州教授、司军、巡捕使等低阶吏员,博、德作为"上"等防御州,可配公使人为60人。不同档次的防御州,为防御使配备的随从牵拢官皆为35人。

刺史州,刺史一员秩正五品,同知刺史一员秩正七品,判官一员秩从八品。滕州、泰安州为刺史州(上),公使人为50人;济州、曹州、单州为刺史州(中),公使人各为45人;濮州为刺史州(下),公使人为40人。不同档次的刺史州,为刺史配的随从牵拢官都是30人。

2. 山东西路诸县机构编制

(1)诸属行政县的机构等级。

金朝的县分为两大类七个等级。因金朝关于诸县等级的史料极罕,但金袭宋制又为了解其具体情况打开了一扇"天窗"。借参北宋的县分为一级畿、二级望、三级紧、四级上、五级中、六级中下、七级下,于金朝县分为七级大体相当。若宋无记载的,则以元朝县的分级佐补之。以金泰和八年(1208年)区划为例,山东西路辖域今为山东境内的诸县,在北宋时期的分级情况为:

东平府,总管府,辖6县:须城(望)、阳谷(望)、中都(汶上,紧)、东阿(紧)、寿张(上)、平阴(上)、东平监(北宋置,金代取消。上)。

济州5县:巨野(望)、任城(今济宁市区,望)、郓城(望)、金乡(望)、嘉祥(不详)。

博州5县:聊城(望)、堂邑(望)、博平(紧)、茌平(元朝为中)、高唐(望)。

兖州4县:嵫阳(瑕县,上)、曲阜(宋称仙源,中下)、泗水(上)、宁阳(龚县,上)。

德州5县:安德(望)、平原(紧)、德平(元朝为下)、高唐(望)、博平(紧)。

滕州3县:滕县(紧)、沛县(今江苏省沛县)、邹县(今邹城市,下)。

泰安州3县:奉符(泰安,上)、莱芜(中)、新泰(中)。

曹州3县:济阴(望)、定陶(上)、东明(畿)。①

邳州、徐州今属江苏省。

(2)诸行政县的人员编制。

县的等级不同,官员及配备的公使人(从)也不一样。长官配置为:赤县令秩从六品,次赤县或剧县令秩正七品,诸县令秩从七品。县设丞、主簿、尉,为佐贰官。"中县而下不置丞,以主簿与尉通领巡捕事。下县则不置尉,以主簿兼之。"吏员的配置,如随从牵拢官,赤、剧县官衙配8人。京县、次剧县官衙配7人。余诸县衙配6人。

二、金朝设在东平的政府和军事机构

(一)刘豫都东平

宋建炎三年(1128年,金天会元年)冬,刘豫献济南府降金,任东平知府,充京东、西淮南安抚使,节制大名等诸州。金天会八年(1130年)七月被册立、九月"大齐"傀儡政权正式成立,刘豫莅位大齐皇帝。史称"伪齐"。大齐辖山东、河北、河南及陕西、甘肃等地,为金、宋之间的缓冲地带和女真贵族"以汉治汉"的工具。"大齐"都大名,不久迁东平,升为东京,然后西迁汴京。天会十五年(1137年)十

---

① 安作璋,等. 山东通史[M].北京:人民出版社,2009:155.

一月,金废"大齐",设汴京行尚书省,直接辖治"大齐"旧地。

(二)山东西路兵马都总管府

山东西路,治东平。金皇统二年(1142年),府1,领节镇2,防御4,刺郡3,军2,县34。金正隆二年(1157年),府1,领节镇2,防御4,刺郡2,军2,县41。大定二十九年(1189年),辖济、徐、邳、滕、兖、泰安、德、曹9州,各府州共领34县,后徐、邳二州于金贞祐二年(1214年)改属河南路。

东平兵马都总管府,作为全国14个总管府之一和山东西路的治所,原则上由府尹兼任兵马都总管,金中期曾兼司农使,秩正三品;同时设同知、少尹(治中)、都勾判官等处理本府事务。

府所设录事司,设录事(正八品)、判官(正九品)各一名。所属节镇兵马司,皆设都指挥使(正五品)一人,副都指挥使(正六品)二人,指挥使(从六品)、军使(正七品)各一人,左、右什将各一人,以及军典、营典、承局、押官等职。

(三)东平行省和东平元帅府

1.东平行省

金贞祐二年至兴定五年(1214—1223年)设立,亦称山东行省。治所东平,主要经略山东西路,末期经略山东全境及苏北部分地区。立省近10年。《金史》明确记载的东平行省长官3人:第一位,仆散安贞,于贞祐二年至四年(1214—1216年)五月,知山东行省;主镇压"山东红袄军"事,并统辖、节制地方行元帅府。《金史·食货志二》载:"贞祐四年(1216年)五月,山东行省仆散安贞言……"第二位,侯挚,于贞祐四年(1216年)五月至兴定二年(1218年)二月,知山东行省。时侯挚由河北行省迁任权(代理)山东西路兵马都总管、行省事于东平,故任上河北军政事务亦改由山东行省兼治。第三位,蒙古纲,金兴定二年(1218年)以右副元帅、权参知政事,行省事于东平,同时兼任行元帅府。蒙古纲一方面继续镇压山东起义军,另一方面竭力抗击蒙古,经略山东东、西路地区,维系山东局势。金兴定五年(1221年)四月,东平已成孤城,蒙古纲请求内徙,皇帝诏准,遂弃守东平。五月,金设立东平邳州行省,元光二年(1223年)罢。

2.东平元帅府

《金史·宣宗纪上》载,金宣宗贞祐三年(1215年)八月,"东平、益都、太原、潞州置元帅府","四年(1216年)春正月丙寅,红袄贼犯泰安、德、博等州,山东西路元帅府败之"①。金朝后期曾在黄陵岗、东平、益都等 7 地置元帅府。一般情况下,东平行省兼领行元帅府。东平府陷,王庭玉徙知黄陵岗时,东平行省与东平行元帅府方分置。《金史》有明确记载的元帅府幕府有蒙古纲、斡不塔、蒲察山儿、王庭玉等。此外,金大定八年(1168 年),曾短期于山东西路置统军司。

(四)山东西路转运司等财经管理机构

1. 山东西路转运司

大齐刘豫阜昌时,"不易官制风俗",其制因袭辽、宋旧制于东平置司。据金世宗大定二年(1162 年)所定制度,转运司路设置与总管府路相同,但所领州、军与总管府有别。山东西路转运司除所领山东西路所辖州、军外,又管辖大名府、恩、濮、开、滑等府州军。

金泰和八年(1208 年)金廷以按察司兼理转运司事,称山东西路按察转运司。《金史》卷一百二十八,列传第六十六《循吏·石抹元传》载,贞祐初,职山东西路按察转运使。金贞祐三年(1215 年)罢按察司,复改称转运司。②

2. 诸路使司院务

金朝的经济管理机构,除转运司外,还设有遍布全国的商业管理机构"诸路使司院务",全国共计 1639 处。《金史》卷四十九,志第三十《食货志四》载:

明昌元年(1190 年)正月,敕尚书省,定院务课商税额,诸路使司院务千六百一十六外……明昌五年(1194 年),陈言者乞复旧置坊场,上不许,惟许增置院务,诏尚书省参酌定制,遂拟辽东、北京依旧许人分办,中都等十一路差官按视,量添设院务于二十三处,自今岁九月一日立界,制可。③

各地方院务在上级使司领导下,负责在本地征收营商税赋,如酒曲税等。《金史·食货志四》,金大定"二十七年(1187 年),议以天下院务,依中都例,改收曲课,而听民酤"。"泰和四年(1204 年)九月,……又令随处酒务,元额上通取三分作糟酵钱。六年,制院务卖酒数各有差,若数外卖及将带过数者,罪之"④。政府还制定了商税法,规定院务课税额并对其业绩进行考核。海陵王贞元元年(1153

---

① [元]脱脱,等. 金史[M].北京:中华书局,1975:311-316.

② [元]脱脱,等. 金史[M].北京:中华书局,1975:2769-2770.

③ [元]脱脱,等. 金史[M].北京:中华书局,1975:1093-1111.

④ [元]脱脱,等. 金史[M].北京:中华书局,1975:1106-1107.

年)五月,以都城隙地赐随朝大小职官及护驾军,七月,各征钱有差。金大定二年(1162年),制院务创亏及功酬格。八月,罢诸路关税,止令讥察。"二十年(1181年)正月,定商税法,金银百分取一,诸物百分取三"。"明昌元年(1190年)正月,敕尚书省,定院务课商税额,诸路使司院务千六百一十六外,比旧减九十四万一千余贯,遂罢坊场,免赁房税"。

诸路使司院务主要有都曲司、酒使司、商税务司、路使司院务和盐业专营分支机构等。

一是都曲司、酒使司。山东西路东平府和各州设有酒税使、副使、监酒务、监酒课等。《金史·百官志三》载:

中都都曲使司。(酒使司、院务、税醋使司,榷场兼酒使司附。)使,从六品。副使,正七品。掌监知人户酝造曲蘗,办课以佐国用。余酒使监酝办课同此。都监二员,正八品。掌签署文簿、检视酝造。(司吏四人,公使十人。凡京都及真定皆为都曲酒使司,设官吏同此。它处置酒使司,课及十万贯以上者设使、副、小都监各一员,五万贯以上者设使、副各一员,以上皆设司吏三人。三万贯以上者设使及都监各一员,司吏二人。不及二万贯者为院务,设都监、同监各一员。不及千贯之院务止设都监一员。其他税醋使司及榷场与酒税相兼者,视课多寡设官吏,皆同此。诸酒税使三万贯以上者正八品,诸酒榷场使从七品,五万贯以上副使正八品。)

二是商税务司,"中都都商税务司。使一员,正八品。副使一员,正九品。金正大元年(1224年)升为从七品。掌从实办课以佐国用。都监一员,从九品。掌签署文簿、巡察匿税。司吏四人,公使十人,余置官吏同酒使司"。

三是盐业专营分支机构。金行食盐专营。山东盐司在山东西路及所辖恩州、曹州设有直属分支机构。《金史·食货志四》载:"大定二十五年(1186年),更狗泺为西京盐司。是后惟置山东、沧、宝坻、莒、解、北京、西京七盐司"。金泰和"三年(1203年)二月,以解盐司使治本州,以副治安邑。十一月,定进士授盐使司官,以榜次及入仕先后拟注"。泰和"五年(1205年)六月,以山东、沧州两盐司侵课,遣户部员外郎石铉按视之,还言令两司分办为便。诏以周昂分河北东西路、大名府、恩州、南京、睢、陈、蔡、许、颍州隶沧盐司,以山东东、西路、开、濮州、归德府、曹、单、亳、寿、泗州隶山东盐司,各计口承课"。山东盐课岁入,承安末达4334184贯之巨。

3. 常平仓

常平仓是古代国家平抑物价、储粮备荒,以供应官需民食而在诸州县设置的粮仓。即政府于丰年购进粮食储存,以免谷贱伤农,歉年卖出所储粮食以稳定粮价。但有时也成为官府敛财的手段。金世宗大定十四年(1174 年),定常平仓之制,丰年增市价的 20% 以籴,俭年减市价的 10% 以粜,命全国推行,行不久即废。金章宗明昌元年(1190 年),又复行,因地方缺乏积极性,颁发勤惰奖罚之法,《金史》卷九,本纪第九《章宗纪一》载,金贞祐三年(1215 年)十月“甲寅,敕置常平仓处,并令州、府官以本职提举,县官兼管勾其事,以所籴粮多寡约量升降,以为永制”①。金明昌三年(1192 年)时,全国累计置仓共计 519 处,积粮 3786 万余石,米810 余石,钱总 3343 万贯。

4. 财经官员的选任与考核

金多选进士任财税经济管理官员。据《三朝北盟会编》卷二百二十一《炎兴下帙一百二十一》载,洪皓在宋绍兴十三年(1143 年)《文具录》所记,金国的官制禄格封荫谥讳皆出自宇文虚中之手,参用唐宋之法增减而成。当时金国的都事、令史多使用进士,“预其选者,人以为荣”②。即进士及第后,不论文、武高下,大多在百日内派任监关税、商税院、盐铁场,任期一年,谓之“优饶”,类似于现在的“试用期”。

《金史》卷五十八,志第三十九《百官志四·百官俸给》载,凡是财税经济管理官员,其薪酬均与业绩挂钩。“旧制,凡监临使司,院务之商税,增者有偿,亏者剥俸”③。金大定二年(1162 年)“制院务创亏及功酬格”。将院务官吏的报酬与业绩挂钩。“泰和六年(1206 年)五月,制院务课亏,令(转)运司差监榷”。金廷的这些规定,虽然调动了经济管理人员的积极性,但是也存在消极的一面。如《三朝北盟会编·炎兴下帙一百二十一》所载,因薪酬与业绩挂钩,在任职期间课税倍增的官员,谓之“得筹”,每一筹转一官。有的人一年能升八九级,金贞元元年(1153 年)才规定一年中不得升迁 3 官。但个别狡黠的人,或拣课额少的地方任职,或拿自己家的财产贴纳“买”升迁。而一部分不想升迁者,便打起了课税的主意,除规定的税额外,“公然分之”。

---

① ［元］脱脱,等.金史[M].北京:中华书局,1975:234.

② ［宋］徐梦莘.三朝北盟会编[M].上海:上海古籍出版社,2008:1595.

③ ［元］脱脱,等.金史[M].北京:中华书局,1975:1339-1349.

（五）曹济都巡河官

《金史·百官志二·都水监》载："都巡河官，从七品，掌巡视河道、修完堤堰、栽植榆柳、凡河防之事。分治监巡河官同此"。

曹济都巡河官，隶属于都水监。曹济诸都巡河官下辖散巡河官，分驻各地，人选由都水监廉举。曹济都巡河下辖定陶、济北、寒山、金山4处散巡河官和25处专固的"埽"护河，总领埽兵1.2万余人。《金史》卷二十七，志第八《河渠志·黄河》①载，金大定二十七年（1187年）二月，御史台奏，因"自来沿河京、府、州、县官坐视管内河防缺坏，特不介意。若令沿河京、府、州县长贰官皆于名衔管勾河防事，如任内规措有方能御大患，或守护不谨以致疏虞，临时闻奏，以议赏罚"。皇帝批准施行。于是命沿黄"四府、十六州之长贰皆提举河防事，四十四县之令佐皆管勾河防事"。即让一名"副县长"分管黄河防洪。其中包括山东西路所辖之徐州的彭城、萧县、丰县，曹州的济阴县，滕州的沛县，济州的嘉祥县、金乡县、郓城县等。

（六）府、州置准县级政区：警巡司（院）、录事司、司侯司

金承宋制，在诸京置警巡院，在诸府、节镇置录事司，在防、刺州置司侯司，以治理城区狱讼、治安为务。金朝在诸府、节镇设录事、判官各一员，司吏的配置则按城区户口的多少。《金史·百官志三》载，"司吏，户万以上设六人，以下为率减之。凡府镇二千户以上则依此置，以下则止设录事一员，不及百户者并省"。山东西路属诸州均逾万户。

警巡院、录事司、司侯司的职能、品秩。据《金史·百官志三》记载，诸京警巡使"正六品，掌平理狱讼，警察别（所）部"。录事，正八品，"掌同警巡使"。司侯，正九品。因此，三职之间，职能在于巡捕盗贼，审理案件，维持城市社会治安，职能单一。金皇统五年（1145年）规定，"警巡、市令、录事、司侯、诸参军、知律、勘事、勘判为'厘务官'。"

金大定二十三年（1183年）四月立泰安《大定重修宣圣庙记碑》落款中，就有"司侯判官"："登仕郎（秩正九品上）、泰安州司侯判官、提学甄之纲立石"。

崔彩云、张玉珂《寿张县志校注》卷二《建置志·公署》载，"寿张县巡检司，在梁山虎头崖前"。注云："巡检司，始于五代，盛于两宋，金亦有类似设置。元代承

---

① ［元］脱脱，等．金史［M］.北京：中华书局，1975：669-682.

袭宋金维持地方治安模式,并加以推行,专司捕盗之州县巡检司占大多数"①。同时,卷之八《艺文志》载有"北宋寿张县巡检司赵同彦"的5首题壁诗。

关于职官配置,元继宋金,可做参考。《元史》卷九十一,志第四十一上《百官志七》言,"录事司,秩正八品。凡路府所治,置一司,以掌城中户民之事。中统二年(1261),诏验民户,定为员数。二千户以上,设录事、司侯、判官各一员;二千户以下,省判官不置"。②

(七)东平流泉务、交钞库

1. 东平流泉务

东平是金朝最早一批设置流泉务的城市。流泉务为金置官办经营典当借贷的金融机构,掌解典诸物、流通泉货。金大定十三年(1173年),于中都、南京、东平、真定等处设立流泉务,是金世宗为增加国家财政收入、搜刮民财的手段之一,主业是放高利贷,官定利率是10%。大定二十八年(1188年)扩大为全国28座大城市设流泉务。《金史·百官志三》载:

中都流泉务。大定十三年(1273年),上谓宰臣曰:"闻民间质典,利息重者至五七分,或以利为本,小民苦之。若官为设库务,十中取一为息,以助官吏廪给之费,似可便民。卿等其议以闻。"有司奏于中都、南京、东平、真定等处并置质典库,以流泉为名,各设使、副一员。凡典质物,使、副亲评价直,许典七分,月利一分,不及一月者以日计之。经二周年外,又逾月不赎,即听下架出卖。出帖子作写质物人姓名,物之名色,金银等第分两,及所典年月日钱贯,下架年月之类。若亡失者,收赎日勒合干人,验元典官本,并合该利息,赔偿入官外,更勒库子,验典物日上等时估偿之,物虽故旧,依新价偿。仍委运司佐贰幕官识汉字者一员提控,若有违犯则究治。每月具数申报上司。大定二十八(1288年)年十月,京府节度州添设流泉务,凡二十八所。明昌元年(1190年),皆罢之。二年(1191年),在都依旧存设。

使一员,正八品。副使一员,正九品。勾当官一员。(攒典二人。)③

金廷的大力敛财,造成"官家钱满"而"民间无钱"的恶果。《金史》卷十九,本纪第十九《世纪补·显宗(允恭)纪》载,"有使者自山东还,帝问民间何所苦? 使

---

① 崔彩云,张玉珂. 寿张县志[M].郑州:中州古籍出版社,2017:23.

② [明]宋濂,等. 元史[M].北京:中华书局,1975:528.

③ [元]脱脱,等. 金史[M].北京:中华书局,1975:1320-1321.

者曰:'钱难最苦。官库钱满有露积者,而民间无钱,以此苦之 。'"①

2. 东平交钞库抄纸坊

东平交钞库抄纸坊置于金宣宗贞祐二年(1214 年),隶属户部,交钞库、印造钞引库、抄纸坊、交钞库物料场等负责交钞(纸币)的发行、制造、原材料供应和废币回收,设使。《金史·食货志三》载,金明昌六年(1195 年)"山东东路则于益都、济南府,山东西路则于东平、大名府……官库易钱"②。

《金史·百官志二》载:

交钞库:使,(旧正八品,后升从七品,贞祐复。)掌诸路交钞及检勘钱钞、换易收支之事。副使,从八品。掌书押印合同。判官,正九品。(贞祐二年作从九品。)都监,二员。

随处交钞库抄纸坊:使,从八品。(贞祐二年,设于上京、西京、北京、东平、大名、益都、咸平、真定、河间、平阳、太原、京兆、平凉、广宁等府,瑞、蔚、平、清、通、顺、蓟等州,贞祐三年罢之。)③

(八)文教卫生机构

1. 教育

金朝的学校制度效法唐、宋,逐渐建立较为完整的官学体系和相应的管理制度。礼部、国子监是中央官学管理机构。地方官学主要有府节镇州、防御州、县学,女真府、州学,地方医学等,由地方各级主管教育的官员与"学正""学录""提学"等负责管理。"教授"因学校级别不同而品阶有别。府学教授秩正七品,节镇学教授秩正八品,防御州学教授则秩从九品。主要负责学校的行政、教学管理。教授一般由金廷任命,而学官、学正则多由教授自署。如平阴县硕儒王去非撰《博州州学重修碑》载,金熙宗天眷年间,重建博州州学的是"学正祁彪、学录尚戢、教授赵惹"。现置泰山岱庙内、金大定二十三年(1183 年)四月立《大定重修宣圣庙记碑》落款,泰安"州学斋长薛实,学录李颀之,学政安然、升卿,登仕郎、泰安州司侯判官、提学甄之纲立石"。

同时,金朝及各级地方政府鼓励家塾、私塾、义学等民间教育的发展。

① [元]脱脱,等. 金史[M].北京:中华书局,1975:412.
② [元]脱脱,等. 金史[M].北京:中华书局,1975:1079.
③ [元]脱脱,等. 金史[M].北京:中华书局,1975:1283-1284.

2. 宗教

金制，诸府、州设录判管理宗教事务。如赵泅在肥城《陶山幽栖寺重修大殿记》碑落款："大定二十二年(1182年)岁次壬寅十月戊戌朔十五日壬子，东平府管内僧录判官、知教门事崇业、大德、定德立石"。

3. 卫生

金时，山东西路、山东东路等21地，"皆置医院，医正一人，医工八人"。据《金史·百官志一》，医正，从八品，下。①

三、金朝设在山东西路的非常设机构

金廷因政治、军事等需要，设立了一些非常设机构，来强化某些方面的管理。特别是金贞祐南渡后，东平地处金、蒙古、南宋及蜂起的农民起义军反复争夺与交战要津，故金为应急而设置了一些临时性军政管理机构。

(一)山东西路宣抚司

金代的宣抚司，职安抚地方百官，阻止流言，防止官员渎职和保障军需。《金史·百官志一·宣抚司》载，宣抚司的主要职责为：

> 凡内外官之政绩，所历之资考，更代之期，去就之故，秩满皆备陈于解由，吏部据以定能否。又撮解由之要，于铨拟时读之，谓之铨头。又会历任铨头，而书于行止簿。行止簿者，以姓为类，而书各人平日所历之资考功过者也。又为簿，列百司官名，有所更代，则以小黄绫书更代之期，及所以去就之故，而制其铨拟之要领焉。②

金代的山东西路宣抚司，时设时罢。刘豫是金朝东平第一任宣抚使。金天会六年(1128年)冬刘豫降金后，被金廷任命为知东平府，兼山东东、西等诸路宣抚使。金立大齐，刘豫曾袭宋于各地设宣抚司。大齐国刘豫辖区的秦凤路安抚使李彦琪之"安抚使衙三月十八日牒"③，推理东平作为刘豫老巢，应设置安抚司。金章宗承安三年(1198年)时，提刑使曾兼宣抚使。金泰和六年(1206年)，诸路置宣

① [元]脱脱，等．金史[M].北京：中华书局，1975：1225.
② [元]脱脱，等．金史[M].北京：中华书局，1975：1242-1243.
③ 俄罗斯科学院东方所，中国社科院.俄藏黑水城文献[M].上海：上海古籍出版社，2013：709.

抚司,金贞祐二年(1214年)为"第二波"设宣抚司,金兴定四年(1220年)以"九公封建"等为"第三波"设司置使。

宣抚司每逢战争会临时设立。如金泰和六年(1206年)和贞祐二年(1214年),都曾置山东西路宣抚司。金章宗泰和六年(1206年),因用兵袭宋制而临时置山东西路宣抚司,时该司虽非常设,但级别较高,使一人,秩从一品,品阶高于正三品的东平兵马都总管府府尹。宣抚司一般以1~2路为辖区,掌军事、民政等大权。金宣宗贞祐二年(1214年),又复置山东东、西路两宣抚司。《金史·宣宗纪上》载,贞祐三年(1215年)"山东宣抚司报大沫堌之捷,夹谷石里哥及没烈擒贼渠刘二祖等斩之,前后殆贼万计"。"用山东西路宣抚副使完颜弼言,招大沫堌渠贼孙邦佐、张汝楫以五品职,下诏湔洗其罪"。贞祐四年(1216年)曾罢设,改置各地经略司。如恩、博二州经略司,单州经略司,海州经略司等,亦非常制。兴定四年(1220年)封王福、燕宁等"九公"皆银青光禄大夫、兼宣抚司使,正二品。

《金史·百官志一·宣抚司》载,金泰和六年(1206年)时的宣抚司"使,从一品。副使,正三品"。而贞祐年间的"使"则为正三品。金兴定年间则因人而定品阶,如燕宁为宣抚使,为正二品。

(二)安抚司

金代置,职掌镇抚人民、稽察边防军旅,为各路负责军务治安的长官,一般以知州、知府兼任。金章宗泰和末宋、金议和后,改陕西宣抚司为安抚司。金朝后期,曾设安抚司作为邻敌占区的军务机构。如守泰山天平寨的燕宁,曾任山东安抚副使,协守东平。

(三)招抚司

金末战时临时机构。掌招集离散,安集遗黎,主要服务于女真猛安谋克。金于宣宗兴定三年(1219年)始置。兴定五年(1221年)二月,置司于单州,以安集河北遗黎。《金史》卷一百二,列传第四十《蒙古纲传》载,兴定五年(1221年)"捏挫孙邦佐世居泰安,众心所愿,遂置招抚使"。①

(四)山东东、西路提刑司(按察司)

金大定二十九年(1189年)章宗在全国置9路提刑司。其中,山东东、西路提

---

① [元]脱脱,等.金史[M].北京:中华书局,1975:2258.

刑司,治济南府,辖治山东东路、山东西路。据《金史·百官志三》,提刑司(按察司)的职能是审察刑狱,监察官员豪强,查禁私盐酒曲等,兼劝农桑、屯田、镇防军事等。曾两路分设。金承安四年(1199 年),改提刑司为按察司。金泰和八年(1208 年),诸路按察司使兼转运使,时设山东西路按察转运司,治东平。金贞祐三年(1215 年)罢按察司。

(五)山东行六部

金朝设置的各地"行六部",为中央尚书省六部的派出机构,时设时废。泰和、贞祐、元光年间,都曾设山东行六部;有时户部、工部也派出专门人员执行专门任务,如括地、治理黄河时也在山东等地设过"行六部",是为主抓某重要事项的"指挥部"性质的临时性机构。

四、山东西路驻军

《金史·地理志中》载,山东西路辖区内驻扎的金军有天平军、武宁军、泰定军、滕阳军、泰安军、广济军,北宋亦曾设淮阳军、平原郡军、彰信军。金曾于天会八年(1168 年)将山东统军司复分置山东东路统军司、山东西路统军司,以统领域内驻军。[①]

天平军节度使。唐朝元和十五年(829 年),始于郓州置天平军节度使。之后,五代、北宋因袭,于东平置天平军节度使。金袭宋制,在东平府驻天平军节度使。

滕阳军,宋置金袭,金大定二十二年(1182 年)升为滕阳州,大定二十四年(1184 年)更名为滕州。

泰定(宁)军节度使。驻地兖州。北宋和金初称泰宁军,金大定十九年(1180 年)更为泰定军。

泰安军。驻地泰安。金大定二十二年(1182 年)与滕阳同时升"州",为泰安州。

武宁军节度使。驻地今江苏省徐州市。金贞祐三年(1215 年)改隶河南路。

广济军(1127—1128 年),治定陶(今菏泽市定陶区),宋置,领定陶一县。《大明清类天文分野之书》卷二十二言,"金罢军,仍为定陶县,属曹州"。金废该军应

---

① [元]脱脱,等.金史[M].北京:中华书局,1975:613-617.

在金天会六年(1128年)黄河决口以后,故金初定陶应已属曹州。

此外,在山东西路辖区内,北宋曾设军而被金废的有4处:兴德军,宋置,驻地齐州、济南府。淮阳军,宋置,驻地邳州;金贞祐三年(1215年)改隶河南路。平原郡军,宋置,驻地德州。彰信军,宋置兴仁府济阴郡彰信军,驻地曹州济阴。宋靖康二年(1127年)正月至二月间,河北兵马大元帅、康王赵构在东平府聚兵勤王期间,北宋的广信军、保定军、安肃军等溃军,均曾集结、屯兵于东平。

屯田军。山东西路的屯田军,在东平置官、通领。如"温迪罕察剌,女真人,东平府世袭千户,兼管屯田军"。

卷五　山东西路转运司

　　"山东"之名始于金。金太宗天会五年(1127年,宋靖康二年),金灭北宋之后,在原宋地"官制不易,风俗不改",推行宋制,在山东东、西路设转运司。天会八年(1130年),金立"大齐",刘豫以东平(今山东省泰安市东平县)为东京,至天会十五年(1137年)废齐,刘豫袭宋在东平设山东路或曰京东路及运司。金熙宗皇统二年(1142年)全国设19个路(省)级政区,以今山东省境为核心的地区内置山东东路(治益都府,今山东省青州市)、山东西路(治东平府)置兵马都总管府路、转运司路、驻天平军。为强化国家财税管理,金世宗大定年间,在全国经济比较发达的14个战略重地路设置转运司。其中山东西路转运司,置司东平府,辖山东西路、大名府路(治今河北省大名县)的东平、大名两府和兖、濮等12州,约670万众,负责地方财政、赋税征收及钱谷转输,覆盖今财政、税务、民政、粮食等机构的主要职能。金兴定五年(1221年)四月,时东平行省蒙古纲在蒙古军压境和义军袭攻下,弃守东平,山东西路总管府徙邳州(今江苏省邳州市),称"邳州行省",至此,山东西路转运司的使命终结。

　　金朝国祚较短,历史资料匮乏,不易搜集整理,为史学界公认,故金朝的历史研究,相对于他朝冷清了许多。近期来,因国昌而文盛,对金朝的政治、军事、社会、经济研究日益增多,成果颇丰。但多限于比较宏观的研究。金朝转运制度的研究亦大抵如此。既金初因袭辽制,金太宗时期,随着汉官制度的初步制定,转运制度也随之出现;金灭北宋之后,因袭宋制,置中都路都转运司、山东东路转运司(治益都府)、山东西路转运司(治东平府)等14路转运。[①]

　　近代以来,史学界对唐、宋时期的转运司及转运使的研究颇多,由于金代长期

---

　　① 李昌宪.金代行政区划史[M].上海:上海古籍出版社,2015:22-26,73-77.

处于宋、金、元的战乱纷争中,加上长期以来形成的对女真族等少数民族入主中原的偏见,对金代的研究整体上较为薄弱,近年来虽然在对金朝的中央官制、猛安谋克制度、监察制度等研究增多,但对于金代转运司的研究仍然偏少。谭其骧《金代路制考》(1985 年)对金代转运司路的范围,作了平实缜密的考订。李昌宪《金代行政区划史》(2015 年)对金朝诸路的行政区划做了比较详尽的考证,亦对诸路转运司的设置有些许考订,但未涉转运使。张帆《金朝路制再探讨——兼论其在元朝的演变》,其中在"转运司"一节,探讨了金代转运司的设置、职能。对金代转运司路研究比较深入的陈志英博士,在《社会变革过程中政治制度的选择——金五京路转运司建制考》《金代东北地区转运司建制考》两篇论文中,对金代五京及东北地区的转运司进行了研究,在此基础上,陈志英出版了专著《金元之际转运司制度的变迁》(2018 年),比较全面、系统地探讨了金、元时期全国诸路转运司的设置、职能及人物等,对山东西路转运司稍有涉及,并以"表"的形式列出了山东西路转运司的 12 位转运使官,但也未对诸路转运司的运作进行详细的专项考证。此外,还有康鹏等学者对金代转运司进行了一些有益研究。综上所述,目前对于山东西路转运司(使)的"区域史""财税史"研究,尚罕见读。

一、山东西路转运司的建制

(一)机构沿革

1.金初,因袭辽制

金太宗在辽地置上京路等 7 路转运司,金代的转运制度随之初现。金·宇文懋昭《大金国志》卷之十,纪年十《熙宗孝成皇帝二》载,金太宗天眷元年(1138 年)"先是,国中主计之任在燕山曰'三司',在云中曰'转运',在中京曰'度支',上京曰'盐铁',东京曰'户部'"①。金灭北宋之后,因袭宋制,在全国选择政治、经济、军事要地如中都路都转运司和河北东路、山东东路等 14 路转运司,其中,山东西路转运司,置司东平府。

随着金军不断南征,战争的规模不断扩大,旧有的军队后勤供应难以适应拓疆扩土的需求,金随袭宋制施转运。金代转运使的最早记录是《金史》卷七十八,列传第十六《韩企先传》,时为金太祖天辅六年、七年(1122—1123 年)间,"都统

---

① [金]宇文懋昭. 二十五别史 17·大金国志[M].李西宁,点校. 济南:齐鲁书社,2000:84.

(完颜)杲(斜也)定中原,擢(韩企先)枢密副都承旨,稍迁转运使"①。金天会六年(1128 年,宋建炎二年),金将完颜宗翰(粘罕)、完颜宗辅再次进攻山东,先后进攻袭庆府(今山东省济宁市兖州区)、东平府等地。十二月,南宋守京东西路安抚制置使、东平知府权邦彦在金军的强大攻势下,弃家人与全城百姓逃遁,金军遂占领东平,并于金太宗天会七年(1129 年)占领山东全境。金在山东同样亟须解决军需供应问题。据《金史》卷九十二,列传第三十《李上达传》记载,李上达,宋、金两朝东平的"老财税",北宋时为东平府司户参军。金占东平后,金帅完颜昌(挞懒)仍使用宋旧臣李上达负责军需供给,"给军须,号办治";金天会八年(1130 年)伪齐刘豫定都东平时,又让李上达摄(既代理)户部事,负责转运工作。也就是说,占领东平的金军,采取使用宋臣、袭宋转运机构的方法,缓解或解决了军需问题。②

早在北宋时,山东就建立有完整的转运机构。宋王存《元丰九域志》卷一载,宋初,今山东省境为京东路,宋神宗熙宁七年(1074 年)分为京东东路、京东西路两路。宋元丰元年(1078 年)合并,后又分置。宋朝初期在京东路置水路发运使,此处发运使不同于江淮 6 路发运使,其性质完全相当于转运使。虽然宋神宗熙宁七年(1074 年)始分别在京东东、西两路置转运使,但其职事并没有截然分开。③

2.金袭宋制

金初置山东西路转运司的时间当为大齐刘豫"阜昌"年间,确立时间应为金太宗朝末期。金天会八年(1130 年),金立大齐,刘豫循宋制。宋李心传《建炎以来系年要录》卷三十二《建炎四年三月癸卯朔》引张汇《节要》言:"金人犯山东,止以(张)邦昌为名,不易官制风俗"④。李昌宪《金代行政区划史》考证,"如张邦昌者"的刘豫在东平置有转运司机构。《金史》卷七十七,列传第十五《刘豫传》称,天会八年(1130 年),金廷将山东等地交给献城降金的原南宋济南知府刘豫"大齐国"管辖。"九月戊申(初九日)立(刘)豫为大齐皇帝,都大名,仍号北京,置丞相以下官,赦境内。复自大名还东平,以东平为东京"⑤。至天会十年(1132 年)四月迁汴(今河南省开封市),刘豫定都东平长达 19—20 个月,跨天会八、九、十"三

① [元]脱脱,等. 金史[M].北京:中华书局,1975:1777-1778.
② [元]脱脱,等. 金史[M].北京:中华书局,1975:2034-2035.
③ [宋]王存. 元丰九域志(上)[M].北京:中华书局,1984:17.
④ [宋]李心传. 建炎以来系年要录[M].北京:中华书局,2013:628.
⑤ [元]脱脱,等. 金史[M].北京:中华书局,1975:1759-1761.

年"。至天会十五年(1137 年)十一月被金废除,伪齐刘豫统治的 8 年间,袭宋在京东西路(治东平)设转运司,置东平府。天会十五年(1137 年),金废刘豫后,收回大齐国的辖地山东、河南、陕西、甘肃等地区的管理权。在伪齐刘豫统治的 8 年间,山东成为金军南下的前沿阵地。

《金史》中最早记载的山东西路转运使是刘褕。《金史》卷七十九,列传第十七《王伦传》云,金熙宗皇统二年(1142 年)的"三月,遣左副点检赛里、山东西路都转运使刘褕,送天水郡王丧枢,及宋帝母韦氏还江南"①。又据《金史》卷二十五,志第六《地理志中》载,皇统二年(1142 年),金置山东东、西两路。山东东路益都府"后升为兵马都总管府,置转运司,大定八年(1168 年)置山东东、西路统军司"。"东平府同,后以府尹兼总管,置转运司"②。但金置山东东路、山东西路转运司的具体时间皆未见载。由《金史》记载来看,金朝的行政区划数变,皇统年间设 19路,金大定二十七年(1187 年)改设 20 路,金贞祐二年(1214 年)因蒙古兵迫,更为17 路。时山东西路的辖区范围虽有微调,但置司路建制始终未变,并一直持续到金末。

金世宗时,曾对转运司进行了一次机构调整。《金史》卷五十七,志第三十八《百官志三》之《诸转运泉谷等职》条载,"惟中都路置都转运,余置转运司",既全国置中都路和 13 路转运司。到章宗朝后期,金由盛转衰,战争、灾荒等原因使赋税难以征缴。金泰和八年(1208 年)金廷以转运司权轻,州县不畏,不能规措钱谷为由,以按察司兼理转运司事,山东按察司遂更为山东东、西路按察转运司。《金史·百官志四》载:"泰和八年十一月,省议以转运司权轻,州县不畏不能规措钱谷,遂诏中都都转运依旧专管钱谷事,自余诸路按察使并兼转运使,副使兼同知,签按察并兼转运副,添按察判官一员,为从六品"。至金章宗贞祐三年(1215 年)罢按察司后,又复置山东西路转运司等 13 路转运司。

金兴定五年(1221 年)四月,蒙古元帅木华黎和投归蒙古的严实,合兵对东平施行先攻后围困的战术,时金东平行省蒙古纲在蒙古重兵压境和严实等地主武装充的袭攻下,弹尽粮绝,弃守东平,山东西路兵马都总管府徙邳州(今江苏省邳州市),山东西路转运司的使命也由此终结。

---

① [元]脱脱,等．金史[M].北京:中华书局,1975:1793-1794.
② [元]脱脱,等．金史[M].北京:中华书局,1975:613-617.

（二）机构人员设置

1. 机构设置

金天会年间（1123—1135 年）置山东西路转运司。《二十五别史 17·大金国志》卷三十八《京府州军》记载的 14 处转运司是，"都运司一处：中都路，大兴府置司。转运司十三处：南京路，开封置司；北京路，大定置司；西京路，大同置司；东京路，咸平置司；河东南路，平阳置司；河东北路，太原置司；山东东路，益都置司；山东西路，东平置司；河北东路，河间置司；河北西路，真定置司；陕西东路，京兆置司；陕西西路，平凉置司；会宁府路，隆州置司"①。山东西路转运司，置司东平府，管辖山东西路、大名府路。

2. 人员编制及官员品秩

山东西路转运司因管辖范围广，财税管理的业务量大，故在人员编制上属于除京都外的"重点城市"之列，配备的知法、女真司、汉人司、押递等人数均位于全国"第一方阵"。《金史》卷五十七，志第三十八《百官志三》"都转运司"条载：

都转运司，使，正三品。掌税赋钱谷、仓库出纳、权衡度量之制。同知，从四品。副使，正五品。都勾判官，从六品。纪纲众务、分判勾案，惟南京勾判兼上林署丞。户籍判官二员，从六品。旧止一员，承安四年增置一员，不许别差，专管拘收征克等事。支度判官二员，从六品。掌勾判、分判支度案事。盐铁判官一员，从六品。都孔目官二员，勾稽文牍。知法二员，从八品。都勾案、户籍案、盐铁案、支度案、开拆案司吏，女直八人，汉人九十人。抄事一人，译史三人，通事一人，押递五十人，监运诸物公使八十人。惟中都路置都转运，余置转运司，省户、度判官各一员。南京、西京、北京、辽东、山东西路，河北东路则置女直知法、汉知法各一员。山东东路、河东南路北路、河北西路、陕西东西路则置汉知法一员。余官皆同中都置。女直司，司吏，辽东路十人，西京、北京、山东西路各五人，余路皆四人。译史，辽东路三人，余各二人。通事各一人。汉人司，司吏，课额一百八十万贯以上者五十人，百五十万贯以上四十五人，百二十万贯以上四十人，九十万贯以上三十五人，六十万贯以上三十人，三十万贯以上二十五人，不及三十万贯二十人。公使人，各七十人。押递，南京、山东东西路、河东南路、河北西路各五十人，西京、河

---

① ［金］宇文懋昭．二十五别史 17·大金国志［M］.李西宁，点校．济南：齐鲁书社，2000：282.

东北路、河北东路各四十人,余路各三十人。①

金制,正三品外官可配随从"牵拢官"45 人。这样,山东西路转运司的人员编制在 200 人左右。

泰和八年至金章宗贞祐三年(1189—1215 年)间,随全国按察司并兼转运司,山东东、西路按察转运司,设使(正三品)、副使(正四品)、签事(正五品)各一人,判官(从六品)2 人,知事(正八品)一人,知法(从八品)4 人,书吏 10 人(其中女真 3 人,汉族 7 人)。

陈志英《金元之际转运司制度的变迁》(2018 年)认为,诸路转运使的品级应低于京都的都转运使,当为使从三品,同知转运使正五品,副使为从五品。但绝大部分史学家持诸路转运使正三品之说。

诸路转运使任期为 60 个月,即 5 年一个任期。

(三)官员俸禄与考核

依据《金史》卷五十八,志第三十九《百官志四·百官俸给》②,参考《金史》卷四十二,志第二十三《仪卫下》的记载,山东西路转运司使:

若属于正三品外官,"都运、府尹,钱粟七十贯石,曲米麦各十二称石,绢各三十匹,绵百四十两。"职官公田,"均定其数,与约俸随给"。若为从三品外官,则"钱粟六十贯石,曲米麦各十称石,绢各二十五匹,绵一百二十两,公田二十一顷"。

同知转运使:若为从四品外官,"钱粟四十贯石,曲米麦各七称石,绢各十八匹,绵六十两,公田十四顷"。若为正五品"外官,刺史知军、盐使,钱粟三十五贯石,曲米麦各六称石,绢各十七匹,绵五十五两,公田十三顷。余官,钱粟三十贯石,曲米麦同上,绢各十六匹,绵五十两,职田十顷"。

转运副使:若正五品外官,同上。若从五品外官,"钱粟二十五贯石,曲米麦各四称石,绢各十匹,绵四十两,公田七顷"。

诸路转运司判官,若为从六品,"钱粟二十二贯石,麦五石,春秋绢各十五匹,绵六十两"。若为正七品外官,"诸同知州军、都转运判……钱粟一十八贯石,曲米麦各二称石,春秋衣绢各七匹,绵二十五两"。

金制,政府还依据官员的品级,提供不等的酒水等物品。《二十五别史 17·大

---

① [元]脱脱,等. 金史[M].北京:中华书局,1975:1317-1318.
② [元]脱脱,等. 金史[M].北京:中华书局,1975:1339-1345.

金国志》卷之三十五《杂色仪制·随衙每年公用酒曲仪》载，"都转运、招讨司、诸府：各二百秤。诸转运司、节镇：各三百八十秤"①。

同时，金廷还通过考核，将转运司官员的俸禄与业绩挂钩。《金史》卷五十四，志第三十五《选举志四·功酬亏永》载，金章宗大定五年（1165 年），定"功酬亏永之制"。规定：

> 凡诸提点院务官，三十月迁一官，周岁为满，止取无亏月日用之。大定四年（1164 年）定制，一任内亏一分以上降五人，二分以上降十人，三分以上降十五人，若有增美则依此升迁，其升降不尽之数，于后任充折。②

也就是说，财税机构的官员在一个任期内，若亏 10% 则降职 5 人，若亏 20% 则降职 10 人，若亏 30% 则降 15 人等，且连带、追责至下一个任期。金大定二十一年（1181 年），"以旧制监当官并责决，而不顾廉耻之人，以谓已决即得赴调，不以刑罚为畏。拟自今，若亏永及一酬以上，依格追官殿一年外，亏永不及酬者，亦殿一年。"大定二十九年（1189 年），"罢年迁之法，更定制，比永课增及一酬迁一官，两酬迁两官，如亏课则削亦如之，各两官止。又罢使司小都监与使副一体论增亏者，及罢余前升降不尽之数后任充折之制"等。《金史·百官志四》载，"旧制，凡监临使司、院务之商税，增者有赏，亏者克俸"。征缴税额增加者奖赏，反之则克扣其工资，甚至降职务、降品阶。③

二、山东西路转运司管辖范围与职能

（一）辖治区域

山东西路转运司管辖区域广泛。其辖区涵盖今山东省西部，邻鲁的河北（如大名地区）、河南（如濮阳地区）、江苏（如徐州地区）等地，辖治区域面积广大。宋徐梦莘《三朝北盟会编》卷二百四十五《绍兴三十一年（1161 年）十一月二十八日丙申》援金大定十年（1171 年）成书的范成大《揽辔录》载，"河（山）东西路：东平府为首，大名府，滕阳、泰安二军，济、恩、徐、濮、开、滑、邳、宿、兖、博、德十一州，总

---

① ［金］宇文懋昭. 二十五别史 17·大金国志［M］.李西宁，点校. 济南：齐鲁书社，2000：265.

② ［元］脱脱，等. 金史［M］.北京：中华书局，1975：1210-1211.

③ ［元］脱脱，等. 金史［M］.北京：中华书局，1975：1339-1345.

六十三县属焉"①。据此,李昌宪《金代行政区划史》考证认为,大名府路兵马都总管府与山东西路兵马都总管府的府、州、军,同属于山东西路转运司管辖。

金章宗泰和八年(1208 年)十一月,为裁减官吏冗员,并加强转运工作的管控,将转运司与按察司合并在一起。贞祐三年(1215 年)又恢复原设置。

1. 山东西路辖区

《金史·地理志中》载,山东西路辖东平府及徐州等 9 州。即东平府,天平军节度使;济州(治今山东省菏泽市巨野县南。天德二年,既 1150 年时因水患迁今济宁市任城区);徐州(治今江苏省徐州市),武宁军节度使;邳州(治今江苏省徐州市辖邳州市下邳旧城),淮阳军;滕州(治今山东省滕州市),滕阳军;博州(治今山东省聊城市);兖州(治今山东省济宁市兖州区),泰定军节度使;泰安州(治今山东省泰安市泰山区),由泰安军升;德州(治安德,今山东省陵县);曹州,宋兴仁府(治济阴,今山东省菏泽市定陶区)。

金皇统二年(1142 年),宿州(今安徽省宿州市)、寿州(今安徽省凤台县)、泗州(今江苏省盱眙县)曾隶属山东西路。

大齐转运司。刘豫阜昌(1130—1137 年)时,山东西路辖"东京"东平府,济、徐、邳、兖、宿、寿等州和滕阳、泰安二军。

2. 大名府路辖区

依据《金史》《宋史》等,参考李昌宪《金代行政区划史》第十二章《大名府路州县的沿革》②,金天会六年(1128 年)十二月,金军攻占大名府。金天会八年(1130年)九月,大齐刘豫曾以大名为"北京",但不久即撤销。大名府路的辖区,金代时经历过数次调整,辖域最盛时包括大名府、开德府和澶、恩、濮、滨、棣、沧、德、博、清、景等 10 州。

《金史·食货志三》载:"山东西路则与东平、大名府"。大齐刘豫阜昌时,大名府路,辖大名府、开德府二府,澶、恩、濮、滨、棣、沧、德、博、清、景等 10 州。《金史》卷二十六,志第七《地理志下》载:"大名府路,宋北京魏郡。府一,领刺郡三,县二十,镇二十二。贞祐二年(1214 年)十月置行尚书省"③。即大名府路,辖大名府,领恩州(今山东省武城县)、濮州(今山东省鄄城县)和开州(今河南省濮阳市)

① [宋]徐梦莘. 三朝北盟会编[M].上海:上海古籍出版社,2008:1762.

② 李昌宪. 金代行政区划史[M].上海:上海古籍出版社,2015:317-330.

③ [元]脱脱,等. 金史[M].北京:中华书局,1975:627-629.

3 个刺郡,20 个县。

金皇统二年(1142 年)时,沧州(今河北省沧州市)、澶州(今河南省濮阳市)、景州(今河北省东光县)均归属大名府路。

《金史》卷十六,本纪第十六《宣宗纪下》载,兴定四年(1220 年,元太祖十六年)六月,蒙古军占领大名府。

据《金史·地理志下》,大名府辖元城、莘县等 10 县。恩州领武城、临清等 4 县。濮州属鄄城、范县 2 县。开州属濮阳、长垣县等 4 县。

第一,大名府及属县。大名府,580 年,北周分相州,置毛州、魏州,大名属魏。公元 948 年后汉置大名县后,再未更名。大名府历史上曾作为首都或陪都,先后为河北道、河北路、河北东路。宋庆历二年(1042 年)五月,升大名府为北京。金天会六年(1128 年,宋建炎二年)十二月,金军攻破北京大名府,并袭立大名府,治所在今河北省邯郸市大名县东旧府城。其疆域"四至"为:居京师(燕京)西南 560 千米。东西距 60 千米,南北距 180 千米;东至山东东昌府冠县界 20 千米,西至河南彰德府临漳县界 40 千米,南至河南开封府仪封县界 140 千米,北至东昌府馆陶县界 25 千米,东南至山东曹州府定陶县治 150 千米,西南至彰德府内黄县治 45 千米,东北至山东临清州治 75 千米,西北至广平府成安县治 40 千米。

《宋史》卷八十六,志第三十九《地理志二》"大名府大名县"条言"政和六年(1112 年)徙治南乐镇"。[1]《清一统志》卷二十二,金大名县,大名府治所,在河北大名县东北。

《金史·地理志下》载,大名府,上,天雄军。置统军司,兼漕河事。"产毡、谷、绢、梨肉、樱桃煎、木耳、硝。户三十万八千五百一十一。县十"。

金大定六年(1166 年)时,大名府倚大名县,隶元城(今大名县境)、魏县(今大名县杨桥镇西)、冠氏(今山东省冠县北)、南乐(今河南省濮阳市境)、馆陶(今河北省邯郸市馆陶县)、夏津(今山东省德州市夏津县)、朝城(今山东省聊城市莘县西南部)、清平(今山东省聊城市高唐县境)、莘县(今山东省聊城市莘县)。

第二,恩州及属县。《金文最》卷三十四《广平府志·清河县重修庙学碑》言,"清河即宋之贝州也,后改贝为恩。逮齐阜昌初(1130 年),为河水垫溺,因徙治历亭(今山东省德州市武城县境),而清河遂有(为)属邑"。即在金初大齐国刘豫阜昌年间,恩州治所移至历亭。

---

① 高占祥. 二十五史·宋史(上)[M].北京:线装书局,2011:477-478.

据《金史·地理志下》，"恩州，中，刺史。宋清河郡军事，治清河(今河北省邢台市清河县)。户九万九千一百一十九。县四、镇六"。恩州所辖4县是历亭、武城(今山东省德州市武城县境)、清河、临清(今山东省聊城市临清市西南)。

第三，濮州及属县。宋、金时期的濮州，治鄄城(今山东省菏泽市鄄城县北旧城)，辖境相当于今山东省鄄城县和河南省范县及濮阳市的南部地区。《宋史·地理志二》，北宋末，濮州领鄄城、雷泽、临濮、范县4县。《金史·地理志下》载，"濮州，下，刺史。宋濮阳郡。户五万二千九百四十八。县二、镇三"。金海陵王贞元二年(1154年)，雷泽、临濮废为镇，划隶鄄城，此后濮州领鄄城、范县(今河南省濮阳市范县)二县。

第四，开州及属县。《宋史·地理志二》，北宋末，开德府领濮阳、观城、临河、清丰、卫南、朝城、南乐7县。

据《金史·地理志下》，"开州，中，刺史。宋开德府，澶渊郡，镇宁军节度，降为澶州，金皇统四年(1144年)复更今名。户三万三千八百三十六。县四、镇一"。领濮阳、清丰、观城、长垣4县。治濮阳(今河南省濮阳市境)。金皇统四年(1144年)改澶州置开州，治所在濮阳，隶属大名府。皇统二年(1142年)时，澶州领濮阳、清丰、观城、朝城、南乐5县。正隆二年(1157年)后，开州领濮阳、清丰、观城3县。《金史·地理志下》载："长垣，本隶南京，泰和八年(1208年)以限河(隔着黄河)不便。来属"。这样，金泰和八年(1208年)后，开州领濮阳、长垣等4县：濮阳、清丰(今河南省濮阳市清丰县)、观城(今山东省聊城市莘县观城镇)、长垣(今河南省新乡市长垣市)。

(二)职能权限

金代转运司是封建王朝设置的用于地方管理经济财政的重要机构，其职能为国家财税职能的下延。主要职责是"掌税赋钱谷、仓库出纳、权衡度量之制"。《金史》卷十五，本纪第十五《宣宗纪中》载，金末，宣宗完颜珣在蒙古军队步步进逼、国土蚕食的攻势下，于金兴定元年(1217年)九月"甲申，罢规运所，设行六部"，二年(1218年)九月"设随处行六部官"。金廷在撤销了转运机构后，设置了京东、京西、京南3路行三司机构，职责为"劝农催租、办军须科差及盐铁酒榷等事"，同时逐步配备了相应的官员。

1. 掌税赋钱谷

征收税赋钱谷，是转运司的基本职能之一。一是负责土地、户口及资产的清查管理。征收本辖区的土地税,包括对州县民户征收夏税纳麦、秋税纳粟"两税"和针对猛安谋克户征收的牛头税。同知东平府路兵马都总管事的胡景崧,任同知辽东路转运使时"本路税额以牛头征者,积数百万石,多有名无实,无所从出,而重为主典之累"①。说明牛头税是由转运司负责征收的。二是负责监管贸易榷酤。榷酤之税是金代财政的主要来源。《金史·食货志四》载:"金制,榷货之目有十,曰酒、曲、茶、醋、香、矾、丹、锡、铁,而盐为称首"。山东西路的盐、酒曲、醋茶为专营,属或部分属转运司管辖。金承安四年(1199年)三月,"于淄、密、宁海、蔡州各置一坊,造新茶,依南方例每斤为袋,值六百文。以商旅卒未贩运,命山东、河北四路转运司以各路户口均其袋数,付各司县鬻之"。茶税给百姓带来沉重的负担。《金史》卷九十九,列传第三十七《贾铉传》载,曾职陕西东路转运司副使的博平(金隶山东西路,今山东省茌平县)人贾铉,上书论山东采茶事,揭露"茶树随山皆有,一切护逻,已夺民利,因而拣茶树执诬小民,吓取货赂,宜严禁止。仍令按察司约束"②。金章宗完颜璟皆采纳。转运司还负责征收工商税、资源税及办军须钱等杂税。伪齐刘豫行"什一税法",李上达论其弊,刘豫改为5等之制。三是通检推排。通检推排主要是为了清查土地,核实民户的户口、物力,以作为征收税赋的依据和标准。《金史·食货志一·通检推排》曰:"通检推排。通检,即《周礼》大司徒三年一大比,各登其乡之众寡、六畜、车辇,辨物行征之制也"。金大定"十五年(1175年)九月,上以天下物力,自通检以来十余年,贫富变易,赋调轻重不匀,遣济南尹梁肃等二十六人,分路推排"。梁肃主要负责推排东平路、大名路,即山东西路转运司辖区。四是粮饷筹集与运输。山东西路转运司对辖区内两路(东平路、大名路)各州府县的粮食储备有调拨之权。调剂余缺,赈灾,规措军队粮饷等。大定时,朝廷诏梁肃"措置沿边兵食"。

2. 掌仓库出纳

仓库出纳属于"财政支出"职能,由转运司支度判官负责具体事务。一是负责地方办公经费与官员俸禄。《金史·百官志四·百官俸给》载,"大定二十年(1180年),诏猛安谋克俸给,令运司折支银绢。省臣议:'若估粟折支,各路运司储积多寡不均,宜令依旧支请牛头税粟。如遇凶年尽贷与民,其俸则于钱多路府支放,钱少则支银绢亦未晚也。'从之"。二是供给军需。如金承安二年(1197年)

---

① [金]元好问. 元好问全集(上)[M].太原:山西人民出版社,1990:482-485.

② [元]脱脱,等. 金史[M].北京:中华书局,1975:2191-2192.

十二月,山东大旱,百姓饥寒交迫、生活无着,揭竿而起,起义人数达万余人。金廷命令张天翼率军镇压山东"寇盗",转运司先是克扣军费,后经张天翼再三请求,河东转运司方予以应付。《二十五别史17·大金国志》纪年十九《章宗皇帝上》载,金承安二年(1197年)十二月,张天翼率军镇压山东起义的万余"寇盗","天翼因其惧,令奏诸朝,求添赐庶,以结军心。有旨从之。然有司视为具,支给减裂。至安肃军(注:驻徐州),天翼惧变,连奏乞厚加资赏,有旨令河东(转)运司支办"①。三是供给水利建设钱物。山东西路滨黄河、汶水、梁山泊,治水尤重。《金史》卷二十七,志第八《河渠志·黄河》②记载的黄河决堤达7次。因而"金人设官置属,以主其(黄河)事"。"曹济都巡河官则司定陶(今山东省菏泽市定陶区)、济北、寒山、金山四埽者也"。而钱物则由转运司供给。《金史·河渠志·黄河》又载,"明昌元年(1190年)春正月,尚书省奏,'臣等以为,自今凡兴工役,先量负土远近,增筑高卑,定功立限,牓谕使人先知,无令增加力役。并河防所用物色,委都水监每岁八月以前,先拘籍旧贮物外实缺之数,及次年春工多寡,移报转运司计置,于冬三月分限输纳"。四是为文教卫生事业和宗教设施的建设修缮提供财政支持。金天德三年(1151年)海陵扩建燕京城时,"工役多疾疫。诏发燕京五百里内医者,使治疗,官给药物,全活多者与官,其次给赏,下者转运司举察以闻"。转运司还负责修缮宗教场所的支出事项。金大定二十二年(1182年)立的《大金重修东岳庙之碑》和现置于泰山之阳岱庙院内的大定二十三年(1183年)立的《大定重修宣圣庙记碑》都记载了转运司治庙之事。东岳碑云:大定十八年(1178年)"岳庙灾",次年重修,"明年,以同知河北西路转运使事徐伟就迁泰领其事"。宣圣碑云:"昔者岳祠告修所坏,运司必先视之兖州,然后行之,故旷日持久而不能有成也。且如宣圣庙日就倾圮,止请膳于运司,尚三年而不报,况夫岳庙更当禀于兖州乎,稽滞之弊从可知已"③。

3. 掌权衡度量

掌辖区内的权衡度量,管理度量衡器、钱币、铜器等的铸造发行。首先,铸、印造,发行钱币。金初,伪齐刘豫曾铸"阜昌通宝""阜昌重宝""阜昌元宝"等铜钱。《金史》卷四十八,志第二十九《食货志三·钱币》载,金泰和六年(1206年)四月,

---

① [金]宇文懋昭. 二十五别史17·大金国志[M].李西宁,点校. 济南:齐鲁书社,2000:145-146.

② [元]脱脱,等. 金史[M].北京:中华书局,1975:669-682.

③ 泰山管理委员会. 泰山石刻大全(增订本一)[A].济南:齐鲁书社,2018:69-70.

"陕西交钞不行,以见钱十万贯为钞本,与钞相易,复以小钞十万贯相参用之。六年十一月,复许诸路各行小钞。中都路则于中都及保州,南京路则于南京、归德、河南府,山东东路则于益都、济南府,山东西路则于东平、大名府,……官库易钱"。除交钞外,转运司还统一管理监造度量衡器、收购铜器、监铸官印等。

4. 其他职责

转运司还拥有一定的执法权及赈灾抚恤民生。转运使负责查办私盐、酒曲。《金史·食货志四》载,金明昌五年(1194 年)"十一月,以旧制猛安谋克犯私盐酒曲"转运司按罪,遂更定军民私盐者皆令属盐司,私酒曲则属转运司。对盗、贩、私煮盐的,"在三百里内者属转运,外者即随路府提点所治罪,盗课盐者亦如是"。《金史》卷一百四,列传第四十二《乌林答与(合住)传》载,金宣宗贞祐末(1216—1217 年),时任兵部尚书的东平人乌林答与曾向皇帝建言:"按察转运司拘榷钱谷,纠弹非违,此平时之治法"①。转运司还职抚恤民生。《元好问全集》卷三十四《记·东平贾氏千秋录后记》载,金皇统年间,东平籍的贾起(字文元)任陕西路转运使时:"适岁饥,民无所于籴,君拜章乞赈贷,未报。而民益急,君则开仓救饿者"②。

三、东平置司的主要原因

(一)政治、军事、文化重镇

金廷始终视东平为北方的政治、军事、文化要地。《金史》卷七十三,列传第十一附《完颜守贞传》载,金章宗在完颜守贞出知东平府事时告诫他"东平素号雄藩,兼比年饥歉,正赖经画"。

1. 东平处于宋、金、元势力交错之地,为政治要地、军事要塞

宋靖康二年(1127 年)正月初三至二月二十日,在金军犯汴之际,宋康王赵构于东平府 48 天内聚 17 万军兵勤王,以此奠定了帝业之基。金天会七年(1129 年)春,粘罕(完颜宗翰)以东平为基地渡江南攻维、扬,杀戮了南宋军民数以万计。金天会六年(1128 年,宋建炎二年)冬,金帅完颜宗辅部将挞懒(完颜昌)攻济南,在军力威逼与封官许愿利诱下,南宋济南知府刘豫献城降金。为笼络刘豫,遂任刘豫为东平知府,充京东、西、淮南安抚使,节制大名等。为加强对古黄河以北汉族

---

① [元]脱脱,等. 金史[M].北京:中华书局,1975:2291-2292.
② [金]元好问. 元好问全集(上)[M].太原:山西人民出版社,1990:765-768.

人的统治,金廷施行"以汉治汉",先立"大楚"张邦昌,辖区为东平在内的江北原宋地,后又于天会八年(1130年,大齐阜昌元年)至天会十四年(1137年,大齐阜昌八年),设"大齐"国,立伪皇帝刘豫,辖治包括山东东路(治益都)、山东西路(治东平)及今河北、河南、江苏、陕西宝鸡、甘肃天水等广袤地区,同时以左监军挞懒坐镇东平监抚之。刘豫初定都大名,不久迁都东平,称"东京"。废齐后,山东西路辖东平府及9州、43县,置天平军节度使、兵马都总管府,金大定十年(1173年)间曾辖63县。又置山东西路转运司,管辖山东西路、大名府路。《金史·乌林答与(合住)传》载,金宣宗贞祐年间(1213—1217年),于东平屯聚官兵数万以抗蒙古、御南宋、防"盗寇"。金末兴定年间,蒙古纲等行省于东平数年;又曾设东平元帅府。此外,金廷还于泰和八年(1208年)短期内于东平置山东西路按察转运司、山东西路宣抚司。猛安谋克是金朝女真族进行统治的重要行政组织与军事力量,其既是封建王朝的职业军队,又是盘剥汉人的封建地主。据范学辉《金朝内迁女真人猛安数量考辨》(2019),金朝数次将女真人内迁后,山东西路屯有10猛安,时占中原40个内迁猛安的25%,户口数约30万之众,成为金朝巩固统治、掌控周边的有生力量。[①] 东平府寿张县主簿,后于金兴定三年(1221年)前后职山东西路转运副使的张正伦(字公理)云,寿张"县境多营屯,世袭官主兵,挟势横恣,令佐莫敢与之抗,兵人殴县民,民诉之县,县不决,申送军中,谓之'就被论官司',民大苦之"。

2. 东平为金代文化教育重镇

有金一代,东平文化教育最为昌盛,名扬全国。金制,各路府、节镇州、防御州皆设学,置教官。金大定十六年(1176年)全国共设"府学二十有四,学生九百五人",其中东平府和大兴、开封、平阳、真定5地的府学生最多,各60人。全国共立节镇学39处,学生615人,其中山东西路辖兖州、徐州各25人;防御州学共21处,235人,其中山东西路辖博州15人,济州、邳州、滕州、泰安州、曹州各10人,合计达65人。大定十三年(1173年),东平女真府学成为全国22处女真府学之一。金朝正隆年间的宰相刘长言,泰和之后的平章政事张万公,参知政事高霖,平章政事侯挚等都出于东平府学。同时,山东西路的一些宿儒硕望还兴办了大量私学。如东平府平阴县王去非、须城县李世弼、汶上县李之绍等,他们教授乡里,为国培养了大批人才。东平为金代重要的科举考点。《金史·选举志一》载,金天会元年(1123年),金朝始开科举取士后,所试科目有词赋进士、策论进士(女真进士科)、

---

① 范学辉. 金朝内迁女真人猛安数量考辨[J]. 历史研究(京),2019(05):166-176.

律科、经童、武举等。时东平为全国科考四大考点之一:"敕以来年八月二十五日于中都、上京、咸平、东京府等四处府试""山东西、大名、南京者,则赴东平府试之",①而且配置的监考官员数量最多。金兴定元年(1217年),"策论考官,上京、咸平、东平各三员,北京、西京、益都各二员"。由此,从东平参加科举考试的中榜入仕者众多。据历代旧志不完全统计,金朝山东西路辖区内科举登第而入仕者就有黄久约、党怀英、张特立、商衡、贺扬庭、任天宠、赵沨、范拱、李世弼、李昶等20余人。

(二)户籍和人口大郡

金山东西路、大名府路是我国历史上重要的人口分布区。金初和金末,山东西路、大名府路成为宋、金、元与农民战争的主战场,长期的战乱导致人口大减。自金世宗大定以后,山东西路、大名府路人口数量恢复并加快增长,到金朝盛期,人口已超宋时最高水平。

表4　金代山东西路转运司辖区户口表

路别	府州别	户数(户)	合计(户)
山东西路	东平府	108046	466770
	济州	40484	
	徐州	44689	
	邳州	27232	
	滕州	49009	
	博州	88046	
	兖州	50099	
	泰安州	31435	
	德州	15053	
	曹州	12677	
大名府路	大名府	308511	494414
	恩州	99119	
	濮州	52948	
	开州	33836	

数据来源:《金史·食货志》《金史·地理志》《山东通史》

---

① [元]脱脱,等. 金史[M].北京:中华书局,1975:1146.

据上表,山东西路转运司共辖961184户。依金大定二十七年(1187年)、金泰和七年(1207年)每户平均约6.89人推算,山东西路转运司辖区内的总人口为662万余人。若以大定二十七年(1187年)全国6789449户计,山东西路转运司辖区内的占全国总户数的14.2%。《山东通史》云,金代山东西路人口密度高达每平方千米78人,每平方千米居住的人数高于山东东路11人。如此,山东西路转运司辖区内的总人口数应高于全国平均数,也从人才聚集的侧面,反映出当时东平经济发展程度之高。

(三)财税收入巨镇

东平于唐、宋、金、元均为财税富源之地。北宋景祐年间知东平府事王曾(字文正)在《王文正笔录》中写道:"清河起青、淄,合东阿,历齐、郓,涉梁山泺、济州,入五丈河,达汴都。岁漕百余万石"。《金史·国用安传》称"山东富庶甲天下"。金代的财税收入,主要有农业税、工商税、资产税、杂税等。

1. 农业税

包括猛安谋克牛具(头)税,官田"租"和私田"税"。猛安谋克牛具(头)税,是以牛头地制度为基础的猛安谋克向国家交纳的地税,一律按牛具数额定税,金天会四年(1126年)由初每具一石改为"每牛一具赋粟五斗"。与汉人相比较,是为一种民族特权性质的轻税。金大定二十三年(1183年)八月,尚书省奏,全国有202猛安,有牛具384771具。每猛安平均约1905具。山东西路有猛安10个,约有牛具19050具,若按每具收税一石计,山东西路每年能收入牛具税1.9万石;若以每具五斗计,则为9.5万石。

《金史》卷四十七,志第二十八《食货志二》载,"官田曰租,私田曰税"。① 为清查土地核实财产,增加赋税收入,金朝多次实行括田和通检推排措施。金国官田来自金军在中原的掠房、屯田和不断拘刷土地。主要包括屯田、学田、寺院田、牧场等。金世宗对宰臣说,"山东,大名等给猛安谋克户之民,往往骄纵,不亲于稼穑,不令家人农作,尽令汉人佃莳,取租而已""大名、济州因刷梁山泺官地,或有以民地被刷者"。金大定二十一年(1181年)正月,因黄河夺淮入海后,东平府域西梁山泊淤高,金世宗即以"黄河已移故道,梁山水退,地苍广"而"遣使安置屯田"。大名、济州官府也纷纷将梁山泊田改为官地。《金史》卷十一,本纪第十一《章宗纪

① [元]脱脱,等. 金史[M].北京:中华书局,1975:1043−1064.

三》载，金承安五年(1200年)，金章宗为进一步括地授给女真屯田军户，设立了山东行省专门机构，"命枢密使宗浩、礼部尚书贾弦，佩金符行省山东等路括地"，其在山东、河北等路括地达30余万顷。以致"山东拨地时，腴田沃壤尽入势家，瘠慌者乃付贫户"，金女真军田户于当地汉族百姓为争夺田地而纠纷不断，矛盾日益突出，"山东、河南军民交界，争田不绝"。

私田两税即夏税与秋税。征税依据，《金史·食货志二》的记载为"大率分田之等为九而差次之"；征税的标准是"夏税亩取三合，秋税亩取五升，又纳秸一束，束十有五斤"；征税的期限，"夏税六月止八月，秋税十月止十二月，为初、中、末三限，州三百里外，纾期一月"。

金制，按田亩比例种桑，并征桑及蚕品税。遇有减、绝产等自然灾害时，金廷有时也减免桑及蚕品税。如金大定四年(1164年)三月，"诏免北京岁课段匹一年"，又载"桑被灾不解蚕，则免丝绵绢税"。金代的山东西路，继宋时"郓州藏空桑拓不容田"之传统，普植桑、枣等，为纺织业的发展奠定了基础。东平府富产"丝、绵、绫、锦、绢"。辖区内的兖州、济州等所产的绢、绫远近闻名，因而其丝绵绢税是为东平地区重要的税赋之一。《金文最》卷四十五，党怀英《赠正奉大夫袭衍圣公墓表》记载了孔子第50代孙，金封衍圣公孔摠在任曲阜县令时，革除了收整(匹)不收零，多收不给钱的弊端。"大定间，特授曲阜县令……每岁夏绢丈尺小户，旧例合并全匹输纳，随村社皆白敛掠。公(孔摠)止令依市价积算和买，并使起纳，尽格旧弊"①。北宋时，京东东、西两路征缴的绸绫锦布税，约占北宋全国该税种总额的近两成。可见，宋、金时期的丝绵绢税已经成为百姓的一项沉重的负担。

此外，金代在大定之前的短期内存在将寺院等土地"分其税，一半输官，一半输寺"的二税户。

金代山东西路缴纳的农业税额未见统计数据，但仍可从《山东通史》和侯挚的奏言中窥见一斑。《山东通史》之《典志·经济·农业》称，"据(宋)元丰初年(1078年)官方统计，今山东境内约有耕地25828460亩，其中官田890901亩，民田24937559亩。当时全国共有耕地约461655600亩，山东耕地约占全国耕地总面积的5.6%""位于鲁西平原的梁山泊地区，湖泊数百里，水稻生产兴旺，神宗时已成为'远控江淮粳稻秋'的著名粮仓"，梁山泊周边的单州、曹州等为水稻主产区，产量"倍收于陆地"。当时"山东的粮食亩产量基本接近北宋时期的水平，陆田平均

---

① ［清］张金吾. 金文最［A］.北京:中华书局,1990:580.

亩产 1~2 石, 小田亩产 3~5 石"。①

《金史·食货志二》载, 曾职东平行省的金尚书右丞领三司事侯挚言: "按河南军民田总一百九十七万顷有奇, 见耕种者九十六万余顷, 上田可收一石二斗, 中田一石, 下田八斗, 十一取之, 岁得九百六十万石, 自可优给岁支, 且使贫富均, 大小各得其所。臣在东平尝试行二三年, 民不疲而军用足"②。

2. 工商税

金代的工商税主要有手工业产品的 10 项(盐、酒、曲、茶等)课税、商税等。《金史·食货志四》称: "金制, 榷货之目有十, 曰酒、曲、茶、醋、香、矾、丹、锡、铁; 而盐为首称"。

盐课, 仿北宋之钞引法, 商榷是管理的根本原则, 贯穿于盐的生产流通全过程, 采取国家监督、官给盐本、灶户"南京及曹、济、兖、单、郓(东平)、广济(驻今山东省菏泽市定陶区)七州军食池盐""其后, 兖、郓皆以壤地相接, 罢食池盐, 得通海盐"。山东盐业运输贸易繁忙, 甚至出现"盐向多梗"的景象, 东平境内的清河, 就因众多的运盐船舶常常拥堵河道而被百姓俗称为"盐河"。北宋元丰年间, 京东西路兖、郓、齐州每年征收盐税额达 73261 贯。

茶课, 用茶引法, 买引者纳钱或折物, 每斤为一袋, 600 文, 后减为 300 文。《金史·食货志四》载, 金代禁止私贩茶叶, 实行茶专卖政策。金大定十六年(1176年): "更定香茶罪赏拾"。金章宗承安三年(1198 年)"命设官制之"。承安四年(1199 年): "造新茶, 依南方侧每斤为袋, 值六百文。以商旅率未贩运, 命山东、河北四路转运使以各路户口均其袋数, 付各司县之。买引者, 纳钱及折物, 各从其便"。此年, "以山东人户造买私茶, 侵侔榷货, 遂定比煎私矾例, 罪徒二年"。金代的茶税甚重。《金史·李上达传》载, 李上达任山东西路转运使时, 茶税"比旧增三十余万贯。户部以其法颁之邻路"。可见茶税之巨。由于官茶质量很差, 且造假, 如"山东、河北四路悉椿(树叶)配于人", 因而没有市场, 地方官员便强行摊派给民户, 强卖取利。泰和五年(1205 年), "罢造茶之坊", 之后, 又依官员品级限定饮茶。

酒专卖及酒税。酒课, 金初, 禁民私酿, 实行专卖, 而后由官府招酒户酿酒, 国家征税。金世宗大定年间, 行酒专卖, 严打私酿, "宗室私酿者, 从转运司鞠治"。

---

① 安作璋, 等. 山东通史[M].北京:人民出版社,2009:192-197.
② [元]脱脱, 等. 金史[M].北京:中华书局,1975:1054.

金廷为增加税源,还不断给酒使司增加任务和压力,且将官员收入与酒税额挂钩。《金史·食货志四》载,金大定八年(1168年)制定酒使司课及5万贯以上,盐场不及5万贯者,依旧例通注文武官,余并右职有才能、累差不亏者为之。于是发生了大名府路大兴县令因害怕完不成任务而降职减薪,"乃以酒散部民,使输其税"的事。金代山东西路的酿酒业十分发达,名酒品种繁多。因金代缺载,仅以年代较近的北宋末年时山东西路今山东境内的各地名酒列之,以供参考。《山东通史·宋金元卷》之《北宋末年山东各地名酒表》,表明北宋末年时,郓州东平出产的名酒有风曲、白佛泉、香桂,博州有宜城、莲花,德州有碧琳,兖州有莲花清,曹州有银光、三酸、白羊、荷花,济州有宜城等。当时,山东征缴的酒税达1261348贯占北宋总酒课收入的9.36%。

工矿税收。金代,矿允许民间开采,工矿业基本上采取征税的政策,官府征5%的轻税,国家通过低税广收取得巨额收入。金大定中后期,亦曾不征税。《金史》卷五十,志第三十一《食货志五》载,"金银之税,大定三年(1163年),制金银坊冶许民开采,二十分取一分为税"①。金章宗明昌四年(1193年)曾经短期实行过射买制度,"有冶之地委谋克县令籍数,召募射买"。山东西路矿冶业十分发达。因金代缺少资料,仍引宋代为例。安作璋《山东通史》援引清徐松《宋会要辑稿》三十三之十二载,宋代兖州莱芜监是闻名全国的冶铁4大监之一,该监有铁冶18所,矿工数千人。北宋元丰元年(1078年),收铁课原额12.15万千克,按北宋税制"二八抽分"计,莱芜监年产铁约60万千克。郓州东平也是冶铁基地之一,"每岁制造诸船军器及上供简铁之类,数目浩瀚"。历金至元,山东西路冶铁业仍兴盛不衰。金朝对陶瓷业实行抽分制,百姓生产经营陶瓷,官府抽分。金代,山东西路陶瓷业经过短暂的衰落后,到金代中后期快速发展,无论窑厂规模还是产品质量均超北宋时期。如考古工作者发掘的金代枣庄中陈郝南窑、柏山窑、渴口南窑、渴口北窑、雷村新村窑、齐村窑等窑场,已采用匣钵叠烧新工艺烧制。此外,兖州石、泰山石亦十分有名。②

商税。金朝的商税主要有交易税、租赁税、关税、榷税、山泽之利等,大定时各地商税务院负责征收管理。金天会八年(1130年)十一月,都东平的"大齐"皇帝刘豫命人在宿州"置榷场,通南北之货"。后又立"什一税法",大肆征税。金世宗

---

① [元]脱脱,等.金史[M].北京:中华书局,1975:1113-1126.

② 安作璋,等.山东通史[M].北京:人民出版社,2009:201-202.

大定三年(1163年),诸商征课,城郭有赁房税、地基税,商旅往来诸路各有关税。大定二十年(1180年),定商税法,凡金银征1%,其他货物3%。其后,商税不断提高。金章宗朝规定小商贩、货物贸易征税4%,金银征税3%。为了增加商税收入,金廷一方面放宽政策、减免税收以"放水养鱼"。如大定二年(1162年)"罢诸路关税"。金世宗也曾减免山东西路"坊场河渡"所欠的税额。从而推动了商业的发展,活跃了市场,增加了税收。《金史·食货志五》载,金贞佑元年(1213年)兖州榷场"岁所获,以十数万计"。另一方面,为严防税源流失,金廷除加强稽查外,还规定以税课的增亏定官吏的升迁、奖惩。

东平地区的商税伴随着当地经济发展而波动。金朝前期(1125-1161年),东平地区的经济呈衰败的景象。金初的战乱,导致百姓流离失所,农田抛荒,百姓清贫。如清李有棠《金史纪事本末》卷九《攻取中原》云:金天会六年(1128年)冬,北宋东京留守杜充为阻金军"决黄河,自泗入淮",金兵不但未阻住,反而将今河南、河北、山东的临黄区,特别是鲁西南地区陷入一片汪洋之中,紧接着又发生了瘟疫,以致发生了人间惨剧。金代中期,特别是世宗、章宗两朝,山东西路境内城市繁华,商贸活跃,东平经济迅速恢复并快速发展。时山东有市镇150多个,其中山东西路约60个。尤以郓州、临清、聊城、定陶、济宁等城市,百货山集,商业勃兴。《泰安区域文化通览·东平县卷》言,南宋灭亡后,文天祥北押途经东平,写下了《东平馆》。1276年三月二十三日,随南宋宗室北上的严光大路经东平,夜宿严(实)相公府时颇有感慨地说:"此处风俗甚好,商旅辐辏,绢帛价极贱,一路经过,惟此为最"①。《马可波罗行纪》也说东平"是一极大城市……此城为此地一带最大之城,有商人无数经营大规模之商业,产丝之饶竟至不可思议……此中定府(即东平府)城所辖巨富城市十有一所,商业茂盛,产丝过度而获利其巨"。② 金朝山东西路的商税额史无记载,以北宋熙宁十年(1077年)做参考。据《宋会要辑稿·食货》卷十五至十六,宋熙宁十年(1077年),郓州岁纳商税原额达92729贯,时为山东之最。曹州27585贯,濮州34272贯;济州山口镇3522贯;平阴县但欢镇4413余贯等。

金代东平商业繁华的另一个标志是高利贷的活跃。《金史·百官志三》载,金大定十三年(1173年)金廷在中都、南京、东平、真定设立高利贷机构流泉务,且

---

①　唐家品,高儒林．泰安区域文化通览·东平县卷[M].济南:泰山出版社,2012:16-17.

②　[意]马可·波罗．马可波罗行纪[M].冯承钧,译.上海:上海书店出版社,1999:161

"仍委运司佐二幕官识汉字者一员提控,若有违犯则究治"。金大定二十八年(1188年)增至28所,到明昌元年(1190年)时,除京都外皆罢。

3. 资产税

金代资产税即物力钱,征收的主要根据是每户的土地、房屋、牲畜等的多少,且所有的户都必须缴纳。《金史·食货志一》载:"租税之外算其田园屋舍车马牛羊树艺之数,及其藏镪多寡,征钱曰物力",征收范围为"上自公卿大夫,下逮民庶,无苟免者"。户等,是物力钱的根基。先是通过括各户物力多寡,然后分户为4等或3等,按籍科差。然在征收中"诸使往往以苟酷多得物力为功"。《金史》卷七十六,列传第十四《完颜永元(元奴)传》载,泰宁军(驻山东西路兖州)节度使张弘信通检山东州县时,尤为酷暴。山东东路棣州防御使完颜永元责之曰:"朝廷以正隆后差调不均,故命使者均之。今乃残暴,妄加民产业数倍,一有来申诉者,则血肉淋漓,甚者即殒扶下,此何理也"。弘信惭羞无言可对。大定初,物力钱每户平均1.17贯,则山东西路转运司物力钱税额为1124585贯之巨。就以明昌元年(1190年)每户0.36贯较低收税水平为基,山东西路转运司仍可收物力钱346026多贯,约占明昌元年全国征收2604742贯物力钱总税额的13.3%。

4. 和籴等捐税收入

和籴,即以市场价格购买粮食,从买方来说是支出,但在粮价低时买进,在粮价高时卖出,就形成收入。金代从熙宗皇统二年(1142年)始大规模展开和籴。《金史·食货志五》载,金大定二年(1162年)金世宗"遣太子少师完颜守道等山东东、西路收籴军粮,除户口岁食外,尽令纳管,给其直"。三年(1163年),又以"国家经费甚大"为由,不顾百姓死活的下诏"向令山东和籴",这次和籴达"四十五万余石",但仍未满足朝廷的欲望,又让山东屯田军继续增加储粮量。金廷为在和籴中攫取利益,时常强制交易。《金史·食货志四》载,沈州辽滨县"有和籴粟之未给价者,余十五斛,散贮民居,而以富户掌之,中有腐败者,则责偿于民"。

5. 其他繁捐杂税

金朝有名目繁多的苛捐杂税。如铺马钱,徭役钱,黄河夫钱,括马,强解等,《金史·食货四》载:"故物力之外又有铺马、办军须、输庸、司吏、河夫、桑皮故纸等钱,名目琐细,不可殚述"。"海陵军兴,为一切之赋,有菜园、房税、养马钱"。其中,通过免役纳资形式搜刮的杂税就有河夫钱、免力役钱、养马钱等。金代,山东西路、大名府路等临黄诸路深受"黄害",黄河"数十年间,或决或塞,迁徙无定"。

因而,金廷治黄河,临黄诸路的黄河夫钱、力役钱尤重。如金大定二十九年(1189年)河溢山东西路的曹州小堤北,工部上言:"营筑河堤,用工六百八万余,就用埽兵军夫外,有四百三十余万工当用民夫"。于是朝廷下令,役所五百里内的府、州差夫,不差夫之地均征雇钱,每工钱 150 文外,仍日支官钱 50 文、米 1.5 升。由此可知山东西路、大名府路河防差役之繁重。金代的军需钱主要是因战争而产生的,亦称助军钱。《金史》卷四十四,志第二十五《兵志》记载,金初,山东等地循宋、齐旧例是钱赡军。大定四年(1164 年)六月"元帅府乞降军征钱,上曰'帅府支费无度,例皆科取于民,甚非朕意,仰会计办军须支用不尽之数,尽诸路转运司见在如实缺用,则别具以闻。'"金承安四年(1199 年),"定以物力钱为标准,依每贯物力钱征办军须钱四贯,西京、北京、辽东路每贯征二贯标准征收军征钱"。由此,山东西路转运司征收的办军须钱数额巨大,这给山东西路转运司辖区的百姓带来了沉重的负担。

括马,是战争时金廷对百姓的抢掠,付钱的很少,大部分分文不给,即金代统治者为了军队的需要,向民众征马的一种法外收入。金太宗、海陵王、世宗、章宗、宣宗等都曾强括民间骡马,付给诸军。《金史》卷五,本纪第五《海陵纪》载,金正隆六年(1161 年),海陵王为发动对宋战争,"大括天下赢马"56 万多匹,东平府、大名府等路百姓的马匹多被强括。宋金时期,东平府的养马业居重要地位。据安作璋《山东通史》言,北宋时,郓州等"产马最多"。元中统四年(1263 年),从东平等路买马 1550 匹,元至顺元年(1330 年)一次即从东平、恩、高唐诸州括马 8 万匹。由此可推知,金代东平、大名等地养马业的盛况。

卖官、度牒在金代成为一种增加财政收入,解决财政困难的常举。金大定二年(1162 年),正式推行"纳粟补官法"。大定五年(1165 年)二月曾短暂罢停。明昌二年(1191 年),山东、河北缺食,诏"纳粟补官有差"。《金史》卷九,本纪第九《章宗一》载,大定二年十一月,河州张显献粟千石,山东"棣州民荣楫赈米七百石、钱三百贯,冬月散柴薪三千束。皆面对别无希觊,特各补两官,仍正班叙"。此外,尚有不少豪门大户为免除军役而购买官爵。金贞祐三年(1215 年)卖官、卖度牒、师号等竟然明码标价,"无论官民,有能效率诸人纳物入官者,米百五十石迁官一阶……"[1]冯大北《金代官卖寺观名额和僧道官政策探究补正》(2010)称,大定初,东平府平阴县清凉院的度牒需要"纳钱一百贯文",济州嘉祥县洪福院"铸铜十

---

① [元]脱脱,等. 金史[M].北京:中华书局,1975:224.

万"，泰安州的一个师号须"钱三百贯"。①

（四）山东西路转运司发挥了重要作用

《金史·食货志一》载：金世宗大定十五年（1175 年）九月，梁肃"通检东平、大名两路户籍物力，称其平允"。时山东西路转运司当为"先进单位"。因而职山东西路转运使视作重用。据《二十五别史 17·大金国志》卷二十三，纪年二十三《东海郡侯纪下》载，卫绍王大安三年（1211 年），蒙古军队围攻金朝中都燕京（今北京市），山东路转运使俞良裔，在蒙古军久围燕京近弹尽粮绝时，运粮饷至京，"时山东路都运俞良裔，河北路都运唐鼎，各运米五万石至京师，民皆呼万岁"②。

四、山东西路转运司官员稽考

（一）转运使为金之重臣

《元好问全集》卷第二十七《辅国上将军京兆府推官康公神道碑》载："国初，监州县酒税亦以文资参之，故任子多至大官；其不达者犹得俎豆于大夫士之列"。山东西路转运司存在 90 余年，历金太宗、熙宗、海陵王、世宗、章宗、卫绍王、宣宗 7 朝。但囿于资料匮乏，对转运司幕倅知之甚少。近年在山东西路转运使人物研究方面，搜集人物比较多的如陈志英的《金元之际转运司制度的变迁》，其《金代转运司任职官员表》中，列有山东西路转运司的刘褎、康渊、李上达、冯仲尹、李瞻、高昌福、郭邦杰、移剌益、宋宬、石抹元、张行信、移剌福僧、田琢、梁肃、张正伦 15 人。遍检《金史》《二十五别史 17·大金国志》，历代《东平州志》，金元好问《遗山集》、宋徐梦莘《三朝北盟会编》及金石碑文等史料，尽搜得山东西路转运司使官 18 人及属吏 2 人，并传。其中，李秉钧、徐铎、俞良裔、张子厚、卢亨嗣 5 人为新掘。

表 5　金代山东西路转运使表

官职	姓名	民族	出身	任职时间	累官	文献来源
都转运使	刘褎	汉	不祥	金熙宗皇统二年（1142 年）前后	不详	《金史·王伦传》

---

① 冯大北. 金代官卖寺观名额和僧道官政策探究补正[J].宗教学研究，2010（03）：65-69.

② [金]宇文懋昭. 二十五别史 17·大金国志[M].李西宁，点校. 济南：齐鲁书社，2000：166.

官职	姓名	民族	出身	任职时间	累官	文献来源
都转运使	康渊	汉	不详	金熙宗皇统八年（1148年）在职	燕京副留守	《山左金石志》卷19
转运使	李上达	汉	承荫	金熙宗皇统末年（1148年）前后	山东西路转运使	《金史·李上达传》《遗山集》卷39
转运使	李瞻	汉	辽天庆二年（1112年）进士	金海陵王贞元三年（1155年）济州路转运使	忠顺军节度使	《金史·李瞻传》
转运使	高昌福	汉	金太宗天会十年（1132年）进士	金世宗大定年间（1161—1189年）	河中尹	《金史·高昌福传》
转运使	郭邦杰	汉	不详	金章宗明昌二年（1191年）	刑部尚书	《金史·刘仲洙传》
转运使	移剌益	契丹	承荫	金章宗承安二年（1197年）后	河东南北路按察使	《金史·移剌益传》
转运使	宋宸	汉	金海陵王正隆五年（1160年）进士	金章宗承安、泰和年间（1196—1208年）	沁南军节度使	《金史·宋宸传》
都转运使	俞良裔	汉	不详	金卫绍王崇庆元年（1212年）	不详	《大金国志·东海郡侯纪下》
按察转运使	石抹元	契丹	承荫	金宣宗泰和末至贞祐初（1208—1213年）	知济南府	《金史·石抹元传》《金史纪事本末·群盗叛服》
转运使	移剌福僧	契丹	承荫	金宣宗贞祐三年（1215年）	山东西路转运使	《金史·移剌福僧传》
转运使	田琢	汉	金章宗明昌五年（1194年）进士	金宣宗兴定元年（1217年）	山东东路转运使行六部尚书	《金史·田琢传》

续表

官职	姓名	民族	出身	任职时间	累官	文献来源
转运使	李秉钧	汉	不详	金宣宗兴定六年（1222年）	不详	《金史·宣宗中》
同知转运使	冯仲尹	汉	金熙宗天眷二年（1139年）进士	约金熙宗朝末期	监察御史	《遗山集·内翰冯公神道碑铭》
同知转运使	徐铎	汉	不详	金世宗大定二十七年（1187年）前后	不祥	泰山灵岩寺《当山第57代来公禅师塔铭》
同知转运使	张行信	汉	金世宗大定二十八年（1188年）进士	金章宗泰和三年（1203年）	尚书左丞	《金史·张行信传》
转运副使	梁肃	汉	金熙宗天眷二年（1139年）进士	金海陵王朝在职	参知政事	《金史·梁肃传》
转运副使	张正伦	汉	金章宗泰和二年（1202年）进士	金宣宗兴定三年（1219年）在职	吏部尚书	《金史·荆王守纯传》文渊阁《河南通志》

（二）山东西路转运司官员成分分析

在目前搜得的18名山东西路转运使和2名吏员中，从职位上看，"亲民官"转运使13人，"佐贰官"同知转运使3人、副使2人，其他2人。

任职时间方面，金太宗朝1人，金熙宗朝2人，金海陵王朝2人，金世宗朝4人，金章宗朝4人，金卫绍王朝1人，金宣宗朝6人。

民族成分方面，汉族转运司官吏有16人，占已知转运司官员总数的80%，契丹族等转运司官员4人，仅占20%。金代施行以女真族、契丹族为主体的政治制度，转运司职税务、财政、民政等业务，需要拥有一定专业知识的人才方能胜任，故文化程度相对较高的汉族人特别是金初转运司初创，一些辽朝契丹和宋朝汉人旧吏如李上达等，汉人进士如张正伦等，自然成为较佳人选。

从出身上看，20名转运司官吏中，进士出身者有8人，约占表中转运司官员总数的40%；因祖、因父出身贵族或有功而承荫者有6人，约占30%；余6人由于史料匮乏而出身不详。

从仕进方面看,历山东西路转运司官吏后而升迁的有 10 人,其中张行信两登相位,梁肃官至副相;被诛的 1 人。考虑到出身、仕进"不详"者中,应有遗漏,故山东西路转运司官员中,还不乏进士出身和任转运使后升迁者。

五、山东西路转运司设立及运作的借鉴意义

宋、金、元时期,均在东平设行政"省"与转运机构,而尤以金时间最长,辖域最广、运作最好。金立诸路、府转运司之初,有效推进了军饷制度的变革、进步;中期由于各项富有成效的财税政策的落地,给大定年间带来经济繁荣的局面,人民富庶,全国经济步入鼎盛;而金末一些失当的财政措施,则导致财政危机,成为人民灾难的渊薮,社会发展的障碍,甚至成为金朝衰亡的导火索。管窥山东西路转运司的运行轨迹,对于知古鉴今,挖掘山东财税历史文化遗产,继承前人的优秀成果,丰富和发展现代财税,发挥财税在国家治理中的地位和重要作用,同时对进一步丰富东平乃至山东的地方史志、财税专门史,都具有重要的历史意义和现实意义。

(一)财税在国家治理中具有重要的地位和作用

古代历朝都十分重视财税管理。《金史·食货志一》云:"国非食货不立。"财税是国家治理的基础和重要支柱,是国家强弱甚至兴亡的催化剂。财税对国家、民族和经济、社会有着极大的影响。

金朝十分注重析理中央和地方的财税关系。设立地区性财税管理机构路、府转运司,特别是像山东西路转运司这样跨两个行政路的转运司,使路、府地方政权与中央派出机构转运司在赋税征收管理上有分有合,从而进一步加强了中央集权,强化了中央对全国财政的统一管理权。

金朝财税制度的最大特点就是分类施策。一是在女真人地区按占有奴隶、牲畜的多寡征收具有地租性质的牛头税。二是在大齐刘豫辖区则袭宋制。三是尔后在金占原宋地行"公田输租,私田输税"的田赋制度,其夏、秋两税是我国最早的纯粹的地税,为我国财税史上的重要变化;户籍制度为正户、杂户分类负担赋税与兵、徭役;同时征缴商税及杂税等。金朝分类施策的管理策略,对后世的财税管理产生了一定的影响,在当代仍能依稀现其影子。

缓解、解决贫富差距矛盾是财税管理的焦点。金代通过通检推排,核实资产、摸清税源,并在一定程度上注重了均贫富。主要在金世、章宗两朝施行的通检推

排,虽以核查人口、物力(财产税),维护女真统治为目的,但亦有利于赋税的相对平均。《金史·食货志一》载,大定四年(1164年)的通检推排,意在核实"民之贫富变更,赋役不均"。十五年(1175年)九月,"上以天下物力,自通检以来十余年,贫富变易,赋调轻重不均",遣梁肃等分路推排。在通检推排中,还强调"强者增之,弱者减之"。同时,金廷还通过转运司赈济抚恤,维护社会稳定,缓解民族、社会矛盾。

金朝的货币政策,承袭北宋但又有重大突破,可圈可点。金灭北宋后逐渐走向封建化,从辽、宋掠夺的铜钱与大齐刘豫所制造的阜昌钱,成为物物交换被先进的货币贸易代之的催化剂,并由此发展为钱、钞并用。金初,由于北方铜资源缺乏,金打破宋先铸铜钱后印钞的做法,采取先印纸钞后铸铜钱。金朝在中国历史上第一次出现以银锭铸币,这是中国银流通进入法定货币的开始,是我国币制史上一个重大的进步。金时的纸币,初依宋制限用7年回收,金章宗时始将7年离革之法废除,改为永久流通,唯文字磨灭不现的,许换易新钞,是为交钞字昏(即昏钞)方换之始,也是中国纸币史上的重大突破。金朝以铜钱为主、钱钞并行的稳定的货币政策执行得当,较好地适应了封建地主经济的发展要求,给金朝中期商品经济的发展增添了活力,促进了金世宗、章宗时期的经济繁荣。

财税政策失当,后果严重。金末时期,面对蒙古的攻掠、"盗贼"蜂起等内忧外患,为弥补财政亏空,金廷采取了一系列不当甚至错误的财税政策,导致了金末财政崩溃并最终亡国。一是增赋税加大对人民的勒索。时金日蹙地百里,地狭费巨,"军国所需,一切责之河南"。致民怨沸扬,民心丧失。二是大量印钞造成通货膨胀。《金史·食货志三》载:"大安三年(1211年)二月,会河之役,至以八十四车(交钞)为军赏。兵衄国残,不遑救弊,交钞之轻几乎不能市易矣"。乱印交钞加剧了财税环境的恶化。三是减少军政人员薪俸与扩大入粟补官。致官多兵少,官生庸气,军失士气,国无生气。

(二)社会稳定和经济平稳发展是财政发挥作用的前提与支撑

财税是伴随着国家的产生而产生,随着国家的经济、社会的发展而发展,依着政治、经济、社会环境的变化而波动。金朝由兴起、昌盛到衰亡的过程,反映在财税上,是与其国运共振的"抛物线型"态势。

社会安定、经济发展状况直接影响财税收入。金初和金末的战乱与民族压迫,激起民众的反抗,战火连绵,导致生产残破,人民流离失所,财税状况疲软。金朝初期,北方的生产在北宋时即已呈残破,金军的南伐,更是雪上加霜。《三朝北盟会编·炎兴下帙六》之《赵子崧家传》载,山东地区,金兵所至,"督责州县,括刷钱粮,讨虏乡村,构收牛马,老稚离散,田野荒芜"。《金史·兵志》载,金正隆六年(1161 年)"契丹之乱"后,"所存者马千余,牛二百八十余,羊八百六十,驼九十而已"。金朝末期,北有蒙古军队攻城略地,南有南宋储势欲动,内有红袄军起义、山东李全起义等"盗贼"蜂起,金政权内外交困叠加,危机四伏。金大安三年(1211年)二月,蒙古开始发动对金战争,战火频燃导致金朝遭受巨大损失。《金史·侯挚传》载,战争的浩劫和自然灾害的侵袭,使"民失稼穑,官无俸给,上下不安,皆欲逃窜"。"东平以东,累经残毁"。《金史·卫绍王纪》云,金崇庆元年(1212 年),山东西路等地大旱,百姓大饥,一斗米价数千,流莩满野。战乱一方面促使金廷增加军费、复建战毁城池、安置流民等开支,另一方面由于战争损毁,生产残破,财税来源缩水严重,财政危机日益加重。

金朝中期,从熙宗、世宗到章宗承安年间,由于国家治理力度不断加大,北方社会稳定,生产平稳恢复和发展,呈现了"大定之治"的新景象。金世宗朝,垦田总计 1690380 顷。张博泉《金史简编》转引金人赵秉文说,时"中都、河北、河东、山东,久被抚宁,人稠地窄,寸土悉垦"。《金史》卷八,本纪第八《世宗纪下》载:"当此之时,群臣守职,上下相安,家给人足,仓廪有余"。天下治平,四民安居。金大定二十七年(1187 年)时,全国人口已达 4475 万余。二十八年(1188 年)有马 47万,牛 13 万,羊 87 万,驼 4000 头。时国家安定方富强,号称"小尧舜"①。《金史·食货志五》载,世宗时设常平仓,至金章宗明昌三年(1192 年),全国积存粟 3786.3万石,可备官兵五年之食;米 810 余万石,可备四年之用;见钱总 3343 万贯,可供支用两年以上。

(三)不断推进适应性变革,是推进财税发展的关键一招

改革是历史发展的要求和产物,革新除弊是国家强盛的重要手段。成功的改革,则国运昌盛;失败的改革,则国运衰落、社会危机。金朝的财税就是在变革中历经初创、鼎盛到衰溃之路的。

金朝转运司制度既有"制度依赖"的传承,也有所创新。金初,利用军队屯田省却传输之劳,但随着国土不断拓展和大规模作战军饷传输的需要,建立专门的

---

① [元]脱脱,等. 金史[M].北京:中华书局,1975:204.

物资转运机构成为必然。北宋时期,今山东省境设京东东路,治益都;京东西路,治郓州。宋王存《元丰九域志》卷一,北宋"熙宁七年(1074年),分东、西路。元丰元年(1078年),诏京东东、西路转运使通管两路,以京东路为名"。两路转运司由一名最高长官通管。金初袭辽、宋,先是大齐刘豫依宋制立司于东平;尔后金置山东西路转运司,其机构编制、职能运作逐步完善。金世宗朝,承熙宗继续推进一系列有利于北方经济、社会恢复和发展的变革,修订官制和礼仪制度,用汉人为相,放免奴隶,施行大力恢复和发展北方生产的政策,在当时出现经济全面恢复、发展和繁荣的新景象。《金史·食货志五》载,世宗时设常平仓,至章宗明昌三年(1192年),全国积存粟3786.3万石,可备官兵5年之食;米810余万石,可备4年之用。

金章宗明昌、承安间,从经济制度方面全面完成了女真族由奴隶制向封建制的成功变革,并获得巨大改革"红利"。章宗尊孔崇儒,建汉官制,兴学行科举,颁制法典,是为有金一代的社会、经济、政治发展的极盛时期。首先,人口大量增长。金明昌六年(1195年)全国人口达4849万余口。其次,社会安定祥和。金世宗对外与宋缔结和约,对内励精图治,革除弊政,发展经济。时全国家给人足,仓廪有余,刑部年断死罪者仅17—20人。再次,财税收入大幅提高。章宗时税额达到了金史上的最高数字:年盐税额1077万贯余,榷场税收约23万贯,此外,还有巨额酒、曲税等。明昌二年(1191年)全国储藏金1200余铤,银55.2万铤。

金自宣宗迁汴后,国势日瘣,军心民心动摇,社会渐趋混乱。金朝统治进入经济、政治全面衰落腐败与混乱时期。宣宗、哀宗虽采取了"九公封建"、抗蒙图强等举措,但已无力回天,全面呈现出国土残破、土地荒芜、经济衰败、财政和币制紊乱的垂亡局面。对外,在蒙古军队的强大攻势下,节节败退。对内,宣宗括地不成,屯田无效,田野不辟;哀宗时亡土之民颠沛流离,饥民遍野,致迫逼聚众为"盗"者众。而镇压"群盗",又使生民涂炭。正如《金史》卷一百八《赞》说的那样,金朝元气无几,"天命去矣!"

(四)注重选拔使用财税人才

任何机构、制度的确立,都离不开人这个生产力第一要素的运作。金朝统治者很重视对转运司官员的选拔。由此,转运司在金代具有较高的政治地位。第一,辽、宋俘或降的转运官员为金所用。金与辽、宋交战过程中,有不少军政官员降金,其中亦不乏原任职于转运司的官员。如金攻云中,辽都转运使刘企常降;北宋一些转运司官员如吕颐浩、刘吉等降金。这些人降金后,增进了金对转运制度及转运司机构职能及运作的了解,并逐渐影响其制度的确立。第二,从优秀官员中选拔转运司长官。《金史·高昌福传》载,高昌福因政绩显著,迁山东西路转运使。《金史》卷九十,列传第二十八《赵元传》载,赵元因廉洁勤政被重用,"用廉迁河北西路转运使"①。第三,注重选拔进士高层次人才。海陵王以前,重文治稍差,其中包括转运司,不用进士。《金史》卷八十六,列传第二十四《李石传》载,世宗"近观节度转运副使中才能者有之。海陵时,省令史不用进士,故少尹、节度、转运、副使中乏人。金大定以来,用进士,亦颇有人矣,节度转运副使中有廉能者具以名闻,朕将用之"②。金大定以后,主要部门都注重启用进士出身的官员,据陈志英《金元之际转运司制度的变迁》统计,转运司官员中,进士出身明确者占转运司官员总数的76.3%。山东西路转运司有记载的官员中,进士出身明确者约达45%。第四,强化绩效考核。转运使一个任期为5年。金朝不但在转运使人员编制以课额多寡定员额,同时还将运司官员的俸禄与征收税费额挂钩,以激励转运司官吏为统治者集聚财富。

由于转运司官员素质很高,不少转运使获升迁,如山东西路转运副使张公理,迁吏部尚书;同知山东西路转运使张行信官至参知政事等。亦有转运司官员把时人的辞赋文章或高行懿德,立石留青,给后世留下了宝贵的传统文化。③

---

① ［元］脱脱,等．金史[M].北京:中华书局,1975:1993-1994.
② ［元］脱脱,等．金史[M].北京:中华书局,1975:1911-1915.
③ 郑延琦.金代山东西路转运司使考察[J].鲁东大学学报(哲学社会科学版),2021(02):26-33.

卷六　金朝东平战事

1115 年,女真人完颜阿骨打称帝建元,正式建立了大金国。继之,辽、宋、西夏、金、元,或你方唱罢我登场,或同台抢"镜"打斗血拼等,上演着一幕幕攻与守、战与和、进与退、善与恶、忠与奸的历史大剧。这一场又一场的战火,凸显出民族融合和统一中国始终是中华民族历史发展的主流;人民始终是历史舞台上的主角,是推动历史前进的动力,其反抗剥削压迫、土地占有制和贵贱不等的斗争,一直贯穿于金朝统治的兴起、鼎盛、衰亡的全过程。

依据张博泉《金史简编》、孙祚民《中国农民战争史(四)·宋辽金元卷》,金朝可分为三个阶段。一是金朝初期,即金太祖、太宗时期。这个时期的突出特点是金朝兴起,宋军民奋起抗击,民族矛盾为主要矛盾。二是金朝中期,即从金熙宗始,历海陵王、世宗至章宗明昌、承安年间。这个时期金廷完成了由奴隶制向封建制的转化,北方的统治已经稳定,为金朝鼎盛时期。民众抗争的特点是以反抗剥削压迫的阶级斗争为主线,辅以反对民族欺凌的斗争。三是金章宗泰和起至金亡。这个阶段,反抗金廷的黑暗统治与卫国抗蒙结合在一起。即反抗金统治者残酷压榨的因素与抵抗蒙古南下的民族斗争因素交错交织,而反抗蒙古征伐的斗争,尤为突出。

一、金朝初期金占东平和军民抗金

(一)金军占领东平及山东

1126 年至 1127 年间,金军第二次大规模伐宋,兖、郓皆受其害。金军在伐宋战争中,给东平周边人民造成巨大灾难。《金史·交聘表上》云,金天会四年(1126年,宋靖康元年)正月,宗望诸军围汴,宋割地、增岁币后退兵。二月,复进兵围汴。

八月，诸军复伐宋。十一月，宗望军至汴。闰十一月，宗翰至汴。十二月，宋帝以表降。天会五年(1127年，宋靖康二年)二月，降宋二帝为庶人。四月执宋二帝以归。《三朝北盟会编·靖康中帙七十一》援引《靖康遗录》载：金军在围汴期间，放兵四掠。宋京东东路临沂，京东西路的濮、兖(今山东省济宁市兖州区)，以及相邻今河南、安徽一带，皆遭焚掠，"淮、泗之间荡然矣！"①《三朝北盟会编·靖康中帙十一》援引《靖康遗录》还载，金军回军时，一路烧杀抢掠，"自京师至黄河数百里间，井里萧然无复烟爨(烧火煮饭)，尸骸之属不可胜数"②。

南宋政权建立的消息传到金廷后，金太宗大怒，欲用兵消灭南宋政权。《金史纪事本末》卷九《攻取中原》载，金天会五年(1127年，宋建炎元年)十二月，金军兵分3路，从河南、山东、陕西南下。进攻山东的一路金军由右副元帅完颜宗辅(完颜窝里温)和其弟完颜宗弼(兀术，俗称金兀术)率领，自沧州渡过黄河，攻入山东境内，围棣州(今山东省惠民县)、陷潍州(今山东省潍坊市)、青州(今山东省青州市)、临淄(今山东省淄博市淄川区)。③《金史·本纪第三·太宗纪》载，"十二月丙寅，右副元帅宗辅伐宋，徇地淄、青"。次年正月"宗弼破宋郑宗孟军于青州"④。《三朝北盟会编》卷一百二十《炎兴下帙二十》载，金天会六年(1128年，宋建炎二年)"庚辰，宗翰、宗辅会于濮(今山东省鄄城县)，伐宋"。十一月，金军再次进攻山东，攻陷德州(今山东省德州市)、淄州(今山东省淄博市)、青州、潍州。是年十二月，金将挞懒率兵由大名进攻山东，攻陷东平府。继之，攻下兖州、郓城，再攻济南府，刘豫杀守将关胜后，偷偷由城墙缒下降金。《金史纪事本末·攻取中原》载，金天会六年(1128年，宋建炎二年)冬十月宗翰、宗辅会于濮(今山东省鄄城县)，伐宋。十一月安抚使王伯龙挺枪先登，克濮州。"初，左副元帅宗维自澶渊(今河南省濮阳市西南)引兵至(濮州)城下，意以为小郡，甚轻之"。不料遭到宋濮州守臣姚端、宇文粹中与军民的顽强抵抗，金攻城凡33日方下，金军惨无人性"尽屠其城"，将濮州全城军民屠杀殆尽。《建炎以来系年要录》卷十八《建炎二年(1128年)冬十月壬子朔》载，十月，金军围濮州，十一月濮州陷。又载：宋廷为扭转战局，十月，遣御营平寇左将军韩世忠率所部至东平防御，"会山东诸寇以拒金"。统制官张世昌军"失道误由东平"。这两支宋军在濮州迎金军时皆溃而去。

① [宋]徐梦莘.三朝北盟会编[M].上海：上海古籍出版社,2008:711.
② [宋]徐梦莘.三朝北盟会编[M].上海：上海古籍出版社,2008:271.
③ [清]李有棠.金史纪事本末[M].北京：中华书局,2015:181-187.
④ [元]脱脱,等.金史[M].北京：中华书局,1975:58.

《金史纪事本末·攻取中原》载,建炎二年(1128年)十二月十日,金将挞懒率兵由大名而攻陷东平府,守臣宋京东西路安抚制置使、知东平府事权邦彦,兵少粮乏,无力抵抗,弃父母及其家人,连夜逃遁淮西。

关于东平失守的原因,史有两种说法。十二月十日东平因兵少不能守。而致"兵少"者,第一种说法是因为孔彦舟引兵去。《三朝北盟会编》卷一百十九《炎兴下帙十九》载,宋建炎二年(1128年,金天会六年)十二月"十日庚申,金兵犯东平府,知军府事权邦彦弃城走"。权邦彦,字朝美,河间人。宋崇宁四年(1105年)进士。于建炎二年(1128年)刚代替卢益知东平府,因为权邦彦与东平府钤辖孔彦舟不和,孔彦舟领兵逃走,至金兵犯东平府时,权邦彦因兵少不能守,弃城遁去,金军遂占领东平府。为此权邦彦降职为朝散大夫。① 第二种说法,因宋将范琼救援迟缓所致。十二月十日,"庚申,金人犯东平府。守臣宝文阁直学士、京东西路安抚制置使权邦彦遁去。时,御营使司、同都统制范琼自京师引兵至东平,敌众方盛,邦彦无兵,不能守,遂弃其家,与琼俱南归。琼引兵至淮西。金既得东平,又攻济南府"②。

权邦彦因弃守东平被削二官。《建炎以来系年要录》卷二十五《建炎三年(1129年)秋七月戊寅丁丑朔》载,诏"宝文阁直学士权邦彦知江州兼本路制置使。始东平失守,论者欲重谪之,上以邦彦束身归朝,父、母、妻、子皆致沦没,与他弃城官吏不同,故止削二官,而复有此命"③。

金既得东平,又攻济南府,宋济南守臣刘豫献城降,次年,知东平府。金军又相继占领兖州、郓城、曲阜等地。第二年(1129年)春,粘罕从兖州发兵南下,破滕州。是冬,宋东京留守杜充不顾百万人民死活,决黄河入淮以阻金兵,致京东西路郓城、巨野、寿张等泛区的数10万民众或死于洪水,或流离失所,无家可归。粘罕乃南下徐州,围攻扬州。京东西路的济州、单州、兴仁府(今山东省东明县)、广济军(今山东省菏泽市定陶区)等地方暂时躲过一劫。四月,粘罕率军自扬州返回东平,便用兵攻占了单州、沂州(今山东省临沂市)。金天会七年(1129年,宋建炎三年)九月,曹州降。冬,金军攻占莱州等山东东部各州县及山东西部的济州、兴仁府、广济军等地。至此,山东地区便全部沦陷了。

---

① [宋]徐梦莘. 三朝北盟会编[M].上海:上海古籍出版社,2008:872.
② [宋]李心传. 建炎以来系年要录[M].北京:中华书局,2013:373.
③ [宋]李心传. 建炎以来系年要录[M].北京:中华书局,2013:508.

(二)金朝初期东平的抗金斗争

女真贵族在灭亡北宋和统治中国的过程中,对中国北方的汉族人民进行了野蛮的大屠杀和残酷的民族压迫,山东及东平周边首当其冲。由是,民族矛盾上升为主要矛盾。由于不堪金朝统治者的野蛮掠夺和压迫,东平及周边民众纷纷竖旗反抗。当时的抗金队伍十分复杂。主要有以康王赵构等北宋旧臣组成的"勤王兵",其兵多将广,但其主要目的是组建南宋政权,故消极抗金;由农民组成的起义军,也有士兵、下级军官、小商人、僧徒参加,是为抗金的中坚力量;还有一部分被北宋腐朽政权责令解散的勤王兵,不肯散去,聚团继续进行抗金活动。由这些复杂成分汇合而成的抗金队伍,活跃在山东西路地区及周边。成为反抗金朝在北方掠夺和压迫的重要力量。

1. 康王赵构东平聚兵勤王

1127 年春,康王赵构在东平聚兵约 17 万人勤王。金天会五年(1127 年,宋靖康二年)四月一日,金军掳二帝等 3000 多人和大量财宝北上。当时由于宋徽宗第 9 子康王赵构,正以天下兵马大元帅名义,在河北建立帅府聚兵幸而得脱。金撤兵后,宋廷旧臣不再拥护伪楚张邦昌,移而拥戴赵构。《三朝北盟会编·靖康中帙四十八》载,宋靖康元年(1126 年)底,在金军犯汴之际,宋徽宗第 9 子康王赵构,议往东平府(今山东省东平县州城街道办事处)聚兵勤王。《三朝北盟会编·靖康中帙四十九》载,靖康二年(1127 年)正月初三日,天下兵马大元帅、康王赵构到达东平府。"王以正旦过滑县,宿阳谷县;二日过景德镇,宿迷魂寨;至是到东平府。本(京东西)路安抚使卢益、转运副使黄潜厚、判官间邱升以下官吏,出郊迎接,百姓父老夹道骈肩,欢呼之声溢满城市,……五日乙未,大元帅命官往祀岱岳"①。《三朝北盟会编·靖康中帙五十四》载,二月六日,"大元帅府摆布勤王兵马",立大元帅府,"今将大元帅府五军东平府驻扎"。期间,赵构曾去飞仙台发矢问天下课点,三矢俱发,果中牖上 3 字。赵构还将各路勤王军摆布于东平府周边。其中杨惟忠统率左、中、右、前、后 5 军 4 万人马驻扎东平府;陈淬统率并听宗泽副元帅节制 3.8 万人马驻扎开德府(今河北省开州),1.4 万人马驻扎濮州;张唤统率并听黄潜善节制 4.2 万人马驻扎兴仁府(今山东省东明县),1.5 万人马驻扎广济军(今山东省菏泽市定陶区),1.2 万人马驻扎单州(今山东省单县)等。至二月二十日康

---

① [宋]徐梦莘. 三朝北盟会编[M].上海:上海古籍出版社,2008:552-555.

王发兵东平的48天中,康王以天下兵马大元帅,号召聚集勤王兵"通号一十六万七千人"。《三朝北盟会编·靖康中帙五十六》载,二月二十日康王发兵东平。

先是,帅府排日札下诸处勤王师帅,约与会合幕府聚议,宜进寨济州(今山东省巨野县)。克择官王府,选定用庚辰(二十日)进发。是日,起发东平府,先是军前人情、随府诸色人等,惟思家喜向南去;河北诸郡勤王兵,惧战阙欲北归。至是,北兵见帅府趋济州,多不欲南,于是五更于北门及县前两处,放火欲骇乱军。张俊收捉扑灭之奸谋。不行,晚宿中都(今山东省汶上县)。①

之后途经任城(今山东省济宁市)境等地移师济州,短暂驻屯休整,五月,赵构即位于南京(今河南省商丘市睢阳区),改元"建炎",是为宋高宗。

2. 齐鲁大地,"群盗蜂起"

大金国1115年立国之际,北宋末年的阶级矛盾普遍尖锐化。宋廷对外妥协,对内"守内虚外"残酷压榨的政策,导致了农民起义的爆发且不断扩大。宋宣和元年(1119年)十一月,宋江在东平府西部的梁山泺起义,其声势遍及山东、河北、江苏等地,被北宋统治者诬称为"京东盗""山东贼"。是为"四大名著"《水浒传》的原型。宋宣和五年(1123年)后,在宋京东西路辖域,就爆发了郓州李太子、兖州李昱、魏博(今山东省聊城市)杨天王等农民起义。据《山东通史(宋金元卷)》载,此时的山东更是"群盗蜂起"。如连兵数十万的密州高托山等农民起义;有众5万的沂州郭进起义;在济南地区,又有众10万的济南齐州孙列起义和僧人刘文舜起义,邵青水上流民起义等。一时齐鲁大地,泰山南北,农民起义风起云涌。②

《三朝北盟会编》卷二百十九《炎兴下帙一百十九》援引《林泉野记》,记述了宋将张俊镇压东平及周边的多起"群盗"事。

张俊,字英伯,秦州山阳人。少为弓箭手,初从泸州兵,讨南蛮有功。后从梁方平累攻夏国,皆先登。宣和五年(1123年),京东、河北盗争起,从梁方平破郓州贼李太,追至洺州,大合群盗万人来拒,又击灭之。六年,破大名贼于超化寺,追至内黄,又破内黄贼数千。七年,破沂州贼三万于沂水,追至密州,破密贼徐靖于莒县。回遇贼于南楼山,又破之。还沂州,破贼张仙于磊(擂)鼓山。又破潍州群贼于方村,累迁武德郎。八年,济南贼孙列整众十万,俊从方平讨之。先射中贼来

---

① [宋]徐梦莘.三朝北盟会编[M].上海:上海古籍出版社,2008:610-611.

② 安作璋,等.山东通史[M].北京:人民出版社,2009:54.

挑战者,因大破于铧子山。又破潍州群党于昌乐。

(靖康年)从知信德府梁扬祖(注:东平人梁子美之子),统兵谒康王(赵构)于大名。王问扬祖诸兵官谁可使,扬祖称俊忠实可任,王甚爱之。明年,李煜(昱)寇东平府,王命俊同苗傅讨之。至任城县(今山东省济宁市任城区),遇伏兵,赖其将赵密射退贼,俊与傅击煜,大破之,斩(首)二千级,加拱卫大夫、徐州观察使。①

《宋史》卷三百六十九,列传第一百二十八《张俊传》载,宋宣和初(1119年)张俊"平郓州贼李太(子)""从高宗至东平府。时剧贼李昱据兖州,命俊讨之"②。

《建炎以来系年要录》卷七《建炎元年(1127年)秋七月己丑朔》载,兖州李昱起义影响颇大。

独淮宁之杜用,山东之李昱,河北之丁顺、王善、杨进皆拥兵数万,不可招。而拱州之黎骥,单州之鱼台,亦有溃卒数千为乱,(李)纲以为专事招安,则彼无所畏惮,势难遽平。乃白遣渊等率所部分往讨之。时李昱犯沂州,守臣某闭门拒守,以官妓十人遗之,昱乃去。至滕县掠民,董氏女有美色,欲妻之,董氏骂昱而死。昱自费县,引兵围长清,光世遣其将乔仲福,追击斩之。③

金统治者在山东地掠夺与社会矛盾的激化,致齐鲁大地不断爆发农民起义。金天会六年(1128年,宋建炎二年)冬十月,金军进攻宋京东、西路各地,金军先夺东平府周边,后攻东平、济南、袭庆,次年攻曹、单等州。金太宗天会七年(1129年),金朝统治者在原宋地,还强制信仰"身体发肤,受之父母,不敢毁伤,孝之始也"的汉人胡服留辫,施行"禁汉服及削发"。《三朝北盟会编》卷一百三十二《炎兴下帙三十二》载:"禁汉服及削发,不如发者死"④。金兵在东平等原宋地检查服装发式,稍不满意,即被杀头,致使许多汉族百姓死于非命。同时,改换服装引起布帛涨价,贫苦民众无力购买,只好藏在家里,不敢出门。汉族人传统认知"身体发肤,受之父母",视发肤如生命而抗拒削发。哪里有压迫,哪里就有反抗。《建炎以来系年要录》卷四《建炎元年(1127年)四月庚申朔》与泰山凌汉峰姜博士刻石载,宋建炎元年(1127年)金军攻入汴京,亡北宋,并纵兵四掠,兖、郓皆受其害。八月,泰山石匠姜博士与道士孙上座在泰山主峰西南三尖山(今名凌汉峰)扎营,

① [宋]徐梦莘. 三朝北盟会编[M].上海:上海古籍出版社,2008:1575.
② 高占祥. 二十五史·宋史[M].北京:线装书局,2011:2005.
③ [宋]李心传. 建炎以来系年要录[M].北京:中华书局,2013:173.
④ [宋]徐梦莘. 三朝北盟会编[M].上海:上海古籍出版社,2008:960.

抗击金军。据泰山《崇法禅院碑》载,金天会八年(1130年)二月,李仅起义军攻入金军控制下的奉符县城(今山东省泰安市泰山区)。金廷的民族歧视政策,遭到黄河两岸民众的抵抗,蚁聚蜂屯、啸聚林谷的"红巾军",很快波及山东。《三朝北盟会编》卷一百十五《炎兴下帙十五》援引《宗泽疏》载,宋建炎二年(1131年)二月,"今河东,河西,不随顺蕃贼,虽强为薙头辫发,而自保山泽者,不知其几千万处"。东平及周边各地民众也纷纷组织起来,或安营扎寨如吴给,或聚众起义如张荣,或结社结寨自保如"泰山群盗"等。反击金军、以武抗暴的烽火在东平东西南北四处燃起。东平、梁山泺,以及周边的兖州、泰山、滕阳、济南、临沂等地的军民,揭竿而起,高举义旗,反抗金廷的民族压迫、残暴统治的斗争连绵不绝,如火如荼。因此,金派济国公赤盏晖和历职泰宁军节度使、济南尹的斜卯阿里等镇压山东"群盗"。金军在占领东平府、济南府等要地后,天会七年(1129年)九月,金军连续攻占了东平周边的曹、泗、济、单诸州并镇压、讨平了梁山泺、泰山、兖州等地的义军。《金史》卷八十,列传第十八《赤盏晖传》载,金天会五年(1127年)十一月,

从睿宗(完颜宗辅)经略山东,既攻下青州,复从阇母攻潍州。……复以三十骑破敌于范桥。

又从攻泗州,克之。还屯汶阳(泛指东平),破贼众于梁山泺,获舟千余。移军攻济州,既败敌兵,因傅城谕以祸福,乃举城降。晖约束军士,无秋毫犯,自是曹、单等州皆闻风而下。①

是月,曹州、兴仁府降。《金史》卷八十,列传第十八《斜卯阿里传》载,金天会七年(1129年)"伐宋主,取阳谷、莘县,败海州兵八万人,海州降。破贼船万余于梁山泊。招降滕阳、东平、泰山群盗"②。《金史纪事本末》卷十《南侵江浙》③载,"七年(1129年),讨平泰山群盗及兖州寇三千。""冬十月,金将阿里取阳谷,莘县降,破贼船万余于梁山泊,招降滕阳、东平、泰山群盗"。

3. 梁山泊渔民张荣水军的抗金斗争

南宋初期,就在女真贵族进入东平及山东地区确立起金朝统治之时,正值山东大饥,饿殍遍野,饥民盈道,以致人相食。加上宋、金兵火之灾和杜充决黄河之患,民众深陷水深火热之中。在民族与阶级的双重压迫下,广大民众啸聚蜂起。

① [元]脱脱,等. 金史[M].北京:中华书局,1975:1806.

② [元]脱脱,等. 金史[M].北京:中华书局,1975:1800.

③ [清]李有棠. 金史纪事本末[M].北京:中华书局,2015:199.

郓州梁山泊(又称梁山泺,今山东省东平湖一带),周方数百里,是农民起义的重要据点。北宋时曾发生过声势浩大的宋江起义。早在金军攻伐山东之初,梁山泊渔民张荣领导的水军,坚持抗金斗争。金军占领郓州后,以张荣为首的广大渔民,不堪女真贵族的奴役,聚众梁山泊,奋起抗击金兵。散于乡间的农民也纷纷前来参加,很快形成一支拥有舟船数百艘的水上义军队伍。而张荣"尝劫金人",英勇善战,力敌万人,人称"张敌万"。张荣领导的水上义军,成为金初活跃在山东西南地区的一支重要的抗金队伍。金天会七年(1129年,宋建炎三年),金军长驱南下攻扬州,张荣为打击金兵,率舟师出梁山泊,自清河南下,继续开展抗金斗争,并取得楚州缩头湖大捷,给金朝统治者以沉重打击。①

4. 吴给、孙亿徂徕山抗金

金天会六年(1128年,宋建炎二年)十月,金将粘罕率河东金军主力犯山东,接连攻破濮州等地,随后围攻东平府、袭庆、济南、泰山一带地区。宋东平知府权邦彦弃城逃跑,济南知府刘豫献城投金。金兵所到之处"焚烧殆尽,杀掠无数",泰山南北到处是军兵的厮杀声和百姓的哭喊声。危难之时,宋御史、东平人吴给和奉符(今山东省泰安市泰山区)士人孙亿,率军民据泰山东南15千米的徂徕山为寨,同金军展开了殊死斗争。②

孙亿,一说泗水县菀裘里(今新泰市楼德镇)人。宋将事郎,郓州刑曹。

吴给,须城(东平)人。宋仁宗时任监察御史。后因得罪权臣黄潜善被"罢居须城"。金兵陷兖、郓后,吴给基于民族大义,"义不臣金",与友人孙亿"率军民据徂徕山为寨",抗击金军。多次与金兵作战。南宋朝廷遥授"承务郎吴给充徽猷阁侍制、知东平府,朝奉郎孙亿直龙图阁、知袭庆府"。金天会七年(1129年,宋建炎三年)三月,金兵再次攻青州,山东各州郡或陷,或遁,或降,于是金军很快便占领了几乎整个山东,徂徕山吴给义师已成敌后孤军。此前宋廷曾"诏徽猷阁侍制、知东平府吴给赴行在",但是金兵四布,吴给已"道梗不能至"。吴给作为宋遣最后一任知东平府事,因为东平及周边已经被金兵盘踞而难以实地赴任。此后,宋廷文献再无吴给、孙亿的记载。但《金史》卷八十二,列传第二十《乌延胡里改传》载,1129年七月,乌延胡里改攻"讨泰山群寇,平之,毁其营栅"。其应指陷徂徕山吴给义军,并毁其营栅。然后乌延胡里改南下,击败兖州的抗金力量。

---

① 梁山县志编纂委员会. 梁山县志[M].北京:新华出版社,1997:567.
② [宋]李心传. 建炎以来系年要录[M].北京:中华书局,2013:376.

（三）金初东平军民抗金斗争的意义

东平及周边军民的抗金斗争，是以北方汉民族为主体的或有组织的如赵构勤王兵或自发的反抗金军掠夺、奴役和屠杀的正民族斗争。然而斗争分散，成分复杂，目的有别。康王赵构是想复国称帝，吴给作为宋朝旧臣心还复宋，农民则既反抗"异族"统治，又为求生存结寨自保。但都具有民族斗争的性质。像梁山泊渔民张荣水军，后来与宋取得联系，争取支持，并进入南宋境内继续抗金。东平及周边军民的抗金斗争，对野蛮屠杀、掠夺的金军进行了英勇的武装反抗，在一定程度上维护了民众的利益，同时有力地打击了金朝统治者的嚣张气焰。在抗金军民的打击下，金廷不得不在括地等制度上做出一些调整、改变，在推动金朝走向封建化方面，起了重要作用，也从某种意义上保护了宋政权、延缓了宋政权的灭亡。特别是康王赵构的东平聚兵勤王，组建起了一支归属康王指挥的 17 万大军，为南宋政权的建立奠定了坚实的政治、军事、人才基础。

二、金朝中期东平及周边的人民起义

金朝从金熙宗于天会元年（1135 年）即位开始进入它自身发展的中期阶段。在这一时期，由于金熙宗完颜亶、海陵王完颜亮、世宗完颜雍、章宗完颜璟在承安年间及以前采取了一系列的改革措施和汉化政策，女真族很快完成了由奴隶制向封建制的转化。同时，金改变了伐宋、亡宋政策，与南宋签订了和约，划定了边界，金朝在中原北方的统治逐渐稳定、巩固下来，阶级矛盾与民族矛盾有了相当大的缓和。海陵王征兵南下，使北方已经缓解的社会矛盾、民族矛盾又重新激化起来，人民起义不断高涨。但是北方人民起义的性质，已从带有反抗民族掠夺的斗争，逐渐地转变为金朝统治下人民反抗剥削与压迫的阶级斗争。

（一）金熙宗时期社会矛盾与斗争

自金熙宗开始，金政权才真正进入了一个改革时期。金熙宗为推行文治、汉化思想，有步骤地铲除来自各方面守旧势力的阻碍和反对。首先，铲除完颜宗翰势力。先除去"西朝廷"云中元帅府宗翰的兵权，然后利用宗翰的政敌宗磐诛宗翰死党高庆裔、刘思，致宗翰愤恨而死，接着废刘豫，云中枢密院事时立爱致仕，韩企先病亡，宗翰一派彻底失势。其次，接连铲除阻碍改革的旧势力代表、与自己争帝位的宗磐和阻碍改革的旧势力干将挞懒（完颜昌）、完颜希尹、萧庆等。金熙宗取得了同内部旧势力斗争的胜利,扫除了改革的障碍。熙宗改革的主要内容为推行新官制"天眷新制",颁金朝统一的法律《皇统制》,并采取了一些恢复发展生产的举措。《金史》卷七十,列传第八《完颜思敬传》称:"熙宗时,内外皆得人,风雨时,年谷丰,盗贼息,百姓安"。

金熙宗天眷二年(1139 年)夏天,宋抗金武装"红袄军"一部,曾用岳飞名义攻打东平府城,被东平尹完颜昂用计击退。《金史》卷八十四,列传第二十二《金史·完颜昂传》载,天眷元年(1138 年),完颜昂授镇国上将军,除东平尹。1139 年夏,宋将"岳飞"以兵 10 万,号称百万,来攻东平。当时东平城仅有守兵 5000 人,完颜昂率军仓促出城御敌。夏季东平府城附近的桑柘十分茂盛,完颜昂命令士兵在树林间多插缚上旗帜,造成伏兵众多的表象,以迷惑敌人,自己亲率精兵列阵于前迎敌。"岳飞"军不敢妄动,相持数日而退。完颜昂乘胜追击,至东平西边的清口,"岳飞"军泛舟逆水而去。正赶上阴雨连绵昼夜不止,完颜昂于是命士兵在水岸安营休息。快半夜的时候,完颜昂忽然急急忙忙地督促士兵拔营北行。诸将谏曰:"军士远涉泥淖,饥惫未食,恐难遽行。"完颜昂怒而不应,鸣鼓督之,下令说:"鼓声绝而敢后者斩"。众军士方冒雨弃营去,北行 20 里才停下来。果然,当天深夜,"岳飞"军劫了一座空营,无所得而去。金军将领们深悟完颜昂的机智高明,便问其故。完颜昂说:"沿流而下者,走也;溯流而上者,诱我必追也。今大雨泥淖,彼舟行安,我陆行劳。士卒饥乏,弓矢败弱,我军居其下流,势不便利,其袭我必矣"。众皆称善。①

后来,宋帅岳飞以兵 10 万围山东西路邳州甚急,城中金兵才千余人,金军邳州守将惧怕,于是派人去东平求救。完颜昂曰:"为我语守将,我尝至下邳,城中西南隅有堑深丈余,可速实之"。邳州守将按照完颜昂密授的办法,把城中西南隅的深堑填了一下,岳飞果然中计,从该处攻城,发现金军早有准备后,停止了攻城。完颜昂举兵以为声援,岳飞两面受敌,只好退兵。

(二)海陵王完颜亮时期驰而复张的社会矛盾

海陵王完颜亮于皇统九年(1149 年)十二月弑杀熙宗篡位后,继承和发展了熙宗的改革,北方的生产进一步恢复和发展;迁都燕京,加速了女真汉化和由奴隶制向封建制的变革。但海陵王为实现其准备伐宋之需,同时为移目部分女真贵族

---

① [元]脱脱,等．金史[M].北京:中华书局,1975:1885-1888.

内部对其篡位的不满,缓和内部矛盾,举国大调兵,征发郓州等地匠人造战船兵器,煮死人膏以为油,并大括天下之马,进行大规模的扩军备战。金正隆六年(1161年)九月,兵分4路向南宋发动战争。由此所引起的横征暴敛,加重了民众税赋、兵役负担,把人民置于水深火热之中,激发了大范围的人民起义。

面对海陵王的残暴独裁与黩武政策,难以生活下去的山东人民首先举起义旗。金正隆年间,时山东西路辖徐州、济州的农民揭竿而起,东平周边也爆发了沂州开山赵、单州杜奎起义。《金史》卷八十六,列传第二十四《夹谷胡剌传》载:"正隆末,山东盗起,胡剌为行军猛安讨贼,遇贼千五百人于徐州南,败之"①。同卷《乌延蒲辖奴传》载:

> 海陵南征,改归德尹,为神策军都总管。当屯济州,比至山东,盗已据其城。蒲辖奴领十余骑往觇之,忽为其众所围。乃与军士皆下马,立而射之,杀百余人。贼众败走,迤逦袭之,至暮而还。明日,攻破其城,号令士卒,毋害居民,郡中获安。民感其惠,为立祠以祭。②

金正隆三年(1158年),山东沂州(今山东省临沂市)首先爆发了赵开山为首的农民起义。起义农民为表示反金的坚定决心,以开为姓,称开山赵。不堪忍受金廷压迫、剥削的农民纷纷响应,队伍很快发展到30多万人,在攻占密州、日照等县后,又在淄、齐等州向金军发起攻击。《金史》卷五,本纪第五《海陵纪》载,金正隆五年(1160年)"十月庚午,遣护卫完颜普连等二十四人督捕山东、河东、河北、中都盗贼"。可见当时人民起义烽火已燃遍各地。正隆六年(1161年)八月,在单州(今山东省菏泽市单县)爆发了百姓杜奎起义,攻占州县,海陵王派都点检耶律湛、右骁骑副都指挥使大磐等镇压。同时,东平北邻大名府王九郎(友直)起义;东南邻有山东东路辖海州东海县(今江苏省连云港市境)张望、徐元起义等。另外,在女真的大后方,还爆发了耶律撒八等领导的契丹人民大起义。

声势浩大的耿京起义还占领了东平府。金正隆六年(1161年)秋,耿京、李铁枪等起义,活动于济南、莱芜、泰安一带,并一度占领东平府。《三朝北盟会编》卷二百四十九《炎兴下帙一百四十九》载:

> 济南府民耿京,怨金人征赋之骚扰,不能聊生,乃结集李铁枪以下得六人,入

---

① [元]脱脱,等.金史[M].北京:中华书局,1975:1924.
② [元]脱脱,等.金史[M].北京:中华书局,1975:1919-1920.

东山(济南市南龙洞山),渐次得数十人。取莱芜县、泰安军,有众百余。有兰州贾瑞者,亦有众数十人,归京,京甚喜。瑞说京以其众分为诸军,各令招人,自此渐盛,俄有众数十万。①

耿京起义后,各地农民纷纷响应。如同年起义于大名府的王友直等,"是时,大名府王友直,亦直兵,遣人通书,愿听京节制。以瑞为诸军都提领,完颜亮犯淮甸,京遣瑞渡江通朝廷"。另外,辛弃疾、河北张安国、沂州开山赵、邵进、泰山灵岩寺义瑞和尚等各股义军,都纷纷投到耿京旗下,愿听从耿京指挥,接受耿京领导的义军很快扩大到了30多万人。

耿京抓住海陵王完颜亮聚力南下无暇顾及山东的有利时机,分兵东、西两路出击,拓展领地,扩大影响。东路义军攻陷了淄州(今山东省淄博市淄川区)、密州(今山东省潍坊市诸城市)、城阳(今山东省日照市莒县)、日照等地。西路义军先陷莱芜、新泰、泰安军,于金大定二年(1162年)正月,占领时为"省城"重镇的山东西路首府东平府,继而攻占袭庆府(今山东省济宁市兖州区)。耿京在占领东平府后,因袭宋、金官制,自称天平军(东平)节度使、权知东平府,节制山东、河北路抗金忠义军马;贾瑞称总提领,辛弃疾为义军掌书记。起义军发展到鼎盛时期。

耿京内心向宋,以南宋为正统。金正隆六年(1161年,宋绍兴三十一年)十月,义军在海州与宋军联合作战,击溃了金军。时南宋浙西路马步军副总管李宝,率水军登陆,进攻围困海州的金军。在海州的义军魏胜,起义军将领开山赵、王世隆等,争为应援,义军与宋军联合,击退金兵,海州解围。后又合力,获"陈家岛(今山东省青岛市黄岛区)之捷"。是年十一月,海陵王完颜亮被金兵部尚书、领浙西道兵马都统制完颜元宜等杀死后,金军撤兵北退。耿京虑金军围剿,与辛弃疾商定南归。《三朝北盟会编·炎兴下帙一百四十九》载,正隆七年(1162)正月,

完颜亮犯淮甸,京遣瑞渡江通朝廷。瑞曰:如到朝廷,宰相以下有所诘问,恐不能对,请一文人同往。京然之。乃遣进士辛弃疾凡一十一人同行,到楚州见淮南转运副使杨抗发赴行在。是时,上(宋高宗)巡幸在建康。乙酉,瑞等入门,即日引见,上大喜,皆命以官。授京天平军节度使,瑞敦武郎阁门祗候,皆赐金带。弃疾右儒林郎改右承务郎,其余统制官皆修武郎,将官皆成忠郎。凡补官者二百余人。

---

① [宋]徐梦莘. 三朝北盟会编[M].上海:上海古籍出版社,2008:1787.

十八日乙酉,引见耿京下诸军都提领贾瑞等一十一人,耿京除天平军(驻东平)节度使,将佐授官各有差。

宋高宗遣已封为右承务郎、天平节度掌书记的辛弃疾,带朝廷节度使印信归告耿京。

就在贾瑞、辛弃疾南下之时,义军将领张安国、邵进发动叛变,杀耿京降金,并裹胁5万人而去,致使义军大部散去。辛弃疾在海州听到耿京死讯,悲愤交集,誓杀叛徒为耿京报仇。乃约统制官王世隆、义军将领马全福等,组成一支50人的复仇队伍驰往济州,突入金营,生擒张安国,献俘于南宋,斩于市。

耿京被害后,由于群龙无首,加上金廷玩弄镇压与安抚两手,各支起义队伍大都散去,很快便被各个击破而失败了。

(三)金世宗和章宗承安年的农民起义

金正隆六年(1161年)九月,完颜雍于东京(今辽宁省辽阳市)称帝,改元大定。金世宗受汉文化影响很深,他即位后接受海陵王的教训,对外,和宋休战;对内,继续实行政治改革,推进女真族由奴隶制向封建制的转化;整顿赋役,发展生产,是为社会发展的"郅世"时期。在世宗基础上,金章宗完颜璟统治时期,特别是其初期的明昌、承安年间,始从经济制度方面完成了女真族由奴隶制向封建制的变革,是为金朝发展的鼎盛时期。世、章两朝的经济发展和繁荣,虽然客观上显现人民有所获得,但从根本上说,仍是统治阶级的发展和繁荣,各族广大劳动人民仍处于被剥削、受压迫的社会底层。因此,咸平府契丹人民持续进行较大规模的反金活动,原宋地的农民反抗统治者的阶级斗争虽时有发生,但规模与影响均不大。

世宗朝,农民不断发动和举行起义。《金史》卷八十九,列传第二十七《苏保衡传》云:"金大定二年(1162年),召赴中都。是时,山东盗贼啸聚,契丹攻掠临潢等州郡,百姓困弊。诏保衡安抚山东"[①]。发生在山东西路及周边的就有大定六年(1166年)六月,冀州(今河北省衡水市冀州区)张和等反金被杀;大定十一年(1171年)四月,归德府(今河南省商丘市睢阳区商丘古城)民藏安儿起义;十二月,冀州王琼起义被杀;大定十三年(1173年)正月,洛阳县民聚众攻克卢氏县,杀县令李庭才;密州民许通等谋反;大名府(今河北省大名县)僧人李智究起义,有不少东平人参加;大定十九年(1179年),山东东路海州人发动起义后被镇压。

---

① [元]脱脱,等 . 金史[M].北京:中华书局,1975:1974.

大名李智究起义波及东平和东平人。金大定十三年(1173年),僧人李智究组织的大名、东平人民起义,计划相当庞大。《金史》卷八十八,列传第二十六《石琚传》载,李智究利用僧人身份,历大名、东平州郡,以抄化为合法的活动发动起义。商定在大定十三年(1173年)二月十七日,先取兖州,然后在今山东省枣庄市北的峄山集合,以"应天时"三字为号,分别攻取东平府等地,并及时响应,扩大战果。这次起义一开始就被镇压,东平人刘宣等涉事被杀者达450余人。①《金史·世宗纪中》载,九月,"大名府僧李智究等谋反,伏诛"②。

金承安二年(1197年),山东大旱,民众竞相起事,一部分起义军藏匿于泰山岩穴以抗官兵,山东按察司意图尽砍山上林木,以使反金民众无处藏身。此举遭到山东路统军使完颜承晖否决。《金史》卷一百一,列传第三十九《完颜承晖传》载:

山东盗贼起,承晖言:"捕盗不即获,比奏报或迁官去官,请权行的决。"及罢兵,盗贼渠魁稍就招降,犹往往潜匿泰山岩穴间。按察司请发数万人刊除林木,则盗贼无所隐矣。承晖奏曰:"泰山五岳之宗,故曰岱宗。王者受命,封禅告代,国家虽不行此事,而山亦不可赭也。天下之山亦多矣,岂可尽赭哉!"议遂寝。③

(四)金朝中期农民起义的特点与作用

金朝中期,金、宋议和,两个政权的斗争趋缓。金世宗、海陵王、金章宗对内都采取了一系列政治改革和发展生产的措施,促进了经济发展、社会稳定。可以说,金朝中期的阶级矛盾与斗争是比较缓和的。到金章宗朝初,封建化进程已经完成,北方地主经济发展,汉族地主与女真贵族已构成利益共同体,主动或消极顺从了金廷。汉族地主、官僚,实际上已成为金廷镇压农民反金的力量。如梁肃就为金廷镇压农民起义献计献策。《金史》卷八十九,列传第二十七《梁肃传》载,梁肃论盗贼不息,请求世宗"无禁兵器"。世宗说:"所在有兵器,其利害如何?"梁肃说:"他路则已,中都一路上农夫听置之,似乎无害"。禁百姓而许"上农"拥有兵器,就是说,封建地主、富农可以备有兵器以防备、镇压农民起义。④ 这样,北方社

---

① [元]脱脱,等.金史[M].北京:中华书局,1975:1961.
② [元]脱脱,等.金史[M].北京:中华书局,1975:160.
③ [元]脱脱,等.金史[M].北京:中华书局,1975:2224-2225.
④ [元]脱脱,等.金史[M].北京:中华书局,1975:1986.

会的矛盾已经是女真贵族、汉族官僚地主与被压迫剥削的各族人民之间的矛盾。农民起义的动力欠足、环境不支,故其起义的规模和影响不大。

三、金朝末期的东平战火

金章宗朝是金朝发展的鼎盛时期,同时也是由盛转衰的转折期,金朝的势力在官僚、地主的腐化中渐渐衰落,文恬武嬉,沉醉奢侈,而被剥削、压迫的下层各族百姓,依然不免于苦难,以致新的社会矛盾与斗争不断累积、爆发,金朝灭亡的厄运很快就要到来。金泰和(1201—1208 年)以后,金朝政治日趋腐朽,封建赋役剥削越来越重,对原宋地人民的"括地"掠夺、搜刮更加疯狂,因而社会矛盾进一步激化。金章宗打击杀害世宗诸子时,统治阶级的内乱凸显,到卫绍王、宣宗时,逐渐激化,内斗不断,大大削弱了金自身的力量。金朝的经济基础——财政,已陷入了入不敷出的境地。金末由于战乱军费巨大,"十羊九牧"冗官冗员费用逐年增加,加之章宗时黄河 3 次决堤,泰和年间山东接连发生旱灾、蝗灾等自然灾害,金朝财政出现了大量亏空。而金廷此时则采取增收赋税、滥发钱币、减俸降薪等不当措施,致使各种矛盾累积并逐步白热化。这个时期,金在西北筑界壕防鞑靼族,又与南宋时战时和。届时北方大草原的蒙古族崛起,一个最终灭亡金国的蒙古国,于1206 年在和林(今蒙古国乌兰巴托)立国,开始不断袭扰金的北方边境,之后不断南下攻金,金日蹙地百里,节节败退。金国社会矛盾与民族矛盾交加,内外交困,最终在蒙、宋的联合夹击和人民的反抗中,走向了灭亡。

金朝末年,农民起义首先爆发于社会矛盾、民族矛盾最尖锐的山东地区,并得到全国各地人民的响应。

(一)东平及周边地区的反金斗争

宣宗后期开始的人民大起义,遍及全国,如石洲冯天羽领导的起义,定州阎显、阎德用起义,邢州程邦杰起义等。其中,尤以震撼金王朝的山东"红袄军"影响为最。《金史》卷一百二,列传第四十《仆散安贞传》载"自杨安儿、刘二祖败后,河北残破,干戈相寻。其党往往复相团结,所在寇掠,皆衣红纳袄以相识别,号'红袄贼'。官军虽讨之,不能除也。大概皆李全、国用安、时青之徒焉"。史载时山东全境有姓名的起义首领近半百。《宋史》卷四百七十六,列传第二百三十五《叛臣中·李全上》载:

初,大元兵破中都,金主窜汴,赋敛益横,遗民保岩阻思乱。于是刘二祖起泰安,掠淄、沂。二祖死,霍仪继之。彭义斌、石珪、夏全、时青、裴渊、葛平、杨德广、王显忠等附之。杨安儿起,掠莒、密,展徽,王敏为谋主,母舅刘全为帅,汲君立、王琳、阎通、董友、张正忠、孙武正等附之,余寇蜂起。大元兵至山东,全母及其兄死焉。全与仲兄福聚众数千,刘庆福、国安用、郑衍德、田四、于洋、洋弟潭等咸附之。①

山东东路的农民起义军主要有益都府杨安儿、潍州李全等领导的起义,及海州于忙儿起义等。金末山东西路农民起义主要有泰安州刘二祖起义、兖州郝定起义以及石天禄、石珪据新泰、严实据长清结寨自保等。此外,还有一些小规模的起义。如《金史纪事本末》卷四十二《群盗叛服》②载,金贞祐三年(1215 年)"十二月乙未,太康县人刘全、时温,东平府民李宁谋反,伏诛"。恩州(今山东省平原县)赵福起义。四年(1216 年)夏四月,"花帽军"作乱于滕州。金兴定元年(1217 年)"四月,济南、泰安、滕、兖等州土贼并起,肆行剽掠"。金元光二年(1223 年)"冬十月壬辰,滕州人时明谋反,伏诛"等。时,山东境内诸路义军融斗分合、变诈反复、恩怨交织,故诸史记载均难以分割。

杨安儿、李全领导的反金斗争。益都县人杨安国,"以鬻鞍材为业",市人呼为"杨鞍儿",金大安三年(1211 年)十一月,在山东东路益都府(今山东省潍坊市青州市)再举义旗。向金朝黑暗统治发起猛烈冲击,各地农民纷纷起义响应,队伍迅速发展到 30 多万人,控制了山东半岛大部分地区。金贞祐二年(1214 年)十二月,李全在潍州聚众数千人发动起义,活动于北海、益都、临朐、安丘等地,起义队伍不断壮大,当时受其节制的起义武装首领就有李福、刘庆福、国用安、郑衍德、田四、于洋、于潭等,他们皆身着红袄,号称"红袄军"。于是,金廷派山东统军仆散安贞率军镇压,杨安儿坠海死。杨安儿的妹妹杨妙真、舅父刘全等率余部转移到莒州磨旗山(一名马髻山,今山东省莒县古城东南 70 里)建立了根据地,后杨妙真与潍州李全结为夫妻,坚持抗金斗争。

泰安州刘二祖起义。金崇庆元年(1212 年),山东西路泰安州刘二祖领导农民起义,活跃于泰安州、淄州、沂州等地。在泰山、沂蒙山崮中与金兵周旋,不时出击,打击、牵制了金统治者的兵力。夏全、霍仪、彭义斌、裴渊、葛平、杨德广、王显

① 高占祥. 二十五史·宋史[M].北京:线装书局,2011:2549.
② [清]李有棠. 金史纪事本末[M].北京:中华书局,2015:716-726.

忠和新泰的石珪、时青等各路小股起义队伍,都接受刘二祖的节制,刘二祖的起义队伍不断壮大,聚兵约6万人。《宋史·叛臣·李全上》载:"初,大元兵破中都(北京),金主窜汴,赋敛益横,遗民保岩阻思乱。于是刘二祖起泰安,掠淄、沂。彭义斌、石珪、夏全、时青、裴渊、葛平、杨德广、王显忠等附之"。孙祚民《中国农民战争史(四)·宋辽金元卷》载,泰安人刘二祖领导的起义军,活动于泰安州、淄州、沂州等,石珪、夏全、霍仪、彭义斌、时青、裴渊、葛平、杨德广、王显忠等,也相继起义,并受刘二祖节制。金贞祐三年(1215年)三月,金将夹谷石里哥率军镇压,刘二祖战死。①

《金史纪事本末·群盗叛服》载,卫绍王"崇庆元年(1212年)夏五月,河东、陕西大饥,斗米钱数千,流莩满野"。"是岁,金泰安刘二祖兵起,寇掠淄、沂二州。二祖女(儿)刘小姐亦聚兵数万,后为花帽军所破"。金贞祐三年(1215年)三月,金将夹谷石里哥率军镇压,刘二祖战死,起义军4000多人被杀,8000多人被俘。之后,刘二祖余部推举霍仪为新首领,彭义斌、石珪、夏全、时青、裴渊、葛平、杨德广、王显忠等义军将领归附霍仪。霍仪义军后遭到金军围攻,霍仪兵败,率2万多人降金。时青后降金,彭义斌等将领投李全继而随之归宋。石珪为李全所图,复杀裴渊降蒙古,夏全亦降。《金史》卷一百二,列传第四十《仆散安贞传》载:

(金贞祐)三年(1215年)二月,安贞遣提控纥石烈牙吾塔破巨蒙等四堌,及破马耳山,杀刘二祖贼四千余人,降余党八千,擒伪宣差程宽、招军大使程福,招降胁从百姓三万余人。安贞遣兵会宿州提控夹谷石里哥同攻大沫堌,贼千余逆战。石里哥,以骑兵击之,尽殪。提控没烈夺其北门以入,别军取贼水寨,诸军继进,杀贼五千余人。刘二祖被创,获之,及伪参谋官崔天佑,杨安儿伪太师李思温。余众保大小峻角子山,前后追击,杀获以万计,斩刘二祖。②

《金史纪事本末·群盗叛服》载:"三年(1215年)春正月乙丑,诏宣抚使阿哈、总管和卓讨刘二祖、张汝楫"。《金史》卷一百八,列传四十六《侯挚传》载,金兴定元年(1217年)"四月,济南、泰安、滕、兖等州土贼并起,肆行剽掠,挚遣提控遥授棣州防御使完颜霆率兵讨之,前后斩首千余,招降伪元帅石花五(珪)、夏全余党壮士二万人,老幼五万口"③。

---

① 孙祚民. 中国人民战争史(四)[M].武汉:湖北人民出版社,1991:204-206.

② [元]脱脱,等. 金史[M].北京:中华书局,1975:2243-2248.

③ [元]脱脱,等. 金史[M].北京:中华书局,1975:2384-2389.

新泰石珪等民众结寨自保。在泰安刘二祖起义后,金泰安州新泰县民张祐、石珪、储进、刘原,以及滕阳人陈敬宗等英勇强悍之人纷纷拥众据地、结寨自保。石珪也毅然在新泰一带率领民众起兵据险自保。《元史》卷一百九十三,列传第八十《忠义一·石珪传》载:"金贞祐迁汴,兵戈四起,石珪率家乡少壮,负险自保,与滕阳的陈敬宗聚兵山东,破张都统、李霸王于龟蒙山"①。在遭金军镇压后,石珪先后从"红袄军"泰安刘二祖部,后从泗水郝定、益都李全,以后降蒙古。清光绪增修版《新泰县志》卷十五,《人物第二十九(上)》记载了新泰结寨自保的乡贤,其"名臣·金"条载:时新泰人张祐,招抚后参加"攻大沫堌有功";储进,"金季应募即戎"。清乾隆《泰安府志》载:"刘原,新泰人。读书好义,才力过人。宋元兵乱,据地保障,一方赖之"。张祐、储进等被行东平省事侯挚招抚入金。②

泰安张汝楫起义。泰安刘二祖起义后不久,泰安人张汝楫,在泰山西麓的灵岩寺起义。《元史》卷一百四十八,列传第三十五《严实传》载,金贞祐二年(1214年)春,张汝楫派别将从灵岩寺出发,攻打长清县城,被当时驻守长清、职金长清县百户长的严实击退。"甲戌春,泰安张汝楫据灵岩,遣别将攻长清,公(严实)破走之"③。孙祚民《中国农民战争史(四)·宋辽金元卷》载,贞祐年间,在南京路宿州,有张汝辑、孙邦佐领导的起义。遭金残酷镇压,张汝辑战死,万人被杀。安作璋《山东通史(宋金元卷)》载,泰安人张汝楫起义后,以泰山灵岩寺为根据地,在刘二祖领导下,于金军围剿中四处发展,灵活作战,与金军周旋,同时联合了另一支孙邦佐义军,共同战斗,义军力量迅速壮大。金朝统治者以武力镇压不见成效,转而采取招抚政策。《金史·仆散安贞传》载:"(杨)安儿乃亡归山东,与张汝楫聚党攻劫州县,杀略官吏,山东大扰"。同卷《完颜弼传》载,贞祐三年(1215年),完颜弼知东平府事、山东西路宣抚副使时:

> 刘二祖余党孙邦佐、张汝楫保济南勤子堌,弼遣人招之,得邦佐书云:"我辈自军兴屡立战功,主将见忌,阴图陷害,窜伏山林,以至今日,实畏死耳。如蒙湔洗,便当释险面缚,余贼未降者保尽招之。"弼奏:"方今多故,此贼果定,亦一事毕也。乞明以官赏示之。"诏曰:"孙邦佐果受招,各迁五官职。"于是邦佐、汝楫皆降。邦佐遥授潍州刺史,汝楫遥授淄州刺史,皆加明威将军。顷之,弼荐邦佐、汝楫改过

---

① [明]宋濂,等. 元史[M].北京:中华书局,1975:4378-4379.
② 泰安市地方史志办公室. 泰安府志[M].北京:线装书局,2017:486.
③ [明]宋濂,等. 元史[M].北京:中华书局,1975:3505.

用命,招降甚众,稍收其兵仗,放归田里。诏邦佐遥授同知益都府事,汝楫遥授同知东平府事,皆加怀远大将军。梁聚宽遥授泰定军节度副使,加宣武将军。①

次年,张汝楫复谋反金,被"战友"孙邦佐举报后,完颜弼设计将其杀害。

徂徕人严瑾起兵天胜寨。刘二祖在泰安高举义旗的同时,在泰山南 15 千米许的徂徕山上,徂徕人严瑾据天胜寨起义反金抗蒙。先投"红袄军"李全,并从其归宋,又被金招抚。后投严实归蒙古。

兖州郝定起义。金贞祐四年(1216 年),金山东西路兖州泗水县人郝定,又记郝八、郝仪,在山东西路兖州举行起义。这支起义军活动于兖州、泰安州的莱芜县、新泰县和滕州(今山东省枣庄市滕州市)等周边地区,以及南京路的单州(今山东省菏泽市单县)等地。一度攻陷滕、兖等 10 余县,起义队伍发展到近 15 万人。张博泉《金史简编》载,当时,起义军占领曲阜时,放火烧孔庙,还烧了孔子手植桧树 3 棵,同时义军攻入邹县,烧毁孟轲的"亚圣庙",反映了当时一部分农民原始性的"反孔"反封建意识。② 而据孔子 53 世孙衍圣公孔治《手植桧铭》,"阙里手植桧,毁于甲戌战火"。"甲戌"即贞祐二年(1214 年),时蒙古军陷曲阜,"战火"烧了孔子手植桧树的罪魁祸首是蒙古军队。郝定起义不到半年,这支声势浩大的起义军就被金所镇压。在金军的围追堵截下,郝定战败,9 万余人被残酷杀害,3 万余人被俘。《金史·仆散安贞传》载:

(贞祐)四年(1216 年)二月,杨安儿余党复扰山东。诏安贞与蒙古纲、完颜弼以近诏招之。五月,安贞遣兵讨郝定,连战皆克,杀九万人,降者三万余,郝定仅以身免。获伪金银牌、器械甚众,来归且万人,皆安慰复业。

郝定虽在这次围剿中逃脱,但不久就被金捕杀了。《金史纪事本末·群盗叛服》载:"郝定仅一身免。未几,为侯挚所擒,送汴伏诛"。安作璋《山东通史(宋金元卷)》载,"郝定在泗水枳水沟(今山东省济宁市泗水县境内)战败被俘牺牲"③。

《金史》卷一百八,列传第四十六《侯挚传》载:金贞祐四年(1216 年)夏四月:

时红袄贼数万人入临沂、费县之境,官军败之,生擒伪宣徽使李寿甫。讯之,则云其众皆杨安儿、刘二祖散亡之余,今复聚及六万,贼首郝定者兖州泗水人,署

---

① [元]脱脱,等. 金史[M].北京:中华书局,1975:2253-2255.

② 张博泉. 金史简编[M].沈阳:辽宁人民出版社,1984:330.

③ 安作璋,等. 山东通史[M].北京:人民出版社,2009:76.

置百官，僭称大汉皇帝，已攻泰安、滕、兖、单诸州，及莱芜、新泰等十余县，又破邳州硐子堌，得船数百艘，近遣人北构南连皆成约，行将跨河为乱。挚以其言闻于上，且曰："今邳、滕之路不通，恐实有此谋。"遂诏（侯）挚行省事于东平，权本路兵马都总管，以招诱之，若不从即率兵捕讨。①

滕阳时全、时青起义。《金史》卷一百十七，列传第五十五《时青传》载："时青，（山东西路）滕阳（今山东省枣庄市滕州市）人。初与叔父（时）全俱为红袄贼，及杨安儿、刘二祖败，承赦来降，隶军中。兴定初，青为济州义军万户。是时，叔父全为行枢密院经历官"。时青起义后，先归"红袄军"刘二祖、郝定，后归金又叛金，复随李全降宋。时青与时全，曾密会于东平。

徂徕山司仙结寨自保。司仙，金山东西路奉符县（今山东省泰安市泰山区境内）人。金末据徂徕山结寨自保。后归严实。元好问《五翼都总领豪士信公之碑并引》载，金末元光年间，泰安徂徕山司仙，统户万余，因严实东平五翼都总领豪士信光祖招抚而归蒙古。司仙归信光祖后，秋毫无所犯。②

益都桃花寨主张林（大刀）攻东平。金兴定四年（1220年），据险自立的红袄军一支、益都桃花寨主张林，外号"张大刀"者，率万余人欲攻占东平，被金东平元帅府元帅右监军王庭玉击溃生擒。《金史》卷一百二，列传第四十《蒙古纲传》载，金兴定四年（1220年）：

是岁，益都桃林寨总领张林，号"张大刀"，据险为乱，自称安化军节度使。纲奏："林势甚张，乞遣河南马军千人，单州经略司以众接应。"左司郎中李蹊请令纲约燕宁同力殄灭，单州经略使完颜仲元分兵三千人同往。宰相以粮运不给，益都以东，啸聚不止一张林，宜令纲设备御，俟来春议之。③

张大刀闻听蒙古纲欲遣兵围剿桃花寨，便聚兵主动攻打蒙古纲驻守的东平府，"四年（1220年），张林侵掠东平，纲遣元帅右监军行枢密院事王庭玉讨之"。王庭玉至东平府城北10千米许的旧县（今东平县旧县镇），遇张大刀率众万余人据山岭为阵，王庭玉督兵逾越山岭，与之搏战。张大刀部众退却，且欲往东退走。王庭玉率军一路追击，大破张大刀，杀数千人，活捉张大刀，获杂畜兵仗万计。还

---

① ［元］脱脱，等 . 金史［M］. 北京：中华书局，1975：2385.
② ［金］元好问 . 元好问全集（上）［M］. 太原：山西人民出版社，1990：699-701.
③ ［元］脱脱，等 . 金史［M］. 北京：中华书局，1975：2256-2261.

招降了虎窟诸寨,让其众归家务农。朝廷获悉后,皆等功迁赏。同时"遣枢密院令史刘颙莅杀张林于东平。张林乞贳死自效"。张大刀请降,说:"我哥哥张演在南宋当都统,有众三千,驻守即墨、莱阳,留我去招降他吧"。蒙古纲请示朝廷后,任张大刀为莱州兵马钤辖。蒙古军进攻山东,"久之,山东不能守,林乃降于宋"。宋宝庆三年(1227年)李全部李福镇守楚州,与众义军内讧,国安用、大刀张林等杀李福。时李全守青州独抗蒙古,闻楚州事愤而投降蒙古,蒙古任命李全为山东淮南、楚州行省。李全领军下楚州平叛。国安用杀张林、邢德向李全赎罪。

金时,山东益都有两个张林(琳),一个是益都府事,即驱逐山东东路转运使、益都府事田琢者张林,另一个为义军首领,即益都桃花寨主张林"张大刀"。

(二)金元之际的世侯武装严实

严实(1182—1240年),字武叔,金山东西路长清人。金贞祐元年(1213年,蒙古太祖八年)秋,蒙古军队分山东、河北、河东3路南下。山东地区遭到劫掠的有恩、博、济、泰安、滨、棣、益都、淄、潍、登、莱、密等十数城,严实的家乡长清亦遭蒙古铁蹄蹂躏。《金史》卷一百二十一,列传第五十九《忠义一·和速嘉安礼传》载,时泰安城破,金泰安刺史和速嘉安礼不降,被蒙古兵杀害。[1]《元史》卷一百四十八,列传第三十五《严实传》载,当时"金东平行台调民为兵,以(严)实为众所服,命为百户。甲戌(1213年)春,泰安张汝楫据灵岩,遣别将攻长清,实破走之。以功授长清尉"[2],兼东阿、平阴、长清3县提控捕盗官。金兴定二年(1218年)六月,权摄长清令。时金益都府守将张林,被原"红袄军"首领、归附南宋的李全劝降于宋。李全派张林西出,金东平行台(山东西路行尚书省事)檄令严实备好粮草防范。一日,严实外出督办粮草,张林趁机攻占了长清县城,不久,被严实率军拼力夺回。这时有人在东平行台面前进谗言,说严实必与南宋军队有勾结,不然张林不会这么快就退兵。东平行台于是发兵包围了长清,严实挈全家避难于长清县城东南40里的青崖堌(又名青岩山、道佛山)。为保存实力,严实投张林归宋,南宋便任命严实任济南治中。严实归宋成为其发展壮大的关键一步。由于金、蒙古的统治具有鲜明的民族特色,中原人民内心向宋,故严实四处出击,攻城略地,所至州县皆下,受到百姓欢迎。不到两年,太行山以东的魏州(今河北省大名)、博州、

① [元]脱脱,等.金史[M].北京:中华书局,1975:2646-2647.
② [明]宋濂,等.元史[M].北京:中华书局,1975:767-768.

磁(今河北省磁县)、洺州(今河北省永年)、恩州、德州、淮州(今河南省沁阳)、卫州(今河南省汲县)、滑州(今河南省滑县)、浚州(今河南省浚县)等50多个州县,皆听严实节制。

宋嘉定十三年(1220年,元太祖十五年)三月,金军攻彰德(今河南省安阳),南宋守将单仲势单力孤不支,多次求援,严实请于主将张林,张林为保存个人实力,迟迟不肯下令出救,严实只好独自率兵赴救,由于贻误了战机,严实赶到时单仲已经被擒。这件事,让严实"知宋不足恃",于是暗定弃南宋而投蒙古。是年七月,趁蒙古太师木华黎攻打济南府时,"谒太师木华黎于军门,挈所部彰德、大名、磁、洺、恩、博、滑、浚等州户三十万来归,木华黎承制拜实金紫光禄大夫、行尚书省事"。严实归附蒙古之后,随蒙军征战,先后攻下楚丘(今山东省曹县东南)、定陶、上党和曹、濮、单三州诸城,立有战功。是年十一月,与蒙军联合围东平。次年五月,镇守东平的金右副元帅、权参知政事、行山东省蒙古纲弃城遁走,严实入城,安抚百姓,建东平行台(省)。自此,东平成为严实的根据地。1225年,宋将彭义斌曾短暂占据东平,"不旬月,京东州县复为(严)实有"。至元至元元年(1264年),忽必烈罢所以汉地世侯,严实父子统治东平长达43年之久,是为东平历史上政治、经济、文化教育的鼎盛时期。

严实长期经营,无论是仕金、还是投宋、附蒙古,时严实一直重视兴学养士,故从者众。如蒙古兖州同知五翼军总领王德禄,"凡行台掠地,所在必与之从"。蒙古东平五翼军都总领豪士信光祖,随严实"与义斌连合",彭义斌战死,又"复从公东还"。侯德山"从方青崖",后为元汶上县令。张晋亨,与兄张显归严实于长清青崖山,随严实归宋附蒙,后来成为严实的女婿、元东平知府。刘通,金贞祐三年(1215年)就从附严实等。此外,严实据东平初期,兴学养士,有不少曾显于金的"金朝遗民",如元好问、宋子贞、康晔、张特立、刘肃等,被严实招之门下。时东平府学名扬天下。

(三)"三国四方"六年六战东平府

金兴定四年至正大二年(1220—1225年)6年间,金、蒙古、南宋之间,以及南宋李全与彭义斌之间,"你方唱罢我登场",出现了6年的时间内6战东平府的乱局。

1. 宋嘉定十三年(1220年,金兴定四年,元太祖十五年)八月李全攻东平府

是年八月,金长清县令严实举太行山以东诸州县投南宋,南宋淮东制置使、节

制京东河北军马贾涉派赵拱率兵 2000 人前往山东抚慰严实。当时,已经于宋嘉定十一年(1218 年)投归南宋的李全,是年六月,成功规劝金益都府治中张林举 70 城归宋,南宋政府任命张林为武翼大夫、京东安抚兼总管,其余授官有差。李全因此功提拔为广州观察使、京东总管。时李全统兵万人,赵拱便劝李全,趁其张林归宋欲功之势,攻取金东平府,李全乃会合张林,率军从东平府城南袭东平。由于金朝权参知政事、东平知府蒙古纲死守,攻城失败,随后在城东南的夹汶河扎寨。金东平监军王庭玉率骑兵 300 骑出城突袭,李全上马迎击,王庭玉败走。李全率兵追击,遭遇金龙虎上将斡石塔伏军,大败而回,精锐损失过半,统制陈孝忠战死,李全只好退守严实的地盘长清,张林返回益都府。

《宋史》四百七十六,列传第二百三十五《叛臣中·李全传上》载:

(宋嘉定)十三年(1220 年),赵拱以朝命谕京东,过青厓峒,严实求内附。拱与定约,奉实款至山阳,举魏、博、恩、德、怀、卫、开、相九州来归。涉再遣拱往谕,配兵二千,全亦请往,涉不能止,乃帅楚州及盱眙忠义万余人以行。赵拱说李全:"将军提兵渡河,不用而归,非示武也,今乘势取东平,可乎?"于是全合林军得数万,袭东平之城南。金参政蒙古纲率众守东平,全以三千人金银甲、赤帜,绕濠跃马索战。时大暑,全见城阻水,矢石不能及,乃与林夹汶水而砦,中通浮梁来往。一夕,汶水溢,漂大木,断浮梁,全首尾几绝,盖金人堰汶水而决之也。诘旦,金骑兵三百奄至,全欣然上马,帅帐前所有骑赴之,杀数人,夺其马,逐北抵山谷。上有龙虎上将军者,贯银甲,挥长槊,盛兵以出,旁有绣旗女将驰枪突斗。会诸将至,拔全以出,乃退保长清县,精锐丧失太半,统制陈孝忠死焉。林兵还青州。全所携镇江军五百人多怨愤,全乃分隶拱,使先归,而以余众道沧州,假盐利以慰赡之。龙虎上将军者,东平副帅干不搭;女将者,刘节使女也。①

2. 元太祖十五年(1220 年,金兴定四年)十一月蒙古军围东平府

《元史》卷一,本纪第一《太祖纪》载,元太祖十五年(1220 年)冬"木华黎攻东平不克,留严实守之"②。《元史》卷一百四十七,列传第三十四《史天祥传》记载,木华黎围攻东平,久攻不下,斥责大将吾也而没有尽力攻城,要挥剑斩他,史天祥竭力为吾也而求情,愿意替吾也而攻城。木华黎听后十分高兴,赐给史天祥一件

① 高占祥. 二十五史·宋史[M].北京:线装书局,2011:2549.
② [明]宋濂,等. 元史[M].北京:中华书局,1975:21.

皮甲,亲手脱下自己的铁铠甲披在史天祥身上,为他鼓劲壮行。史天祥披甲上阵,鏖战良久,仍无进展。金军依阵守险防御而不出战。木华黎看到东平府难攻,就阻止史天祥,说:"尔力歉矣,宜少息"①。

《金史纪事本末》卷四十一《中原沦陷》载,金兴定四年(1220年,元太祖十五年)十一月"元木华黎以兵围东平"不克,五年(1221年)"庚戌,山东行省奏东平之捷"②。

《金史·完颜弼传》载:"大元兵围东平,弼百计应战,久之,乃解围去。宣宗赐诏,奖谕将士,赏赉有差"。完颜弼于金贞祐三年(1215年)知东平府事、山东西路宣抚副使。同卷《蒙古纲传》载,当时,"尚书省奏'东平宣抚使完颜弼行事多不尽',乃以(蒙古)纲权山东宣抚副使",以蒙古纲代理山东宣抚副使,协助完颜弼。四年(1216年)完颜弼升任宣抚使。金兴定元年(1217年),金廷任命蒙古纲"徙知东平府事"。故"大元兵围东平,(完颜)弼百计应战"一说,可推理为完颜弼当时在山东宣抚使(或充宣差招抚使)任上,与蒙古纲一起指挥了东平保卫战。

时金右副元帅、权(代理)参知政事(宰相贰)、知东平府事蒙古纲,坚守东平城池,蒙军伤亡惨重。蒙古主帅木华黎率主力北退,留严实围城佯攻。《金史·蒙古纲传》,金兴定五年(1221年)"二月,东平解围,宣宗曲赦境内。凡东平府试诸科中选人,尝被任使,已逾省试期日,特免省试。惟经童律科即为及第,似涉太优,别日试之。皆从纲所请也。诏以纲、王庭玉、东莒公燕宁保全东平,各迁一阶"。

3. 元太祖十六年(1221年,金兴定四年)五月严实攻占东平

金兴定五年(1221年)二月,木华黎在围困东平3个多月后北撤。然后蒙古军在获曹州黄陵岗之捷和占领济南后,又于四月(金史记五月)乘势攻陷东平府。金东平行省蒙古纲因粮绝、损兵7000多人而弃守,东平由严实与石珪分北、南据之。

《金史纪事本末·中原沦陷》引《续纲目》载:

初,金兵固守东平,木华黎谓严实曰:"东平粮尽,必弃城去,汝入城安辑,勿苦郡县而败事也。"乃留苏噜克图屯守,命实权行省。谓千户萨里台曰:"东平破,可命石珪、严实分城南、北守之,"遂北还。五年(1221年)五月,东平被围久,粮道复绝,行省蒙古纲、监军王庭玉不能守,率众趋邳州,蒙古苏噜克图追击,斩七千级,

① [明]宋濂,等. 元史[M].北京:中华书局,1975:3486.
② [清]李有棠. 金史纪事本末[M].北京:中华书局,2015:695-710.

严实遂入城。萨里台中分其城,以实抚东平以北恩、博诸州,石珪移治曹州。

《金史·蒙古纲传》载:

燕宁死而纲势孤矣。纲奏请移军于河南,诏百官议,御史大夫纥石烈胡失门以下皆曰:"金城汤池,非粟不守。东平孤城,四无应援,万一失之,则官吏兵民俱尽。宜徙之河南,以助防秋。"翰林待制抹捻阿虎德奏曰:"车驾南迁,恃大河以为险。大河以东平为藩篱,今乃弃之,则大河不足恃矣。兵以将为主,将以心为主,蒙古纲既欲弃之,决不可使之守矣。宜就选将士之愿守者擢用之,别遣官为行省,付以兵马铠仗,从宜规画军食。"枢密院请用胡失门议,焚其楼橹廨舍而徙之。宣宗曰:"此事朕不能决择,众议可者行之。"枢密院颇采阿虎德议,许纲内徙,率所部女直、契丹、汉军五千人,行省邳州。元帅左监军王庭玉将余军屯黄陵冈,行元帅府事。于是,纲改兼静难军节度使,行省邳州。自此山东事势去矣。

《元史·严实传》载,庚辰(1220 年)七月,严实知宋不足恃,拜谒蒙古国太师木华黎,以所领属之彰德、大名、磁、洺、恩、博、滑等州 30 万户归附于蒙古,木华黎拜严实为金紫光禄大夫、行尚书省事。严实攻克曹、濮、单 3 州。太祖十六年(1221 年),进攻东平,金守将蒙古纲弃城而逃,严实占据东平。①

《元史》卷一百一十九,列传第六《木华黎传》载,庚辰(1220 年)七月,木华黎入济南,严实投木华黎。木华黎率军在黄陵岗大败宋 20 万大军,陷单州,继之于元太祖十六年(1221 年)四月攻东平。"辛巳四月,东平粮尽,金行省忙古(蒙古纲)奔汴,梭鲁忽秃邀击之,斩七千余级,忙古引数百骑遁去。实入城,建行省,抚其民"②。蒙古纲弃城南奔,严实进驻东平,建东平行省机构。

4. 宋宝庆元年(1225 年,金正大二年)四月宋将彭义斌攻占东平

安作璋《山东通史(宋金元卷)》载,彭义斌投归南宋封为统制后,于南宋宝庆元年(1225 年,元太祖二十年,金正大二年),受命率部返回山东,招抚散于各地的"红袄军"余部,并伺机攻城略地,扩大地盘,攻占京东许多州县。是年四月,彭义斌围攻东平。东平城虽坚固,但城中储粮不多。严实感到难以长守,乃向蒙古大将孛里海求援。但援兵未至,东平城中粮食已尽,严实被迫与彭义斌议和。彭义斌也想借严实的力量攻取河朔,遂与严实结为兄弟,相约共图大事。彭义斌仍然

①　[明]宋濂,等. 元史[M].北京:中华书局,1975:3505.

②　[明]宋濂,等. 元史[M].北京:中华书局,1975:2933.

让严实统领城中的数千士兵。

《元史·严实传》载，元太祖十七年（1222年），宋将彭义斌复取京东州县，严实部将晁海以青崖降宋。严实家属又为彭义斌所获。《元史·史天倪传》载，十八年（1223年），都元帅史天倪攻河卫，严实以兵会之，与金将布哈等战失利，严实为其所擒。史天倪派壮士要于延津，严实得脱身而归。二十年（1225年）四月，彭义斌攻东平，严实"求授于孛里海，兵久不至，城中食尽，乃与义斌连合。义斌亦欲擒实收河朔，而后图之。以兄礼事实。时麾下众尚数千，义斌听其自领，而青崖所掠者则留不遣"。六月，义斌缘真定西山，与孛里海等军相望，严实自拔归于孛里海，后彭义斌战于赞黄五马山，败溃，史天泽拈义斌斩之。

5. 宋宝庆元年（1225年，金正大二年）五月李全攻彭义斌于东平府

宋朝议大夫、淮东安抚制置使许国，数言李全必反，于是个人野心膨胀的李全杀了许国。宋宝庆元年（1225年）五月，李全致书时驻东平府的彭义斌，欲统其军，被拒后李全大怒，发兵攻打东平，未下撤兵。

《宋史·叛臣·李全上》载："五月丁卯，全取东平，不克"，李全退兵。

《宋史纪事本末》卷八十七《李全之乱》载，宋理宗宝庆元年（1225年）：

五月，李全牒彭义斌于山东，曰："许国谋反，已伏诛矣，尔军并听我节制！"义斌大骂曰："逆贼！背国厚恩，擅杀制使，我必报此仇！"乃斩赍牒人（信使），南向告天示众，见者愤激。于是（李）全自青州攻东平，不克，乃攻恩州。义斌出兵与战，全败走，获其马二千。刘庆福引兵救全，又败。①

后来，经宋淮东制置司参谋徐晞稷出面从中调停，李全主动挑起的与彭义斌的这场"内讧"才从表面上平息下来。

6. 元太祖二十年（1225年，金正大二年）七月蒙古严实复占东平

彭义斌占领东平后，立即北出攻金。宋宝庆元年（1225年，元太祖二十年）六月，彭义斌与金将孛里海、史天倪等军交战于真定西山，攻克大名、真定等河北军事重镇，力量更加强大。这时假与彭义斌结义的严实，密与蒙古大将孛里海联系会合，聚力战彭义斌。七月，彭义斌力薄不敌被擒，拒不降蒙，大骂而死。从此，山东西部的抗蒙形势大变。

《元史》卷一百五十二，列传第三十九《王珍传》，宋将彭义斌率军"侵大名，苏

---

① ［明］陈邦瞻. 宋史纪事本末［M］.北京：中华书局，2015：977.

椿战不利降之,义斌遂据大名"①。

《元史》卷一百五十五,列传第四十二《史天泽传》载,宋大名总管彭义斌阴与武仙合,欲取真定,史天泽扼守要塞,武仙不得进。彭义斌势蹙,焚山自守,史天泽遣锐卒 50 人,蜂拥而入,自己以铁骑继其后,缚彭义斌斩之。②

《元史·严实传》载:"义斌下真定、道西山,与孛里海等军相望,(严)实自拔归于孛里海,分实以帐下兵,阳助而阴伺之。实知势迫,急赴孛里海军与之合,遂与义斌战,宋兵溃,擒义斌。"于是,京东州县复为(严)实有。

(四)金末东平战火纷纷的原因和特点

金泰和(1201—1208 年)以后至天兴三年(1234 年)正月,金末帝承麟被蒙古乱军杀死,金朝由盛转衰而亡,仅仅 30 多年的时间。这个时期,金朝统治者内外交困,与蒙古国南下的民族矛盾,与饱受剥削压迫的各族人民之间的阶级矛盾,与南宋、西夏两个统治集团之间的不可调和的矛盾等诸多矛盾,不断交织激化,引发社会剧烈震荡,由阿骨打创建的金帝国终于崩塌了。

1. 主要原因

一是动力方面。西夏、金、北南宋、元之间,无论哪方的存或亡,目标都是力图完成统一大业,成为"正统"霸主。从这一点来说,统一是中国历史的主流,是大势所趋,分裂是短暂的,分裂往往孕育着统一的因素。金末政权、南宋政权的偏安一隅,成为统一之碍,才是其必然灭亡的主因。

二是外因方面,一方面,蒙古伐金灭金。金大安三年(1211 年)二月,蒙古发动对金战争,不断南下。金贞祐四年(1216 年),蒙古军攻占中都燕京,以后不断南征。金正大九年(1232 年)钧州三峰山之战"自是金不能兵矣"。金天兴元年(1232 年)十二月,汴京失守,哀宗迁蔡。在伐金中,蒙古军烧杀抢掠,疯狂屠杀,燕京、青州、兴仁府等多城皆遭屠城,人民愤而抗击。而金朝统治者面对蒙古南下,节节败退,已无力反映人民阻击蒙古南下的要求;另一方面,金与南宋的矛盾难以缓和。金宣宗迁汴后,金于兴定元年(1217 年)四月,撕毁和议,渡淮犯宋,谋扩地立国,之后多次南征。从而犯下战略错误,国衰之时多树一敌,以致腹背受敌。再就是与西夏的关系破裂。金与西夏于金天会二年(1124 年)议和后,80 多

① [明]宋濂,等. 元史[M].北京:中华书局,1975:3591–3592.
② [明]宋濂,等. 元史[M].北京:中华书局,1975:3657–3658.

年几无战事。金大安二年(1210年),西夏襄宗开始连年对金发动进攻,金朝西部的许多地方连遭攻陷。直至金哀宗正大元年(1224年),两国方签兄弟之国和议。金、西夏关系的破裂,分散了金朝兵力。

三是内因方面。首先,政治腐朽。一方面,朝廷内乱不停。金章宗逝,卫绍王继位后,《金史》卷十三,本纪第十三《卫绍王纪·赞》称"政乱于内,兵败于外,其灭亡已有征矣"。右副元帅纥石烈执中杀卫绍王立宣宗,时权臣术虎高琪擅政,《金史》卷一百六,列传第四十四《术虎高琪传》云:"妒贤能,树党与,窃弄威权,自作威福"①。致一些金朝将领或反或叛,兵势益弱,例无战志。另一方面,军政腐败无能。面对蒙古强敌,朝中投降、逃跑派始终占据主流。宣宗南迁、哀宗迁蔡,极大地动摇了民心。金廷不顾北方州县残破和遭受攻掠而南遁,也失去了北方地主的支持。地主阶层为保护其私有财产,或拥兵自保,或投靠蒙古,或割据一方,进一步分裂了已经处于危亡边缘的国势。其次,经济基础残破,阶级矛盾激化。金朝末期,战火纷飞,百城焚毁,土地荒芜,人民流离失所,经济残破;金廷军政冗官日增,统治者生活腐败,冗费逐年增加,金朝财政已经陷入入不敷出的境地。为了弥补大量的财政亏空,金廷括田更加疯狂,连"茔墓井灶"都统统括为军有。《金史·食货志二》载,金贞祐三年(1215年)七月,侍御史刘元规上书曰:

伏见朝廷有括地之议,闻者无不骇愕。向者河北、山东已为此举(括地),民之茔墓井灶悉为有军有,怨嗟争讼至今未绝,若复行之,则将大失众心,荒田不可耕,徒有得地之名,而无享利之实。纵得熟土,不能亲耕,而复令民佃之,所得无几,而使纷纷交病哉!

正如《金史》卷一百九,列传第四十七《陈规传》所言:"方今疆土日蹙,将帅乏人,士不选练,冗食猥多,守令贪残,百姓流亡,盗贼滋起,灾变不息"②。金廷的田赋、物力钱等封建赋役剥削越来越重。同时,滥发钱币而物价飞涨。金朝末年的自然灾害也非常严重,旱灾、水灾、蝗灾不断出现。金泰和年间,山东、河南等地接连发生旱灾、蝗灾。章宗朝黄河三次决口,人民生活水深火热,大受其害,导致阶级矛盾更加激化,农民大起义全面爆发。最后,金掠良民为"驱口",将人民"逼上梁山"。女真贵族把战争中俘获的人抑逼为奴,以供驱使,称为"驱口",其地位类

---

① [元]脱脱,等. 金史[M].北京:中华书局,1975:2342.
② [元]脱脱,等. 金史[M].北京:中华书局,1975:2402-2403.

似农奴、奴隶。金世宗起虽有所抑制但未绝。《金史·陈规传》载,山东西路徐州节度副使纥石烈鹤寿在围剿"红袄军"时,大掠良民家属为驱口。因此,当时人民起义反对驱口化,也是一个重要的反抗内容与原因。

2. 突出特点

第一,乱。东平成为宋、金、蒙和世侯武装、农民起义军等3国5方交错聚力、你争我夺的一处主战场。金迁都于汴仅4年,黄河以北地区几近入蒙古军手中。山东半岛以至东平府一带的齐鲁大地上,在整个金朝统治期间,不断迸发出狙金、反金,以及金末抗蒙的火花,并一直延续到1234年金亡以后。在此过程中,女真贵族为维持统治而不断加大剥削压榨与残酷镇压,加上金末蒙古军在攻金战争中的野蛮屠杀,逼使东平及周边不愿任人摆布的民众,纷纷组织起来,举起义旗,武装反抗、顽强斗争。这中间,有宋、金、蒙之间争夺统治权的斗争;有反抗金廷黑暗统治、内心向宋的义军队伍。金末山东红袄军大起义中,当金朝以大军围攻,起义军失利之后,李全、彭义斌、石珪、夏全等义军领袖,都坚持民族立场投归南宋,如彭义斌攻蒙视死如归。这说明整个金末的农民起义,既具反抗金廷剥削压迫的阶级斗争,又一定程度上有反抗大蒙古国南征的民族斗争的性质;当然也存在义军派系之间为自保而争权夺利的"内讧"。与此同时,由于蒙古南下、农民起义直接打击了地主阶级,致使地主阶级自己组织武装保护既得利益,如"九公封建"之山东宣抚副使、东莒公燕宁。他们趁势发展地方势力,后参加金廷镇压农民起义军;其中有不少人在金廷衰落无力保护其利益时,又降蒙古,充当蒙古南进灭金、灭宋的先锋,如元东平汉族世侯严实。

综上所述,若用一个字概括金末东平战局,那就是,怎一个"乱"字了得!

第二,散。东平及周边农民起义军比较分散、松散。金末,东平及山东西路的农民起义,虽可概称"红袄军",但实际上是各自为战,相互之间不能密切配合,始终未形成统一指挥的反抗力量。如,泰安刘二祖、兖州郝定、新泰张祐和石珪等,都在泰山之阳,距离不远,但缺相互配合。故虽"山东残破,群盗满野",声势浩大,但由于缺乏杰出的领军人物而无号召力,缺乏战略目标而失凝聚力,终未形成"拳头"之势。就算后来名义上都聚于李全,但也是派系林立,再加上宋大臣的挑拨离间,而致内讧火拼不断,如逼逃王福、时青、石珪等。不少起义军首领叛顺无常、反复变诈、首鼠两端、威信丧失。农民起义的指向,仅是结寨自保,抗击抢掠,保护自身的生命财产安全,并为此不断追求利益最大化。由此,不少义军首领反复变靠。

如李全、国用安辈,归宋、投金、降蒙古,游走"三朝"。

第三,进。金末的东平战火一定意义上加速了金朝的灭亡,打击了金朝统治者和蒙古进犯者的嚣张气焰,客观上使统治者认清了人民之"水"的巨大力量,迫使其掠夺、剥削、压迫政策有所收敛、改观,人民自身的生存环境有一定程度的改善。战争得洗礼,族群地迁移,女真、渤海、蒙古等族群都在齐鲁大地留下了足迹。在主动或被动地交流交往交融中,民族融合在推进;在女真文化、蒙古文化、中原文化等多元文明相互激荡中,不断地涵容浸化和发展,逐步走向文化认同、国家认同。金末的战火,烧坍了金廷,一个死气沉沉的旧王朝覆灭了,一个新的、中国历史上版图最大的、统一的元帝国日益强大起来。中国历史的巨轮,滚滚向前。

卷七　金朝的文化

　　金朝文化发展甚盛，出现了许多大儒、作家。但因金初、金末战火连连，统治者重视不够，作品专集流传下来的就稀若星辰。金代文化的发展，与经济、政治的发展相适应，同样经历了由衰到盛的过程。金初，诸事草创，文学朴陋。这个时期的特点是"借才异代"，即金通过战争虏得辽韩昉，宋宇文虚中、蔡松年等大儒而用之。金熙宗时，始全面汉化，到海陵王时期才有了金朝自己培养出的文人。《金史》卷一百二十五，列传第六十三《文艺上》云："世宗、章宗之世，儒风丕变"。培养和凝聚了一大批文人，几十年的科举考试，又促进了"国朝文派"的壮大。及至金末，金朝的文化已经发展到很高的水平。元好问《内相文献杨公神道碑铭》誉称"一变五代、辽季衰陋之俗"，其文化发展成就直继北宋诸贤，在某些方面甚至超越了北宋，启后世文化之先声。金时，山东西路辖曲阜，东平邑近圣人之地，儒香日熏。北宋泰山学派，学风日吹。山东西路及东平地区在儒学、文学、史学等方面，均有比较重要的成就，大蒙古国时期形成的"东平学派"，在全国具有很大影响。正如金东平人黄久约《朝散大夫镇西军节度副使张公神道碑》所云："齐、鲁，儒学之乡。近世东齐（金立大齐刘豫都东平，故称"东齐"），尤多学者。至于行义修饰，文章学问，可以追配古人，著闻山东，一时后进推尊景慕"。

　　金代儒学、史学、文学等多个领域均有比较重要的成就，在中国学术史上具有一定的地位。同时，农业、水利、医学、天文、物理等科学技术各领域都取得了较大的进步。

一、哲学与史学

(一)哲学

金朝以儒学为统治人民的基本思想,而道家、佛教与法家亦较广泛流传和应用。

金朝如宋,尊孔崇儒,宋代经义学与理学在金统治的北方得到传承、兴起。金熙宗非常重视儒家经典。海陵王父子皆从学于大儒张用直。世宗、章宗时大力修孔庙与庙学,推崇《尚书》《孟子》,儒学益盛。哀宗也"敦崇儒术"。儒家思想家在金统治的北方,大约是因北宋周(周濂溪)、二程(程颢、程颐)之学,从学者甚众。在金朝中后期,倡"民贵而社稷轻"的赵秉文被称为"儒之正理之主",是当时思想界最有影响的人物。

山东历史上是儒学的策源地,金朝也是儒学的重要基地。金元好问《遗山集》卷二十一《御史张君墓表》载:

> 仆尝谓:圣人泽后世,深矣。今虞、芮有间田,丰、镐之间,男女异路。孔子近文王六七百岁,故言衣冠礼乐,则莫齐鲁为盛,宜矣。百年以来,东平刘莘老、斯立(刘跂)、宣叔(刘长言)之祖孙(刘挚、刘迹)、文元贾公昌朝之家世、滕阳张丞相永锡,日照清献张公父子,东阿寿国张公、萧国公侯公、参政高公,奉高承旨党公(党怀英),黄山内翰赵公(赵沨),磁阳内翰阎公(阎长言),敦庞耆艾,海内取以为法。①

早在北宋时,京东西路辖域的泰山,以孙奭、石介、孙复等著名儒家学者为儒师的"泰山学派",声震全国,"圣人之道尽在鲁矣"。终金一代,以东平府为治所的山东西路辖域,最大的学术特点就是继承唐和宋代"泰山学派"的经义学,并发展了理学,出现了一批耆宿硕儒,终在元代形成影响四方的"东平学派"。

范拱,字清叔,济南人。宋末登进士第,调广济军曹,东平知府权邦彦辟为书记,摄学事。九岁能属文,深于《易》学,为经学名家。刘豫降金镇东平,范拱献上《初政录》15篇。刘豫奇之,提拔为尚书左丞。终以太常卿致仕。

时在东平府一带,东阿张子羽,茌平马定国,东平吴大方、吴大年兄弟和郭弼

---

① [金]元好问. 元好问全集(上)[M].太原:山西人民出版社,1990:546-547.

宪等人,均努力倡导道学。

刘挚家族,从刘挚的父亲刘居正始,到刘挚,传刘跂、刘蹈、刘迹,再传刘长福、刘荀,再传刘芮,一家5代习易学传《易》,著述甚丰,宋、金、元时期名噪东平。

王去非,字广道,门人谥曰醇德先生,其弟王去执,字明道,号榆山先生。东平府平阴人。博通经史,家居教授,都是"六经百家"的饱学之士。王去非继承、坚守韩愈、欧阳修的"道统"思想,在用儒家道德理想传播、影响、转化金朝统治方面尤为突出。金末元初的李之绍撰写的《醇德祠堂记》,对王去非的贡献给予中肯的评价:"金起遐裔,据有中土,当受命革代之余,不废选举,士生其时,第知驰骛场屋,捷取甲科,为毕能事,圣贤实学有所未暇,久之,将贸贸焉。天生大儒为振起开觉之,醇德先生其人也"①。

金末元初,东平府的"金朝遗民"中,经学名家不胜枚举。

李世弼,金东平须城人。从外家受孙复《春秋》学,得其宗旨,为北宋"泰山学派"孙复的传人。金宣宗贞祐初,三赴廷试不第,推恩授彭城簿,抑郁不乐,复求试。时子李昶年十六,已能文。金兴定二年(1218年)父子廷试,皆中第。后入蒙古为东平教授。李谦从之学,又传王构、李之绍、曹伯启等。

刘肃,字才卿,金威州洺水人。元苏天爵《元朝名臣事略》卷十之一《尚书刘文献公》载,刘肃"公幼气孱,年十六始学属句,日橐仅指半许,便能从诸生习为程(颐)文,下笔皆有理致"②。金兴定二年(1218年)进士,程颐《易》学的续传弟子。后入蒙古归东平行台严实,以右三部尚书致仕。

张特立,字文举,金曹州东明人。金泰和进士,金正大四年(1227年)任监察御史。金亡后专研程颐《易》学,入蒙古任东平府学教授。《宋元学案》将其列为程颐在北方的续传弟子。

王磐,字文柄,号鹿庵,金广平永年人,金正大四年(1227年)进士。通邵氏易学,精通理学。"程、朱性理之书,且夕玩味"。入蒙古任东平府学教官。

宋子贞,金末元初东平兴学第一人,字周臣,潞州长子县人,金太学生,出身于儒学世家,"经明行修,盖故家遗俗然"。元苏天爵《元朝名臣事略》卷十之二《平章宋公》载,宋子贞"公貌清奇,耳朵过眉一寸许"。"弱冠,工文赋,随荐书试礼

① 平阴县史志办公室.平阴县志[M].北京:中国文史出版社,2018:201-204.
② [元]苏天爵.元朝名臣事略[M].姚景安,点校.北京:中华书局,1996:197-199.

部,同族兄(宋)知柔补太学生,齐名一时,有大、小宋之名"①。贞祐年间战乱,宋将彭义斌攻占大名,召为安抚司计议官,彭义斌战死后,率众投蒙古,后入东平行台领学校事兼提举太常礼乐。

康晔,字显之,高唐人,金正大元年(1224年)词赋甲科登第,金亡北归,受聘于东平,在东平府学任儒林祭酒并讲授《书》经,高徒满堂。其弟子阎复《乡贤祠记》赞他"六经子史无所不窥,发为词章,仁义之言蔼如也"。

吕豫,字彦先,号南峰先生,怀州修武人。元好问《南峰先生墓铭》载:"既冠,游学东平,拜醇德先生王去非为师,以《易》为专门,经明行修,高出伦辈"。同一时名士,如济阳王善长、冠县孙希贤、田子发等,从之学者甚众。有《易说》若干卷。②

王若虚、赵秉文、李纯甫被誉为金代三大理学家。王若虚,字从之,号墉夫,河北藁城人。金承安二年(1197年)进士,累官翰林直学士,著名"金源"学者,金亡不仕,传见《金史·文艺传》。据王庆生《王若虚年谱》,王若虚曾于金天兴二年(1233年)、元太宗二年(1243年)两寓东平、泰山,70岁时应东平行台严实之约,游东平,登泰山,坐化翠美亭。著有《慵夫集》《滹南遗老集》,提出"宁失之固,无涉于妄"的解经主张,为金代《论语》学的重要著作。《四库全书总目·滹南集提要》称:"金元之间学有根柢者,实无人出若虚右,吴澄称其为'博学卓识,见之所到,不苟同于众'可谓不虚言矣"。王若虚的启蒙老师、舅父周昂,及其同年进士冯璧,文友雷渊等,都或讲学,或流寓,或任职于东平,有力地促进了东平经义学、理学的发展。

(二)史学

金朝统治者注重国家的史料整理与保存。金置"记注院""著作局",掌修起居住,记言行;修日历,记实录。金廷亦注重对史书的编写,并在史学编写中出现了"德运"及"正统"之争。即应当独尊宋为正统呢,还是应当将宋与辽、金视为南北朝呢?金章宗为此于明昌四年(1193年)、承安四年(1199年)和承安五年(1200年)3次召开"研讨会"。结果是章宗定为金朝(金德)继宋(土德)。这个争论一直持续到元朝,至脱脱确定宋、金、辽"三国各与正统,各系其年号",才解决了三史编写体例的问题。首次由官方确立了宋、金、辽"三国各与正统"的平等地位。

---

① [元]苏天爵.元朝名臣事略[M].姚景安,点校.北京:中华书局,1996:199-203.
② [金]元好问.元好问全集(上)[M].太原:山西人民出版社,1990:594-595.

金灭辽后，即诏编《辽史》，金皇统八年（1148 年）萧永祺《辽史》书成。金大定二十九年（1189 年）章宗诏移刺履率奉符党怀英、东平赵沨、茌平人贾铉等 7 名编修官，刊修《辽史》，后又诏陈大任等人加入，于金泰和七年（1207 年）底编成"陈大任《辽史》"，因"德运"之争，至金亡未得刊行。《金史》卷一百二十五，列传第六十三《文艺上·党怀英传》于此事始末言之最详：

大定二十九年（1189 年），与凤翔府治中郝俣充《辽史》刊修官，应奉翰林文字移刺益、赵沨等七人为编修官。凡民间辽时碑铭墓志及诸家文集，或记忆辽旧事，悉上送官。……泰和元年，增修《辽史》编修官三员，诏分纪、志、列传，刊修官有改除者，以书自随。……怀英致仕后，章宗诏直学士陈大任继成《辽史》云。①

金正大年间，赵秉文、杨云翼著有《龟鉴万年录》等。

晚年 8 次游寓东平的金朝大儒元好问，史著甚丰。元好问曾仕金，权国史院编修、县令、翰林知制诰等职，金末就建议编修金史，但未能如愿，遂自己编写《壬辰杂编》，专记金末丧乱之事。《中州集》"以诗存史"，是为一部金代诗歌总集，收录金一代上至皇帝、下及布衣所作的诗词共计 2176 首，而且为 254 位作者写了小传，填补了中国文学史空白，成为后人编写《金史·艺文传》《全金诗》的蓝本。刘祁《归潜志》，亦为记金末史实的一部重要著作。

山东西路学者对金朝史学发展做出了重要贡献。曾出任国史院官吏，或参加编修《辽史》的大家中，一是山东西路郡人众多。赵沨、高霖、王仲元、张汝明等为东平府人；党怀英为东平解元、山东西路泰安州人；贾铉、耿端义为山东西路博州人：孙铎为恩州（今山东省德州市武城县）人；张行简、张行信为山东东路莒州人；等。二是有不少履职东平者出任国史编修官员。如完颜守道、夹谷衡、移刺益、徒单克宁、雷渊等。三是众多金朝史官游寓东平，如元好问、赵秉文、王若虚、刘祁、杨云翼等。

二、科学与医学

（一）科学

金朝的科学技术有很大的发展。金朝吸收北宋的农业技术，犁铧、瓠种等铁

---

① ［元］脱脱，等．金史［M］.北京：中华书局，1975：2726-2727.

制农具大量推广。种植、养殖蚕桑与园艺的技术也十分发达。金代算学家主要有杨云翼、李冶。杨云翼著有《勾股机要》《象数类说》《积年杂说》。金正大七年（1130年）辞赋进士李冶，于元定宗三年（1248年）著《测圆海镜》《益股演断》等，系统地介绍了用"天元术"建立高次方程的方法——二次方程。宋、金、元时期北方有不少"天元术"著作，惜均佚。金袭北宋置司天台，掌天文历数，风云气色，密以奏闻。大定时，命司天监赵知微，改进杨级《大明历》，于1180年修编成《重修大明历》，其精确度超过北宋历法的《纪元历》。时山东日照人张行简曾职司天台，主持《太乙新历》校订。恩州人孙铎也参与了该历法的校订。

此外，金朝在建筑方面也有很大的发展，如，著名的建筑卢沟桥、金中都、山西大同华严寺等。

（二）医学

女真人基本无医药。生病请巫，杀猪狗以禳除。或者将病人载入深山大谷以避灾。金占中原后，医学长足的发展对后世的影响最大。金朝设立专职药政机构尚药局，掌进汤药茶果；太医院，掌诸医药，总判院事；御药院，掌进御汤药；惠民司，掌修合发卖汤药。同时，于诸路府州设有医学学校。并三年一次试诸太医。

金代医学名家辈出。"火热说"者刘完素、"攻邪说"者张子和、"脾胃说"者李杲和元代朱震亨，被誉为"金元四大家"，他们的学说为中医发展产生了重要的影响。

张子和，字从正，"名重东州"，疑为在东平行医的精诚大医。李杲，少从张元素学习医学，金末元初在东平府行医达12年之久，以擅医称于时。其既长于治疗伤寒杂病，又擅长治痈疽、眼目之病，誉播四方。在东平期间，李杲与东平太清宫高道范圆熙和一生8次寓居东平的金末文坛盟主元好问相识、相交。《金史》均有传。

成无己，山东西路博州（今山东省聊城市茌平区）人，宋、金时期出身于医学世家，是悬壶济世名医。金人悉其名，将其胁迫至地处今内蒙古的临潢府，他拒绝将其著述成果给金，后把《注解伤寒论》等3书辗转南宋刊行。《注解伤寒论》10卷，注释忠于原著又有新解，是最早注释《伤寒论》的医学家，开金代医学理论研究之一代学风。又著《伤寒明理药方论》4卷，辨析伤寒50种症候的病象、病理，凝练《伤寒论》20个处方的配伍、制使关系，形成了独具特色的中医理论体系。他的著作成为后人学习《伤寒论》的必读书，影响深远。

　　马丹阳,金宁海(今山东省牟平市)人,为道教七真人之一,其针灸"12 穴"名震天下。马丹阳曾到泰山一带布道行医。

　　纪天锡,字齐卿,山东西路泰安人,金代医学博士。《金史》卷一百三十一,列传第六十九《方伎·纪天锡传》载:"纪天锡,字齐卿,泰安人。早弃进士业,学医,精于其技,遂以医名世。集注《难经》5 卷,金大定十五年(1175 年)上其书,授医学博士"①。纪天锡大定十五年(1175 年)进士及第后授医学博士,由于其学识渊博,朝廷让他负责教授女真、汉族等医学、医药人才。

　　吴辨夫,世为东平人,仕尚医院尚药。元好问有《尚药吴辨夫寿冢记》叙其事。

三、文学与艺术

(一)文字与文学

1. 语言文字

　　金初,完颜希尹仿照汉字和契丹文字创制了女真"大字"和"小字"。《金史》卷七十三,列传第十一《完颜希尹传》载:"金人初无文字,国势日强,与邻国交好,乃用契丹字。太祖命希尹撰本国字,备制度。希尹乃依仿汉人楷字,因契丹字制度,合本国语,制女直字。金天辅三年(1119 年)八月,字书成,太祖大悦,命颁行之"②。

　　女真贵族入主中原后,逐步完成了由奴隶制向封建制的过渡,女真族和汉族经历了一个互相融合的过程。金初,女真贵族曾在辽、宋旧地大力推行女真文化,并迫使汉民着女真衣饰等。但是先进汉文化对女真族潜移默化的影响和作用是不可抗拒的。金世宗时,命将五经译为契丹文,要女真人知道"仁义道德所在"。女真文化与汉文化渐趋涵化,中期以降,女真贵族改汉姓、着汉服、说汉语成习。传世的女真字文献,主要是碑刻。明朝四夷馆编撰的《女真译语》,为仅存的一部古代女真字典。

2. 文学

　　金朝文学,是带有鲜明的女真汉化特征的、多姿多彩的、中国文学史上的一朵美丽之花。赵翼称"金源一代文物,上掩辽而下轶元"。艺坛方面,人才颖出,中州

---

①　[元]脱脱,等．金史[M].北京:中华书局,1975:2812.
②　[元]脱脱,等．金史[M].北京:中华书局,1975:1684-1686.

之书林画苑,万紫千红,"骎骎乎势压临安(南宋都城)"。

金初因战事频仍,顾不得偃武修文,主要是借才于异代,多为"南朝词客北朝臣",即由来自辽、宋的文人学士在文坛上争雄竞胜。金初文学较朴陋,文学家大多是韩昉等辽人与蔡松年等宋人。金太宗时,罗致了宋朝的许多文士,如宇文虚中、蔡松年、高士谈、吴激、张斛等文人,金初文学为之增辉生色。他们的作品以诗词为主,宇文虚中等人则以诗、吴激和蔡松年以词名世,有"吴、蔡体"之称。金中叶,蔡圭被称为金朝文学正传之宗,刘祁父子、王庭筠及奉符党怀英,东平赵沨、刘从益等各自成家。章宗时,赵秉文、杨云翼、李纯甫与元好问等,以及金海陵王完颜亮、章宗完颜璟,声誉尤著。海陵王完颜亮扬州赋诗:"提兵百万西湖侧,立马吴山第一峰。"为诗言志佳作。

金朝最为著名的文人有赵秉文、王若虚、元好问等。

元初逝于泰山的王若虚著有《滹南遗老集》,尤擅长诗文与经史考证,初建文法学和修辞学。

元好问是宋金对峙时期北方文学的主要代表、文坛盟主,是金朝文学集大成者,被尊为"北方文雄""一代文宗"。他擅作诗、文、词、曲。其中以诗作成就最高,著有《遗山文集》。其《论诗绝句》30首,开创文学评论以诗论诗之先。过去论诗重在阐说原理,而元好问独创重在衡量作家,此开后来论诗的两大派。元好问著作如《遗山文集》《中州集》涉及诸多东平府的人或事。如,大齐刘豫及滕州张孝纯一众臣僚,东平幕府马舜卿、侯挚,东平人刘宣叔、赵滋、吴子长,东阿马定国,等。为后人提供了大量翔实的史料。《金史》卷一百二十六,列传第六十四《文艺下·附元好问传》给其很高的评价:"为文有绳尺,备众体。其诗奇崛而绝雕刿,巧缛而谢绮丽。五言高古沈郁。七言乐府不用古题,特出新意。歌谣慷慨,挟幽、并之气。其长短句,揄扬新声,以写恩怨者又数百篇。兵后,故老皆尽,好问蔚为一代宗工,四方碑板铭志,尽趋其门"。"王庭筠、党怀英、元好问自足知名异代"①。

金代,山东西路及东平地区的诗文作家灿若星辰,其中不乏金朝文坛的领军人物或代表性作家。

党怀英,字世杰,东平府试解元第一,著名政治家、文学家、书法家。金朝中期文坛盟主。祖籍冯翔(今陕西省大荔县),父纯睦,泰安军录事参军,遂为奉符人。文豪元好问称赞党怀英文似欧阳公,在《蔡太常圭小传》,更将蔡圭、赵秉文、党怀

---

① [元]脱脱,等.金史[M].北京:中华书局,1975:2742.

英推为金代文脉的"正传之宗"。《金史·党怀英传》赞曰："怀英能属文,工篆籀,当时称为第一,学者宗之"。

赵沨,字文孺,东平人,号黄山,世号"赵搴驴",曾师从王去非学,为金代杰出的政治家、文学家、书法家,是金"国朝文学派"的重要人物,有《黄山集》。

师拓,平凉人,本名尹无忌,以避国讳改。其长期游学山东、河南等地,与山东西路名士党怀英、赵沨、路铎等结交甚好,尤其是他长期和东平赵沨卜邻而居于今山东省东阿县(或平阴县)的鱼山。举业有成,诗文有名声。其《浩歌行送济夫之秦行视田园》云:"我本渭城客,浪迹来东征。"

金代文学的繁盛,还表现在院本杂剧与诸宫调的兴起和流行。初,女真人喜乐善舞。《三朝北盟会编》载,"其乐则唯鼓笛,其歌则鹧鸪之曲"。乐器有大鼓、腰鼓、拍板、横笛等。中兴后产生了《刘知远诸宫调》和《西厢记诸宫调》等作品,为元杂剧的发展和繁荣奠定了基础。特别是金章宗时期董解元的《西厢记诸宫调》,是中国古典戏剧中一部典范性的划时代杰作,被称为"古今传奇鼻祖""北曲之祖"。时东平被女真人视为礼乐之邦。

金代文学与宋代文学相较,缺乏收复中原的爱国情感、金戈铁马的豪杰之气,而是多回避敏感的政治问题,大书去国怀乡的愁苦之情、超然自适的幽独情怀。客观上起到了使女真族融合于中华大家庭的积极作用。

(二)艺术

金代的艺术发展水平和造诣相当高,具有很高的成就。

金代宫廷讲求书画名迹的收藏,置图画署"掌图画镂金匠"。宋靖康二年(1127 年)金兵攻破北宋京城汴梁,就掠夺大量的宋廷藏画、印章,俘虏画工北去。金章宗设书画院,收集民间和南宋收藏的名画,王庭筠与秘书郎张汝方鉴定金朝所收藏书画 550 卷,并分别定出品第。现存张瑀《文姬归汉图》,是金朝难得的精品,《文姬归汉图》绢本设色,画东汉末年文学家蔡邕之女文姬归汉途中的情景。重点突出归汉场面,不加配景,人骑疏密有致,互相呼应,真切描绘出长途跋涉的气氛和朔风凛冽的塞外环境。笔墨遒劲简练,富于变化,设色浅淡丰富,典雅和谐,乃是中国绘画艺术史上不朽名作。金代名画还有虞仲文《飞骏图》、王庭筠《幽竹古槎图》、张珪《神龟图》、赵霖《昭陵六骏图》等。

金代书法,虽循北宋文气,但青出于蓝而胜于蓝,总体上已超过苟安于临安(今浙江省杭州市)的南宋书风。辽旧臣韩昉撰文、宇文虚中书册的《太祖睿德神功碑》，又称《平辽碑》，为金初具有开先河意义的书法代表作。金章宗学宋徽宗的瘦金体，很有成就。礼部尚书王竞，博学而能文，善草隶书，尤工大字，燕京和汴京宫殿的榜题，皆王竞所书，士林推为第一。赵秉文书法习米，亦楷，"诗文、书画皆工，名标一时"。王庭筠崇唐习米，造诣尤深。金末元好问有《程君墓碑碑额》篆书传世。曾职山东东路益都府都勾判官的任询，书法为当时第一，元好问《中州集》称任询的"画高于书，书高于诗，诗高于文"。淄州人杨宏道、东平人遽然子赵滋、金末元初居东平的王庭筠的儿子王万庆等，亦有声名。但由于金代国祚短促，金末书法家成为大蒙古国的"金朝遗民"，遂为复古晋唐的名家。

山东西路及东平府，书画艺术人才荟萃。《元好问全集》中，记载了为数众多书画名家写的赋、诗等。涉山东西路的，就有观侯挚藏东平云溪图的《即事》，东平太清宫住持《普照范炼师（圆熙）写真三首》以及《商正叔陇山行役图》《题解飞卿山水卷》等。时著名书画家有党怀英、赵沨、黄久约、李汉卿等。

翰林学士、奉符人党怀英，擅长篆籀，为学者所宗。金世宗朝《大金重修中岳庙碑》碑额、金章宗朝《重修文宣王庙碑》碑额等，为党怀英篆书代表作，奠定了党怀英书坛篆书的显赫地位。金人赵秉文《题竹溪黄山书跋》云："竹溪先生篆第一，八分次之，正书又次之，皆当为本朝第一"①。

赵沨，正、行、草书俱善，画工亦佳。赵沨正楷取法唐人，既能得宋贤笔意；行草习苏、黄，又兼具金代的豪放与博大；时人以赵沨配党怀英小篆，誉号"党、赵"。赵沨画工亦佳。金人赵秉文《题竹溪黄山书跋》云："黄山先生擘窠大字，体兼颜、苏，书、画雄秀，当在石曼卿之上。书如行云流水，当在苏才翁、黄鲁直伯仲间，非但不愧之而已"。《时立爱神道碑》《灵岩寺田园记》《太原府学碑》为其代表作。

黄久约，字弥大。东平人。累官右丞相。黄久约的曾祖父黄孝绰是远近闻名的书法家和学者。黄久约擅长写文章，更是著名的书法家。黄久约于金大定二十二年（1182年）所书的立于泰山岱庙的《大金重修东岳庙之碑》，书法结构展拓，笔格秀整，是名震天下的大手笔。

雷渊，字希颜，曾职东平府录事。崇赵秉文，善鉴赏。刘祁《归潜志》称他"雷公颜得其（赵秉文）书最多"，亦书有墓铭。

王磐，字鹿菴，金末以苏体闻名。归蒙古东平行台严实为东平府学学官。

王仲元，字清卿，号"锦峰先生"，东平府平阴人。杨奂《锦峰先生墓表》称他

---

① 聂立申.金代泰山名士稽考[M].长春：吉林大学出版社，2015：116.

"书名尤重,小楷介欧、虞间"。刘祁称他"工书,法赵黄山(沨)",王仲元作为"党、赵"的学生,书法习于名师,负有盛名。元好问《中州集》卷八《锦峰王仲元小传》云"承安(五年,1200年)中进士,以能书名天下",著有陕西《蓝田山碑》。①

东平人李汉卿,善画草虫。元好问《东平李汉卿草虫卷二首》称李汉卿"李资高亢,视钱币如粪土。贵人求画,或大骂而去,故不与世合"。

四、教育与科举

(一)教育

金朝的教育主要分为官学教育和民间教育两大类。有金一代,东平文化教育最为昌盛,东平府学名扬全国,私学享誉天下。

1.金朝官(庙)学教育

金朝的官学由中央国子学与地方府、州、县学及官办庙学构成。海陵天德三年(1151年)初置国子监,国子学隶属于国子监。国子监设有祭酒、司业,相当于今之正、副校长。国子学博士,似今教务长兼教授,国子学教授则为专职教师。金世宗大定六年(1166年),始设立国子太学。女真国子学,大定十年(1170年)以策、诗取士,正式设置。据《金史·选举一》有关记载统计,金朝中央官学国子监学生200人,国子太学学生400人,女真国子学学生200人。金朝的地方官学由府学、节镇学、防御州学及县学、(孔)庙学构成。东平官学学生员额在诸路中位居前列。

一是府学生招生数额最多。据《金史》卷五十一,列传第三十二《选举志一》载,金制,各路府、节镇州、防御州皆设学,置教官。在地方学校的规模上,东平府学较之他镇,无论是学校建筑设施、在校生人数,还是师资配备,规模均为上佳。金代"陪京、总管太(大)尹府、节度使镇、防御州亦置教官,生徒多寡,则视州镇大小为限员。幕属之由左选者,率以提举系衔。刺史州则系籍生附于京、府,各有定在"②。州府等级的不同,各地的学校规模也不同。金大定十六年(1176年)全国共设"府学二十有四,学生九百五人"。其中,东平府和大兴、开封、平阳、真定5府学生最多,各60人。也就是说,东平府学在金朝时与京城开封地位相当,学生名

---

① [金]元好问.中州集[M].上海:华东师范大学出版社,2014:538.

② [元]脱脱,等.金史[M].北京:中华书局,1975:1129-1153.

额为 60 人,招生人数高于益都的 50 人,济南、大名府的各 40 人和德州的 15 人。后又特许东平府学为孔门弟子培养生员,再增充 15 个名额。至此,东平府学人数达 75 人,多于京城开封府学人数,为金国之最。

二是节镇学和防御州学招生数额占比较高。时金置"节镇学三十九(处),学生六百一十五人"。其中山东西路辖兖州、徐州各 25 人,合计 50 人,约占全国的 8%;"防御州学二十一(处),学生二百三十五人"。其中山东西路辖博州 15 人,济州、邳州、滕州、泰安州,曹州各 10 人,合计 65 人,约占 28%。此外,金大定十三年(1173 年)诸路设女真府学 22 处,其中就有东平府。因自唐太宗始"州县学皆作孔子庙",故各地方的官学又称儒学、庙学、学宫。

《山东通史(宋金元卷)》言,东平府学为金廷培养了大批人才。金朝正隆年间的宰相刘长言,泰和之后的平章政事张万公,参知政事高霖,平章政事侯挚等都出于东平府学。[①]

依据《金史》清乾隆《山东通志》、明万历《兖州府志》等文献,参考安作璋《山东通史(宋金元卷)》,摘编整理成金代山东西路(山东境)地方官办儒学如下表:

表 6　金代山东西路官办儒学表

学校名称	建设情况	资料来源	备注
郓州府学 东平府学	宋景祐年间建 金大定年间建	《宋史》;《金史》 卷五十一《选举志》	—
兖州儒学	金大定年间建	《金史》卷五十一《选举志》	—
峄州儒学	金存,由县学改为州学	清乾隆《山东通志》 卷十四《学校》	隶滕州
德州儒学	金大定年间建	《金史》卷五十一 《选举志》	—
博州儒学	金天眷间学正祁彪重建学官	清乾隆《山东通志》 卷十四《学校》	—
博州孔庙学	金泰和年间建	元好问 《博州重修庙学记》	—

---

① 安作璋,等. 山东通史[M].北京:人民出版社,2009:258-261.

学校名称	建设情况	资料来源	备注
仕平县儒学	金正隆、承安年间两次迁此	清乾隆《山东通志》卷十四《学校》	隶博州
金乡县儒学	金大定九年（1169年）迁建	清乾隆《山东通志》卷十四《学校》	隶济州（今郓城县西）
嘉祥县儒学	金皇绕年间建，大定年间迁建	清乾隆《山东通志》卷十四《学校》	隶济州（今郓城县西）
濮州儒学	金时州人史仲谦建	清乾隆《山东通志》卷十四《学校》	隶济州（今郓城县西）
莱芜儒学	金大定十年（1170年）修	明嘉靖《莱芜县志》卷五《政散志》	隶泰安州
泰安州学	金大定年间重修	清康熙《泰安州志》卷二	隶山东西路
泰安州孔庙学	金大定二十二年（1182年）修	《泰安州重修宣圣庙碑》	—
曲阜庙学	金海陵朝维修曲阜庙学	清乾隆《山东通志》卷十四《学校》	—
冠氏庙学	金泰和年间建	元好问《代冠氏学生修庙学壁记》	—
堂邑县儒学	金大定年间重建	清康熙《堂邑县志》卷三《学校》	隶博州
平原县儒学	金承安五年（1200）建	民国《恩县志》卷九《文艺志》	隶德州
泗水县儒学	金存	清万历《兖州府志》卷二九《文教部》	隶兖州
平阴县儒学	金存	清万历《兖州府志》卷二九《文教部》	隶东平府
汶上圣泽书院	金大定年间建	清乾隆《山东通志》卷十四《学校》	隶东平府

注：资料来源，清乾隆《山东通志》卷十四《学校》，清康熙《东平州志》

2.民间教育

宋、金、元时期,家学、私塾、义学甚盛,家藏万卷书者众。金末元初居山东冠县、东平的杨奂,其母程氏,淑媛有识,以家中藏书数千卷,度课诸子读书,且善于援引故实、旁征博引、津津有味。由于家学蕴厚,杨奂在蒙古初于东平一考而登第。金时,山东西路特别是东平地区的私学普遍发展。其主要形式为家塾、私塾、义学等。东平府的一些名儒举办了大量私学。元好问《曹南商氏千秋录》载,金崇庆二年(1213年)进士商衡(字正叔)的祖父、郓州人商驹,金大定、明昌年间,"天资和雅,博学强记,教授乡里"①。《金史》卷一百二十七,列传第六十五《隐逸·王去非传》载:东平府平阴县大儒王去非"家居教授,束脩有余辄分惠人"②。须城县李世弼等,教授乡里,培养了大批人才。曾任参知政事的东平人高霖,解官归田后以教书授徒享度晚年。《金史》卷一百四,列传第四十二《高霖传》载,大定末年,"以父忧还乡里,教授生徒,恒数百人"③。从私学出身的读书人,不乏博取功名或学有所成者。《元史》卷一百六十,列传第四十七《王鹗传》载,金山东西路曹州东明人王鹗,从乡先生张大渊学,于"金正大元年(1224年),中进士第一甲第一人出身"④。东明大儒张特立亦办过私学。这些名师硕儒兴办的私学,培养了像党怀英、周驰等大量人才。

表7　金代山东西路部分硕儒私学表

儒师	籍贯	教授内容及影响
王去非	平阴县	居家授徒,弟子"不可胜数"。如侯挚、党怀英、赵沨、周驰等
李世弼	东平	泰山学派再传弟子,东平府学授《春秋》
李昶	东平	著《春秋左氏遗意》时人喻世弼,昶父子为刘向、刘歆
高霖	东平	教授生传,恒数百人
张特立	东明	以《易》教授东平府学诸生"白首穷经,诲人不倦,无过不及,学者宗之"。李谦、马绍等"一时名士,皆出其门"
康晔	聊城	六经子史无所不窥。培养元"翰林"等高官十数
李若讷	曹州	曹州商平叔师之

注:资料来源,安作璋《山东通史》,清康熙《东平州志》

---

① ［金］元好问.元好问全集(上)[M].太原:山西人民出版社,1990:88-92.
② ［元］脱脱,等.金史[M].北京:中华书局,1975:2749.
③ ［元］脱脱,等.金史[M].北京:中华书局,1975:2289-2290.
④ ［明］宋濂,等.元史[M].北京:中华书局,1975:3756-3757.

（二）选举

金朝科举之制,略如辽、宋。金太宗天会元年(1123 年)十一月,颁诏行科考,二年(1124 年)二月首次开科。有金一代,文武举考试并行,科举考试的次数为21~47 次,取士总数在 5000~6000 人之间。金朝 68 名状元中,家族中 2 名及以上状元的家族有 7 家,其中山东占 3 家:高唐阎咏、莒州张行简、博州吕造家族,占总数的 42.8%,几近半壁。山东西路高唐阎咏,金承安年间(1196—1200)状元,为东平府学教授康晔的老师,其自曾高祖以来,登科者 6 世;博州吕造、其父忠嗣、大父延嗣,一门 3 状元,举世罕见,名噪八方。①

金朝的科举考试一启动就连考两次,于金天会二年(1124 年)的二月、八月两度开考。然后基本循 3 年一考。《金史·选举志一》载,天会五年(1127 年)因河北、河东初降,职员多阙,再加上辽、宋制度有异,诏南北各因其素常所习之业取士,史称"南北选"。金"熙宗天眷元年(1138 年)五月,诏南北选各以经义、词赋两科取士"。海陵天德三年(1151 年),将"南北选"合一,罢经义、策试两科,专以词赋取士。金世宗大定十一年(1171 年),设女真进士科,称策论进士。明昌初,又设制举宏词科。经童之制于"天德间,废之"。金世宗在大定二十八年(1188 年)"复经义科"。至此,金朝文举科目齐全,科举取士渐盛。《金史纪事本末·攻取中原》卷九转引《续通考》云:

金初设科制,因辽、宋有词赋、经义、策试、律科、经童之制,天眷元年(1138年)五月,诏南北选各以经义、词赋两科取士。天德三年(1151 年),罢经义、辞赋科。大定十一年(1171 年),创置女真进士科,初但试策,后增试论,所谓策论进士也。明昌初,又设制举宏词科,以待非常之士,故金取士之科有七焉。②

金朝科举考试,初,实行分为四级递进的考试制度。《金史·选举志一》载:"凡进士举人,由乡至府,由府至省,及殿廷,凡四试皆中选,则官之"。金章宗明昌元年(1190 年)正月,"诏免乡试",金朝的科举考试则实行府试、省试、殿试三级考试制度。

《三朝北盟会编》卷二百四十四,《炎兴下帙一百四十四》"起绍兴三十一年十

① 聂立申．金代泰山名士稽考[M].长春:吉林大学出版社,2015:30.
② [清]李有棠．金史纪事本末[M].北京:中华书局,2015:193.

一月二十八日"，①对金朝的科举考试介绍尤为详细：

> 取士。金虏虽夷狄中至贱者，初无文物，自侵辽后，所在处以科举取士，遂有沈州榜、平州榜、真定榜者是也。至天会十年（1132年），海内小安，下诏如契丹开辟，制限以三岁，有乡、府、省三试。乡中曰乡荐，府中曰府解，省中曰及第。时有秀士有未愿起者，州县（必根）刷遣之。程文分两科，曰诗赋，曰经义，各一场。殿试则诗赋加论经义、加试策，榜首与魁各分焉。是年，赵洞为诗赋第一人，孙九鼎为经义第一人，并补承议郎；第二人，承德郎；第三人，承奉郎；余不限甲次，尽补承事郎。科举由是而定。（完颜）亶立，又增专经、神童、法律三科为杂科，亦设乡、府、省三试，中选（之人）并补将仕郎。迨（完颜）亮杀（完颜）亶自立，甚有尊经术、崇儒雅之意，始设殿试。又以乡试聚于州，限三人取一。府试分立五处：河北东、西两路，中都于大兴府；临潢会宁；东京等路于大定府；西京路、河南北路于大同府；大名路、山东东、西两路于东平府（南京路于）；开封府、京兆、熙秦等路于河中府。并限四人取一。省试以五百人为定格，殿试日黜落、中第之人多寡不等，临期取旨。又将（第一）人特赠一官，授正仕郎；余并授从仕郎。次举，又罢经义、专经、神童，止以赋词、法律取士。词赋为正科，法律为杂科。衰立于府、省试，各添策论一场，将殿试第一人依旧承议郎，第二、第三人儒林郎并赐绯，余皆从仕郎。至今不易。

金代，东平是与上京、咸平并列的重要的科举考试的考点。配备监考官3员，为全国之最。彰显出东平在金朝全国科举选士中的重要地位。

（三）小结

金朝的教育和选举制度，有效促进了女真、契丹、汉等各民族的融合，提升了中华民族的整体素养和人力资源的禀赋优势，在一定程度上掘穿了民族壁垒与阶层固化，畅通了各民族优秀人才入仕的渠道，有利于金廷在更加广阔的地域内选拔优秀人才，充实官僚队伍。也成就了像山东西路奉符党怀英，通过求学、科举而由"放猪娃"一跃而入翰林似的"神话"。同时，有利于增强金朝政权的凝聚力，引领了社会尊儒崇文风尚。根据安作璋《山东通史》及《东平州志》《兖州府志》等旧志不完全统计，金朝山东西路辖区内进士及第后成为名仕者有黄久约、党怀英、张

---

① ［宋］徐梦莘. 三朝北盟会编［M］.上海：上海古籍出版社，2008：1753.

特立、任天宠、赵沨、范拱、李世弼、李昶、侯挚、耿端义、贾铉、张万公等 20 余人。进一步显示出金朝时东平教育、选举之盛。金朝东平府的平阴、东阿等 6 个属县，旧志记载的进士及第者就有 40 多名。

五、民族与宗教

（一）民族

金时东平有汉族、女真族、渤海人、契丹族多民族居住，人口约 30—44 万。辽阳一带的渤海人起兵反金，被击败后，"金人虑其难治，频年转戍山东"，到金皇统元年（1141 年）"尽驱以行"，大批渤海人迁入山东等地。另，时在山东亦有契丹人、渤海人居住。安作璋《山东通史（宋金元卷）》之《典志·民族》认为，金迁徙东平的猛安谋克人口约 44 万。而范学辉《金朝内迁女真人猛安数量考辨》考证认为，迁入东平的猛安共 10 个，约 30 万人。

金朝大规模内迁猛安谋克，使得东平境内原来比较单一的汉族成分被打破，多民族融合与文化交流有了新发展。《金史》卷七十，列传第八《完颜思敬（撒改）传》载，大定二年（1162 年）"初，猛安谋克屯田山东，各随所受地土，散处州县"。"其后遂以猛安谋克自为保聚，其田土与民田犬牙相入者，互易之"[1]。《金史》卷八十八，列传第二十六《纥石烈良弼传》载："山东两路猛安谋克与百姓杂居"[2]。金统治者出于对女真人汉化的担忧，金世宗时又命聚于一处。《金史》卷四十四，志第二十五《兵志》载，贞元迁都后，把猛安谋克迁至山东。金大定二十二年（1182 年），"以山东屯田户邻之于边鄙，命聚之一处，俾协力蚕种"。"旧时兄弟虽析犹相聚种，今则不然，宜令约束之"[3]。女真人与汉人之间，围绕土地问题衍生了十分尖锐的矛盾。大定十六年前，"山东、河南军民交恶，争田不绝"。金明昌二年（1191 年），诏许"齐民与屯田户"通婚，以缓解"不睦"。矛盾的交织，导致金末山东"红袄军"起义时，女真人成为"红袄军"主要的攻击目标之一。《元好问全集》卷二十八《临淄县令完颜公神道碑》载：

贞祐二年（1214 年），受代有期。而中夏被兵，盗贼充斥，互为支党，众至数十

---

① ［元］脱脱，等．金史［M］.北京：中华书局，1975：1613-1615.

② ［元］脱脱，等．金史［M］.北京：中华书局，1975：1951.

③ ［元］脱脱，等．金史［M］.北京：中华书局，1975：992-997.

万。攻下郡邑,官军不能制。渠帅岸然以名号自居。仇拨(括)地之酷,睚眦种(女真)人。若营垒,若散居,若乔寓托宿,群不逞哄起而攻之,寻踪捕影,不遗余力。不三二日,屠戮净尽。无复噍(活着的)类。至于发掘坟墓,荡弃骸骨,在所悉然。①

李全、刘二祖、郝定等起义军,对金廷括地等土地掠夺、民族歧视之入骨仇恨,不分青红皂白地通通发泄到居住在山东的女真人身上,进而杀之,甚至掘其坟墓。这样,东平地区的女真人或被杀害,或隐而改汉姓融入汉族,或逃遁河南女真辖区,或北归回祖地。名义上东平已基本无女真族人。到元代,则明确规定,女真生于汉地,同汉人。

（二）宗教

女真人信仰萨满教,它是一种包括自然崇拜、图腾、万物有灵、祖先崇拜、巫术等信仰在内的原始宗教。萨满是沟通人与神之间的中介,在重大典礼、事件和节日的祭祀时都有巫师参加,或由他们司仪。消灾治病、为人求生子女、诅咒他人遭灾致祸等,几乎都为萨满的活动内容。

金时,东平人宗教信仰主要有敬祖礼先和儒、佛教、道教。东平人自古敬畏自然,敬祖礼先。金时承继,有"黄帝庙""帝尧庙",祭祀黄、尧、舜帝;"关帝庙"祭祀汉寿亭侯关公等。东平人自汉、唐以来世代崇儒。金时朝廷封孔子后裔为"衍圣公"。东平府及辖县平阴、东阿等,皆有"文庙",祀孔、孟二圣及汉、唐鸿儒,传《春秋》。如,须城县(路治)有"文庙",从祀复圣颜子、宗圣曾子、述圣子思、亚圣孟子,曰"四配",后世还不断祭祀先哲先贤。再如,汶上县崇儒场所有"文庙""思圣堂""文昌祠"等。同时,祭祀中国古代神话传说中之神灵的"自然界崇拜",如有"雷神庙""火神庙""龙王庙""财神(爷)庙""土地(爷)庙""城隍庙""灶王爷"等。

佛教,大致分为禅、教、律3宗。佛教于北魏(386—534年)时东进始传东平。北齐(550—577年)时"佛教东渐",东平成为北朝的佛教中心,境内北朝、隋、唐、宋等古代寺院与造像刻经众多。有金一代,禅、教、律3宗都有不同程度的发展,尤以禅宗盛行,并对金代的社会经济、政治、文化和习俗产生重要影响。金占山东特别是统治稳定后,优礼僧侣,鼓励兴建寺院,金世宗朝行保护佛教政策,以禅宗

---

① ［金］元好问．元好问全集(上)［M］.太原:山西人民出版社,1990:665.

为主的佛教得到较大发展。道询继承净如在泰山灵岩寺弘法,著有《示众广语》《游方勘辨》《颂古唱赞》诸篇。金末元初,曹洞宗长期住持灵岩寺。万松行秀和李纯甫的佛教理论造诣很高。金时,山东西路的府、州置官"僧(道)录""僧(道)正"管理宗教事务。东平府金代的佛教遗迹有:须城县城东50里,金大定二年(1162年)建的"释迦寺";东阿县金大定年间建的"建福院(庵)";金明昌二年(1191年)建的"福昌寺";阳谷县有金大定年间建的"昭庆寺";平阴县有金大定年间赐额的"宝峰寺";大定二年(1162年)戒师和尚建的"清凉院",落成后名儒王去非撰《清凉院记》。妙空、道询、法云大师住持下的泰山灵岩寺,呈现出"自兵火以来未之有"的盛况,使灵岩寺再次大振。北宋末年和金初,涌现"儒、释、道"三教互融的通联、合一思潮,东平也出现了许多三教合一的造像及寺、观,东平湖西岸棘梁山造像群中存有"三教联通"又称"三教连龛"造像,释迦牟尼、孔子、老子造像由东而西排列;白佛山山阳有金大定七年(1167年)建的明重修的"三教寺"遗存。①

金代东平为道教重地。金大定年间,由王重阳及弟子马珏、丘处机、郝大通等师徒,于山东登、莱、宁海等州创立了全真教。不久,既传入山东西路的泰山、长清、东平等地。据金末元初人宋子贞《全真观记》载,王玉阳的弟子、巨阳子韩志具于金明昌年间(1190—1196年),就在泰山创建起全真观;刘处玄弟子崔道演住持今肥城市的布山昊天观;金泰和年间(1201—1208年),崔道演的弟子邱志圆、范志明创立了著名的长清五峰山全真道观洞真观;丘处机的弟子张志渊在山东"主东平郓城白云观,度弟子千余人,庵观称是"。东平湖畔的腊山,时为道教名山。须城县(路治)城的上清万寿宫,时为名观,而后在范圆曦、张志纯的影响下,全真道教在严实治下的东平得到了迅猛发展,成为全真教的重地,并在全国产生了很大影响。

大道教创始人是金初刘德仁,于1142年开始传道。主张"守气养神",提倡自食其力,少思寡欲,不谈飞升炼化,长生不老,并且把儒家思想纳入自己的体系。此外,大道教有出家制度。2003年,东平县发现立于元文宗天历二年(1329年)的《真大道教九祖玄真人碑》,记刘德仁曾被元廷赐"无忧普济开明洞微真君"。

太一教始祖萧抱珍,于1138年创建。以符箓道法为主,也有守柔弱的内炼之法。尊奉太一。时在东平有播。

---

① 唐家品,高儒林.泰安区域文化通览·东平县卷[M].济南:泰山出版社,2012:84.

下 编

02

| 人 物 |

卷八　列传第一　东平兵马都总管府人物

东平总管府人物"全"貌

东平总管府府尹：

刘豫　李邺　李俦　孔彦舟　完颜昂　重国　蒲察斡论　纥石烈撒八（怀忠）　石抹荣　张汝为　徒单克宁　乌古论三合　蒲察鼎寿　乌古论思列　完颜守贞　张万公　濮（仆）散琦　乌古论谊　乌林答与　徒单金寿　蒙古纲　完颜弼　孙邦佐

佐贰、幕僚官：

李之翰　庞铸　耿端义　完颜从坦　张汝楫　尼庞古蒲鲁虎　惟镕（没烈）　乌古论德升　路铎　李通　雷渊　党纯睦　马舜卿

宗教吏员：

崇业　大德　定德　韩惠才　明超

为官于东平大郡，或勤廉，或惰贪，均树宦迹于一时，百姓的誉恶口碑虽可久传，然正史官修，对人物评判不可避免地带有"官气"，如《金史》诬海陵王。金朝东平总管府尹多兼兵马都总管，是为亲民官。有个别不兼者，则记于另卷；金熙宗起，以同知、金院、副使、少尹、通判、丞曰佐贰官，余为幕僚官等。其居官一地，尽职如何,一生如何,虽"历史自有评说",但真正的"公正"亦难。故眦目阅正史和地方旧志,揽硕儒子集,觅笔记野史、墓铭石刻等,于无从而稽中竭力掘现东平总管府人物"全"貌,作东平总管府之府尹、同知、治中等诸官吏传记。

一、东平总管府府尹

(一)金朝初期

刘豫(1073—1146),字彦游,景州阜城(今河北省景县)人。宋建炎二年(1128年)冬,金军攻济南。宋知济南府刘豫,刘豫杀宋将关胜降金。金封刘豫为京东东、西、淮南安抚使,知东平府兼诸路马步军都总管,节制河外诸军。1130年,被金廷立为伪齐皇帝。详见卷十三,列传第六。

李邺(1088—),金山东西路济州任城(今山东省济宁市任城区)人,南宋越州知府、充(代理)两浙东路安抚使,宋建炎三年(1129年)降金。金太宗天会八年(1130年)十一月,大齐刘豫都东平时,"李邺留守东平",是为大齐首任东平(京)留守,东平知府。天会十年(1132年)大齐迁汴后,"以知东平府李邺为尚书右丞"。废齐后,李邺知代州,累行台户部尚书。详见卷十三,列传第六。

李俦,富阳(今浙江省富阳)人。《建炎以来系年要录》卷二十九载,宋建炎元年(1127年)为南宋虞部员外郎。三年(1129年)十一月,"完颜宗弼犯和州,守臣李俦以城降"。《三朝北盟会编》卷一百八十一,炎兴下帙八十一《起绍兴七年(1137年)十一月十八日》载:"十一月,改阜昌元年。李邺留守东平。郑亿年吏部侍郎。冯长宁自陈州归附,请立什一税法,除户部侍郎。李俦知郓州。李俅阳谷县令"。李邺留守东平,时东平可能已经改称"东京",刘豫可能仿金中都燕京设"京都留守",同时置郓州东平府,故有"李俦知郓州"一说。抑或根据《二十五别史17·大金国志·齐国刘豫录》说,李俦先知单州,续知郓州。是故,李俦知郓州的时间应很短。详见卷十三,列传第六。

孔彦舟(1106—1160年),原名彦威,字巨济,相州林虑(今河南省安阳市林州市)人。宋初职东平府兵马钤辖,宋绍兴二年(1132年,金天会十年)六月降伪齐后,知东平府。累官金龙虎上将军、广平郡王。详见卷十三,列传第六。

(二)金朝中期

完颜昂(1096—1163年),本名奔睹,女真名吾都补。其祖父为景祖完颜乌古乃的弟弟完颜亭黑(跋黑)、其父为完颜斜斡。完颜昂与金太祖阿骨打同宗同辈。安作璋《山东通史(宋金元卷)》之《典志·职官》载,完颜昂,金熙宗天眷元年至皇统四年(1138—1144年)任东平府尹,且任职时间长达7年。①

《金史》卷八十四,列传第二十二《完颜昂(本睹)传》载,完颜昂幼时侍太祖。15岁时,与人角力,连摔6人。金太祖阿骨打高兴地说:"汝,吾宗弟也,自今勿远左右"②。17岁随太祖伐辽。宗望伐宋时,担任河南诸路兵马都统。后随宗辅定陕西,宗弼经略熙秦。天眷元年(1138年)授镇国上将军,东平尹。在东平7年,于皇统五年(1145年)改益都尹。大定二年(1162年)二月,金世宗封完颜昂"汉国公,拜都元帅,太保如故,置元帅府于山东,经略边事"。

完颜昂有勇有谋。金天会七年(1129年),完颜昂追击宋高宗至会稽,一眼识破宋军阵有诈,议速攻未纳而失战机。金天眷二年(1139年)夏,10万义军假岳飞名攻东平,完颜昂以5000兵布疑兵惑敌,并及时识破义军"撤兵"陷阱而免遭偷袭。完颜昂在东平闻报岳飞围邳州,便指示仅千人的邳州守军填西南深沟防御,使敌挖地道潜入城内的计划落空。完颜昂为人谨慎。海陵王杀宗室,完颜昂纵酒酣醉不上朝避祸。完颜昂兄弟和睦。金天德元年(1149年),海陵王增其4谋克,而只受亲管谋克,余让兄弟。尤善施予,亲族贫困必厚赠。金正隆六年(1161年)海陵王死,遣人杀木子光英于南京,并派遣子、婿奉表贺元世宗即位。完颜昂历5朝,累官都元帅、太保、封汉国公。金大定三年(1163年)逝。

重国,女真人,皇戚,金海陵王天德年间(1149—1151年)任东平尹。

《金史》卷一百三十二,列传第七十《逆臣·唐括辩》载,唐括辩,本名斡骨刺。娶熙宗女代国公主,为驸马都尉。累官参知政事、尚书左丞。唐括辩协助海陵王完颜亮谋逆,于金皇统九年(1149年)十二月九日夜,唐括辩以刀藏于衣下,乘代国公主为其母悼后作佛事之机,以驸马身份为掩护进宫,夜二更,与大兴国、秉德、阿里出虎等9人弑熙宗皇帝完颜亶。海陵王完颜亮做了皇帝后,念唐括辩之功,任命他为尚书右丞相兼中书令,封王,赐钱、绢、马牛羊等。进拜左丞相。同时,封唐括辩的父亲重国为彰德军节度使,迁东平尹。③

海陵王即位不久,又怀疑唐括辩谋反,杀之,重国也被免。正隆二年(1157

① 安作璋,等.山东通史[M].北京:人民出版社,2009:158.
② [元]脱脱,等.金史[M].北京:中华书局,1975:1885-1888.
③ [元]脱脱,等.金史[M].北京:中华书局,1975:2820.

年),海陵王起用重国为沂州(今山东省临沂市)防御使,改清州防御使。金大定初(1161年),重国以政绩著闻,历安国、彰化、横海军节度使。

《金史纪事本末》卷二十二《秉德唐古辩谋逆》载:"重国,东平尹,夺职,复起防御使。大定间,以政绩闻,终横海军节度使"①。

蒲察斡论,女真族。上京益速河人,徙临潢府(今内蒙古自治区赤峰市境内)。安作璋《山东通史(宋金元卷)》载,蒲察斡论,"金海陵王天德四年至贞元元年(1152—1153年)职东平尹"。② 清乾隆《泰安府志》卷之十《职官志》载:"金,东平尹:蒲察斡论"。

《金史》卷八十六,列传第二十四《蒲察斡论传》载,蒲察斡论,女真族,金太祖天辅(1117年)、金海陵王天德年(1149年)间盛年。祖父是忽土华,父亲叫马孙,俱赠金紫光禄大夫(秩正二品)。蒲察斡论"刚毅有技能"。天辅初(1117年),以祖父功勋荫补,先充护卫,后迁左卫将军、定武军节度使,右副都点检。金海陵王天德初(1149年),"授世袭临潢府路曷吕斜鲁猛安,改东平尹,赐钱千万"③。之后历职河南尹,兼河南路都统军使,北京留守。卒于大定尹任上。

纥石烈撒八(怀忠),赐名纥石烈"怀忠",女真族,上京(今黑龙江省阿城南)胡塔安人。安作璋《山东通史(宋金元卷)》载,纥石烈撒八(怀忠),"金海陵王贞元三年至正隆三年(1156—1158年)职东平尹"。④

纥石烈撒八(怀忠)五世为皇戚。《金史》卷八十七,列传第二十五《纥石烈志宁传》载,从纥石烈撒八的儿子纥石烈志宁上溯,"自五代祖太尉韩赤以来,与国家世为甥舅"。纥石烈撒八在海陵王时期(1149—1160年),荣海陵王赐名"怀忠"并"为泰州路颜河世袭谋克,转猛安,尝为东平尹、开远军节度使"⑤。

其子纥石烈志宁(? —1172年),本名纥石烈撒曷辇,娶梁王宗弼女永安县主。战功卓著,官至平章政事,进封金源郡王,谥"武定"。

清乾隆《泰安府志》卷之十《职官志》,金,东平尹:纥石烈志宁。应为误记。⑥

① [清]李有棠. 金史纪事本末[M].北京:中华书局,2015:407.
② 安作璋,等. 山东通史[M].北京:人民出版社,2009:158.
③ [元]脱脱,等. 金史[M].北京:中华书局,1975:1925.
④ 安作璋,等. 山东通史[M].北京:人民出版社,2009:158.
⑤ [元]脱脱,等. 金史[M].北京:中华书局,1975:1929-1934.
⑥ [清]乾隆二十五年. 颜希深,修,成城,等篆. 泰安府志(上)[M].泰安市地方史志办公室整理.北京:线装书局,2017:271.

石抹荣(约1117—1179年),安作璋《山东通史(宋金元卷)》载:石抹荣,金太宗正隆四年至金世宗大定二年(1159—1162年)间,任东平尹。①

《金史》卷九十一,列传第二十九《石抹荣传》载,石抹荣,字昌祖。契丹人。七世祖仕辽,封顺国王。父惕益,奔天德随辽主后,母亲忽土特满带着六岁的石抹荣流浪街头,金宗室石谷神收养了其母子。石抹荣的父亲惕益军败,被金源郡主银术可俘获,惕益便降随银术可伐宋,卒于军中。②

金天眷二年(1139年)石抹荣充护卫。有一次金熙宗完颜亶设宴,命令石抹荣与宗室阼王摔跤,石抹荣获胜,并接连把六七个大力士摔倒于地。"熙宗亲饮之酒,赐以金币,迁宿直将军"。

石抹荣曾三进山东西路。第一次,金天德年间(1149—1153年),由天德尹徙泰宁军(驻山东西路兖州)。第二次,两任延安府尹后,调任东平府尹,任职时间跨海陵王(1159年,正隆四年)、世宗(1162年,大定二年)两朝。第三次是"大定初(1161年),还镇东平,与户部尚书梁銶按治山东盗贼。二年(1162年),以本官充山东东西、大名等路都统。有疾,改太原尹,徙益都尹"。

后来,"丁母忧,起复召为签书枢密院事,北京、东京留守,陕西路统军使,南京、西京留守"。后因(石抹)"荣与河南尹娄室、陕州防御使石抹靳家奴皆坐高贾卖私物、抑贾买民物得罪"。石抹荣、完颜娄室因低价买、高价卖民物不当获利"坐高贾"被治罪,削两阶,降为临潢尹,改临洮尹。年63岁卒。

张汝为,字仲宣,渤海族。《东平州志》载,张汝为在金海陵王完颜亮正隆年间(1156—1161年)任东平尹。而《金史》等大部分史料,载张汝为任同知东平府尹。

清光绪《东平州志》卷十,《职官志》之《职官表》载,尹,张汝为,金海陵王正隆年间(1156—1161年)任东平尹。③ 东平旧志记载存疑。

《金史》卷八十三,列传第二十一《张浩传》载,"张浩,字浩然,辽阳渤海(今内蒙古自治区赤峰市境内)人。本姓高,东明王之后",主开封宫殿规建"汴宫成,海陵自燕来迁居之。浩拜太傅、尚书令,进封秦国公"。"子:汝为、汝霖、汝能、汝方、汝猷"④。张汝为,字仲宣,金天眷二年(1139年)进士,金天德二年(1150年)任冀

① 安作璋,等.山东通史[M].北京:人民出版社,2009:158.
② [元]脱脱,等.金史[M].北京:中华书局,1975:2027-2028.
③ 光绪五年.左宜似,修.东平州志[M].板存书院.李宏生,校点,郭云策,校定.北京:中国文史出版社,2008:818.
④ [元]脱脱,等.金史[M].北京:中华书局,1975:1862-1865.

州节度副使,正隆年间为同知东平总尹。大定初,贬为庶人,次年复官,除户部侍郎。其弟张汝霖、张汝能等,皆为金代名吏、名儒。

《三朝北盟会编》卷二百四十五《炎兴下帙一百四十五》载,张汝为,石琚榜及第。葛王完颜雍登基(金世宗),贬张汝为为庶人,次年复官,除户部侍郎。①

《张汝为灵岩寺题记碑》载,金正隆元年(1156年),张汝为职同知东平府。金正隆元年立于泰山西麓灵岩寺的《张汝为灵岩寺题记碑》载,时任"同知东平总尹"的张汝为云:"余素好林泉之清胜,久闻灵岩名山乃自昔祖师之道场也。所嫌尘缘衮衮,未获游览。比虽守官汶上,邻封咫尺亦无由一到"。汶上,即汶水之上,泛指东平府。现山东省汶上县时称中都县,后改汶阳县。

徒单克宁(? —1191年),原名习显,女真族,山东莱州人。《金史》、安作璋《山东通史(宋金元卷)》载,徒单克宁,历熙宗、金海陵王、金世宗、章宗诸朝,累官太傅兼尚书令;拜太师,封淄王。金大定八年至大定九年(1168—1169年)任东平尹。金章宗封徒单克宁为东平郡王。详见卷十二,列传第五。

乌古论三合,女真族。安作璋《山东通史(宋金元卷)》载,乌古论三合,金世宗大定十四年至大定十五年(1174—1175年)任东平尹。②

《金史》卷八十二,列传第二十《乌古论三合传》载:"乌古论三合,曷懒路(今图们江流域与朝鲜边境一带)爱也窟河人,后徙真定。睿宗为右副元帅,闻三合勇略,选充扎也。后从宗弼征伐,补曲院都监。未几,从伐宋。与宋兵遇于颍州,三合先登破之。皇统元年(1141年),领汉军千户,帅府再以军四千隶焉"③。迁同知郑州防御使事,太子少詹事。《金史》卷六十一,表第三《交聘表中》载,金世宗大定四年(1164年)"九月,以太子少詹事乌古论三合为高丽(今朝鲜半岛)使"。"大定六年(1166年),任洺州防御使。后迁永定军节度使,历临潢、凤翔尹,陕西路统军使,东平尹"。《金史》赞曰,乌古论三合"节制州郡,躬行俭约,政先宽简,边庭久宁,人民获安"。终履签书枢密院事。约卒于大定十七年(1177年)。大定十八年(1178年),金世宗追录乌古论三合旧劳,授其子世袭谋克。

蒲察鼎寿,本名和尚,女真族。上京(今内蒙古自治区赤峰市境内)曷速河人。安作璋《山东通史(宋金元卷)》载,蒲察鼎寿,金世宗大定十六年至十七年

① [宋]徐梦莘. 三朝北盟会编[M].上海:上海古籍出版社,2008:1763-1764.
② 安作璋,等. 山东通史[M].北京:人民出版社,2009:158.
③ [元]脱脱,等. 金史[M].北京:中华书局,1975:1846-1847.

(1176—1177年)间,由泰宁军节度使(驻山东西路兖州)迁东平尹。①

《金史》卷一百二十,列传第五十八《世戚·蒲察鼎寿(和尚)传》载,蒲察鼎寿"赋性沉厚有明鉴,通契丹、汉字,长于吏事"②。蒲察鼎寿与皇族世联姻戚。其妻为熙宗的女儿郑国公主,其女儿为世宗完颜雍钦怀皇后,其大儿子辞不凡先后娶定国、景国、道国三公主。"其宠遇如此,未尝以富贵骄人,当时以为外戚之冠"。金海陵王贞元三年(1255年),职尚衣局使,累官器物局使。金大定二年(1162年),加驸马都尉,职如故。在蠡州刺史、浚州防御使任上,"有惠政,两州百姓刻石纪之"。大定中期,任泰宁军节度使(驻山东西路兖州)、东平府尹、横河军节度使,又入朝为右宣徽使、左宣徽使,授中都路昏得浑山猛安曷速木单世袭谋克。在河间尹任上,号令必行,豪右屏迹。有皇廷宗室居河间,侵扰居民,蒲察鼎寿奏,将他们迁徙到平州,于是郡内大治。卒官后,皇帝深加悼惜,在香山出殡,皇太子往祭,百官致祭,赙银彩绢。金明昌三年(1192年),以皇后父赠太尉、越国公。

乌古论思列(? —1185年),安作璋《山东通史(宋金元卷)》载:"乌古论思列,金大定二十四年至二十五年(1184—1185年)任东平尹"③。

《金史》卷六十一,表第三《交聘表中》载,金世宗大定十二年(1172年)三月,"丁丑,宿直将军乌古论思列、尚书右司员外郎张亨为高丽(今朝鲜半岛)封册王皓使"④。

《金史》卷八,本纪第八《世宗下》载,金世宗大定二十五年(1185年),"二月癸酉,以东平尹乌古论思列怨望,杀之"⑤。

完颜守贞(? —1206年),《金史》卷七十三,列传第十一《完颜守贞传》载:"守贞本名左靥",曾两次为相,金章宗明昌三年(1192年)出知东平府事。清光绪《东平州志》,清乾隆《泰安府志》,皆有传。

完颜守贞的祖父是完颜希尹(谷神)。《金史》卷七十三,列传第十一《完颜希尹传》载,完颜希尹,本名谷神,撰女直大字,"太祖大悦,命颁行之";金太宗朝职元帅右监军;熙宗拜完颜希尹为尚书左丞相兼侍中,加开府仪同三司,封陈王;金天眷三年(1140年),金熙宗怀疑希尹造反,赐死。以后又平反,追封豫王,例降金源

① 安作璋,等. 山东通史[M].北京:人民出版社,2009:158.
② [元]脱脱,等. 金史[M].北京:中华书局,1975:2621.
③ 安作璋,等. 山东通史[M].北京:人民出版社,2009:158.
④ [元]脱脱,等. 金史[M].北京:中华书局,1975:1340.
⑤ [元]脱脱,等. 金史[M].北京:中华书局,1975:188.

郡王,谥"贞宪"。①

完颜守贞博闻强识。一是通晓经书。凡是朝廷议论、金章宗询问的事情,完颜守贞都能够借解说经书来回答。二是通晓礼乐、法律,熟悉典故。为章宗更定礼乐、刑政等制度。

完颜守贞治有善状,官至尚书左丞。金大定改元(1161年),完颜守贞以荫补充符宝祗候,授通进,除彰德军节度副使,迁北京留守,移上京。因与契丹移民婚被杖一百,除名。大定二十五年(1185年)后,职西京警巡使,大兴府治中,进同知,刑部尚书兼右谏议大夫,参知政事,尚书左丞,授上京世袭谋克等。御史台奏守贞治有善状,世宗因谓侍臣曰:"守贞勋臣子,又有才能,全胜其兄守道,它日可用也"。

完颜守贞曾与皇帝广泛地议论人才。章宗皇帝曾感叹文士中缺乏像党怀英那样的人才。完颜守贞上奏说:"进士里面,像赵讽、王庭筠都有好名声"。皇帝说:"出类拔萃的人才难以觅到啊"。守贞说:"隔代才有的出色人才,自古就难以得到。只有国家百年树人长期培养,人才才能出来"。守贞喜欢推举优秀的人才,引荐资历较浅的人才。朝廷中怀正能量的官员,大多愿与他交往。

完颜守贞在与胥持国的党争中败为下风,被排挤出中央,出任东平府尹,卒于知济南府任上。金章宗明昌年间,朝内形成了两个相互对立的政治集团:以平章政事(副相)完颜守贞为首的"冷岩十俊"(如孟奎等)和以参知政事(宰相贰)胥持国为首的"胥门十哲"(如张复亨等)。当时,胥持国与章宗宠妃昭容李师儿等结盟为奸。《金史》卷九十五,列传第三十三《张万公传》载,皇帝询路铎论臣优劣,路铎曰:"(董)师中附胥持国进,持国奸邪小人"②。"为人柔佞有智术"的胥持国认为,完颜守贞是阻碍他们擅权朝政的主要障碍和劲敌,于是便通过元妃李师儿,在章宗面前编造完颜守贞罪状,诬陷完颜守贞拉帮结派、权倾朝廷。金明昌三年(1192年)夏,金境发生重大旱灾,天子拟下罪己诏。这时胥持国乘机进谗,完颜守贞作为宰相,肩负大任,竟然让国家发生如此严重的自然灾害,最应该罪己的是他啊!完颜守贞闻之,心中惶恐,恳求辞职。章宗虽然欣赏完颜守贞的才干,但很畏惧他的刚正无私和大义凛然,于是让完颜守贞"乃出知东平府事"。并命令参知政事夹谷衡传达口谕:"卿勋臣之裔,早登无仕,才用声绩,朕所素知。故嗣位之

①　[元]脱脱,等.金史[M].北京:中华书局,1975:1686-1691.
②　[元]脱脱,等.金史[M].北京:中华书局,1975:2102.

初,擢任政府,于今数载,毗赞实多。既久任繁剧,宜均适逸安,矧内外之职,亦当更治,今特授卿是命。东平素号雄藩,兼比年饥歉,正赖经画,卿其为朕往绥抚之。"并赐给完颜守贞金币、马匹"以宠其行"。不久,章宗问"守贞治东平如何?"其实章宗心知肚明,自言:"以彼之才,治一路诚有余矣"。明昌四年(1193年),召他进京担任平章政事,封为萧国公。金承安元年(1196年)降职为河中防御使。泰和五年(1205年),宋金边境发生战争,皇帝认为山东是十分重要并需要倾力治理的地方,必须由重臣前往安抚,于是调任守贞做了时为"散府"的济南知府。金泰和六年(1206年)初,守贞去世,皇帝听到消息十分伤心。谥号为"肃"。

《金史》本传云,守贞刚直,所以被胥持国等人所妒恨,最终因为正直而被罢黜。

张万公(1223—1207年),字良辅,金东平府东阿(今山东省东阿县)人。金正隆二年(1157年)进士。章宗朝,知东平府、两知济南府,两任"副相"。累加金紫光禄大夫,封寿国公;赠仪同三司(秩从一品),谥"文贞"。

张万公出身于东阿耕读之家,家中排行第四。《金史》卷九十五,列传第三十三《张万公传》:"张万公,字良辅,东平东阿人也"①。

阎凤梧《全辽金文》(下),张万公,乃"唐名臣公谨之后,唐末有自东海徙汶上者,后又徙东阿,遂为东阿人"②。

姚奠中主编《元好问全集》卷十六《平章政事寿国张文贞公神道碑》云:"仪同三司、平章政事寿国文贞公,讳万公,字良辅,姓张氏,唐名臣公谨之后。唐末有自东海徙汶上者,后又徙东阿,遂为东阿人"③。张万公的曾祖张晞,行善好施,乡人归之。宋宣政末年,常以财产资助军队,所以两个儿子被补官国子助教。张万公的祖父张询,孝弟力田,家境富裕。父亲张弥学,笃于学问,年轻时想考取功名,乡试时经义第一。但科考罢经义科,以词赋取士,张弥学遂不复出,铭家训:"欲求子孙,先当积孝;欲求聪明,先当积学"。

张万公的名字出自张弥学的一个梦。他的父亲有一天晚上梦到走进一室,榜上写着"张万相公读书堂",正巧张万公出生,故起名"万公"。

张万公历仕4朝,为官40余年。《金史·张万公传》载,张万公"幼聪悟,喜读

① [元]脱脱,等. 金史[M].北京:中华书局,1975:2101-2105.
② 阎凤梧. 全辽金文(下)[M].山西:山西古籍出版社,2002:2845.
③ 姚奠中. 元好问全集(上)[M].山西:山西古籍出版社,1990:463-472.

书"。金海陵王正隆二年(1157年)进士及第后,调河南新郑簿,之后职山东费县薄。金世宗朝,大定四年(1164年),为东京辰渌盐副使,课增,提拔为长山令。历尚书省令史,河北西路转运司都勾判官,四迁侍御史,尚书右司员外郎。金章宗朝,职南京路提刑使,御史中丞,彰国军节度使。金明昌二年(1191年)知大兴府事,拜参知政事(宰相贰)。明昌四年(1193年),知东平府事。金明昌六年(1195年),知河中府。后移镇济南府,山东路安抚使,丁母忧后起复,拜平章政事(副相),封寿国公。金泰和元年(1201年),迁荣禄大夫。泰和三年(1203年)三月,加金紫光禄大夫,致仕。泰和六年(1206年),在山东"盗贼蜂起"且"南鄙用兵"的形势下,济南知府完颜守贞卒,皇帝以"山东重地,须大臣镇抚之"为由,将已经退休的张万公请出再知济南府,想以"老将出马"来扭转山东的不利局面。不到一年,宋人请和,张万公复乞致仕,金章宗荣宠加其崇进(从一品)、厚给平章政事半俸后,致仕。

张万公政绩卓著。世宗朝,张万公任东京辰渌盐副使时,食盐税赋收入增加,依考核奖惩规定,升迁为长山令。当时长山一带的土匪还没有平定,一天早晨有数万人来到城下闹事,张万公登上城墙,站在矮垛旁,晓以家国情怀大义,众人感动醒悟相率离去,百姓信赖他,为他立生祠以示尊崇。之后不断升迁。当时的丞相徒单克宁说:"后,代我者必汝也"。职郎中时,张万公言事井井有条,奏章精炼达意,受到金世宗表扬:"张万公纯直人也"。擢迁刑部侍郎。章宗朝,张万公奏对详敏,多被章宗采纳。在知大兴府事,拜参知政事任上,张万公以伺候老母亲为由告老,皇帝只许假让他回家探亲。还朝后,章宗问他山东、河北粮食贵贱及今春苗稼情况,张万公报以实情。时天下大旱,皇帝询问大臣原因,张万公奏曰,天道虽远,实与人事相通,"至于旱灾,皆由臣等,若依汉典故,皆当免官"。皇帝听从张万公所言,下诏罪己。金泰和六年(1206年)夏,金、宋开禧年战争爆发,山东旱、蝗等自然灾害频发,朝廷派员到泰山祈雨,仍无济于事,百姓为求生存,"盗贼蜂起"。为绥靖地方,已经退休的平章政事张万公再次被起用。张万公果不负厚望:"特起万公知济南府、山东路安抚使。山东连岁旱蝗,沂、密、莱、莒、潍五州尤甚。万公虑民饥盗起,当预备赈济。时兵兴,国用不给,万公乃上言乞将僧道度牒、师德号、观院名额并盐引,付山东行部,于五州给卖,纳粟易换。又言督责有司禁戢盗贼之方。上皆从之"。

张万公五次请求告老。第一次是金明昌二年(1191年)九月拜参知政事后。

张万公以母亲年过八十为由,表乞就养,不许。第二次是明昌四年(1193年),再申请退休,金章宗为了既可以继续留用又体慰张万公,授其山东西路兵马都总管、知东平府事,离家较近,以方便照顾母亲。章宗告诉他说:"卿在政府,非不称职,以卿母老,乞侍养,特畀乡郡,以遂孝养。朕心所属,不汝忘也"。第三次是金泰和元年(1201年)时,张万公以年老体衰接连上章请老,章宗不许。章宗说:"近,卿言数事,朕未尝行,乃朕之过。卿年未老,而遽告病,今特赐告两月,复起视事"。为留住张万公,皇帝给了他两个月的假。并升迁其为荣禄大夫,同时赐其儿子进士及第。第四次是泰和二年(1202年),章再上,皇帝有旨:"得非卿有所言,朕有不从者乎?或同列情见不一,而多违卿意邪?不然,何求去如是之数也"。万公谢无他,第以病言。第五次,泰和三年(1203年)正月,章再上,不允,加银青光禄大夫。三月,张万公"求去甚力",皇帝挽留不住,"朕初即位,擢卿执政,继迁相位,以卿先朝旧人,练习典故,朕甚重之。且年虽高而精力未衰,故以机务相劳。为卿屡求退去,故勉从之,甚非朕意也"。加金紫光禄大夫,致仕。之后,泰和六年(1206年)山东形势紧张时,皇帝又请张万公"出山"。

张万公逝后誉高耀祖。金泰和七年(1207年)九月,张万公逝世。《金史》卷十六,本纪第十六《宣宗纪下》云:"章宗秋猎,闻平章张万公薨,叹曰'朕乃将拜万公丞相,而遂不起,命也'"①。元好问《平章政事寿国张文贞公神道碑》赞曰:"万公淳厚刚正,门无杂宾,典章文物,多所裁正"。"惟公历仕四朝,再秉钧轴,不难于他人之所难,不徇于世俗之所徇。忠信笃实,足以自结人主;名德雅望,足以师表百僚;敦庞耆艾,足以填国家而抚百姓。故百年以来,谈良相者莫不以公为称首"。

张万公逝后,朝廷赠仪同三司,谥文贞。同时,张万公的父、祖、曾祖,皆获朝廷封谥。金卫绍王大安元年(1209年),配享章宗庙廷。

濮散琦,女真国戚。异称仆散琦、布萨琦。安作璋《山东通史(宋金元卷)》载:"濮散琦,承安二年至四年(1197—1199年)任东平尹"②。

《金史》卷六十二,表第四《交聘表下》载,金承安四年(1199年)"九月己未,遣知东平府事仆散琦等为贺宋生辰使"③。

《金史纪事本末》卷三十七《布萨揆侵宋更盟》载,金章宗承安四年(1199年)

---

① [元]脱脱,等. 金史[M].北京:中华书局,1975:367.
② 安作璋,等. 山东通史[M].北京:人民出版社,2009:159.
③ [元]脱脱,等. 金史[M].北京:中华书局,1975:1467.

秋九月"己未,遣知东平府事布萨琦等贺宋生日(使)"。

仆散琦为爱王的岳父,为国戚。《金史纪事本末》卷三十六《镐王郑王之杀》援李心传《朝野杂记》①云:

> 爱王,葛王孙,始允恭早世,葛王爱其兄越王,欲立之,不果。金主(金宣宗完颜珣)立,爱王遽谋反,为其妻父仆散琦所逐,乃以放牧会宁府为名,居上京以叛。明昌六年(1195年)三月丁酉也。金主三召不至,连结契丹、鞑靼、蒙国、取慈、岳等州。时越王在咸平,契丹檄金人请立之为帝,金主徙王于庆阳。五月丁酉,赐王死,诛其家属八十余人,惟爱王在,至今为患。琦,既承安四年(1199年)来贺上生辰者。

(三)金朝后期

乌古论谊(?—1213年),本名雄名,女真族,其先上京(治会宁府。今黑龙江省哈尔滨市阿城)独拔古人。安作璋《山东通史(宋金元卷)》载,乌古论谊,金章宗泰和三年至四年(1203—1204年)任东平尹。金卫绍王至宁年(1213年)以谋逆伏诛。②

乌古论谊世为国戚,地位显赫。《金史》卷一百二十,列传第五十八《世戚·乌古论元忠传》及《乌古论谊传》载,其世为国戚。乌古论谊的祖父乌古论讹可,娶金太祖阿骨打的女儿毕国公主;父亲乌古论元忠累官右丞相,娶金世宗完颜雍之长女鲁国大长公主;乌古论谊先娶海陵王完颜亮之女,后娶显宗的女儿广平郡主。③

乌古论谊"为人粗豪类其父"。金大定二十六年(1186年),世宗皇帝完颜雍告诉原王说:"元忠勿望其可复相也。雄名又不及乃父,朕尝宥待,殊不知恩,汝宜知其为人"。乌古论谊初荫补宫卫,后职澄州军州事,顺天军节度副使加驸马都尉。金章宗承安元年(1196年),累迁秘书监兼吏部侍郎,改刑部,迁工部尚书。金泰和三年(1203年),知东平府事,后改知真定府事。泰和六年(1206年),伐宋,迁元帅左都监。后改左监军。泰和八年(1208年),拜御史大夫。大安中,知大名府。金至宁初(1213年),因涉其岳父海陵王事,以谋逆伏诛。

乌林答与(?—1219年),本名合住,女真族,大名路(今河北省大兴市)纳邻

---

① [清]李有棠. 金史纪事本末[M].北京:中华书局,2015:619-629.
② 安作璋,等. 山东通史[M].北京:人民出版社,2009:159.
③ [元]脱脱,等. 金史[M].北京:中华书局,1975:2623-2626.

必剌猛安人。安作璋《山东通史（宋金元卷）》载，乌林答与，金卫绍王崇庆二年（1213 年），知东平府事。①《金史》卷一百四，列传第四十二《乌林答与传》载，金宣宗"贞祐二年（1214 年），知东平府事，权宣抚副使"②。累官至兵部尚书。金兴定三年（1219 年）卒。

乌林答与（合住）资历丰富。《金史·乌林答与传》载，乌林答与，初充奉职、奉御、尚食局直长，兼顿舍。后职西安军节度使、武胜军节度使、北京按察转运使、武卫军都指挥使等。金贞祐二年（1214 年），知东平府事，权宣抚副使。改西安军节度使，入为兵部尚书。

乌林答与（合住）勤于思考国是。如，建议皇帝罢按察使、劝农使；重视东平的战略位置，建议"东平屯兵万余，可运滨盐易粮刍给之"，用海盐换粮食以养兵；又建议山东西路的"兖、曹、濮、浚诸郡皆可屯重兵，敕州县官劝民力穑，至于防秋，则清野保城"。后以兵部尚书致仕。

乌林答与（合住）曾领兵镇抚耿格、史泼立和大沫堌义军。《金史》卷一百二，列传第四十《仆散安贞传》载，甲申年（1214 年，金贞祐二年）十二月辛亥，山东农民起义军首领之一耿格被杀，其妻子远徙。山东路统军安抚使仆散安贞、沂州防御使留家，安化军节度使完颜讹论等诸军招降耿格、史泼立部后，集中兵力攻打"红袄军"根据地大沫堌（今山东省费县境内），"敕至，宣抚副使、知东平府事乌林答与即引军还"③。

乌林答与（合住）以兵部尚书致仕。金兴定三年（1219 年）卒。

徒单金寿，女真族。金贞祐初（1213 年），金宣宗遥授徒单金寿知东平府事。

《金史》卷一百三十二，列传第七十《逆臣·纥石烈执中（胡沙虎）传》载，徒单金寿，金崇庆元年（1212 年）时职永定军节度使。徒单金寿为跟从纥石烈执中（胡沙虎）弑卫绍王完颜永济之"逆臣"。崇庆元年（1212 年）八月二十五日未五更，纥石烈执中（胡沙虎）于中都（今北京市）乱国，分其军为 3 军，由章义门入。徒单金寿召知大兴府徒单南平，妄称其谋反，由纥石烈执中（胡沙虎）枪刺于马下，然后被徒单金寿用刀砍死，接着跟随纥石烈执中（胡沙虎）、完颜丑奴及宦官李思中等，叫嚣着闯入宫内逼死了卫绍王，霸据了皇宫，遂迎立金宣宗完颜珣。④

---

① 安作璋, 等. 山东通史[M].北京:人民出版社,2009:158.
② [元]脱脱,等. 金史[M].北京:中华书局,1975:2291-2292.
③ [元]脱脱,等. 金史[M].北京:中华书局,1975:2245.
④ [元]脱脱,等. 金史[M].北京:中华书局,1975:2832-2839.

金宣宗即位(1213年)后,"徒单金寿遥授知东平府事"。即徒单金寿仅为名义上的东平知府,并未实际到任,但享受东平知府的"正三品"待遇。金贞祐元年(1213年)十月,纥石烈执中(胡沙虎)被术虎高琪斩杀后,朝廷为善加抚慰,才实授徒单金寿知归德府事。

蒙古纲(? —1223年),本名胡里纲,女真族,咸平府(今辽宁省开原市老城街道)猛安人。《金史》卷一百二,列传第四十《蒙古纲传》载,金承安五年(1200年)进士。金末长期守山东。贞祐年间,授山东路统军使兼益都府事。金兴定元年(1217年)知东平府事,迁元帅右监军。金贞祐四年(1216年)和兴定四年(1220年),蒙古纲"以山东恃东平为重镇",两次固守东平城,御城抗抵蒙古军队。兴定五年(1221年),奏弃"东平孤城"。金元光二年(1223年),为部将所害。官至右副元帅权参知政事(秩从二品,宰相贰)。详见卷九,列传第二。

完颜弼(? —1223年),本名达吉不,女真族,盖州(今辽宁省营口市盖州市)猛安人。与卫绍王皇后有姻亲。金贞祐二年(1214年)十二月底或者三年(1215年)正月,知东平府事、山东西路宣抚副使;金兴定四年(1220年)冬,蒙古军围东平,完颜弼百计应战,蒙军遂退去。完颜弼升迁为山东西路宣抚使。

完颜弼两次入职山东西路。《金史》卷一百二,列传第四十《完颜弼传》载,完颜弼,初为充护卫,转十人长。以为跟随丞相完颜襄戍守边疆有功,升任山东西路辖区下的德州同知州防御使。金泰和六年(1206年)积功加平南荡江将军。后历南京副留守、寿州防御使、武卫军副都指挥使、右副都点检、云内州防御使、元帅左都监等。宣宗南迁,完颜弼兼河北西路兵马都总管,不久,改陕西路统军使、京兆兵马都总管。金贞祐三年(1215年)初,改知东平府事、山东西路宣抚副使。贞祐四年(1216年),升为宣抚使。①

完颜弼使用镇压、招抚两手,平复山东义军。《金史·仆散安贞传》载,金贞祐二年(1214年,甲申年)十二月辛亥,完颜弼知东平府事、山东西路宣抚副使。时山东农民起义军"红袄军"势盛,刘二祖于金崇庆二年(1212年)五月在泰安起义,转战于淄、泰、沂间,屡破官军。贞祐四年(1216年)二月,朝廷诏仆散安贞、蒙古纲、完颜弼以近诏招之。完颜弼按照皇帝的旨意,采取武攻镇压与招抚劝降结合的手段,促使与刘二祖一同起义的孙邦佐、张汝楫、程邦杰等,相继被完颜弼招降。是年,完颜弼升迁为山东西路宣抚使。不久,张汝楫复反,完颜弼与孙邦佐设计杀

---

① [元]脱脱,等. 金史[M].北京:中华书局,1975:2252–2256.

之。皇帝非常高兴,亲自起草诏书,褒奖完颜弼,封密国公。

完颜弼喜读书,闲暇延引儒士,歌咏投壶以为常。

完颜弼百计应战,守御东平。《金史·完颜弼传》载,金兴定四年(1220年)冬,蒙古军围攻东平城数月后,知东平府事完颜弼加强守御,据城死守,"百计应战",到第二年的二月,蒙古军久攻东平不下,损失很大,军疲马乏,"乃解围去"。由此,完颜弼受到金宣宗的奖谕。

《金史·完颜弼传》称,"元光末(1223年),完颜弼累官知东平府事、山东西路兵马都总管、充宣差招抚使"。

最早于"是年"(元光末年)的五月,亦可能再晚些年的"五月",完颜弼患了脑疽,金宣宗诏太医诊视,赐给御药。不久卒。

《金史·完颜弼传》评价完颜弼云:"治东平,爱民省费,井邑之间,军民无相讼,有古良将之风焉"。

孙邦佐,金末将领。初为山东农民起义军领袖。金元光二年(1223年),遥授知东平府事兼山东西路兵马都总管,充宣差招抚使。

金贞祐三年(1215年)时,孙邦佐领导的义军,先投杨安儿的"红袄军",当时的主要活动范围在今山东费县的大沫涧一带,杨安儿被仆散安贞等金军镇压后,又投奔泰安刘二祖义军,于是北上据守济南勤子埚。东平元帅府事完颜弼按照朝廷的旨意,招降山东"红袄军",孙邦佐、张汝楫等降顺,于是金廷给了他一个遥授潍州刺史的虚职。后来,因孙邦佐在招降、镇压义军时屡立战功,才让他担任了同知益都府事实职,后又升迁为山东西路德州防御使,加昭毅大将军、泰定军(驻山东西路兖州)节度使。金兴定五年(1221年),升迁为招抚使。金元光二年(1223年),遥授知东平府事兼山东西路兵马都总管,充宣差招抚使。

孙邦佐投金后,靠招降"红袄军"和出卖战友而不断升官。《金史·完颜弼传》载,金贞祐三年(1215年),完颜弼改知东平府事、山东西路宣抚副使。是时,刘二祖余部孙邦佐、张汝楫保济南勤子埚,完颜弼遣人招抚他们,得到孙邦佐的书信:"我辈自军兴屡立战功,主将见忌,阴图陷害,窜伏山林,以至今日,实畏死耳。如蒙湔洗,便当释险面缚,余贼未降者保尽招之"。于是完颜弼上奏朝廷,金宣宗完颜珣诏曰:"孙邦佐果受招,各迁五官职"。于是孙邦佐、张汝楫皆降归。孙邦佐遥授潍州刺史,张汝楫遥授淄州刺史,皆加明威将军。

顷之,弼荐邦佐、汝楫改过用命,招降甚众,稍收其兵仗,放归田里。诏邦佐遥授同知益都府事,汝楫遥授同知东平府事,皆加怀远大将军。梁聚宽遥授泰定军节度副使,加宣武将军。四年(1216年),弼迁宣抚使。已而汝楫复谋作乱,邦佐密告弼,弼飨汝楫,伏甲庑下,酒数行,钟鸣伏发,杀汝楫并其党余。

金兴定五年(1221年),燕宁战死。燕宁余部归属刚提拔为招抚使的孙邦佐统领。《金史》卷一百二,列传第四十《蒙古纲传》载,时蒙古纲上奏朝廷:

(燕)宁所居(泰山)天胜寨,乃益都险要之地。(燕)宁尝招降群盗胡七、胡八,用为牙校,委以腹心,群盗皆有归志。及(燕)宁死,复怀顾望,胡七、胡八亦反侧不安。臣以提控孙邦佐世居泰安,众心所属,遂署招抚使。以提控黄掴兀也充总领,副之。此当先奏可,顾事势危迫,故辄授之。①

孙邦佐屡屡立功,累官知东平府事、山东西路兵马都总管,充宣差招抚使。

二、佐贰、幕僚官等

李之翰(1162—1189年),字周卿,号乐轩,一说默轩,济南(今山东省济南市)人。宋宣和六年(1124年)进士,授官铭州。金皇统七年(1147年)守宁州,六月陷"田毂之状案"被除名。金天德元年(1149年)遇赦,金大定二年(1162年)复官,大定二十九年(1189年)卒于同知东平府事任上。有《漆园集》行于世。

李之翰由宋入金,卷入"田毂之状案"。元好问《中州集》辛集第八《李宁州之翰》载,李之翰"(宋)宣和末年(1124年)擢第。人有劝参童贯,可以径至馆职者,周卿谢绝之。国兵破洺州,缚见元帅,诱之使降,语及君臣之际,辞情慷慨,自分一死,帅怜之,遂被录用,后守宁州,陷田侍郎珏党籍,除名,徙上京,遇赦复官"②。即李之翰及第后,授官铭州(今河北省邯郸市东北),金皇统七年(1147年)初,金军破洺州时被俘,降金后守宁州(今甘肃省宁县)。六月,陷"田毂之状案",与孟浩等34人皆徙东北地区。金天德元年(1149年),海陵王即位,李之翰在十二月的大赦中遇赦,金大定元年(1161年),金世宗即位,遂起用旧臣,李之翰复官。《金史》卷八十九,列传第二十七《孟浩传》载,金大定二年(1162年)金世宗诏见孟浩案受牵连者,复官爵。③ 李之翰应为该年复官。

① [元]脱脱,等. 金史[M].北京:中华书局,1975:2256-2261.
② [金]元好问. 中州集[M].上海:华东师范大学出版社,2014:497.
③ [元]脱脱,等. 金史[M].北京:中华书局,1975:1979.

李之翰富有文才。李之翰于金正隆五年（1160年）时，书《定县重修文庙碑》。六年（1161年），撰立于曲阳西北35千米王子寺《龙泉山王子寺法兴院顺师墓碣》，署款"中山默轩老人李之翰撰"。元好问《中州集》称李之翰"有《漆园集》行于世"，并录其诗4首。金皇统年间（1141—1149年），山东茌平人马定国为李之翰写了一首《读庄子》唱和诗，十分同情李之翰的怀才不遇："吾读漆园书，秋水一篇足。安用十万言，磊落载其腹。北风熟粗梨，冷日照鸿浩。人生固事多，端坐至秉烛。"

李之翰"终于东平倅"。倅，即指同知东平府。如《金史·庞铸传》"出倅东平"，《山东通志·职官志》"庞铸，同知东平府"。由此可推知，李之翰于金大定二十九年（1189年）任同知东平府尹。逝世于东平。其孙李德元，元严实行台时居东平乡里。

庞铸（约1170—1220年），字才卿，号默翁。先辽东（今辽宁省盖州市）人，后徙大兴。金明昌五年（1194年）进士，曾"出倅东平"。官至京兆路转运使。清乾隆《泰安府志》卷之十《职官志（上）》载："同知（东平府事），庞铸，辽东人"。兴定年中卒。

庞铸家世贵显，为金时东平府平阴县令史良臣的女婿。赵秉文《闲闲老人滏水文集》卷十二《赠少中大夫开国伯史公神道碑》载，史良臣行高而学博。"自赵黄山（沨）、王黄华（若虚）诸公，皆屈己尊礼之。又与其婿陕西东路转运使庞铸才卿，有冰玉之誉"①。也就是说，其内兄即金大定二十八年（1188年）进士、翰林直学士史公奕。

庞铸一生坎坷。《金史》卷一百二十六，列传第六十四《文艺下》之《庞铸传》云："少擢第，仕有声"②。张邦彦《闻喜重修圣庙记》载，承安间，庞铸任闻喜县主簿。金迁都汴京之后，先后担任翰林学士，户部侍郎。金宣宗贞祐二年（1214年）初发生的"士林之祸"，庞铸遭劫。时河南府治中高庭玉因人才出众，为金宣宗所猜忌，当蒙古军围中都后不久，高庭玉、庞铸、雷渊等被金帅福兴罗织谋逆之罪而遭到拘押。平反后不久，又因违规被贬。刘祁《归潜志》卷四《庞户部铸小传》云，贞祐三年（1215年）迁翰林待制、户部侍郎。后因坐游贵戚家，被贬出倅东平。后

---

① ［金］赵秉文. 闲闲老人滏水文集［M］.北京:中华书局,1985:2253.
② ［元］脱脱,等. 金史［M］.北京:中华书局,1975:2736.

擢京兆路转运使。①

庞铸多才多艺,博学能文,工书善画。元好问《中州集》戊集第五《庞都运铸》称其"风流文采,为时辈所推,字画亦有蕴藉",时有"名士"之称。② 作为一名知名书画家,他题写书画的诗作格外引人注目,在《中州集》辑存的19首诗中,多达7首。其中为同科进士田琢(字器之)所画的《燕子图》及所题长诗《田器之燕子图》最为著名,引赵秉文、杨云翼、元好问等名儒纷纷为之赋诗,传诵一时。庞铸为金代著名画家杨邦基《雪谷晓装图》题诗,对杨邦基的画作既有忠实的描绘,又有精彩的想象、形象生动的描写、善意的调侃,是一首难得的题画诗佳作。庞铸撰文,有《重修玉虚观三清殿记》《大师梁忠武王祠堂碑》等传世。《画史会要》言:"庞铸善画山水禽鱼"。《金史·庞铸传》称他"博学能文,工诗,造语奇健不凡,世多传之"。庞铸的五言诗《梨花》,直抒胸臆,有"自画像"之韵味,"孤洁本无匹,谁令先众芳。花能红处白,月供冷时香。缟袂清无染,冰姿淡不妆。夜来清露底,万颗玉毫光"。

耿端义(?—1214年),字忠嗣。金山东西路博州博平(今山东省聊城市茌平区)人。金世宗大定二十八年(1188年)进士。章宗朝时同知东平府事、充(代理)山东安抚使,累官参知政事(宰相贰),秩从二品。

耿端义曾佐宣宗完颜珣,官至副相。《金史》卷一百一,列传第三十九《耿端义传》载,耿端义进士及第后,历任滑州(今河南省滑县)军事判官,上洛县(今陕西省商县)令,安化、顺义军节度判官,尚书省令史,汾阳军节度副使,都转运司户籍判官,太常博士,太常丞兼秘书郎,左司员外郎,太常少卿兼吏部员外郎,户部郎中,河北东路按察副使,同知东平府事,山东安抚使等。卫绍王大安二年(1210年)二月,耿端义迁礼部侍郎。金宣宗完颜珣兼判汾阳军时,耿端义时为汾阳军副使,为宣宗的副手。所以宣宗完颜珣1212年即位后不久,就召见了耿端义,询问他当时的情况,并升迁他为翰林侍讲学士兼户部侍郎。金贞祐元年(1213年)十一月时,又提拔其任尊为"宰相之贰"的参知政事。③

耿端义奏请迁京开封。金宣宗贞祐元年(1213年)十月,金朝都城中都(今北京市)再次被蒙古兵包围,形势严峻,金宣宗问谁能破敌,将领无肯出战者,耿端义

---

① 王庆生. 金代文学家年谱(上)[M].南京:凤凰出版社,2005:401-405.

② [金]元好问. 中州集[M].上海:华东师范大学出版社,2014:305.

③ [元]脱脱,等. 金史[M].北京:中华书局,1975:2233-2234.

乃上奏皇帝,"今日之患,卫王启之,士卒纵不可使,城中军官自都统至谋克不啻万余,遣此辈一出或可以得志"。但金朝军队始终未敢出城,仅凭高城深池固守而已。后蒙古兵自行退去。中都解围后,端义又奏请迁都南京(今河南省开封市)。贞祐二年(1214年)五月,金宣宗下诏迁都南京(今河南省开封市)。

金贞祐二年(1214年),耿端义病逝。宣宗皇帝赐予丰厚的随葬物品,并派官员参加其葬礼。

完颜从坦(?—1218年),皇族宗室。金兴定初年,遥授同知东平府事,权元帅左监军,行元帅府事。在保卫平阳时城破自杀。赠昌武军节度使。

从坦常怀忧国忧民之心。《金史》卷一百二十二,列传第六十《忠义二·从坦传》载,完颜从坦,在金大安年(1209年)荫补尚书省祗候郎君。金贞祐二年(1214年)同知涿州事,迁刺史,充宣差都提控。①

从坦常怀忧国忧民之心。根据蒙古军队强悍之势,多次向朝廷建言献策。一是建言皇亲国戚冲锋在前。金贞祐四年(1216年),行枢密院于河南府,上书曰:"用兵累年,出辄无功者,兵不素励也。士庶且充行伍,况于皇族与国同休戚哉。皆当从军,亲冒矢石,为士卒先,少宽圣主之忧。族人道哥实同此心,愿隶臣麾下"。宣宗嘉其忠,许之。二是建言兵民协防。金兴定元年(1217年),改辉州刺史,权河平军节度使、孟州经略使。"当是时,诸路兵皆入城自守,百姓耕稼失所"。从坦奏言养兵为民、民防、屯守等策,皇帝从之,加遥授同知东平府事,权元帅左监军,行元帅府事,与参知政事李革一起守御平阳。

从坦以身殉国。金兴定二年(1218年)十月,蒙古兵攻平阳,从坦力战不保,"城破,从坦自杀。赠昌武军节度使"。

张汝楫(?—1216年),山东人,原为"红祆军"泰安刘二祖的部将之一,据守泰山主峰西部的灵岩。金贞祐三年(1215年)被东平元帅府完颜弼招降,金廷"遥授同知东平府事"。

《金史·仆散安贞传》载:"泰和年间,山东无赖往往相聚剽掠",益都"(杨)安儿乃亡归山东,与张汝楫聚党攻劫州县,杀略官吏,山东大扰"。《金史》卷第十四,本纪第十四《宣宗上》载,金贞祐三年(1215年)正月,"乙丑,诏宣抚阿海,总管合住讨贼刘二祖、张汝楫"。②

① [元]脱脱,等. 金史[M].北京:中华书局,1975:2661-2663.
② [元]脱脱,等. 金史[M].北京:中华书局,1975:306.

金贞祐三年(1215年),东平知府完颜弼遵旨遣人招降"红袄军"。《金史·完颜弼传》载,"是时,刘二祖余党孙邦佐、张汝楫保济南勤子堌,弼遣人招之"。张汝楫降金,"汝辑遥授淄州刺史"。因孙邦佐、张汝楫招降,下属者众多,张汝楫"遥授同知东平府事",加怀远大将军。① 贞祐四年(1216年),张汝楫复谋再反金时,被原同为"红袄军"的"战友"孙邦佐告密于完颜弼,被完颜弼、孙邦佐设计伏杀。同时,残忍地杀死起义军(兵)万余人。

《金史·宣宗上》云,金贞祐三年(1215年)八月(另,《金史·完颜弼传》载为"贞祐四年"),山东西路宣抚使完颜弼奏:"遥授同知东平府事张汝楫将谋复叛,密遣人招同知益都府事孙邦佐,邦佐斩其人,弛极弼,弼杀汝辑及其党万余"。

尼庞古蒲鲁虎(? —1216年),女真族,中都路(今北京地区)猛安人。约大安年间因廉政升任东平府治中。

《金史》卷一百二十二,列传第六十《忠义二·尼庞古蒲鲁虎传》载,尼庞古蒲鲁虎,金明昌五年(1194年)进士,补尚书令。金泰和六年(1206年)十月,随平章政事仆散揆伐宋。兵罢,除同知崇义军节度使事。察廉,改东平府治中(少尹)。后历环州、裕州刺史,翰林待制,开封府治中,大理卿,知河南府事,兼河南路副统军等。金贞祐四年(1216年),急备京西,为陕州宣抚副使、兼西安军节度使。在蒙古军攻陷潼关时,尼庞古蒲鲁虎兵败战死。"是岁,大元兵取潼关,戍卒皆溃,蒲鲁虎御战,兵败死焉"②。

完颜惟镕,本名没烈,字子铸。出身于皇宗亲、五世为官之家。金贞祐元年(1213年),职都统,护漕运。贞祐三年(1215年)于山东擒刘二祖后,职东平府治中,终于邳州经略使。

清乾隆《泰安府志》卷之十《职官志上》载,完颜惟镕(没烈)职泰安军节度副使。"副使,完颜惟镕,泰安军"③。

清光绪《东平州志》卷十《职官志》载:"(东平)尹,没烈,见《金史蒙古纲传》"。"尹"疑为"少尹",亦袭称治中。存疑。④

完颜惟镕(没烈),五世事金。《金史》卷六十五,列传第三《始祖以下诸子·始祖子》载完颜惟镕(没烈)勋贵五代:"麻颇,天会十五年(1137年)封王,正隆列

---

① [元]脱脱,等. 金史[M].北京:中华书局,1975:2354.
② [元]脱脱,等. 金史[M].北京:中华书局,1975:2673-2674.
③ 泰安市地方史志办公室. 泰安府志[M].北京:线装书局,2017:271.
④ 郭云策,李宏生.东平州志[M].北京:中国文史出版社,2008:818.

封虞国公"。"蛮睹,袭父麻颇猛安。蛮睹卒,子扫合袭。扫合卒,子撒合辇袭。撒合辇卒,子惟镕袭"。

完颜惟镕(没烈)凶狠镇压山东"红袄军",生擒义军领袖刘二祖。《金史》之《始祖以下诸子·始祖子》之《姪玄孙惟镕传》云,惟镕(没烈)"骈胁多力,喜周急人"①。金贞祐元年(1213年),因守杨文关有功,兼都统,护漕运。贞祐二年(1214年),佩金牌护亲军家属迁汴(今河南省开封市)有功,遥授同知祁州军州事,充提控。贞祐三年(1215年),随山东路统军使仆散安贞镇压山东"红袄军","破红袄军于大沫堌(今山东省费县西南),惟镕(没烈)入自北门,诸军继进,生获刘二祖,功最"。

《金史·仆散安贞传》载:"提控没烈夺其北门以入,别军取贼水寨,诸军继进,杀贼五千余人"。因此,完颜惟镕(没烈)升迁泰安军节度副使,改遂王府尉、都水少监、东平府治中。

完颜惟镕(没烈)戴罪立功。完颜惟镕(没烈)在任东平治中时,"坐误以刃伤同知府事纥石烈牙吾塔,当削降殿年,仍从军自效"。他违法刃伤朝廷命臣,被朝廷削官降职。

《金史·蒙古纲传》载,金兴定年间(1217—1222年),山东农民起义军势盛,蒙古纲遣完颜惟镕(没烈)去曹州(今山东省菏泽市境内)、济州(今山东省巨野县西)一带讨伐影响最大的一支忠义军"花帽贼",大胜。"先是东平治中没烈因事削降殿年,诏仍从军,有功复用"②。于是,是役后东平行省蒙古纲"奏其功,复前职"。后迁邳州经略使,卒。

乌古论德升(? —1218年),本名六斤,女真人,益都路(今山东省青州市)猛安人。金明昌二年(1191年)进士。泰和年间,任东平治中。累官至左监军,行元帅府事。

乌古论德升(六斤)曾任权参知政事(副相)。《金史》卷一百二十二,列传第六十《忠义二·乌古论德升传》载,乌古论德升于金明昌二年(1191年)进士及第后,累官补尚书省令史,知管差除。除吏部主事、绛阳军节度副使,太常博士、东平治中等。金大安初(1209年),知弘文院,改侍御史等。职侍御史期间,向卫绍王奏纥石烈执中奸恶,不听,迁肇州防御使。宣宗完颜珣迁汴后,为肇州节度使,后

---

① [元]脱脱,等. 金史[M].北京:中华书局,1975:1545.
② [元]脱脱,等. 金史[M].北京:中华书局,1975:2256.

进翰林侍读学士、兼户部侍郎,不久以翰林侍读权参知政事,秩从二品。

乌古论德升(六斤)敢于直谏。宣宗南迁后,乌古论德升(六斤)建言,为强化肇州的防御,应升其为节度州,增设招讨使官,加强防守兵力。被皇帝采纳。乌古论德升(六斤)和平章政事抹捻尽忠论说近侍局干预朝政,激怒了宣宗皇帝,把他遣出了京城。《金史·百官志二》载,近侍局的职责是"掌侍从,承敕令,转进奏帖"①。近侍局的提点使、直长等,都是皇帝身边的近臣,其僚俗称"太监"。

乌古论德升(六斤)忠义报国。金兴定元年(1217年),乌古论德升在知太原府事、权元帅左监军任上,元兵急攻太原,粮道绝。乌古论德升屡出兵战,粮道复通,诏迁官一阶。兴定二年(1218年),元军复围太原,乌古论德升在"矢石如雨"中死战不能守,城破后,在府署自缢而死,其姑母和妻子皆自杀。朝廷诏赠乌古论德升(六斤)翰林学士承旨。

路铎(约1157—1214年),字宣叔,号虚舟居士,冀州(今河北省衡水市冀州区)人。金泰和二年(1202年),为驻守山东西路兖州的泰定军节度副使,不久,改为东平总管府治中。

路铎以荫仕,政履丰富。《金史》卷一百,列传第三十七《路铎传》未载科第,推理为荫补。约于金世宗大定二十一年(1181年)初仕,金明昌二年(1191年,《金史》本传记为"三年")为左三部司正,不久迁右拾遗,明昌五年(1194年)改右补阙、南京留守判官,金承安二年(1197年)为翰林修撰、改监察御史,四年(1198年)迁侍御史,解职后在乡闲居。金泰和二年(1202年),起为山东西路泰定军(驻兖州)节度副使,改东平治中,泰和三年(1203年)出为景州刺史,述"12训"以教民,诏遍谕州郡。泰和五年(1205年),任陕西路按察副使,泰和六年(1206年)召为翰林待制兼知登闻鼓院,金大安元年(1209年),或曾职山东西路曹州、又为济南尹。②

路铎出身于一个明礼、重信的家庭。其父路伯达(?—1196年),字仲显,是一位勤政爱民、廉洁奉公的官吏。《金史》卷九十六,列传第三十三《路伯达传》载,路伯达"性沉厚,有远识,博学能诗,登正隆五年(1160年)进士第"。③ 曾任山东东路诸城薄、泗州榷场使,同知济南府事,累迁刑部侍郎,太常卿。金明昌五年

---

① [元]脱脱,等. 金史[M].北京:中华书局,1975:2658-2659.
② [元]脱脱,等. 金史[M].北京:中华书局,1975:2205-2208.
③ [元]脱脱,等. 金史[M].北京:中华书局,1975:2793-2794.

（1194 年）十月，路伯达、王衍撰山东长清《题灵岩寺诗》。路铎的母亲傅氏，深明事理，买田 2000 亩大力支持丈夫兴学；拒纳贿赂、上缴宋朝的献金，由此被金廷赐号"成德夫人"。路铎童蒙时，父母就节衣缩食，花数 10 金购买新出版的赋学家类书《节事》等，放置于学校里，让路铎和同学们共享。

"铎刚正，历官台谏，有直臣之风"。路铎为左三部司正，右拾遗时，尚书左丞完颜守贞，在商讨政事时，耿直不移，与同事关系处得很紧张，因而受到同事的排挤，于金明昌三年（1192 年）由宰相职被外遣降知东平府事。明昌四年（1193 年）路铎上书，论完颜守贞贤良，应当复用。因其言太切，被大臣们认为狂妄，不称谏职。因此，明昌五年（1194 年）十二月，平章政事完颜守贞罢，路铎也牵连补外。后来完颜守贞再入相时，以政事为己任，忌妒路铎。路铎论边防，被否。路铎因此以镐王永中事，谏完颜守贞为党，于是金章宗"乃出守贞知济南府"①。《金史》卷一百二十九，列传第六十七《佞幸·胥持国传》载，一日，皇帝诏翰林修撰路铎问以他事，谈到董师中、张万公优劣，路铎说："（董）师中附胥持国进。（胥）持国奸邪小人，不宜典军马，以臣度之，不惟不允人望，亦必不能服军心"。路铎认为，如果让海陵王时期的尚书右丞胥持国再度为相的话，必乱天下。朝廷纳之。由路铎对完颜守贞一保一谏、直言胥持国不可用的话语可见，路铎荐、黜官吏，皆出以公心、公正且不徇私情。

路铎因为刚直，有时犯颜直谏，惹恼皇帝。比如，金明昌四年（1193 年），章宗将幸景明宫避暑，而是岁民饥，路铎等切谏言民间多阙食不可行，皇帝只好罢行。又据元好问《中州集》辛集第八《路冀州仲显小传》载，章宗欲立元妃李师儿，路铎谏："李氏出细微，不应上僭，有累圣德，又其兄弟恃宠纳贿，将有杨国忠之祸"②。结果皇帝生怒，把路铎除名。路铎因为刚直，也难免得罪权臣，金承安二年（1197 年），路铎论胥持国不可复用，胥党怒之，改监察御史，主奏事。路铎深知直谏亦成仇。如一次他议宰相权重后，复奏曰："乞陛下勿泄此言，泄则臣齑粉矣"。路铎一生也因敢于直谏而被 3 次罢官。第一次为明昌末，议涉镐王永中事，尚书省奏拟让路铎任同知河北西路转运使事。恰路铎谏李师儿事，朝廷将路铎"坐谤讪除名"回乡。第二次为承安三年（1198 年）劾奏参知政事杨伯通不实，遭金章宗斥责。第三次为承安四年（1199 年）四月，监察御史姬端修以言事下狱，路铎"坐奏事不

① ［元］脱脱，等．金史［M］．北京：中华书局，1975：2138-2139．
② ［金］元好问．元好问全集（上）［M］．太原：山西人民出版社，1990：512．

实"而追两官,解职。路铎罢官时,得到家人很大的精神支持。路铎因谏李师儿事被除名回乡,其母临终告诉路铎:"汝以忧国爱君,故极言直谏,天子明圣,特暂有所蔽,计他日必复起,汝前事须再言,勿有所顾忌也"。

路铎在山东结交了不少朋友。金泰和二年(1202年),路铎为山东西路兖州泰定军节度副使,不久,皇帝"诏左司计路铎"资考至正五品,任命路铎为东平府治中(少尹),掌官署众部门文书之事。相当于今"省政府秘书长"。元好问《遗山集》卷三十一《告山赟禅师塔铭》载,路铎在兖州,与出兖州侯氏的法赟大师为友。"师道风蔼然,为诸方所重,再往兖州之普照(寺),州倅信都(今河北省衡水市冀州区)路公宣叔,文翰之外,兼涉内典,与师为淘汰之友"①。路铎还曾与赵秉文和东平人赵沨(字文孺)唱和,赵秉文《闲闲老人滏水文集》卷三有《陪赵文孺、路宣叔分韵赋雪》。

路铎为文尚奇,诗篇温润精致。路铎文学修养很高,与赵沨、周昂、赵秉文、王庭筠等大儒均有交往。元好问少时曾于冀州学文于路铎。元好问《中州集》丁集第四《路司谏铎小传》称,"宣叔文最奇,尤长于诗,精致温润,自成一家","有《虚舟居士集》,得之乡人刘庭干家"②。《中州集》录其诗26首。路铎《襄城道中有言长官横暴者》诗,尽显其谏官风采:"禾黍低风汝水长,迟迟驿骑困秋阳。病躯官事交相碍,梦雨行云肯借凉?尽说秋虫不伤稼,却愁苛政苦于蝗。诗成应被西山笑,已炙眉头尚否臧。"

路铎以身许国。金贞祐二年(1214年)初除孟州防御史,二月蒙古军陷孟州,路铎誓死不降,投沁水而死。

李通(约1160—1226年),字平甫、平父,自号寄庵老人,栾城(今河北省栾城县)人,金明昌二年(1191年)进士。卫绍王贞祐元年(1213年)任山东西路兵马副都总管、东平治中。详见卷九,列传第二。

雷渊(1184—1231年),字希颜,一字季默,应州浑源(今山西省浑源市)人。登金贞祐元年(1213年)词赋进士甲科,初职遂平县事,调泾州录事。正大年初(1224年)左右,改东平录事,后任东阿令。累官至太学博士,翰林修撰(从六品)。有文声。48岁时英年早逝。

雷渊读书心无旁骛。《金史》卷一百十,列传第四十八《雷渊传》载,雷渊的父

---

① [金]元好问. 元好问全集(上)[M].太原:山西人民出版社,1990:720.
② [金]元好问. 元好问全集(上)[M].太原:山西人民出版社,1990:253.

亲雷思,名进士,仕至同知北京转运使,注《易》行于世。雷渊系最幼,小时候他的几个哥哥均不管顾他。三岁时丧父,七岁时发愤读书。因为家贫,他常衣履破烂,坐塌无席,袒肩露足,但他仍能够安坐、专心致志的读书。"不迎送宾客,人皆以为倨"①。他的朋友曹州济阴人商衡经常替他辩护,而且常常周济他。后从李之纯(屏山)游,方有了名气。金贞祐元年(1213年)考中词赋进士甲科,任遂平县事,后调泾州录事。

雷渊命运多舛。发生在金宣宗贞祐二年(1214年)初的"士林之祸",雷渊受到牵连。当时河南府治中高庭玉因人才出众,为金宣宗所猜忌,1213年十月,蒙古军围中都燕京后不久,高庭玉等被金帅温迪罕福兴罗织谋逆之罪遭到拘押。宇文懋昭《二十五别史17·大金国志》卷二十九载:"庞才卿(铸)、雷希颜(渊)、王士衡(权)、辛敬之(愿)皆被罗织,几有一网之祸。比赦至,(高)庭玉瘐死"②。高庭玉死于狱中,雷渊也被折磨得死去活来。后查明是冤案后,约于金宣宗贞祐末(1216年)改为东平录事。后来迁东平府治下的东阿令,转山东西路徐州观察判官,改应奉翰林文字,监察御史,因被其棰击者众被罢官。后来宰相侯挚推荐,才起用为太学博士、南京转运司户籍判官,迁翰林修撰。一夕暴卒,年48岁。

雷渊疾恶如仇,敢与碰硬,被百姓称为"神明"。《金史》本传云,雷渊"为人躯干雄伟,髯张口哆,颜渥丹,眼如望洋,遇不平则疾恶之气见于颜间,或嚼齿大骂不休,虽痛自惩创,然亦不能变也"。在任权遂平县事时,严厉打击豪强猾吏。元好问《中州集》卷己第六集《雷御史渊小传》载:

> 尝为户部尚书所辟,权遂平县事,时年少气锐,击豪右,发奸伏,一县畏之,称为神明。及以御史巡行河南,百姓相传雷御史至,豪猾望风遁去。正大庚寅倒廻谷之役,希颜上书,破朝臣孤注之论,引援深切,灼然易见,而主兵者沮之,策为不行,至今以顾望为营国者之恨。③

驻守东平的金军官兵欺民,官府骄纵,而雷渊不屈。元好问《雷御史渊小传》载:

> 初在东平,东平河朔重兵处也。骄将悍卒倚外寇为重,自行台以下皆务为摩

① [元]脱脱,等.金史[M].北京:中华书局,1975:2434-2435.

② [金]宇文懋昭.二十五别史17·大金国志[M].李西宁,点校.济南:齐鲁书社,2000:222.

③ [金]元好问.中州集[M].上海:华东师范大学出版社,2014:396.

拊之。希颜莅官,自律者甚严,出入军中,俨然不为屈,不数月,闾巷间家有希颜画像,虽大将亦不敢以新进书生遇之。①

雷渊为官是酷,绰号"雷半千"。他当监察御史时,言事称旨,并且弹劾不避权贵,出巡郡邑所至有威誉,奸豪不法者立榱杀之。在蔡州的时候,被他榱杀者达500人,当时人们给他起了个绰号叫"雷半千"。② 为此,被人讼告,丢了官职。

雷渊学问广博,文师韩愈,诗师苏、黄,"为文章诗喜新奇"。又喜好收藏古人书画。所撰《祭高献臣文》,其词高古,传诵一时。诗存于元好问《中州集》中凡30首,亦有诗存于刘祁《归潜志》中。

雷渊善于交友,热情好客。"善结交,凡当涂贵要与布衣名士无不往来。居京师,宾客踵门未尝去舍,家无余赀,及待宾客甚丰腆"。故,《金史》叹曰:"雷渊,然亦以群小龃龉而死,直士之不容于世也久矣。吁!"

党纯睦,金代著名书法家党怀英之父,陕西冯翊(今陕西省大荔县)人。党怀英的父亲在职山东西路的录事时逝世于任上,妻、子回不了祖籍而居留在泰安。

《金史》卷一百二十五,列传第六十三《文艺志上》之《党怀英传》云:"父纯睦,泰安军录事参军,卒官,妻、子不能归,因家焉"。

清光绪《东平州志》卷十,《职官志》之《职官表》载,东平"录事:党纯睦、雷渊"。③ 清乾隆《泰安府志》卷之十《职官志上》载,"录事:党纯睦"。

元好问《中州集》丙集第三《承旨党公小传》载,"父纯睦自冯翔来""父纯睦,进士及第,释褐从事郎、泰安军录事参军,卒官"④。

党纯睦的职务应为"录事"。第一,金代"百官"中没有"录事参军"一职。《金史·百官志一》之《六部·吏部》载,金皇统五年(1145年),官吏分类名为:"京府尹牧、留守、知州、县令、详稳、群牧为'长官',同知、签院、副使、少尹、通判、丞曰'佐贰官',判官、推官、掌书记、主簿、县尉为'幕职官',兵马司及它司军者曰'军职官',警巡、市令、录事、司侯、诸参军、知律、勘事、勘判为'厘务官'……"录事,秩正八品。第二,刘豫阜昌初(1132年)设泰安军,1182年泰安军方升为刺史州。《金史》卷二十五,志第六《地理中·山东西路》载:泰安隶属于山东西路。"泰安

① [金]元好问. 中州集[M].上海:华东师范大学出版社,2014:396.
② [金]刘祁. 归潜志[M].北京:中华书局,1983:9-11.
③ 郭云策,李宏生.东平州志[M].北京:中国文史出版社,2008:818.
④ [金]元好问. 中州集[M].上海:华东师范大学出版社,2014:161.

州,上,刺史。本泰安军,大定二十二年(1182年)升"①。党怀英为大定十年(1171年)东平府试解元,其父早卒,故党纯睦职"泰安军录事参军"时,泰安还没有升格为刺史州。

综上所述,党怀英父亲职"泰安军录事参军"之载,不少学者指出此乃春秋笔法,沿袭唐宋之称。地方州、府旧志所载的党纯睦职东平府"录事",比较准确。金代"录事"职,是掌管辖区内户民事务的"诸府节镇录事司"的长官。负责掌管政府文书,纠查府事,举贤弹恶等,属于知府的佐官或僚属长,相当于现今的政府"秘书处"负责人。

马舜卿(1175—1227年),字肩龙,宛平(今北京市宛平)人,金兴定元年(1217年)秋任东平录事。累官至德顺总管判官。

马舜卿出身于书香门第。《金史》卷一百二十三,列传第六十一《马肩龙附传》载,马舜卿的父亲马成谊,字宜之,金明昌五年(1194年)进士,授京兆路统军(领陕西)判官。②

元好问《中州集》壬集第九《马舜卿小传》云,"马舜卿,字肩龙,以字行。先世辽大祖,有职兴中府(今辽宁省朝阳市)者,故又号兴中马氏"③。祖父马大中,金初登科,任全、锦两州节度使。父亲马成谊,章宗明昌五年(1194年)进士,仕为京兆路统军判官。

马舜卿少时在太学素负盛名。金宣宗初年(1213年),有人告宗室完颜从坦杀人,无敢辩其冤者,马舜卿以太学生上书,言完颜从坦是冤枉的,愿代其死。金宣宗感悟,赦了完颜从坦。金宣宗识其人,授马舜卿试东平府录事。

马舜卿与侯挚不睦,任东平行省录事仅数月。《金史·马肩龙附传》载,马舜卿"委行台试验,宰相侯挚与之语,不契,留数月罢归"④。马舜卿试用东平录事时,宰相侯挚行省东平,因马舜卿与侯挚不睦,所以马舜卿只干了几个月,"试用期"都没满,就罢官而归。当时马舜卿由于心情不好,北归渡河乘船时,与黄河渡口的排岸官发生了纷争,马舜卿被疑为南宋奸细抓了起来,关进归德监狱,完颜从坦至,才放了他。所涉完颜从坦、侯挚二人,《金史》均有传。《金史》卷一百二十

① [元]脱脱,等.金史[M].北京:中华书局,1975:616.
② [元]脱脱,等.金史[M].北京:中华书局,1975:2692.
③ [金]元好问.中州集[M].上海:华东师范大学出版社,2014:572.
④ [金]元好问.中州集[M].上海:华东师范大学出版社,2014:573.

二,列传第六十《忠义二·从坦传》载,金贞祐四年(1216年)从坦行枢密院于河南府,金兴定元年(1217年)后历辉州、孟州,转同知东平府事,权元帅左监军。①《金史·侯挚传》载,侯挚贞祐四年(1216年)五月行省事于东平,兴定元年(1217年)冬兼三司使。② 马舜卿试东平录事的时间,应是侯挚在位,从坦在河南任职。故推论,马舜卿应在兴定元年(1217年)秋试东平录事。

马舜卿守土有责。金正大四年(1227年)春,马舜卿旅居陕西凤翔时,德顺州的守将爱申写信招揽马舜卿。凤翔总管劝马舜卿说,蒙古军南下,"德顺州可能守不住,不可前去"。马舜卿曰:"爱申平生未尝识我,一见为知己。我知德顺不可守,我往必死,然以知己故不得不死也"。到德顺州刚几天,蒙古军就来围攻,州将爱申任命马舜卿为总管判官,凡是守城防御的事全都委托给他。蒙古军围攻德顺城一百多天,城中弹尽粮绝,城陷,马舜卿不知所终。

马舜卿能诗。《中州集》录其《会州道中》诗一首:"山腰薄雪眩朝暾,未放阳和入烧痕。一片长安世情月,梨花院落几黄昏。"

三、宗教吏员

崇业、大德、定德:金大定二十二年(1182年),时任东平府管内僧录判官、知教门事。

东平人赵沨肥城《陶山幽栖寺重修大殿记》碑落款:"大定二十二年(1182年)岁次壬寅十月戊戌朔十五日壬子,东平府管内僧录判官、知教门事崇业、大德、定德立石"。

韩惠才(约1120—1188年),为泰山灵岩寺第57代来公禅师。大定初年,韩惠才曾隐于东平灵泉。而后,任东平兴化禅院主僧4年后,逝于东平。

金大定二十七年(1189年)立石于泰山西麓灵岩寺《当山第五十七代来公禅师塔铭》载,东平兴化禅院的明超大师"以襄荼不能住持",再三恳请。来公禅师韩惠才,遂从其请,住持东平兴化禅院。

师讳惠才,姓韩氏,睢阳人也。大定之初,(东平)长兴(寺)专使请师住持。师闻之西走,能耳,寻复归滏阳以遂其本志。久之,大明记师曰:"汝道成果熟,可为人师。吾之正法待汝兴行。汝其勉之。"于是辞大明而隐于东平之灵泉,得一室

① 〔元〕脱脱,等.金史[M].北京:中华书局,1975:2661-2663.
② 〔元〕脱脱,等.金史[M].北京:中华书局,1975:2384-2390.

于人境之外,行住坐卧,无非道场。闭影不受人事者数季。

时韩惠才隐居的灵泉及"得一室"之处的灵泉寺,在今东平县老湖镇东平湖东北方向的凤凰山。清光绪《东平州志》卷三《山川考·山》"蚕尾山"条载:

旧《志》:州北三十里,其右有湖(注:今东平湖),湖上有洄源亭,唐太守苏源明宴五太守于此亭,名其湖曰"小洞庭。"源明诗序有"左拂蚕尾"语。北为凤凰山,其下有寺,四围皆石,中有巨泉,清澈涌沸,旧传祈雨有应,名曰灵泉。蚕尾与望山、卧牛山、凤山、黄华山,皆相联络。①

清光绪《东平州志》卷六《建置考·寺观》"灵泉寺"条载:"州北三十五里,旧传唐尉迟敬德建,内有泉,祈雨辄应,故名(灵泉寺)"②。

韩惠才居东平兴化寺 4 年。一天早晨,患有微疾的韩惠才,突然召集徒弟们说:"今天落日之时,我就要走(死)了"。遂跏趺而逝,翌日茶毗于东郊,得舍利(子)百余颗。卒年 68 岁,从事僧腊 47 年。

韩惠才住持 4 年的逝世之地东平兴化寺,亦在凤凰山附近。清光绪《东平州志·建置考·寺观》"兴化寺"条载,"兴化寺,州北四十里,宋景定二年(注:疑为景德,或景祐,或康定年号之误)建,金大定间重修"。志中"宋景定二年"为误载,一是疑为"宋景德二年(1005 年)"或"宋景祐二年(1135 年)";二是疑为"宋康定二年(1041 年)"。

明超,金大定末年,东平兴化禅院住持僧。金大定二十七年(1189 年)立石于泰山西麓灵岩寺《当山第五十七代来公禅师塔铭》载,大定末,东平兴化禅院的明超大师"以襄荼不能住持",再三恳请来公禅师韩惠才,做东平兴化禅院住持。

---

① 郭云策,李宏生.东平州志[M].北京:中国文史出版社,2008:764.
② 郭云策,李宏生.东平州志[M].北京:中国文史出版社,2008:783.

卷九　列传第二　山东西路人物（上）

诸路级政军机构

行省、宣抚：

仆散安贞　侯挚　蒙古纲　郭俣　孟奎　完颜阿邻　颜盏天泽　燕宁

提刑、按察：

李献可　李仲略

武备：

完颜撒改　完颜撒刺　胡景崧　王庭玉　李通　夹谷石里哥　齐旺　纥石
烈牙吾塔　郭澍　完颜赛不　蒲察移敕都　斡不塔　蒲察山儿

　　金朝山东西路，设有诸多路级机构，如东平行省、枢密院、元帅府、统军司，若
山东西路宣抚司、安抚司、提刑司等，以及山东西路所辖州、军，或任其"亲民官"，
或为"佐贰官"，或为"幕僚官"不等，择其职与"东平"密切者记之。

一、行省、宣抚

　　仆散安贞（？—1221年），本名阿海。女真族。上京（今黑龙江阿城南）人。
金贞祐四年（1216年）五月之前行省山东。

214

《金史》卷第四十六,志第二十七《食货志二》载:"贞祐四年(1216年)五月,山东行省仆散安贞言……"①金贞祐二年(1214年),为山东路统军安抚使。贞祐四年(1216年)仆散安贞在知山东行省任上,而《金史》卷十四,本纪第十四《宣宗纪上》载,金宣宗贞祐四年(1216年)"五月辛酉,以尚书右丞侯挚行省事于东平,权本路兵马都总管,以招诱之,若不从即率兵捕讨"②。由此,仆散安贞曾经与侯挚于1216年五月办理行省山东的"交接"。仆散安贞世为皇戚,三代为将。《金史》卷一百二,列传第四十《仆散安贞传》载,仆散安贞,本名阿海。祖父仆散忠义和父亲仆散揆都是金朝的大将。仆散忠义的姊妹是金世宗的元妃。仆散揆娶韩国公主。仆散安贞娶邢国长公主,加驸马都尉,袭猛安。③

仆散安贞长期经略山东,镇压起义军民,杀人如麻。金贞祐二年(1214年),"中都(燕京)解严,河北州郡未破者惟真定、大名、东平、清、沃、徐、邳、海州而已"。朝廷遣安贞与兵部尚书裴满子仁、刑部尚书武都分道宣抚。于是除安贞山东路统军安抚等使。仆散安贞至山东后,残酷镇压山东"红袄军"起义,累计杀掳义军15万余众。第一,镇压益都杨安儿"红袄军"。贞祐二年(1213年)七月,仆散安贞率军至益都,镇压杨安儿"红袄军",在昌邑县东,击败了莱州义军徐汝贤部,"杀贼数万"。第二,镇压泰安农民起义军领袖刘二祖义军。三年(1215年):

二月,安贞遣提控纥石烈牙吾塔破巨蒙等四坰,及破马耳山,杀刘二祖贼四千余人,降余党八千,擒伪宣差程宽、招军大使程福,招降胁从百姓三万余人。安贞遣兵会宿州提控夹谷石里哥同攻大沫坰(今山东省费县境),贼千余逆战。石里哥,以骑兵击之,尽殪。提控没烈夺其北门以入,别军取贼水寨,诸军继进,杀贼五千余人。刘二祖被创,获之,及伪参谋官崔天佑,杨安儿伪太师李思温。余众保大小峻角子山,前后追击,杀获以万计,斩刘二祖。

是年十月,仆散安贞升枢密副使,行院于山东西路徐州。第三,镇压滕阳郝定起义军。贞祐四年(1216年),仆散安贞屠杀郝定9万义军:"五月,安贞遣兵讨郝定,连战皆克,杀九万人,降者三万余,郝定仅以身免。获伪金银牌、器械甚众,来归且万人,皆安慰复业"。山东"红袄军"的鲜血染红了仆散安贞的官服,金兴定二年(1218年)升迁为正二品阶的左副元帅,权参知政事,行尚书省元帅。

① [元]脱脱,等.金史[M].北京:中华书局,1975:1061.
② [元]脱脱,等.金史[M].北京:中华书局,1975:307.
③ [元]脱脱,等.金史[M].北京:中华书局,1975:2243-2248.

仆散安贞最终成为皇室内争的牺牲品。仆散安贞三代为将,遭皇室疑忌防范。金兴定五年(1221年),金廷在蒙古军不断南下的形势下,"取偿于宋",再次伐宋,仆散安贞攻占蕲、黄二州,取得了一些胜利,但并没有使南宋屈服。于是,这"锅"让仆散安贞背上了,"督促计司,凋敝民力,信其私意,或失防秋"且"每获宋壮士,辄释不杀,无虑数万",因此被怀疑对宋留后路。加上平章政事完颜守纯的忌惮之心,于是,仆散安贞被诬谋反,金宣宗杀了其父子3人,"六月甲寅朔,尚书省奏安贞谋叛",仆散安贞与其两个儿子一同被诛。同时,宣宗还假以仁慈,没有扩大诛杀范围,"以祖(父)忠义、父(亲)揆有大功,免兄弟缘坐"。

侯挚(约1161—1233年),初名师尹,字莘卿,金东平府东阿(今山东省东阿县;一说为平阴县东阿镇邢村)人。金明昌二年(1191年)进士。《金史·仆散安贞传》称,金贞祐二年(1214年)十二月"诏以陕西统军使完颜弼知东平府事,权宣抚副使"。贞祐四年(1216年)五月,侯挚从尚书右丞诏转为"行省事于东平,权本路兵马都总管"。遣山东率军镇压红袄起义军。累官至平章政事,封萧国公,行京东路尚书省事致仕。金天兴二年(1233年)崔立献汴京以降时,为蒙古兵所杀。

侯挚出身官宦世家,三次拜相,秩从一品。刘祁《归潜志》卷六载:"侯平章挚,字莘卿,东阿人。少擢第,慷慨有为"①。又据金大定二十四年(1184年)平阴名儒王去非撰并书的《宣武将军侯义墓志》载,侯挚的祖父侯义,官至宣武将军,骑都尉(从五品),平阴县邢村人。

《金史》卷一百八,列传第四十六《侯挚传》载:侯挚进士登科后,在金承安年(1196—1200年)间,因政绩突出,晋职为山东路盐使司判官,金泰和元年(1201年)以税额课增40%迁官2阶。泰和八年(1208年)七月,追官一阶升长武县令。贞祐初(1213年),蒙古兵围燕都,侯挚为中都曲使,因功擢为右补阙,后行户部侍郎、劝农副使提控紫荆等关。金贞祐三年(1215年)三月,在枢密院阿勒根讹论推荐下,"为太常卿,行尚书六部事,往来应给"。八月后,拜参知政事(宰相贰)。十一月,行河南尚书省。是月,侯挚遭监察御史陈规弹劾,皇帝未纳并安慰他。十二月,复行省于河北。贞祐四年(1216年)正月,进拜尚书右丞相。五月诏侯挚"行省事于东平,权本路兵马都总管"。金兴定元年(1217年)冬,宣宗诏设汴京东、西、南3路行三司,升侯挚"资德大夫,兼三司使"居中总其事。侯挚负责抓总协调汴京东、西、南地区的农业、军事等事务。兴定四年(1220年)侯挚"两次起复,两

---

① [金]刘祁. 归潜志[M].北京:中华书局,1983:84.

次致仕"。七月,迁荣禄大夫,致仕。天兴元年(1232 年)正月,起复为大司农,四月复致仕。八月又复用,任平章政事(副宰相),封萧国公,行京东路尚书省事。十一月,再复致仕。①

侯挚残酷镇压山东"红袄军"。金贞祐四年(1214 年)山东滕阳的"红袄军"首领郝定"称大汉皇帝,已攻泰安、滕、兖、单诸州,及莱芜、新泰等十余县"。清光绪《东平州志》卷十四《宦绩传》之《金侯挚传》载:"贞祐四年(1216 年)郝定称帝于山东,攻陷滕、兖二县,命(侯)挚为东平行省权兵马都总管,执(郝)定送汴京诛之"②。《金史》卷十四,本纪第十四《宣宗纪上》载,金贞祐四年(1216 年)五月,以尚书右丞侯挚行省事于东平,权本路兵马都总管,以招诱之,若不从即率兵捕讨。金兴定元年(1217 年)"四月,济南、泰安、滕、兖等州土贼并起,肆行剽掠"③,侯挚便派遣提控、遥授棣州防御使完颜霆征讨,前后杀害起义军民千余,并招降了起义军元帅石花五、夏全等余党壮士 2 万人,老幼 5 万口。因此,侯挚以镇压"红袄军"有功升资德大夫,兼三司使。在金的残酷镇压下,山东百姓苦不堪言,用侯挚的话说:"山东、河北数罹兵乱,遗民嗷嗷,实可哀恤"。兴定二年(1218 年),诏遣侯挚行省于河北,兼行三司安抚事;四月,侯挚遣招抚副使黄掴阿鲁答于山东密州、高密围攻李全等起义军。迫于蒙古军南下及山东义军袭扰的压力,侯挚向宣宗皇帝请示,"拟驻兵于长清县之灵岩寺,有屋三百余间,且连接泰安之天胜寨,介于东平、益都之间,万一兵来,足相应援"。皇帝恐分其兵粮,乃诏侯挚权移邳州行省。九月,侯挚告诉皇帝"东平以东累经残毁,至于邳、海尤甚"。经年不息的战火,东平及周边到处残破不堪。哪里有压迫哪里就有反抗,时山东农民被迫起义者,声势愈加浩大,"直抵东平无非敌境"。

侯挚国事为大,多次为国运建言。金贞祐三年(1213 年)夏,侯挚上章言遵纪纲、帅府职责、御寇安民等 9 事;后又上《请募兵安抚河北东西两路疏》。贞祐四年(1214 年)四月,侯挚上言罢商贩粟缴费,朝廷采纳之。金兴定二年(1218 年),曾4 次上疏,如《请募民且战且耕疏》。侯挚的上疏,对革除时弊、呵护民生等起到了一定的积极作用。如,兴定二年(1218 年)九月,东平战火不断、民不聊生,"今兵多而民不足,使萧何、刘晏复生,亦无所施其术,况于臣者何能为哉。伏见邳、海之

① [元]脱脱,等. 金史[M].北京:中华书局,1975:2384-2390.
② 郭云策,李宏生.东平州志[M].北京:中国文史出版社,2008:862.
③ [元]脱脱,等. 金史[M].北京:中华书局,1975:318.

间,贫民失业者甚众,日食野菜,无所依倚,恐因而啸聚以益敌势"。他建议皇帝,诏将难民"募选为兵,自十月给粮,使充戍役,至二月罢之,人授地三十亩,贷之种粒而验所收获,量数取之,逮秋复隶兵伍。且战且耕,公私俱利,亦望被俘之民易于招集也"。诏施行之。他还身体力行在东平等地推行农业税改革,并收到一定成效。《金史·食货志二》和清嵇璜等撰《钦定续通典》卷二载,兴定三年(1219年),曾职东平行省的金尚书右丞、领三司事侯挚言:"按河南军民田总一百九十七万顷有奇,见耕种者九十六万余顷,上田可收一石二斗,中田一石,下田八斗,十一取之,岁得九百六十万石,自可优给岁支,且使贫富均,大小各得其所。臣在东平尝试行二三年,民不疲而军用足"①。

侯挚作为金廷的核心成员,其上奏疏的最终目的,都是巩固金朝的统治。

侯挚积极举荐人才。他向朝廷举荐的有雷渊、张特立、麻九畴等。

金天兴元年(1232年)十一月,侯挚以老致仕后居住在开封。天兴二年(1233年)三月,崔立以汴京降蒙古,侯挚为蒙古游兵所杀。卒年约72岁。

《金史》评价侯挚曰:"挚为人威严,御兵人莫敢犯。在朝遇事敢言,又喜荐士,如张文举、雷渊、麻九畴辈皆由挚进用。南渡后宰执中,人望最重"。

蒙古纲(?—1223年),本名胡里纲,女真族,咸平府(今辽宁省开原市老城街道)猛安人。金承安五年(1200年)进士,初补尚书令史。金兴定元年(1217年)知东平府事,迁元帅右监军。金贞祐四年(1216年)和兴定四年(1220年),蒙古纲两次固守东平城,御城抗抵蒙古军。兴定五年(1221年)夏,奏弃"东平孤城"。

《金史》卷一百二,列传第四十《蒙古纲传》载,蒙古纲进士及第后,初补尚书令史,贞祐初(1213年),迁都水监丞,后历同知大兴府,知河南府事,权河北东路宣抚使等职。后因军粮不足,蒙古纲于金贞祐四年(1216年)十月由河北冀州陟济南,后欲陟河南,行至徐州未渡河,"蒙古纲奏'昨被旨权山东路宣抚副使,屯东平。行至徐北岸,北兵已逼徐,不可往'。"为此尚书省奏"东平宣抚使完颜弼行事多不尽",于是授蒙古纲权山东宣抚副使。改山东路统军使、兼益都府事,权元帅右都监,宣抚如故。是年十月,行元帅府事。②

蒙古纲"以山东恃东平为重镇"。金兴定元年(1217年),蒙古纲陟知东平府事,迁元帅右监军,久之,拜右副元帅权参知政事,行尚书省。兴定三年(1219年)

---

① [元]脱脱,等.金史[M].北京:中华书局,1975:1054.
② [元]脱脱,等.金史[M].北京:中华书局,1975:2256-2260.

蒙古纲上奏朝廷："济南,介于山东两路(治益都的山东东路和治东平的山东西路)之间,最为冲要,被兵日久,虽与东平邻接,不相统属,缓急不相应,乞权隶本路,且差近于益都",皇帝从之。由此至金亡(1219—1234年)期间,济南府隶属于东平。为增强东平的防御力量,蒙古纲经请示批准,依招募义军人数授官,"以益兵威"。

蒙古纲行省于东平,一是镇压山东抗金军民,讨伐"红袄军"等义军。金贞祐四年(1216年),与仆散安贞、完颜弼一起,镇压益都杨安儿余部李全、国用安、时青等山东"红袄军"。金兴定四年(1220年),益都义军首领大刀张林造反,扰掠至东平府城北边的旧县(今山东省东平县旧县镇),蒙古纲派遣元帅右监军行枢密院事王庭玉讨伐,杀数千人,生擒大刀张林。同年八月,"红袄军"将领李全、知益都府张林率军攻打东平,东平行省蒙古纲据城对抗,后金右监军王庭玉率领骑兵救援,将李全击溃。二是抗击蒙古军队。兴定四年(1220年)十一月,蒙古军太师木华黎部围东平,时金山东宣抚副使燕宁守泰山天胜寨,与益都府田琢、东平行省蒙古纲为"辅车之势"。燕宁战死后,蒙古纲固守东平,"兴定五年(1221年)二月,东平解围"。四月,蒙古军复围东平。面对蒙古军队的强大攻势,蒙古纲认识到东平、山东情势危机,奏请放弃东平,移军于河南。皇帝诏百官议,御史大夫纥石烈胡失门认为"东平孤城,四无应援",宜陟之河南。翰林待制抹捻阿虎德认为,"车驾南迁,恃大河(黄河)以为险。大河以东平为籓篱,今乃弃之,则大河不足恃矣"。但"蒙古纲既欲弃之,决不可使之守矣",应再派遣他人任东平行省。最后,朝廷同意蒙古纲内徙。五月,东平行省移为"行省邳州(今江苏省徐州市邳州市)",元帅左监军、行元帅府事王庭玉也带领残兵,将东平元帅府移驻曹州(今山东省曹县南)黄陵岗。"自此,山东事势去矣"。

蒙古纲在邳州内讧中被杀害。蒙古纲对下属要求很严,信赏必罚,因而邳州的军队不乐意隶属于蒙古纲。金元光二年(1223年)八月辛未朔,邳州从宜经略使纳合六哥、都统金山颜俊,率领沂州军的百余士兵,凌晨杀入行省官署,将蒙古纲及部分僚属杀死在省署里,然后占据邳州反。宣宗皇帝为形势所迫,又是用人之际,只好下诏归罪于蒙古纲,同时升迁纳合六哥等人。

《金史·蒙古纲传》论曰:"蒙古纲去东平而兖、鲁蹙""虽曰天道,亦由人事"。

郭俣(?—1223年),字伯有,泽州(今山西省晋城市)人。金大定二十二年(1182年)进士,泰和六年(1206年),伐宋,扶助张万公充宣差山东安抚副使。七年(1207年),迁山东宣抚副使。

《金史》卷一百四,列传第四十二《郭俣传》载,郭俣进士及第后,调长子主簿,迁山东莱州观察判官、莱阳县令,补尚书省令史,知管差除。除大理司直。丁母忧,起复太常博士、左司都事。御史台举俣及前应奉翰林文字张楫、吏部主事王质、刑部主事抹捻居中、通事舍人完颜合住、弘文校理把扫合、吏部架阁管勾乌古论和尚、尚书省令史温迪罕思敬皆才干可用。诏各升一等,迁除郭俣平阳府治中。久之,郭俣被召为同知登闻鼓院兼秘书丞,迁礼部郎中、山东西路滕州刺史、同知真定府事。上言:"每季合注巡尉官,吏、刑两部斟酌盗贼多寡处选注"。诏议行之。改中都、西京按察副使,迁国子祭酒。①

金泰和六年(1206年),退休已经两年多的平章政事张万公,因是年伐宋事繁,山东南部的沂州、徐州处于伐宋"前线",而当时山东的"后方"益都、泰安等地"盗贼蜂起",皇帝为加强山东安民力量,稳定后方,再启用年事已高的张万公为山东宣抚使、知济南府。同时,为照顾年迈的张万公,任命郭俣充(代理)宣差山东安抚副使,处理日常事务,来协助张万公。次年,张万公卒,郭俣实职山东宣抚副使。金大安元年(1209年),迁辽东按察转运使,改中都路都转运使、泰定军(驻山东西路兖州)节度使、陕西东路按察转运使。金贞祐三年(1215年),罢按察司,仍充本路转运使,行六部尚书。改河北西路转运使,致仕。金元光二年(1223年),卒。

孟奎(?—1213年),字元秀,辽阳人。金大定二十一年(1181年)进士。金大安年(1209年)前后,任山东西路曹州刺史、博州防御使,改山东东、西路安抚副使。

《金史》卷一百四,列传第四十二《孟奎传》载,孟奎进士及第后,调黎阳主簿。丁母忧,服阕,调淄州军事判官,迁汲县令。察廉,改定兴令。补尚书省令史,从参知政事马琪塞澶渊决河,改中都左警巡使。平章政事完颜守贞礼接士大夫在其门者,号"冷岩十俊",孟奎在列。后改任都转运司支度判官、上京等路提刑判官。②

初,辽东契丹判余里也尝杀驿使大理司直,有契丹人同名者,有司辄系之狱,奎按囚速频路谳而出之,既而果获其杀司直者。迁同知西京路转运使事。置行枢密院于镇宁,充宣差规措所官给军用。改签河东南北路按察司事、武州刺史。上言三事,其一曰亲民之寄,"今吏部之选颇轻,使武夫计资而得,权归胥吏。每县宜参用士人,使纪纲其事。"未几,改曹州刺史,再调同知中都路都转运使事。旱,诏

---

① [元]脱脱,等．金史[M].北京:中华书局,1975:2292-2293.
② [元]脱脱,等．金史[M].北京:中华书局,1975:2290-2291.

审录中都路冤狱,多平反。大安初,除博州防御使,凡属县事应赴州者,不得泊于逆旅,以防吏奸,人便之。改山东东、西路安抚副使,迁北京、临潢等路按察转运使,以本官为行六部侍郎。劾奏监军完颜讹出虚造功状,讹出坐免官。诏以奎为宣差都提控。贞祐初,以疾卒,谥庄肃。

完颜阿邻(? —1217年),汉族,本姓郭氏,赐姓完颜。中都(今北京地区)人。金宣宗贞祐三年(1215年)任泰定军(驻山东西路兖州)节度使、山东西路宣抚使。

《金史》卷一百三,列传四十一《完颜阿邻传》载称,"大安(1209—1211年)中,李雄募兵,阿邻与完颜仲元等俱应募,数有功"①。而《金史》卷一百一,列传第三十九《李英传》载,贞祐初,李英被右副元帅术虎高琪辟为经历官时,向术虎高琪建议,中都(今北京地区)以北的居庸关,战略位置十分重要,时下由土豪守之,朝廷应当派人节制,招募忠义之士为国服务。高琪奏其书,居庸关等关隘悉数为朝廷所隶。"贞祐二年(1214年)正月,李英乘夜与壮士李雄、郭仲元、郭兴祖等四百九十人出城,缘西山进至佛岩寺。令李雄等下山招募军民,旬日得万余人。择众所推服者领之,诡称土豪,时时出战"②。完颜阿邻即为应募者之一。蒙古军围中都燕京时,有军功赐姓完颜。金宣宗是年迁汴(今河南省开封市),完颜阿邻职知河间府事兼清州防御使。贞祐三年(1215年),改任泰定军(驻山东西路兖州)节度使、山东西路宣抚使。时完颜阿邻所部"黄鹤袖军"驻山东鱼台县,"桀骜不法,掠平民、劫商旅,道路不通"。朝廷责求完颜阿邻予以处置。不久,阿邻"破红袄贼郝定于泗水县柘沟村,生擒郝定,送京师斩之"。因此与完颜仲元俱累功至节度使。时完颜阿邻拥兵15000人,朝廷诏分5000隶东平行省,阿邻称兵士众愿难违而"不欲分之",丞相奏:"若遂听之,非唯东平失备,他将仿效,皆不可使矣"。宣宗以为然。加遥授知河南府事,应援陕西。金兴定元年(1217年),迁元帅右都监,出秦州伐宋。三月,在陕西麦方滋与宋交战中兵败战死。赠金紫光禄大夫、西京留守。

颜盏天泽,女真族。《金史·完颜阿邻传》载,金贞祐二年(1214年),"阿邻与山东路宣抚副使颜盏天泽不相能,诏阿邻当与天泽共济国事,无执偏见,妄分彼此"。据此推理,颜盏天泽自恃出身统治阶级的女真贵族,虽职务在完颜阿邻之下,但常常不听完颜阿邻这个汉族郭姓的"假女真"指挥,并闹到皇帝那儿,由皇帝

① [元]脱脱,等.金史[M].北京:中华书局,1975:2268-2270.
② [元]脱脱,等.金史[M].北京:中华书局,1975:2234-2236.

出面调停,可见二人之间的矛盾之大。

燕宁(?—1221年),金末在宋、金、蒙古连年纷争中,起兵保境而崛起于山东的义军武装首领。金兴定四年(1220年)二月,金施行"九公封建",燕宁被封为山东安抚副使、东莒公。

燕宁始为拥兵自保的义军武装。金兴定四年(1220年)二月,金宣宗采纳御史中丞完颜伯嘉的建策,对山东、河北、山西等地势力较大的王福、武仙、燕宁等9名地方武装,封官许爵,拉拢利用,加封为"九公",都兼宣抚使。《金史》卷一百十八,列传第五十六《苗道润传》载,兴定四年(1220年)二月"九公封建",封山东安抚副使燕宁为东莒公。①

燕宁多次镇压山东"红袄军"。《金史·田琢传》云,金兴定三年(1219年),沂州(今山东省临沂市)注子堌的"红袄军"首领王公喜归依南宋,攻占沂州,金沂州防御使逃脱,百姓四处逃难。在知益都府事田琢建议下,东平行省蒙古纲派遣邳州总提控纳合六哥、莒州提控燕宁攻夺沂州:"既而莒州提控燕宁复沂州,王公喜复保注子堌"。燕宁等率领的金军从王公喜手中夺回沂州,王公喜又败退到注子堌。《金史》卷一百十八,列传第五十六《燕宁传》载:燕宁"屡破红袄军,招降胡七、胡八,引为腹心,贼中闻之多有欲降者"②。因镇压红袄军有功,累官至遥授同知安化军节度使事、山东安抚副使。

《金史·蒙古纲传》载,兴定三年(1219年),益都桃林寨总领张林,号"张大刀",据险为乱。金左司郎中李蹊请令蒙古纲约燕宁、单州经略使完颜仲元分兵三千人去镇压,但因"粮运不给"而未行。金兴定五年(1221年),蒙古军木华黎部围东平,金廷"诏以纲、王庭玉、东莒公燕宁保全东平,各迁一阶"。燕宁因保东平有功迁金紫光禄大夫(秩正二品上)。

燕宁、田琢、蒙古纲为金末抵抗蒙古、镇压义军、管控山东的"支柱"。《金史·燕宁传》载,金兴定五年(1121年)"燕宁,初为莒州提控,守天胜寨(泰山西南麓),与益都田琢、东平蒙古纲相依为辅车之势。山东虽残破,犹倚三人为重"③。兴定五年(1121年),从东平府还泰山西南麓的天胜寨不久,燕宁在与蒙古军交战中力战而死。

① [元]脱脱,等. 金史[M].北京:中华书局,1975:2574.
② [元]脱脱,等. 金史[M].北京:中华书局,1975:2591.
③ [元]脱脱,等. 金史[M].北京:中华书局,1975:2571.

泰山天胜寨,位于泰山登山西路无极庙西北方向约 1 千米处。寨的东面山陡谷深,形势险要,仅有石门可通。石门西开阔坦荡;北边的一个山洞,从洞隙里向外看,天分 3 处,故名"三透天",俗称"玉皇洞"。洞前为西汉末年农民起义军赤眉军守地,故又称"刘盆子寨"。

燕宁战死后,蒙古纲奏燕宁"克尽忠孝,虽位居上公,祖考未有封爵,身没之后老稚无所衣食,乞降恩以励节义之士"。皇帝诏赠燕宁已经去世的祖父燕皋为银青荣禄大夫(秩正二品下),其父燕希迁金紫光禄大夫(秩正二品上),祖母、母亲及子、侄等族属 52 人皆有廪给。

二、提刑、按察

李献可,字仲和,渤海人,辽阳(今辽宁省辽阳市)人。金大定十年(1170 年)进士。约承安、泰和年间任山东东、西路提刑使,卒于任上。

李献可出身辽、金官宦之家。其父是广平郡王李石。《金史》卷八十六,列传第二十四《李石传》载:"李石,字子坚,辽阳人,贞懿皇后弟也。先世仕辽,为宰相。高祖仙寿,尝脱辽主之舅于难,辽帝赐仙寿辽阳及汤池地千顷,他物称是,常以李舅目之。父雏讹只,桂州观察使"①。李石敦厚寡言,而器识过人。曾平息山东军民交恶。由于金廷大肆括地,致民族矛盾进一步激化。山东、河南的猛安谋克、军户与百姓交恶,争田不绝。有司称兵为国根本,姑宜假借。李石持不可,曰:"兵民一也,孰轻孰重? 国家所恃以立者,纪纲耳,纪纲不明,故下敢轻冒。惟当明其疆理,示以法禁,使之无争,是为长久之术"。趣有司按问,自是军民之争遂息。金天会二年(1124 年),授世袭谋克,为行军猛安。后以太保致仕,进封广平郡王,逝谥"襄简",配享世宗庙廷。

李献可为勋戚。李献可的姑母为完颜宗辅妻,生金世宗完颜珣。李献可的姐姐为金世宗的元妃,生郑王永蹈、卫绍王永济。《金史·李石传》称,"世宗纳(李)石女后宫,生郑王永蹈、卫绍王永济,是为元妃李氏"。

李献可两次履职山东。王庆生《金代文学家年谱》第十三卷《李献可年谱》云,李献可两次职山东西路。一是金明昌五年(1194 年),任山东西路德州防御使,筑护城堤以备黄河改道;二是约在承安、泰和年之间由户部侍郎迁山东东、西路提刑使,卒于任上。

---

① [元]脱脱,等. 金史[M].北京:中华书局,1975:1911-1915.

《金史·李石传·子献可传》载,李献可,金大定十年(1171年),中进士第。金世宗高兴地说:"太后家有子孙举进士,甚盛事也"。累官户部员外郎,坐事降清水令,召为大兴少尹,迁户部侍郎,累迁山东提刑使(治今山东省济南市)。卒。卫绍王即位,以舅父赠特进,追封道国公。

元好问《中州集》辛集第八《李特进献可》小传载:"献可,字仲和,辽东人。太师金源郡王(李)石之子,太师辽末状元,仲和,世宗元妃之弟。金大定十年(1171年)史绍鱼榜进士。历州县,入翰苑,"①终山东东、西路提刑使。

李献可好诗词,与文人常唱和。元好问《中州集》录其诗二首。其《清水寒食感怀》,道出了其他乡过寒食节的感慨:"桃花零乱柳成荫,人到春深思更深。芳草戍楼天不尽,异乡寒食故乡心。"

李仲略(?—1205年),字简之,号丹源钓徒,苗裔,泽州高平(今山西省高平市)人。金大定十九年(1179年)词赋进士。金泰和五年(1205年)授山东东、西路按察使。卒赠朝列大夫,谥曰"襄献"。

李仲略出身于官宦之家。元好问《中州集》乙集第二《李承旨晏》小传载,李仲略的祖父李森,字彦实,工于诗,曾职山东莱州文学。父李晏,字子美,金皇统二年(1142年)经义进士,历州县,入翰林,昭毅军节度使致仕。②《金史》卷九十六,列传第三十四《李晏传》载,李晏"性警敏,倜傥尚气。皇统六年(1146年),登经义进士第。调岳阳丞"③。历辽阳府推官、尚书省令史,五迁秘书少监兼尚书礼部郎中、除西京副留守,翰林直学士兼太常少卿,改礼部尚书兼翰林学士承旨、以昭义军节度使归老。金承安二年(1205年)75岁卒,谥曰"文简"。

金帝赞:"仲略精神明健,如俊鹘脱帽""李仲略健吏也"。《金史》卷九十六,列传第三十四《李仲略传》④载,仲略,聪敏力学,登金大定十九年(1179年)词赋进士第,调代州五台主簿。历韩州军事判官、迁泽州晋城令、补尚书省令史,除翰林修撰兼太常博士,改授左司都事、为立夏国王读册官,沁南军节度使、吏部侍郎兼翼王傅,俄兼宛王傅。授山东东、西路按察使,寻以病访医京师,金泰和五年(1205年)卒。皇帝闻之,叹曰:"此人于国家宣力多矣,何遽止是耶!"赠朝列大夫,谥曰"襄献"。"仲略性豪迈有父风,刚介特立,不阿权贵,临事明敏无留滞,故

---

① [金]元好问.中州集[M].上海:华东师范大学出版社,2014:506-507.
② [金]元好问.中州集[M].上海:华东师范大学出版社,2014:123.
③ [元]脱脱,等.金史[M].北京:中华书局,1975:2125-2127.
④ [元]脱脱,等.金史[M].北京:中华书局,1975:2127-2129.

所任以干济称云"。

三、武备

完颜撒改,女真族,上京路(治会宁府。今黑龙江省哈尔滨市阿城区)纳鲁浑河人。《元史》卷九十一,列传第二十九《完颜撒改传》云,完颜撒改"身长多力,善用枪"。①睿宗时职右副元帅。世宗即位,任撒改昌武军节度使、山东路元帅(兵马)副都统。金大定四年(1164年),曾经"领山东、大名、东平三路八万渡淮,会大军伐宋"。

完颜撒刺,女真族,金泰和六年(1206年)山东西路兵马副都统使。

《金史》卷十二,本纪第十二《章宗纪四》载,金泰和六年(1206年)四月,仆散伐宋时,为便于集中兵力,统一指挥,"升诸道统军司为兵马都统府,以山东东、西路统军使纥石烈执中(胡沙虎)为山东西路兵马都统使,定海军节度使、副都统军使完颜撒刺副之"②。

胡景崧(1156—1213年),字彦高,磁州武安(今河北省武安县)人。金大定二十五年(1185年)词赋甲科进士。卫绍王大安二年(1210年),职同知东平府路兵马都总管。累官至朝散大夫、上护军、安定郡开国伯,食邑700户。年59岁卒。

元好问《朝散大夫同知东平府事胡公神道碑》载,胡景崧的曾祖父胡智,因避1126年的"靖康之乱",举家迁至武安;其祖父胡益,累家资万贯,力课子孙读书;其父胡仲溶,嗜好读书。胡景崧"十岁丧父,哀毁成疾……十五知属文,弱冠有声场屋间。年三十(岁),擢大定二十五年(1185年)词赋甲科"。历职海州军事判官、河南府大兴推官、上京等路提刑司判官,西京路转运副使,国子监丞兼户部员外郎。后改同知辽东路转运使事,刑部员外郎。金泰和六年(1206年),选为上京、东京等路按察司佥事。卫绍王大安初(1209年)擢坊州刺史,后改解州刺史。③

胡景崧精于吏事,治政有声。当时东平、大名有告人谋反者,朝廷派户部官员去大名处理,由于皇帝相信胡景崧的才能,东平则派胡景崧处理。东平的狱吏想对3000名被告动大刑,胡景崧说,"断狱以情,奚以此为哉?"他对举报人晓之以法,动之以情,来龙去脉,细细审理,10天后,查清系诬告。审清后,释放了众多受

---

① [元]脱脱,等.金史[M].北京:中华书局,1975:2011-2012.

② [元]脱脱,等.金史[M].北京:中华书局,1975:275.

③ [金]元好问.元好问全集(上)[M].太原:山西人民出版社,1990:482-486.

牵连的人,使诬告者受到了法律惩治。为此,东平尹率领总管府官员慰劳胡景崧:"非使者忠爱,三千人之命谁当续之?""百姓焚香拜送,连延百余里,马为不得前"。皇帝高兴地说:"胡景崧处置,称朕意矣"。金大安二年(1210年),迁同知东平路兵马都总管。金崇庆二年(1213年)五月病逝。胡景崧子德珪等;孙辈中,元朝翰林学士胡祗遹最为有名。

王庭玉,在金贞祐至元光(1213—1222年)年间,历职东平监军、总领提控、元帅左监军行枢密院事、行元帅府事等。

王庭玉的从军踪迹散见于《金史》等史料。金贞祐至元光(1213—1222年)年间,长期转战于东平及周边,一是与山东"红袄军"及地主武装作战,二是与南下山东的蒙古军队作战。

《金史》卷一百二,列传第四十《田琢传》载,金贞祐三年(1215年)十一月,"红袄军"首领"李全据安丘,(田)琢遣总领提控王政、王庭玉讨之"。

《正统道藏》第七十六册李道谦《全真七子传记》载,金贞祐四年(1216年)春,"大元丙子,金主命东平监军王庭玉赍诏召师归汴京"。① 但是王庭玉没有完成任务,因为当时身处登州栖霞(今山东省栖霞市)的全真教"七真"之一的丘处机,假病"乃不起"。

《金史》卷十五,本纪第十五《宣宗中》载,金兴定二年(1218年)五月,山东"莱州民曲贵杀节度经略使内族权奴,自称元帅,构宋人据城叛。山东招抚使遣提控王庭玉、招抚副使黄掴阿鲁答讨平之,斩伪统制白珍及牙校数十人,生擒贵及伪节度使吕忠等十余人,诛之。乃命庭玉保莱……"②

《金史》卷一百二十二,列传第六十《忠义二·张顺传》载,"淄州被围,(东平)行省侯挚遣提控王庭玉将兵救之",③王庭玉用计而胜。

金宣宗迁(今河南省开封市)后(1214—1234年),设东平行枢密院等13处行省枢密院。《金史·蒙古纲传》载,兴定四年(1220年),益都义军武装、桃林寨总领张林,号称"张大刀",攻东平,蒙古纲"遣元帅右监军,(东平)行枢密事王庭玉讨之,至旧县(今东平县旧县镇),遇张林众万余人据岭为阵,庭玉督兵逾岭搏战。林众少却,且欲东走。庭玉踵击,大破之,杀数千人,生擒张林"。

---

① [明]张宇初. 正统道藏[M].北京:文物出版社,1988:503.
② [元]脱脱,等. 金史[M].北京:中华书局,1975:337.
③ [元]脱脱,等. 金史[M].北京:中华书局,1975:2659.

《金史》卷十六，本纪第十六《宣宗纪下》载，金兴定四年（1220年）八月，"红袄军"首领"李全犯东平府，监军王庭玉败之"，东平元帅府监军王庭玉击退了李全。十一月"大元兵木华黎国王以兵围东平"，至次年正月"庚戌，山东行省报东平之捷"。元军围东平3个月之久。①《金史·蒙古纲传》载，金兴定五年（1221年）二月，因王庭玉保东平有功，皇帝"诏以纲、王庭玉、东莒公燕宁保全东平，各迁一阶"。

《金史·蒙古纲传》载，兴定四年（1220年）王庭玉因形势所迫，弃东平。"元帅左监军王庭玉将余军屯黄陵岗（今山东曹县南），行元帅府事"。

《金史·宣宗纪下》载，金元光元年（1222年）六月，"己未，归德行枢密院事王庭玉报曹州破红袄军之捷"。

李遹（约1160—1226年），金章宗泰和末（1208年）前后盛世。字平甫、平父，自号"寄庵老人"，栾城（今河北省栾城县）人，金明昌二年（1191年）进士。卫绍王至宁元年（1213年）任山东西路兵马副都总管、东平治中。

清光绪《东平州志》卷十，《职官志》载："李遹，东平治中"②。

元好问《遗山集》卷十七《寄庵先生墓碑》③云，李遹祖父李玑，靖康年间自济南避乱镇阳，以医为业。父李拯，徙居栾城，仍食于医，赠奉训大夫。李遹15岁时随其父学医，改读律，又改读六经文章。约金大定二十年（1181年）由府庠移太学，补河北东路提刑司书史，金明昌二年（1191年）登词赋进士第。授藁城丞，后以政绩迁宜丰令、卢龙令，入尚书省令。金泰和元年（1201年），在知大兴府事纥石烈执中（胡沙虎）逆臣手下做推官，并被其"以非罪诬染"。李遹《赠中山杨果正卿》言与胡沙虎相抗："数行墨浪合眼死，一包闲气终身穷"。转河北东路转运司都勾判官，不一岁，迁辽东盐史。泰和七年（1207年）秋，李遹由于当时私煮盗贩食盐不能禁，灶户亦私自盗卖官课，造成亏课而降职为太常博士兼秘书省校书郎，使高丽。金至宁元年（1213年）初，迁同知静难军节度使事未成，改同知许昌军。是年八月，任山东西路兵马副都总管、东平治中。八月二十五日纥石烈执中发动政变，杀卫绍王，九月立宣宗。李遹以疾告，归阳翟，筑屋颖水，名曰"寄庵"。

据明嘉靖《涉县旧志》载，李遹年15岁时，承家学习医，改读律，已而弃故学，

①　[元]脱脱，等．金史[M]．北京：中华书局，1975：353-355.

②　郭云策，李宏生．东平州志[M]．北京：中国文史出版社，2008：158.

③　[金]元好问．元好问全集（上）[M]．太原：山西人民出版社，1990：486-489.

一竞读六经,学为文章。20 岁以后,先后学于府庠、太学。试补河北东路提刑司书吏。登第后,授藁城丞,吏威民爱,盗相率为平民。以政绩升辽东宜风令,后改蓟州卢龙县令。丁忧,起为潞州涉县令,作渠引水,溉田千亩,民刻石颂德。入为尚书令史。泰和年间,任大兴府幕官,煎熬于逆臣胡沙虎手下。转河北东路转运司都勾判官,迁辽东路盐使、太常博士兼秘书省校书郎、同知静难军节度使、知许昌军节度使事。贞祐南渡后,授山东西路兵马副都总管、东平府治中,后致仕。闲居阳翟颍水边 10 余年,自号"寄庵老人",年 67 岁卒。

李通喜作诗,律切精严似其为人,平生诗文甚多。李纯甫、杨果等尝与之酬和。元好问《中州集》戊集第五,《李治中通》,辑有李通《赠中山杨果正卿》《送穷》《使高丽》等诗 6 首。元好问《中州集·李治中通》云:

> 通,字平甫,栾城人,明昌二年(1191 年)进士,高才博学,无所不通。为人滑稽多智,而不欲表表自见。工画山水,得前辈不传之妙,龙虎亦入妙品。然皆其余事也。泰和中大兴幕官,时(胡沙)虎贼知府事,卖权恃势,奴视同列。平甫每以公事可否,不少假借。又摘其阴事数十条,欲发之。(胡沙)虎谋篡者也,声势焰焰,人莫敢仰视,乃为一书生所抗?积不平先以非罪诬染之,几至不测,虽有以自解,竟坐是仕宦不进,以东平治中致仕。闲居阳翟十余年,自号寄庵先生。平生诗文甚多,如云:"旧管新收妆镜在,昨非今是酒杯乾。"《赠笔工》云:"工不能书何以笔? 士须知笔乃能书"。《感事》云:"半钱利路人乃虎,一钩名饵吾其鱼。"《鲁山道中》云,"老夫自喜林野僻,路人颇笑衣裳宽。"散失之余,不复全见矣。临终戒家人:"吾明日归,而辈慎勿遽哭。"果如期而逝,家人哭不禁。良久,开目云:"戒汝勿哭,令我心识散乱。"言毕目复暝。其明了又如此。子冶,字仁卿,正大七年(1231 年)收世科,屏山(注:李纯甫,字之纯)赠诗所谓:"仁卿不是人间物,太白精神义山骨"者也。[①]

刘祁《归潜志》卷四《李通传》:"与屏山诸公游,自号寄庵老人,蔼然名士大夫也"。

李通亦善画。刘祁《归潜志》卷四曰,李通高才博学,"工诗能画",工画山水龙虎,为人滑稽多智。李纯甫(字屏山)曾赠诗云:"寄庵丈人眼如月,墨妙诗工兼画绝。儒术吏事更精研,只向宦途如许拙。"

---

① [金]元好问. 中州集[M].上海:华东师范大学出版社,2014:318.

其子李治(冶),金正大七年(1230年)词赋进士,金末、元初期著名数学家。《元史》一百六十,列传第四十七有传。①

夹谷石里哥,女真族。上京路(治会宁府。今黑龙江省哈尔滨市阿城)猛安人。金贞祐年间职山东路副统军、东平行军提控,

《金史》卷一百三,列传第四十一《夹谷石里哥传》载,夹谷石里哥,金明昌至兴定年间(1190—1221年)盛于世。上京路(治会宁府。今黑龙江省哈尔滨市阿城)猛安人。明昌五年(1194年)及进士,履宿州提控时,与山东宣抚完颜弼,攻大沫堌(今山东省费县境内),夹谷石里哥率骑兵击杀千余"红袄军"。曾职山东路副统军、东平行军提控,金兴定元年(1217年)以功遥授安化军节度使,后迁定海军,卒。②

齐旺,聊城人,约金卫绍王时,同知山东西路兵马都总管。

《元史》卷一百五十二,列传第三十九《齐荣显传》载:"齐荣显,字仁卿,聊城人,父旺,金同知山东西路兵马都总管"③。荣显9岁代父任为千户,佩金符,从妻父严实屡立战功。

纥石烈牙吾塔(?—1230年)一名志;"塔"亦作"太",亦曰"牙忽带"。女真族。本出亲军,贞祐间,仆散安贞为山东路宣抚使,以纥石烈牙吾塔为军中提控。率军在山东多次抗宋,镇压"红袄军"。金贞祐四年(1216年)十二月,行山东西路兵马都总管事,兼武宁军节度使、徐州管内观察使。金正大八年(1230年)于河南阌乡病亡。

纥石烈牙吾塔在山东,一是与宋军战。金兴定二年(1218年)正月,宋兵万余攻泗州(今江苏省盱眙县境内),纥石烈牙吾塔率军赴援,督众进战,大破围城宋军,溺水死者甚众,获马300余匹,俘虏守军50余人。又围盱眙连塘村,杀守军1000余人。兴定三年(1219年),仅滁州一战,斩敌3万,俘万余人。兴定五年(1221年)与宋将时青泗州一战,被时青射中其眼睛后,纥石烈牙吾塔仍不下火线,坚持战斗,宋兵大溃,遂复泗州西城。同年,又两次入宋境作战,皆大胜而归。二是镇压山东农民起义军。金贞祐三年(1215年)二月,仆散安贞派遣纥石烈牙吾塔攻巨蒙等4堌及马耳山(今山东省五莲县东北)等地,农民起义军领袖刘二祖

---

① 王庆生.金代文学家年谱[M].南京:凤凰出版社,2005:424-430.
② [元]脱脱,等.金史[M].北京:中华书局,1975:2277.
③ [明]宋濂,等.元史[M].北京:中华书局,1975:3601.

被俘,起义军民 4000 余人被杀害,俘起义将领程宽、程福等 8000 余人,又降胁从民 3 万余人。贞祐四年(1216 年)十二月,纥石烈牙吾塔因积功升行山东西路兵马都总管事,兼武宁军节度使、徐州管内观察使。金元光二年(1222 年),纥石烈牙吾塔率兵渡淮,攻"红袄军"于朱村、孝义村,"连破两栅,及焚其村坞数十"。十月,纥石烈牙吾塔攻邳州在招降"红袄军"监军徐福、统制王喜等后,又招降"统制十有五人,将官训练百三十有九人",大大削弱了农民起义军的力量。金宣宗大喜,进纥石烈牙吾塔官一阶,赐金 300 两等。

纥石烈牙吾塔为酷吏,绰号"卢鼓椎"。《金史》卷一百十一,列传第四十九《纥石烈牙吾塔传》云:

> 塔为人鸷狠狠戾,好结小人,不听朝廷节制。尝入朝,诣省堂,诋毁宰执,宰执亦不敢言,而上(注:皇帝)倚其镇东方,亦优容之。尤不喜文士,僚属有长裾者,辄以刀截去。又喜凌侮使者,凡朝廷遣使来,必以酒食困之。或辞以不饮,因并食不给,使饿而去。司农少卿张用章以行户部过宿,塔饮以酒。张辞以寒疾,塔笑曰:"此易治耳",趋左右持艾来,卧张于床,灸之数十。又以银符佩妓,屡往州郡取赇,州将之妻皆远迎逆,号"省差行首",厚贿之。御史康锡上章劾之,且曰:"朝廷容之,适所以害之。欲保全其人,宜加裁制。"朝廷竟不治其罪,以屡败宋兵,威震淮、泗。好用鼓椎击人,世呼曰"卢鼓椎",其名可以怖儿啼,大概如呼"麻胡"云。①

东平府治中惟镕(没烈)曾"坐误以刃伤同知府事纥石烈牙吾塔,当削降殿年,仍从军自效"。从中可知,纥石烈牙吾塔或时任同知东平府事。

金正大三年(1226 年)后,纥石烈牙吾塔于陕抗击西夏、抵抗蒙古军。正大八年(1231 年)五月,疾卒于河南阌乡。

郭澍,《金史》卷一百三,列传第四十一《完颜阿里不孙传》载,金兴定年间,郭澍为"遥授东平判官参议军事"。②

金兴定元年(1217 年)间,右副元帅阿里不孙,因为杀伯德胡土的义兄广宁府事温迪罕青狗而结仇。伯德胡土借率兵伐高丽之机而以兵杀阿里不孙。时"遥授东平判官参议军事郭澍"与权左都监纳坦裕等,因在谋划诛杀伯德胡土中有功,"郭澍迁官升职有差"。

---

① [元]脱脱,等. 金史[M].北京:中华书局,1975:2406-2457.
② [元]脱脱,等. 金史[M].北京:中华书局,1975:2281.

完颜赛不(？—1233年)金始祖弟保活里之后。初以荫补亲卫军,金兴定二年(1218年)"七月,迁行山东西路兵马都总管,兼武宁军节度使(驻山东西路徐州)。累官平章政事,尚书右丞相。封寿国公"。金天兴二年(1233年)十月,见金朝大势已去,自缢于徐州。

《金史》卷一百一十三,列传第五十一《完颜赛不传》载:"状貌魁伟,沉厚有大略。"①初补亲卫军,章宗时,选充护卫。金明昌元年(1190年)八月,由宿直将军为宁化州刺史。金泰和四年(1204年)随平章仆散揆伐宋及六年(1206年)六月溱水之战,立汗马之功。后历职签枢密院事;知凤翔府事,兼陕西路兵马都总管、俄为元帅右都监。金兴定二年(1218年)七月,迁行山东西路兵马都总管,兼武宁军节度使。其间,与宋军战于白石关、小鹘仓、石鹘崖,大捷。兴定四年(1220年)三月,奉诏出兵河北招降。四月,迁枢密副使。由此计,完颜赛不任职于东平近两年。"正大元年(1224年)五月,拜平章政事。未几,转尚书右丞"。金天兴二年(1233年),"七月,复诏行尚书省事于徐州",当时,"大元兵薄汴""是年冬,哀宗迁归德"。完颜赛不身患重病,久不视事。徐州节度副使"郭野驴"与叛将麻琮欲内外相应,"十月甲申,诘旦,袭破徐州"。完颜赛不见金朝不保,投河求死未成,五日后"自缢于州第"。麻琮等献出徐州城,降归蒙古。

《金史》赞曰:"赛不临阵对垒既有策略……,晚以老病,受制叛臣,致修匹夫匹妇之节,此犹大厦将倾,非一木之所能支也,悲夫!"

蒲察移剌都,女真族,东京(今辽宁省辽阳市)猛安人。官至权右副元帅,行枢密院于邓州。金兴定二年(1218年)"杀东平帅移剌都"。

《金史》卷一百四,列传第四十二《蒲察移剌都传》载:

移剌都勇健多力,充护卫十人长,调同知秦州防御使事、武卫军铃辖,以忧去官。起复武器署令。从军,兵溃被执。贞祐二年(1214年),与降兵万余人俱脱归。迁隆安府治中,赐银百两,重币六端,遥授信州刺史。有功,迁蒲与路节度使兼同知上京留守事,进三阶,改知隆安府事。逾年,充辽东、上京等路宣抚使兼左副元帅。再阅月,就拜尚书右丞。移剌都与上京行省蒲察五斤争权,及卖隆安战马,擅造银牌,睚眦杀人,已而矫称宣召,弃隆安赴南京,宣宗皆释不问。除知河南府事,俄改元帅左监军,权左副元帅,充陕西行省参议官。无何,兼陕西路统军使。

---

① [元]脱脱,等. 金史[M].北京:中华书局,1975:2479-2483.

兴定二年(1218年)四月,改签枢密院事,权右副元帅,行枢密院于邓州。御史台奏移剌都在军中,买沙覆道,盗用官银,矫制收禁书,指斥銮舆,使亲军守门,护卫押宿,拟前后卫仗,婢妾效内人妆饰等数事。①

蒲察移剌都一再违法乱纪,金廷无奈只好诛杀了他:"诏吏部尚书阿不罕斜不失鞫之,坐是诛"。

《金史·宣宗纪中》载,金兴定元年(1217年)五月十三日,盗贼宋子玉余党家属都放出归家务农。尚书右丞蒲察移剌都弃官擅自赴京城,降为知河南府事,行枢密院兼行六部事。

《金史·完颜阿里不孙传》载,金兴定元年(1217年),上京宣抚使蒲察移剌都改陕西行省参议官。时"知广宁府事温迪罕青狗居盖州,妻子留广宁,与伯德胡土约为兄弟。青狗兵隶阿里不孙,内猜忌不协,蒲察移剌都尝奏青狗无隶阿里不孙。宣宗乃召青狗,青狗不受诏,阿里不孙杀之"。

刘祁《归潜志》云,杀死蒲察移剌都的真正"凶手"是术虎高琪。"然其为人颇廉,月俸计家所费外,悉纳于官。性忌忍,多害其敌己者。杀平章政事抹撚尽忠,杀东平帅移剌都"②。

斡不塔,清光绪《东平州志》卷二十三,《大事记》转陈经《通鉴续编》载,金兴定四年(1220年)八月,"红袄军"李全、"大刀张林"率军北渡黄河,袭击东平府,因东平行省蒙古纲固守而未得手。李全、张林改为向东行,夹汶水立寨。在汶水,被金监军王庭玉和东平副帅、龙虎将军干不答(斡不塔)击败。李全、张林兵力损失大半,被迫退回楚州。③

蒲察山儿,女真族,《金史》卷十六,本纪第十六,《宣宗纪下》载,金兴定四年(1220年)夏四月,"庚辰,东平元帅府总领提控蒲察山儿破红袄军于聊城"。

《金史》卷十四,本纪第十四,《宣宗纪上》载,金贞祐三年(1215年)八月,"置山东西路总管府于归德府及徐、亳二州"。"戊申,东平、益都、太原、潞州置元帅府"。

---

① [元]脱脱,等.金史[M].北京:中华书局,1975:2303.

② [金]刘祁.归潜志[M].北京:中华书局,1983:115.

③ 郭云策,李宏生.东平州志[M].北京:中国文史出版社,2008:1043.

卷十　列传第三　山东西路人物（下）

山东西路转运司

转运使：

李上达　刘裪　康渊　李瞻　高昌福　郭邦杰　移剌益　俞良裔　宋宸
石抹元　移剌福僧　田琢　李秉钧

同知转运使、转运副使：

冯仲伊　徐铎　张行信　梁肃　张正伦

其他官员：

张子厚　卢亨嗣

山东西路转运司存在近百年，历金太宗、熙宗、海陵王、世宗、章宗、卫绍王、宣宗7朝，但囿于资料匮乏，对转运司幕倅知之甚少。遍检《金史》《二十五别史17·大金国志》《东平州志》，金元好问《遗山集》、宋徐梦梓《三朝北盟会编》及金石碑文等史料，参考陈志英《金元之际转运司制度的变迁》（2018年），尽搜得山东西路转运司亲民、佐贰官18人及属吏2人，并传。

一、转运使

李上达（约1089—1149年），字达道，山东西路曹州济阴（今山东省巨野县）

人。金太宗朝,李上达负责"给军须,号办治",金天会八年(1130年)后在大齐摄(既代理)户部事。金熙宗皇统年间(1141—1149年),办治军需,任山东西路转运使。

李上达为东平地方旧志中记载的唯一的转运司官员。清光绪板存书院版《东平州志》卷十四《宦绩传》载:"李尚(上)达,济阴(今山东省巨野县)人。初为东平府司户参军,精于吏事,能治繁剧,猾吏不敢欺"①。结合《金史·李上达传》,可窥其"老财政"的轨迹,李上达,字达道,山东西路济阴县人,北宋时为东平府司户参军。金占东平,金帅完颜昌(挞懒)将李上达作为具有"转运"专长的人才,仍让李上达负责军需供给,"给军须,号办治";金天会八年(1130年)伪齐刘豫都东平时,李上达摄(代理)户部事,负责大齐的财税工作。金熙宗皇统年间(1141—1149年)出任山东西路转运使。李上达在东平历两朝,从事财税管理工作20余年,业务精湛,具有丰富的财政工作经验,无论多么繁重复杂的事,他都能有效化解,官府内外耍奸使猾的人都畏惧他。

《金史》卷九十二,列传第三十《李上达传》②载,李上达,宋时以父荫补官,累东平府司户参军。金天会六年(1128年)完颜昌(挞懒)"徇地山东"时,宋济南知府刘豫以城降,金廷"诏刘豫为安抚使,治东平,挞懒以左监军镇抚之,大事专决焉"。时挞懒留用了宋转运旧臣李上达负责军需供给工作,"号办治"。天会八年(1130年)刘豫伪齐政权建立后,李上达被任命为吏部员外郎,代理户部事,分掌度支等曹事。刘豫实行"什一税法"剥夺百姓,李上达多次论其弊端:丰年输官多,歉年寡取之。然收取赋税之时,苛刻赋税,"蓄积盖藏民或不以实输官,官亦不可尽信,于是告讦起而狱讼繁,公私苦之"。终被刘豫接受,改为"五等之制"。金天会十五年(1137年,大齐阜昌八年)刘豫被废,李上达历同知大名府,按察陕西、河南。当时陕、汝等地因灾歉收,李上达开仓赈粮,救济灾民。后来又回到东平,任山东西路转运使。由于李上达任上仅茶税一项,就比旧时多增30多万贯税收,户部将他树为典型,把他的经验发文推广到邻近各路,并在他5年转运使任期满后,特准予再任转运使。61虚岁的时候,逝于东平转运使岗位上。

刘祹,金熙宗皇统二年(1142年)前后任山东西路转运使。

《金史》卷七十九,列传第十七《王伦传》载,金熙宗皇统二年(1142年)"三

---

① 郭云策,李宏生.东平州志[M].北京:中国文史出版社,2008:863.

② [元]脱脱,等.金史[M].北京:中华书局,1975:2034-2035.

月,遣左副点检赛里、山东西路转运使刘祹送天水郡王丧枢,及宋帝母韦氏还刘祹江南"①。

刘祹作为金朝送宋徽宗和韦妃遗体棺枢的使者,受到了宋高宗的热情招待。席间,刘祹突然询问岳飞的死因,现场的宋朝官员讳莫如深,负责接待的官员沉默良久后含糊地说,岳飞谋反,是被部下揭发后处死的。而刘祹却说出了令在座的宋臣均汗颜的一句话:"岳飞骁勇善战,管理部下纪律严明,是不可能造反的"。坐在一旁的赵构只好装聋作哑。

康渊,武安(今湖北省武安市)人,据《山左金石志》卷十九载,金熙宗皇统八年(1148年)前后职山东西路转运使。累官至燕京副留守。

陈志英《金元之际转运司制度的变迁》②考证,《山左金石志》卷十九载,金熙宗皇统八年(1148年)前后康渊为山东西路转运使。据史料载,康渊人品较差,贪婪卑鄙,贪腐成性。他曾历任河北东路、中都路、中京路转运使,"三任漕事,务以钱谷自营"。在中都路任上,贿赂上司,勾结下属,利用职务之便,盗用官府木材,规取国家财利。为此,金大定二年(1162年)时,受到金世宗的严厉斥责。康渊的楷书有名于时。伊葆力《金代书画家史料汇编》(1970年),收录了金皇统八年(1148年),"武安康渊"任山东西路转运使时撰文并楷书的《赠灵岩西堂坚公禅师》:"萦回绿水遶春山,蝶舞莺啼白昼闲。谁似西堂知解脱,不教忧色到朱颜。"该诗有泰山灵岩寺住持僧法云立石,称《赠坚公诗刻并跋碑》。

李瞻(? —1161年),蓟州玉田(今河北省玉田县)人,辽天庆二年(1112年)进士。金海陵王贞元三年(1155年)时,任山东西路属济州(今山东省济宁市)路转运使。

陈志英《金元之际转运司制度的变迁》考,李瞻为山东西路转运使。

《金史》卷一百二十八,列传第六十六《循吏·李瞻传》载,李瞻为辽天庆二年(1112年)进士,初仕辽,职平州望云令。金天辅七年(1123年),辽兴军节度副使张觉据平州叛乱,请李瞻跟随共同起事。完颜宗望收复平州,张觉逃遁去投宋,城中复叛,李瞻越城墙出降完颜宗望(斡离不),李瞻的儿子未能出城而为贼所害。宗望嘉奖李瞻,承制任命他为兴平府判官。金天会三年(1137年),李瞻职大理寺少卿,后跟从完颜宗望伐宋,担任汉军粮料使。天会四年(1138年),金兵围汴,宋

---

① [元]脱脱,等.金史[M].北京:中华书局,1975:1794.
② 陈志英.金元之际转运司制度的变迁[M].北京:新华出版社,2018:153.

人请割河北三镇,李瞻与礼部侍郎李天翼安抚河北东、西两路,略定怀、浚、卫等州,卫、汤、阴等县。天会七年(1141年),知宁州,累迁山东西路德州防御使。为政宽平,民怀其惠,相率诣京师请留者数百千人。金海陵王贞元三年(1155年),迁山东西路济州路转运使,改忠顺军节度使。正隆末,"盗贼蜂起",李瞻增筑城垒防备,保障了辖区内的安宁。金大定元年(1161年),逝于任上。①

高昌福(约1110—1170年),中都(今北京市)宛平人。金天会十年(1132年)与胡砺同榜进士。金世宗朝,因政绩升职为山东西路转运使,金时以"能吏"著称。

《金史》卷一百二十八,列传第六十六《高昌福传》载,高昌福的父亲高履,辽朝御史中丞"退休",金太宗完颜晟闻听高履的政名后拟召见他,但"未及入见而卒,特诏昌福释服应举。登天会十年(1132年)进士第,补枢密院令史。明年,辟元帅府令史"②。

高昌福善于直言。金世宗即位,高昌福上书陈便宜事,皇帝批阅了好多遍,高兴地告诉侍臣说:"内外官皆上书言事,可以知人材优劣,不然,朕何由知之"。然后因高昌福3次出任同知东京留守事期间政绩突出,被提拔为山东西路转运使。"三除同知东京留守事,治最,迁山东西路转运使、工部尚书,改彰德军节度使"。任山东西路转运使时,高昌福曾上书金世宗言赋税太重,世宗问翰林学士张景仁说:"税法比近代为轻,而以为重何也?"景仁曰:"今之税殊轻,若复轻之,国用且不足",因而未引起朝廷重视。

高昌福严于执法,忠于职守。金皇统初(1141年),元帅府治汴(今河南省开封市)时,只要发现疑似宋朝谍报人员的,即杀之。高昌福反对有罪推论,重视证据,由此释放了许多无辜的人。"元帅府治汴,人有疑似被获,皆目为宋谍者,即杀之。昌福谳得其实,释去者甚众"。许州都统韩常用法严酷,喜好杀人,派遣解送囚犯到开封时,途中因监吏过失而致囚犯死亡,监吏害怕由此获罪,就想推责给剩余的囚犯,企图尽杀以灭口。高昌福看透了监吏的意图,通过反复审案,辨明了真相,使百分之七八十的囚犯免死。

高昌福机智勇敢。高昌福破了许州囚犯押解途中死亡案,为此招来了诸监吏的怨恨,他们想办法加害高昌福。正好当时用兵,梁、楚这些地方夜间多阴雨,元

---

① [元]脱脱,等.金史[M].北京:中华书局,1975:2762.
② [元]脱脱,等.金史[M].北京:中华书局,1975:2765-2766.

帅府拟选派人员深入敌区侦察宋兵动静,诸监吏知其危险,于是想借刀杀人,推举高昌福去宋占区侦察。高昌福不辞即行,秘密潜入宋军,尽得敌军虚实后,报给了元帅府。金军师胜归来后,提拔他为震武军节度副使,后任行台礼部员外郎。金天德(1149—1153年)年间,改绛阳军节度副使,入为兵部员外郎,改河间少尹。累官至河中尹,致仕,卒。

郭邦杰,金章宗明昌年间任山东西路转运使。累官至刑部尚书。

陈志英《金元之际转运司制度的变迁》稽考,郭邦杰为山东西路转运使。

郭邦杰力举贤能。《金史》卷九十七,列传第三十五《刘仲洙传》载,刘仲洙,字师鲁,大兴宛平人。金大定三年(1163年),登进士第。历龙门主簿、香河酒税使,再调深泽令。升河北西路转运司支度判官,入为刑部主事,六迁右司员外郎,俄转吏部。世宗谓宰臣曰:"人有言语敏辩而庸常不正者,有语言拙讷而才智通达、存心向正者,如刘仲洙颇以才行见称,然而口语甚讷也"。右丞张汝霖曰:"人之若是者多矣,愿陛下深察之"。章宗朝,刘仲洙上书力辩田珏等以党罪废锢者之冤,金章宗听从了刘仲洙的意见,遂解党禁,复田珏官阶。① 《金史》评价云:"仲洙性刚直,果于从政,尤长于治民,所在皆有功迹,盖一时之能吏云"。金章宗明昌二年(1191年),刘仲洙"移德州防御使。转运郭邦杰、节度李晏皆举仲洙以自代。升为定海军(驻今山东省烟台市莱州区)节度使"。刘仲洙任山东西路德州防御使,而推荐刘仲洙的郭邦杰,一方面,应该是非常熟悉了解其官德及政绩,另一方面,一般是一个行政系统内的人举荐。由此推断,郭邦杰应当是在山东西路工作的且熟知刘仲洙政绩的"转运使",即山东西路转运使。同时,这凸显出郭邦杰力举贤能之胸怀。

另据《金史·食货志四》载,金大定二十九年(1189年)十月,郭邦杰时职刑部尚书。

移剌益(？—1202年),字子迁,本名特末阿不,契丹族,中都路(今北京市)胡鲁土猛安人。金承安二年(1197年),职山东西路转运使。是一名深得朝廷信任的廉政官员。

《金史》云:"移剌益刚而敢言"。《金史》卷九十七,列传第三十五《移剌益传》载,出身官宦世家,荫补为国史院书写,金大定二十九年(1189年)以应奉翰林文字,为《辽史》编修官,与泰安党怀英、东平赵沨等合修《辽史》。继而调山东西路

---

① [元]脱脱,等. 金史[M].北京:中华书局,1975:2154-2155.

辖徐州录事,召为枢密院知法,三迁翰林修撰,改户部员外郎。金明昌三年(1192年),章宗擢授移剌益霸州刺史,委派他去赈饥民。上任后,移剌益带头捐出自己的俸禄,带动属下争相效法,救活了许多灾民。后迁泗州防御使,尚书户部侍郎,转兵部。金承安二年(1197年),出山东西路转运使。时有敕使按鹰于山东,移剌益奏:"乞止令调于近甸,何必惊远方耳目"①。朝廷获知后,命有司治了使者的罪。再迁河东南北路按察使。金泰和二年(1202年),卒于官。

俞良裔,金卫绍王崇庆元年(1212年)职山东西路转运使。

金卫绍王大安三年(1211年)蒙古开始南伐,会河之役,使金遭受重大打击。大安三年(1211年)十月蒙古成吉思汗率大军进围金中都,在燕京被围困多达半年的时间内,粮食严重短缺,米价弥升,"京城白金三斤不能易米三升,死者不可胜数"。《二十五别史17·大金国志》卷二十三,纪年二十三《东海郡侯纪下》载,金卫绍王崇庆元年(1212年)秋,成吉思汗率蒙古军攻金,然后围中都燕京,半年不下而退。"时京师市井萧条,草莽葱茂……时山东路都运俞良裔,河北路都运唐鼎各运米五万石止京师,民皆呼万岁"②。

"山东路都运俞良裔"应为山东西路转运使。根据金大安三年(1211年)和崇庆元年(1212年)益都与东平的情势,能够筹集米5万石且输运到中都燕京的,应为山东西路转运司。时山东东路治所益都"大扰",无力输送钱粮至燕京。《金史》卷一百二,列传第四十《仆散安贞传》③载,大安三年(1211年)冬,益都县人杨安国,市人呼为"扬鞭儿",与张汝楫集齐众人攻劫州县,杀略官员,山东大扰。据孙祚民《中国农民战争史(四)·宋辽金元卷》载,在金章宗承安年间曾发动过起义的杨安儿,于大安三年(1211年)十一月,在益都府再次发动起义,声势日盛,益都府、潍州(今山东省潍坊市)、密州(今山东省诸城市)、莒州(今山东省日照市)是其活动的主要地区。金统治者十分恐慌,派仆散安贞前往益都镇压。"安贞至益都,败安儿于城东"。仆散安贞在益都城东与农民起义展开激战,杨安儿战败,为保存起义军力量,杨安儿率军向胶东地区转移,并在登州(今山东省蓬莱市)改元天顺,建立了政权。截至金兴定四年(1220年),这支起义军的反金斗争方逐渐平息。当时山东西路相对稳定,金贞祐二年(1214年),在大蒙古国军的攻势下,

---

① [元]脱脱,等.金史[M].北京:中华书局,1975:2160-2161.

② [金]宇文懋昭.二十五别史17·大金国志[M].李西宁,点校.济南:齐鲁书社,2000:166.

③ [元]脱脱,等.金史[M].北京:中华书局,1975:2243-2246.

中都解严，"河北州郡未破者惟真定、大名、东平、清、沃、徐、海州而已"。

陈志英《金元之际转运司制度的变迁》稽考，俞良裔是山东西路转运使。

综上所述，山东西路转运司，一是辖治区域包括山东西路和大名府，具有"运米五万石"的经济实力。二是因转运司辖治的大名路，邻中都路。山东东路战火连绵，再加上重负仆散安贞"剿匪"军饷供给，筹集输送"米五万石"十分困难。由此推断，俞良裔是山东西路转运使。

宋宸（？—1214 年），宛平（今北京市）人。进士出身，金卫绍王崇庆二年（1213 年）至金宣宗贞祐初，迁山东西路转运使。金贞祐二年（1214 年）战死于怀州，谥为"忠义"。

山东旧志载，宋宸，曹、沂（今山东省菏泽市、临沂市）二州防御使，又定海军节度使，山东西路转运使，宛平（今北京市）人。

《金史》卷一百二十一，列传第五十九《忠义一·宋宸传》载："宋宸，中都宛平人也。金正隆五年（1160 年）进士"①。历辰州、宁化州军事判官，曹王府记室参军。陕西西路转运都勾判官。补尚书省令史，除武定军节度副使、中都右警巡使。时固安县丞刘昭与部民裴原争买邻田，宋宸偏于县丞刘昭，抑制裴原，不许裴原与县丞争购。被御史台劾奏，夺宋宸一官，解职，降为广宁府推官、沂州防御使。"御史劾其前任按察侵民舍不称职，降沂州防御使，移浚州。卫绍王崇庆年间，迁山东西路转运使。金宣宗贞祐二年（1214 年），改沁南军节度使。正月，大元兵至怀州，城破死焉"。

《金史》评曰："宸天资刻酷，所至不容物，以是蹭蹬于世云"。

石抹元（？—约 1215 年），异称舒穆噜元，字希明，契丹族，懿州（治今辽宁省阜新市东北）路胡土虎猛安人，约在金章宗泰和八年至贞祐二年间（1208—1214 年），职山东西路按察转运使。

《金史纪事本末》卷四十二《群盗叛服》载，金宣宗贞祐"二年（1214 年）五月"条下称，"舒穆噜元，字希明，懿州人（今辽宁省阜新市），由译史历山东西路转运使"②。

《金史》卷一百二十八，列传第六十六《循吏·石抹元传》载，石抹元 7 岁丧父，

①　[元]脱脱，等.金史[M].北京:中华书局,1975:2649.

②　[清]李有棠.金史纪事本末[M].北京:中华书局,2015:712.

13 岁丧母。以荫补枢密院尚书省译史,同知山东西路恩州军州事,迁监察御史。①

石抹元执法如山。第一,同知山东东路淄州军州事时,淄川一带有名的大盗刘奇久常祸害百姓,一日被捕获,本想依法从严惩治时,听说皇帝大赦将至,石抹元怕刘奇久放出后依然危害社会,抓紧命令部下杖杀之,全郡的人都拍手称快。第二,石抹元后来改任大兴府判官,沂王府司马、沁南军节度副使。当时,邑内有一家人种植的橙子好看、好吃又好卖,每年都挣不少钱。这家人的仇家趁夜黑摸入橙园毁坏了果林,让主人抓住送到了官衙。橙园的主人妄图加重仇人的罪行而诬告其抢劫财务,仇家也已经认了罪。石抹元当时摄(代理)州事,经过调查,摸清了事实的真相,从而使仇家得到法罪相适的处罚。

石抹元疾恶如仇。他由河北西路转运副使,累迁山东西路按察转运使。金贞祐初(1213 年),他在东平担任按察转运使时,"黄掴吾典征兵东平,拥众不进,大括民财,众皆忿怨。副统仆散扫合杀吾典于坐,取其符佩之,纵恣尤甚。(石抹)元密疏劾扫合擅杀近臣,无上不道,扫合坐诛"。移知济南府,到官 6 个月逝世。

《金史》评价云:"元生平寡言笑,尚节俭,居官自守,不交权要,人以是称之"。

移剌福僧(?—1222 年),契丹族,东北路(今辽宁省辽阳市)乌连苦河猛安人。金宣宗贞祐三年(1215 年)迁山东西路按察转运使,当年罢按察司,仍充山东西路转运使。久之,致仕。

《金史》卷一百四,列传第四十二《移剌福僧传》载,移剌福僧,以荫补吏部令史,转枢密院,调山东西路滕州军事判官,历甄官署直长、豳王府司马、顺义军节度副使。同知开远军节度使,签北京、临潢按察事,莫州刺史、同知兴中府事、辽东宣抚副使、吏部郎中等职。②

移剌福僧刚正不阿。部内有一个叫木吞的世袭猛安,吞掠民女,藏之窟室,很多人都知晓,但没有人敢揭发。移剌福僧请示节度使后,亲自去过问此案,侦查清楚木吞藏匿民女的地方后,带领众人去搜查,得妇女 43 人,木吞抵罪。移剌福僧不迎合权贵。胡沙虎弑卫绍王,移剌福僧恶之。当宣宗迫不得已封胡沙虎为泽王后,百官皆去祝贺,而移剌福僧就是不去祝贺,胡沙虎就想加罪于他。

移剌福僧缮治城郭。其治沃州、治广宁时,都十分重视城防工程建设,百姓颇怨。但遇战事时,两城均得以保。

---

① [元]脱脱,等.金史[M].北京:中华书局,1975:2769-2770.
② [元]脱脱,等.金史[M].北京:中华书局,1975:2296-2298.

　　移剌福僧体恤民生。充辽东宣抚副使时,岁大饥,移剌福僧出沿海仓粟,先赈其民,而后奏之,优诏奖谕。

　　移剌福僧居东平多年。"贞祐三年(1215 年)迁山东西路按察转运使。是岁按察司罢,仍充转运使。久之,致仕"。金兴定二年(1218 年)十一月庚辰,宣宗御登贤门,召致仕官,访问时政得失,山东西路转运使移剌福僧、驻山东西路泰安州的泰定军节度使李元辅皆在其列。移剌福僧于金元光元年(1222 年)逝世。

　　田琢(?—1219 年),字器之,蔚州定安(今河北省蔚县东北)人。进士出身,金宣宗兴定元年(1217 年),迁山东西路转运使。累官山东行六部尚书宣差便宜招抚使。

　　田琢富有聚集百姓的能力。金贞祐二年(1214 年),中都燕京被蒙古军队围困,田琢从偏僻小道上去蔚州募兵 2 万,败散之后,又募集 3 万人,屯驻中山(今河北省定州)御敌。后又在西京大同等地募集百姓数万人,被朝廷加封为河北西路宣抚副使。

　　田琢先后在山东西、东两路任职,并于东平府境内病逝。《金史》卷一百二,列传第四十《田琢传》载,田琢,金明昌五年(1194 年)与山阴张槻同榜进士。及第后出任西京路宁边县主簿,山东西路荏平县(今山东省聊城市荏平区)主簿。不久,调潞州观察判官,相继在山西、陕西历职。金宣宗兴定元年(1217 年),"朝廷易置诸将,迁山东西路转运使。二年(1218 年)改山东东路转运使,权(既代理)益都府事,行六部尚书宣差便宜招抚使"①。在山东多次指挥、参加围剿山东"红袄军"。因与益都治中张林有隙,且张林早有反意,加上田琢在山东征求过当,颇失众心,兴定三年(1219 年),张林借拥兵讨莱州之际率众噪入府中,迫使田琢西遁,至章丘,兵变。宣宗乃诏田琢还。行至东平府西寿张境(今山东省梁山县),背疽发作而死。

　　田琢富有才学,且与诸多文昌硕儒唱和。文坛盟主赵秉文有《从军行送田琢器之》,谓"田侯落落奇男子"。最有趣的当属为世人所传诵的《田器之燕子图》事。田琢及第后出任西京路宁边县(今内蒙古清水河县西南)主簿。金明昌七年(1196 年),金朝讨伐内蒙古塔塔儿部,成吉思汗率部援助金朝,取得胜利。是年,田琢从军至塞外合虏里山(今蒙古国杭爱山)。塞外战场,野舍荒漠。一年春末,有一对燕子在田琢居所的屋梁上筑巢安家。当地人过着游牧生活,因而从未见过

---

①　[元]脱脱,等.金史[M].北京:中华书局,1975:2248-2252.

燕子这种南方的益鸟,屡次想捕杀它们,田琢多方保护,终于使它们免遭不幸。燕子昼出夜归,田琢每天像对待客人似的开户以待。忽然有一天,这一对燕子飞回来落在田琢屋子的角落里,呢喃多时,像是在诉说什么,也不避人。田琢方才醒悟到明日是秋社(秋分前后),天气要变冷了,燕子要飞回南方,这是在向他诉说离别之情。田琢遂作诗一首相赠:"几年塞外历崎危,谁谓乌衣亦此飞。朝向芦陂知有为,暮投第舍重相依。君怜我处频相语,我忆君时不掩扉。明日西风悲鼓角,君应先去我何归?"田琢将此诗写在纸上,做成蜡丸,系在一只燕子的腿上。第二年,田琢调任山东西路茌平县主簿。8年后的泰和四年(1204年)田琢出任潞州(今山西省长治市)观察判官,农历四月十二日,偶坐在公廨之中的含翠堂,忽然有一双燕飞至,一只飞落檐户间,一只径直飞到他面前的砚屏上。田琢觉得有些奇怪,他仔细观察,发现一只燕子的腿上系着蜡丸,才知道这只燕子是往年赠诗的那只,今日千里前来相认。燕子如此重情且富有灵性,令田琢十分感动,于是请好友庞铸为燕子作了一幅画。是为《田器之燕子图》,画毕后,庞铸在画上题长诗一首,歌颂燕子有情有义。乐平人杨云翼,当时亦写了一首《田器之燕子图诗》:"寄语齐偕休志怪",称这是真实的故事,不能当作传奇志怪。① 其后,名儒张槭、李纯甫、赵秉文、王大用、田思敬、元好问等10余人为此画赋诗。

田琢两处住所,相距千里,燕子相离8年竟能够找到田琢,一时成为佳话,名噪一时。

李秉钧,金宣宗兴定六年(1222年)职山东西路转运使。

《金史》卷十五,本纪第十五《宣宗纪中》载,金宣宗兴定六年(1222年)五月,时职东平府事,"山东行元帅府事蒙古纲,檀械转运司李秉钧,法当决,秉钧返誊纲,应论赎,诏而释之"。

李秉钧曾于明昌至泰和初任尚书省权令史、尚书省掾。《金史》卷一百四,列传第四十二《邹谷传》载,金章宗明昌四年(1193年)周昂职尚书省令史时,与左司都事李炳发生纷争,李炳借醉酒命左右揽周昂衣服欲杖之。② 时任权(代理)令史的李秉钧是为知情人。

---

① 杜成辉. 金代状元张槭及其作品——兼谈《田器之燕子图》联诗[J].山西大同大学学报(社会科学版),2010(05):55-59.

② [元]脱脱,等.金史[M].北京:中华书局,1975:2289.

二、同知转运使、转运副使

冯仲伊(约 1119—1177 年),又一称冯仲尹,真定(今河北省正定县)人,金天眷二年(1139 年)进士。金世宗大定中同知山东西路转运使事。

元好问《遗山集》卷十九《内翰冯公(璧)神道碑铭》载,冯璧的祖父仲伊,天眷初以进士起家,仕为中议大夫,同知山东西路转运使事。①

冯仲伊曾职尚书令史、监察御史。《金史》卷一百二十,列传第五十八《徒单恭(斜也)传》载,海陵王的岳父"斜也于都堂脊杖令史冯仲伊,御史台劾之,海陵杖之二十"。《金史》卷六,本纪第六《世宗纪上》载,金大定二年(1162 年)八月,诏左谏议大夫石琚,监察御史冯仲伊廉察河北东路。②

冯仲伊子冯子翼,孙冯璧皆有名。元好问《中州集》乙集第二《冯临海子翼小传》载,"子翼,字士美,大定人。金正隆二年(1157 年)进士"。冯子翼"父仲尹,子叔献,三世皆仕至四品,职名亦相近"。③元好问《内翰冯公(璧)神道碑铭》云,"大父仲尹,天眷初以进士起家,仕为中议大夫,同知山东西路转运使"。"考子翼,正隆初进士,中顺大夫,同知临海军节度使事"。

冯仲伊 59(虚)岁时卒于同知山东西路转运使事任上。

徐铎,金大定末任同知山东西路转运使事。

金大定二十七年(1189 年)立石于泰山西麓灵岩寺《当山第五十七代来公禅师塔铭》,塔铭由"朝列大夫同知山东西路转运使事食邑七百户赐紫金鱼袋徐铎撰"。塔铭纪金正隆元年(1156 年)仲夏,同知东平总尹,辽阳(人)张汝为,携家偕游灵岩寺事。

张行信(1163—1231 年),字信甫,先名行忠,莒州日照县(今山东省日照市)人。金大定二十八年(1188 年)进士第。金章宗泰和三年(1203 年),同知山东西路转运使。两登相位,官至从一品。

张行信出身于官宦家庭,科举考试夺进士第一。其父张暐,字明仲。《金史》卷一百六,列传第四十四《张暐传》载,张暐"博学该通。登金正隆五年(1161 年)进士。历太常、礼部二十余年,以安武军节度使致仕"④。张行信的哥哥张行简,

---

① ［金］元好问.元好问全集(上)[M].太原:山西人民出版社,1990:517-523.
② ［元］脱脱,等.金史[M].北京:中华书局,1975:129.
③ ［金］元好问.中州集[M].上海:华东师范大学出版社,2014:110.
④ ［元］脱脱,等.金史[M].北京:中华书局,1975:2327-2329.

字敬甫。《金史》同卷《张行简传》载,行简"颖悟力学,淹贯经史。金大定十九年(1179年)进士第一。官至太子太傅(正一品),赠银青荣禄大夫,谥文正"。

张行信政绩卓著,两登相位,官至从一品。《金史》卷一百七,列传第四十五《张行信传》载,张行信进士及第后,累官铜山令。金明昌元年(1190年),以廉擢授监察御史。金泰和三年(1203年),同知山东西路转运使,不久,签河东路按察司事。金崇庆二年(1213年)后,职左谏议大夫,当时胡沙虎(完颜烈执中)除名为民,想通过赂遗皇族贵戚复政,而此时卫绍王也打算复用胡沙虎,满朝文武大臣无人敢言。张行信直言上章:"胡沙虎残忍凶悖,跋扈强梁,媚结近习,以图称誉。自其废黜,士庶莫不忻悦。今若复用,惟恐为害更甚前日,况利害之机更有大于此者"。书再上,不报。是年五月,卫绍王再次起用胡沙虎,结果招来杀身之祸,八月被胡沙虎弑杀。"及胡沙虎弑逆,人甚危之,行信坦然不顾也"。金宣宗登基后,张行信上疏立太子、"小人勿用"、惩治讹可失职、论纳粟卖官之弊等,皆被宣宗采纳。金贞祐二年(1214年)四月,迁山东东路(治益都)按察使兼转运使,权(代理)本路宣抚副使;次年迁安武军节度使,时仍牵念山东事:始至安武军,即上书言"四事"。一是,山东益都"杨安儿贼党旦暮成擒,盖不足虑。今日之急,惟在收人心而已。向者官军讨赋,不分善恶,一概诛夷,劫其资产,掠其妇女,重使居民疑畏,逃聚山林。今宜明敕有司,严为约束,毋令劫掠平民。如此则百姓无不安之心,奸人诳胁之计不行,其势渐消矣"。二是,"自兵乱之后,郡县官豪,多能纠集义徒,摧击土寇,朝廷虽授以本处职任,未几遣人代之。夫旧者人所素服,新者未必皆才,缓急之间,启衅败事。自今郡县阙员,乞令尚书省选人拟注。其旧官,民便安者宜就加任使,如资级未及,令摄其职,待有功则正授。庶几人尽其才,事易以立"。三是,"掌军官敢进战者十无一二,其或有之,即当责以立功,不宜更授他职"。四是,"山东军储皆鬻爵所获,及或持敕牒求仕,选曹以等级有不当鬻者往往驳退。夫鬻所不当,有司罪也,彼何责焉。况海岱重地,群寇未平,田野无所收,仓廪无所积,一旦军饷不给,复欲鬻爵,其谁信之?"朝廷多用其议。半年后,先后担任吏部、户部、礼部"三部"的尚书,兼修国史,任太子少保等。金兴定元年(1217年)三月,权参知政事(宰相之贰,从二品),次年改静难军节度使等。金哀宗即位(1224年),起为尚书左丞(宰相,从一品)。不久致仕,归家"惟以抄书教子孙为事",在开封城东"静隐亭",常与原东平行省侯挚闲叙。①

---

① [元]脱脱,等.金史[M].北京:中华书局,1975:2363-2371.

金正大八年(1231年)"二月乙丑,薨于嵩山崇福宫,年六十有九"。

父兄三人,同登《金史》,史之罕见。《金史》赞其"为人纯正真率,不事修饰,虽两登相位,殆若无官然。遇事辄发,无所畏避,每奏事上前,旁人为动色,行信处之坦如也。及薨之日,虽平昔甚媢忌者,亦曰正人亡矣。初至汴,父晫以御史大夫致仕,犹康健,兄行简为翰林学士承旨,行信为礼部尚书,诸子侄多中第居官,当世未之有也"。

梁肃(?—1188年)字孟容,奉圣州(今河北省涿鹿县)人,金海陵王正隆年间(1156—1161年)迁山东西路转运副使。累官参知政事(宰相之贰,从二品)。

《金史》卷八十九,列传第二十七《梁肃传》载,梁肃,金天眷二年(1139年)擢进士第,调平遥县主簿,迁望都、绛县令。"自幼勤学,夏夜读书,往往达旦,母葛氏常灭烛止之"。梁肃廉洁勤政,因而被提拔为尚书省令史。后来任定海军节度副使,中都警巡使,迁山东西路转运副使。金大定二年(1162年),赵植上书荐梁肃,梁肃由中都转运副使改大兴少尹。三年(1163年)转任河北东路转运副使。大定七年(1167年)后,梁肃历职大理寺卿、刑部尚书、济南尹、参知政事等。逝谥"正宪"。①

梁肃熟稔财税,是为金朝财政专家。《金史·梁肃传》载,梁肃多次上疏论财政、治财有方。一是梁肃上疏言:"方今用度不足,非但边兵耗费而已。吏部以常调除漕司僚佐,皆年老资高者为之,类不称职。臣谓凡军功、进士诸科、门荫人,知钱谷利害,能使国用饶足而不伤民者,许上书自言。就择其可用,授以职事。每五年委吏部通校有无水旱屯兵,视其增耗而黜陟之。自汉武帝用桑弘羊始立榷酤法,民间粟麦岁为酒所耗者十常二三。宜禁天下酒曲,自京师及州郡官务,仍旧不得酤贩出城。其县镇乡村,权行停止"。惜不报。二是梁肃上疏论生财舒用8事。"一曰罢随司通事;二曰罢酒税司杓栏人;三曰天水郡王本族已无在者,其余皆远族,可罢养济;四曰裁减随司契丹吏员;五曰罢榷醋,以利与民;六曰量减盐价,使私盐不行,民不犯法;七曰随路酒税许折纳诸物;八曰今岁大稔,乞广籴粟麦,使钱货流出。"皇帝采用其7事,嘱"宰相详议以闻"。三是治财有方。金大定三年(1163年),任河北东路转运副使时,值移剌窝斡乱后,兵食不足,皇帝诏梁肃措置沿边兵食。"移牒肇州、北京、广宁盐场,许民以米易盐,兵民皆得其利"。任彰德军节度使、参知政事时,上奏曰:"方今斗米三百,人已困饿,以钱难得故也。计天下岁入二千万贯以上,一岁之用余千万。院务坊场及百姓合纳钱者,通减数百万。

---

① [元]脱脱,等. 金史[M].北京:中华书局,1975:1981-1986.

院务坊场可折纳谷帛,折支官兵俸给,使钱布散民间,稍稍易得。"被皇帝采纳。四是派行第二次"通检推排"。《金史·食货志一》载,大定"十五年(1175年)九月,上以天下物力,自通检以来十余年,贫富变易,赋调轻重不均,遣济南尹梁肃等二十六人,分路推排"。"通检,即《周礼》大司徒三年一大比,各登其乡之众寡、六畜、车辇,辨物行征之制也"。目的实为清查土地,核实财产,征收税赋。在第二次"通检推排"中,梁肃负责大名路、东平路,"通检东平、大名两路户籍物力,称其平允。他使者所至皆以苛刻增益为功,百姓诉苦之。朝廷敕诸路以东平、大名通检为准,于是始定"。梁肃总结的关于东平、大名的转运工作经验得以在全国推广。

张正伦(1174—1247年),字公理,汤阴(今河南省安阳市汤阴县)人,金泰和二年(1202年)进士,金宣宗兴定三年(1219年)前后任山东西路转运副使。累官至正三品,封侯。

张正伦历州县,两历东平府。《元好问全集》卷第二十《资善大夫吏部尚书张公神道碑铭并引》载,张公理"公幼颖悟,六岁知读书,十二能背诵五经,二十八登泰和二年(1202年)词赋进士第",除山东西路徐州录事判官,后历职郾城主簿、寿张主簿、林虑县令等。贞祐时,历尚书省令史等,金兴定三年(1219年)任陕西东路转运副使、左右司郎中等,金元光二年(1223年)行尚书省六部事,后授京东路司农少卿,总二路事,户、刑部侍郎等,金正大七年(1230年)十二月授吏部尚书。累官资善大夫,勋上护军,爵清河郡开国侯,食邑千户,实封百户。汴京失守后,"柴车北归"回汤阴老家,直到去世。张正伦卫绍王时期职东平府寿张县主簿,兴定年间任山东西路转运副使。①

陈志英《金元之际转运司制度的变迁》将张正伦列为山东西路转运副使。

张正伦以鼠尾簿成名。鼠尾簿,即在簿籍上开列各缴纳物力钱户名单,按财富多少为序,依次排列,故以自粗至细而又较长的鼠尾为喻。河南旧志称,张正伦天资颖悟,登金泰和二年(1202年)进士。授郾城簿。请悉除贫民积逋12万。卫绍王时期职寿张主簿,时值用兵,科役无度。正伦差次为鼠尾簿,保社有号引,散户有由帖,揭榜于道路,使民自赴邻邑,咸取法。元好问《资善大夫吏部尚书张公神道碑铭并引》载,张公理任东平府寿张县主簿时"时北鄙(指蒙古)用兵,科役无适从。公差次物力,为鼠尾簿按而用之。保社有号引,散户有由帖,揭榜于通衢,喻民以所当出,交举互见,同出一手,吏不得因缘为奸"。"自是,为县者皆取法

---

① [金]元好问. 元好问全集(上)[M].太原:山西人民出版社,1990:530-536.

焉"。宋高宗绍兴未曾施行鼠尾簿，"惟以物力高下为序，自大至小，谓之鼠尾"。《建炎以来系年要录》卷一百八十九《绍兴三十一年三月》"庚子"解释："是以绍兴二十六年(1156年)之旨，歇役六年者，与白脚同。行之数年，下户得以宽佚民受其利"①。

张正伦因完颜守纯误书而闻名。《金史》卷九十三，列传第三十一《宣宗诸子·荆王守纯传》云，金宣宗的儿子荆王完颜守纯，"兴定元年(1219年)授世袭东平府路三屯猛安。三年(1221年)，以知管差除令使梁瓛，误书转运副使张正伦宣命，奏乞治罪"②。当时，枢密使完颜守纯发觉令史有违法行为，便上奏其父完颜珣，在奏折中却误写成了转运副使张正伦。

张正伦公正执法。元好问《资善大夫吏部尚书张公神道碑铭并引》载，金正大元年(1224年)，张公理职京东路司农少卿，总二路事。时都水使假冒河禁，私下却在黄河两岸的曹州、单州之间做投机买卖，获取不当利益巨万金。同时虚报军费，盗取县官钱米，并贿赂权贵做"保护伞"。张正伦接连上章，向朝廷揭发其奸，遂被废为民。

张正伦受到地方官民的拥戴。任东平府寿张县主簿时，"县境多(猛安谋克)营屯，世袭官主兵，挟势横恣，令佐莫敢与之抗。兵人殴县民，民诉之县，县不决，申送军中，谓之'就被论官司。'民大苦之"。时寿张县猛安谋克及屯兵众多，军兵横恣，而县又不敢管的情况下，张公理，"一日，阍者告：'百夫长夜破门钥，挟两妓以出。'公谓：'夜破门钥，盗也。'遣吏捕还，榜掠至百数，且械系之。明日，千夫长与其属哀请不已，约此后不复犯平民，乃释之。讫公任终，更无一人敢横者。"张公理不惧兵威，绳之以法，打击了兵霸的威风，无人再"敢横"。

张正伦守土尽责，治理有方。金兴定三年(1219年)为陕西东路转运副使。时汾晋被蒙古军攻陷。张正伦向宰相侯挚建言"宜选才望如郭文振辈，依古封建制使自为战"。后因母亡于渭南守孝5年，逢金正大初年(1224年)关中兵起，张正伦被任命为华州南山军兵都提控。但只封官却不给一兵一卒，上司让张正伦自己去招募民兵，张正伦跑到邻近诸县，动员招募了民兵5000余人。上司又命其驻守箭谷，而箭谷防御设施薄弱，守备仓促，众多难民又集聚于此。蒙古军至，已经60岁的张正伦亲当矢石，英勇杀敌。箭谷的外围防御被蒙古军摧毁了，周边的60多处要塞失守，独箭谷之地保住了，使当地的30万民众免受蒙古军蹂躏。在张正

①　[宋]李心传. 建炎以来系年要录[M].北京:中华书局,2013:3160.
②　[元]脱脱,等. 金史[M].北京:中华书局,1975:2061-2063.

伦的有效治理下,百姓平安乐业,"他州盗贼遍野,惟公号令所及,帖然如平时,路有遗物,亦无敢拾也"。

张正伦晚年,值金危亡之秋,屡谏金哀宗迁都关中或退驻河北、山西,徐谋恢复进取之略,但均不被采纳。68 岁时卒于汤阴居所。河南旧志载,张正伦墓在府城西蒋村。张正伦累职尚书左丞(正二品),是为一说。

旧志称,张正伦尤长于诗。

元好问《资善大夫吏部尚书张公神道碑铭并引》评价云:"公临事有干局,自历州县,既能敦风化,立公道,定契券以睦兵民,布恩信以息寇敚,发奸赃以械府吏,募强悍以辍丁男。此他人之所难能,在公特小者耳。既为朝廷所知,为郎官,为大农,当官而行,无毫末顾望,义之所在,必至而后已。其于忧国爱君,盖不食息顷忘也。"

三、其他官员

张子厚(1165—1199 年),辽东乌若族,洺水(今河北省巨鹿县)人。金承安初,以荫监山东西路博平(今山东省聊城市茌平区博平镇)酒税(正八品)。

张子厚,为金末元初大儒张澄(字仲经)之父。《元好问全集》卷第二十四《张君墓志铭》载,张澄的父亲,字子厚,资颖悟,师从人誉称"有千里驹之目"的名士赵鼎学理,略通经史,工书翰,医学亦过人。[1]

张子厚持家平允,敬长爱幼,救人急难,为乡里所称赞。金明昌三年(1192年)春夏之交,山东大旱,"明昌岁艰,以饥死者十室而五。公日设糜粥,以赡旁近,病者亲诣护之,赖以全治者甚众。及公没,人多为感泣"。

"承安四年(1199 年)八月某日,春秋三十有五,终于洺州之寓居"。

卢亨嗣(1257—1218 年),字继祖。辽上京临潢(今内蒙古赤峰市巴林左旗)人,约卫绍王朝任东平酒务(从七品)。累官至山东行六部(正三品)。

《金史》卷七十五,列传第十三《卢彦伦传》载,卢亨嗣,字继祖。其祖父卢彦伦由辽降金,是金礼部尚书,加特进,封郇国公。其父卢玑,字正甫,终履左宣徽使。[2]

卢亨嗣曾 3 次在山东就职。初,"以荫补阁门祗侯,内供奉"。历职平凉府醋务,同监天山盐场。"丁母忧,服阕。"后来"监莱州(今山东省烟台市莱州区)酒

① [金]元好问 . 元好问全集(上)[M].太原:山西人民出版社,1990:603-605.
② [元]脱脱,等 . 金史[M].北京:中华书局,1975:1715-1718.

课,累调监丰州、任丘、汲县、东平酒务"。因其在东平酒务任职期间政绩良好而被提拔,"课最,迁白登县令"。之后职西京、中都、定远等地。金崇庆元年(1212年),升同知顺天军节度使事。金贞祐二年(1214年),调莒州(今山东省日照市境)刺史,三年(1215年),山东宣抚司讨杨安儿等"红袄军",卢亨嗣行六部,兵罢,还莒州。金兴定二年(1218年)卒,年61岁。

卷十一　列传第四　东平府郡人

东平府望族、俊杰等

须城县：

贾益谦家族　刘长言家族　王尚智家族　赵悫、赵沨父子　黄胜、黄久约父子　李世弼、李昶父子　张荣　吴给　龙可　王任　刘宣　吴大方　吴大年　郭弼宪　赵宪懿(惪)　李宁　乌林答复　李汉卿　王玉汝　马扬　田曦　高霖　刘天骥　孟升卿　冯遵道　张安适　吴辨夫、吴璋、吴子昭家族　王继先　张诚

平阴县：

"三贤"王去非、王去执、王仲元　甲公绰　翟升　刘索　郭好学　史良臣　王端卿　靳子昭　三兴居士　福超　惠沂　戒师和尚　韩温父子

阳谷县：

李伏　杨用道　孟遵道　武都

东阿县：

侯义、侯挚家族　张子羽　张家子　冯璧　雷渊　释明悟

寿张县：

申屠义 韩德华 张正伦

汶上县：

张汝明、张昉父子 国称 李栋 侯德山

金代东平府,传承龙山文化、大汶口之脉络,熏浴孔孟儒雅之风,故卓荦不凡、俊逸绝尘、惊艳古今、荣耀乡里者众。所辖须城、平阴、东阿、阳谷、寿张、汶上6县之占籍者、幕倅者,旧志盖称之为"邑人""乡贤""郡人"。涵盖选举及政、经、军、科、教、文、卫等贤人志士,溯及于金代之东平府籍人而"显"于宋或元者。既有名门望族"合影",亦有杰出才俊"单身像"。为尊重历史,亦纪"贼""奸"。记、叙内容上,"浓笔"有金一代的人和事,"轻描"宋、蒙古或举义等故事以"完人"。尤其是名门望族,历二代及以上人的奋发图进而科举入仕,又通过官宦关系,不断打造家族势力与影响,从而在金代的东平府形成了一个强大的文化家族氛围和崇儒重教的家学、积极用世的家风,逐步扩大了家族影响,既衍续了家族发展,又客观上促进了东平府区域的文化教育,推进了书香文化传承。

一、须城县

(一)名门望族

1. 金贞祐宰相贾益谦家族

贾益谦(1147—1226年),本名守谦,字彦亨,远祖东平贾氏,祖籍河北真定(今河北省正定县),祖父辈复东平人。金世宗大定十年(1171年)词赋进士,历仕州郡,尚书左丞(秩正二品)致仕。金正大三年(1226年),贾益谦去世,享年80岁。

贾益谦祖籍真定,后占籍东平。《金史》卷一百六,列传第四十四《贾益谦传》云:"贾益谦,字彦亨,沃州(金代隶真定。今河北省石家庄市鹿泉区获鹿镇)人,本名守谦,避哀宗完颜守绪讳改名为益谦。金大定十年(1170年)词赋进士"①。

---

① [元]脱脱,等. 金史[M].北京:中华书局,1975:2334-2336.

元好问《遗山集》卷三十九《曹南商氏千秋录》下云:"尚书右丞,汶水贾守谦益之"①。汶水,东平泛称。

刘祁《归潜志》卷六《贾左丞守谦小传》称,贾左丞守谦,字彦亨,东平人。②

贾益谦出身名门。元好问《遗山集》卷三十四《东平贾氏千秋录后记》③和2010年河南省郑州市黄岗寺村发掘的《有宋贾正之墓志铭》记载,东平贾氏源自真定(河北省正定县)。贾益谦的曾祖父为贾昌龄,宋进士。祖父贾常,兄弟排行第四,宋朝散大夫;贾益谦的三伯父贾蕃,知饶州,其子是光禄大夫、北宋知郓州贾公直(字正之),为"范丞相希文(仲淹)之外孙,致仕于郓,因而家焉"。父贾公彦,异称贾衍,宋元符初(1098年),为雄州防御推官,知蔡州西平令,宋宣和五年(1123年)十一月十五日,监左藏西库贾公彦降一官;曾为叔伯兄贾公直书《有宋贾正之墓志铭》文。

贾益谦历仕州郡。《金史·贾益谦传》载,金章宗明昌始,贾益谦由州县入朝为尚书省令史,累迁左司郎中、右谏议大夫。金承安元年(1196年)在议镐王事时有违,被朝廷意愿降职为宁化州刺史,改为山东路按察使,转河北西路转运使。金泰和三年(1203年)召为御史中丞,四年(1204年)出定武军节度使,八年(1208年)复为御史中丞,两个月后改吏部尚书。金贞祐二年(1214年)改河东南路安抚使,"俄知彰德府",三年(1215年)召为尚书省右丞,进拜尚书左丞,四年(1216年)正月致仕、养居郑州。

贾益谦以"能"称。刘祁《归潜志》卷六《贾左丞守谦小传》载:"少擢第,莅官以能称"。金世宗大定末年,西京太原发生商贩赵士诠被杀案,到明昌初还没有找到真凶。贾益谦经过暗访乡人,辨析细节,查得杀害赵士诠的真凶张孝通,释放了因屈打成招而误罪的白忠友,破获了多年的积案。元好问《东平贾氏千秋录后记》载,贾益谦大安初降为宁化州刺史时,"不半岁政成,州人为立生祠。祠丧乱后故在也"。后知河中时,"公至镇,移他州余粟以活饥民"。时蒙古兵南犯汾阳、晋安,游骑已及晋安,贾益谦命老幼妇女居城内,带领全部兵力迎敌,战鼓声声,闻数十里,游骑听到后遁逃。晋安老百姓献牛奉酒、犒师而还。金明昌五年(1194年),贾益谦谏提刑司官应以考能、考绩论升、贬,"上嘉纳之"。

---

① [金]元好问. 元好问全集(下)[M].太原:山西人民出版社,1990:92.
② [金]刘祁.归潜志[M].北京:中华书局,1983:56.
③ [金]元好问. 元好问全集(上)[M].太原:山西人民出版社,1990:765-768.

贾益谦两次因皇帝不称意而降职。第一次是金明昌初(1190年)职左司郎中期间,因工作失误,把官员履历弄错被金宣宗降职。《金史·贾益谦传》载:

> 章宗谕之曰:"汝自知除至居是职,左司事不为不练,凡百官行止、资历固宜照勘,勿使差缪。若武库署直长移剌郝,自平定州军事判官召为典舆副辖,在职才五月,降授门山县簿尉。朕比阅贴黄,行止乃俱书作一十三月,行止尚如此失实,其如选法何?盖是汝不用心致然尔。今姑杖知除掾,汝勿复犯之。"

第二次是金明昌五年(1194年),因"议镐王事有违上意,解职,削官二阶"。刘祁《贾左丞守谦小传》载:"章宗时为谏议大夫,皇叔镐王以疑忌下狱,公力争,士论直之"。

贾益谦实事求是,耻敷衍趋势。纥石烈执中(胡沙虎)至宁年(1213年)发动政变,杀卫绍王永济,改立宣宗珣。一时朝臣皆谓卫绍王失道,天命绝之,胡沙虎实无罪,且有推戴世宗之功。《金史·贾益谦传》载,金兴定五年(1221年)正月,金宣宗批准,为警示后世,把卫绍王事迹,亦宜按照《海陵庶人实录》的样子编纂《宣宗实录》。《宣宗实录》中涉及对卫绍王的评价,事关宣宗即位的正当性,以及纥石烈执中(胡沙虎)等人弑卫绍王、拥立宣宗的合法性。而《海陵庶人实录》在编纂中,依金世宗的旨意,篡改历史事实,肆意抹黑海陵王完颜亮。时众多知情人都阿附宣宗圣意,不敢直言,朝臣皆违心言"卫王失道,天命绝之"。当时"独张行信抗章言之,不报,举朝遂以为讳"。元好问《东平贾氏千秋录后记》载,因贾益谦曾经事卫绍王永济,因而《宣宗实录》"编委会"派遣编修官一人赴郑州采访贾益谦。退休闲居的贾益谦知道朝廷的意图,但仍凛然正义、冒极大风险而实事求是地说了两点:一是世宗朝编造史实,抹黑海陵王不可依。贾益谦说,我闻知海陵王完颜亮被弑之后,金世宗在位的30年里,鼓励大臣揭发抹黑海陵王,凡是能抹黑海陵王"蛰恶者",皆能获得"美仕",有些史臣更是变本加厉地向他泼污水,"诬其淫毒鸷狠"。现在回想起来,简直"贻笑无穷"。"自今观之,百可一信耶?"怎能让这种手段再现于卫绍王身上?二是知卫绍王者莫如我。卫绍王完颜永济勤劳节俭,"重惜名器",治国理政的能力,在金代帝王中属"中材"之上,应在上等之列。"吾知此而已,设欲饰吾言以实其罪,吾亦何惜余年"。贾益谦的观点振聋发聩,促使史官重新审视《海陵庶人实录》的真实性,以及如何公正客观地评价海陵王、卫绍王。贾益谦不惧着意归恶,公正地评价卫绍王,满朝文武都很尊重他。

贾益谦名垂青史。金正大三年(1226年),年80岁的贾益谦离世。100余年后撰写《金史·贾益谦传》的元代史臣感慨赞曰：

> 贾益谦于卫绍王，可谓尽事君之义矣。海陵之事，君子不无憾焉。夫正隆之为恶，暴其大者，斯亦足矣。中篝之丑，史不绝书，诚如益谦所言，则史亦可为取富贵之道乎？嘻甚矣！

传曰"不有废者，其何以兴！"

子三人：贤卿、颐卿、翔卿，皆以门资入仕。一孙仲元（居贞），元初东平行台时仍居东平。

贾贤卿，贾益谦长子。元好问《东平贾氏千秋录后记》载："贤卿台掾。"台掾，即令史。

贾颐卿，贾益谦次子。元代名臣贾居贞之父。姚燧《参知政事贾公（居贞）神道碑》："考颐（卿），武节将军，兵部主事、蔡州观察推官。生公（居贞）郑州，年十五汴（京）乱，已失兵部。奉妣夫人孙逾河依舅父，居天平（天平军驻东平）"①。颐卿子贾居贞，金亡后侍奉母亲回居东平。

贾翔卿，贾益谦第三子。元好问《东平贾氏千秋录后记》"翔卿阁门"。金代"阁门"，或为通事舍人。

贾居贞（1213—1280 年），字仲明，金末随母由郑州复居东平祖居，遂为东平人。元初入行台从事。累蒙古江西行省参知政事。《元史》卷一百五十三，列传第四十有《贾居贞传》。②

《元朝名臣事略》卷十一之四《参政贾文正公》载，"年十五，汴乱，奉妣夫人孙踰（黄）河居天平（今山东省东平县，驻天平军）。甫冠，入官行台"③。

《元史·贾居贞传》载："年十五，汴京破，奉母居天平"。

元代姚燧称贾居贞为贾益谦的孙子、贾颐卿的儿子。元翰林学士、诏修《世祖实录》的姚燧，其《牧庵集》卷十九《参知政事贾公神道碑》载：

> 贾氏之显在金。叔世由大考银青荣禄大夫、上柱国、尚书右丞、河东郡襄献公讳守谦，像宣庙。故曾大父（贾）衍金紫光禄大夫、曾妣石其夫人焦，皆从封河东郡夫人。考颐（卿），武节将军，兵部主事，蔡州观察推官，生公郑州。年十五，汴乱已

---

① 王庆生．金代文学家年谱［M］．南京：凤凰出版社，2005：1062.

② ［明］宋濂，等．元史［M］．北京：中华书局，1975：3622-3625.

③ ［元］苏天爵．元朝名臣事略［M］．姚景安，点校．北京：中华书局，1996：229-235.

失兵部,奉妣夫人孙踰河依舅氏居天平。甫及冠,入官行台。

作为翰林学士、史官的姚燧,其碑文称,贾居贞为贾益谦的孙子、贾颐卿的儿子的可信度应很高。

《元史·贾居贞传》载,贾居贞于元"中统元年(1260 年),授中书左右司郎中。参议中书省事、给事中"。后历襄阳路总管、金行中书省事、湖北道宣慰使、江西行省参知政事等职。元至元十七年(1280 年)薨,享年 63 岁。贾居贞学识渊博、为官清廉、勤于政事,逝后赠"推忠辅义"功臣,追封定国公。

贾沼(异炤、诏),出身东平名门望族贾氏。曾祖贾昌龄,祖父贾正之,字公直。元好问《遗山集》卷第三十四《东平贾氏千秋录后记》载,祖籍真定的"(宋)光禄大夫、知郓州公直,知饶州蕃之子、范丞相希文(仲淹)之外孙,致仕于郓(山东省东平县),因而家焉"。父贾君文,宋大观年举武科,庭试策艺皆第一。贾沼,金明昌五年(1194 年)经义进士,嗜古学,尚友严子陵、陶渊明、白乐天、邵尧夫号"四友居士",故诗有"高风希四友,古学守三玄"之句。累官至山东东路按察司知事。

贾洵,金都水内监使者贾洵,贾公直之孙,贾君文之二子(元好问称为"长子")。宋末奏补,金朝初,出官。元好问《东平贾氏千秋录后记》,贾洵知邳州,州新去汤火,杀僇之余,尽为俘虏,故州有户曹而无籍民。

2. 金正隆宰相刘长言家族

刘长言(1090—1162 年),字宣叔,祖籍永静东光(今河北省东光县)。祖父刘挚,幼时因就学占籍东平,遂为东平(今山东省东平县)人。刘长言在金正隆年间(1156—1161 年)任宰相。《宋史》和东平旧志有《刘挚传》。元好问《中州集》卷九有《刘长言小传》。①

刘长言出身于东平官宦世家。曾祖刘居正,祖父刘挚,伯父刘跂,父刘蹟,宋、金时期名噪全国。

刘长言的曾祖父叫刘居正,据北宋宰相苏颂《秘书监赠太师刘君神道碑》记载,刘居正曾职宋廷秘书监,在刘挚 10 岁的时候刘居正去世,朝廷赠"太师"。

刘长言的祖父刘挚(1030—1097 年),字莘老,10 岁时父逝,投东平外婆家就学,遂为东平人。北宋嘉祐四年(1059 年)中进士甲科。宋元祐六年十一月至八年(1091—1093 年)知郓州(治东平)。《宋史》、清道光《东平州志》、清乾隆《泰安

———————

① ［金］元好问. 中州集［M］.上海:华东师范大学出版社,2014:578.

府志》皆有传。据《宋史》卷三百四十，列传第九十九《刘挚传》①，清黄宗羲《宋元学案》卷二《泰山学案》、清康熙《东平州志》卷十五《人物志·刘挚传》载：

> （刘挚）儿时，父居正课以书，朝夕不少间。或谓："君止一子，独不可少宽邪？"居正曰："正以一子，不可纵也。"十岁而孤，鞠于外氏，就学东平，因家焉。

刘挚29岁登第后，初任冀州南宫县令时，政绩卓著，颇有声望，时与信都县令李冲、清河县令黄莘被称为"河朔三令"。后升任江陵府观察推官，再由韩琦推荐为馆阁校勘，升迁为著作郎。王安石初执政时，器重、提拔刘挚为检正中书礼房公事、升监察御史里行。王安石拜相后行新法，刘挚认为新法有许多弊端，便上疏宋神宗述雇役制度等"十害"。从而激怒了王安石，使人针对刘挚的上疏作《十难》逐点反驳，并弹劾刘挚。宋神宗宠爱王安石，从轻贬刘挚为衡州监管盐仓。贬官后的刘挚，十分敬业。此前，管理衡州盐仓的小吏与运盐的兵士相勾结，常在盐中掺杂使假获利。刘挚到任后，严格检查验收，运输、保管层层把关，赏金，弊减大半。吃上优质盐的百姓将之誉为"学士盐"。久之，签书南京判官，迁右司郎中，知滑州等。宋哲宗继位后，诏为吏部郎中，改任秘书少监，升侍御史，宋元祐元年（1086年）升为御史中丞，元祐六年（1091年），拜尚书右仆射（宰相）。因与尚书左仆射吕大防相左，被御史杨畏劾，刘挚被罢相后，六年十一月至八年（1091—1093年）以观文殿学士改知郓州东平。绍圣元年（1094年），又贬为光禄卿。绍圣元年（1094年）知青州，四年（1097年）又陷邢恕之诽谤，贬鼎州团练副使，新州安置。至数月，含怨而终。刘挚性峭直，正气森严，忧行于色，不为利诱威怵，修严宪法，辩白邪正，勇于去恶，竟为朋谗奇中，是为冤案。《宋史》三百四十，列传第九十九《刘挚传》评曰："时人以比包拯、吕晦"②。宋徽宗朝，刘挚得平反，赠"少师"，谥"忠肃"。《宋史》卷三百四十，列传第九十九末《论曰》云：

> 论曰：（吕）大防重厚，（刘）挚骨鲠，（苏）颂有德量。三人者，皆相于母后垂帘听政之秋，而能使元祐之治，比隆嘉祐，其功岂易致哉！大防疏宋家法八事，言非溢美，是为万世矜式。挚正邪之辨甚严，终以直道慆于群小，遂与大防并死于贬，士论冤之。③

---

① 高占祥．二十五史·宋史[M].北京：线装书局，2011：1862.
② 高占祥．二十五史·宋史[M].北京：线装书局，2011：1862-1864.
③ 高占祥．二十五史·宋史[M].北京：线装书局，2011：1866.

刘挚藏书万卷,嗜书如命,治学严谨,才华横溢。嘱子孙曰:"士当以识为先,一号为文人,无足观矣"。现辑存《忠肃集》20卷。

刘长言的伯父刘跂(? —1117年)字斯立,时称"学易先生",北宋元丰二年(1079年)进士,职亳州教授、曹州教授、彭泽县令等。刘跂妻子的曾祖父是宋真宗朝宰相、山东莘县人王旦,妻祖父王素为宋仁宗朝工部尚书,岳父是宋哲宗朝太常博士,北宋末著名文学艺术家。清黄宗羲《宋元学案》卷二《泰山学案》之《刘跂》条载:

刘跂,字斯立,东平人。忠肃(刘挚)长子,与其弟蹈皆登元丰二年(1079年)进士,官朝奉郎。绍圣(1094年)间,从忠肃公于谪(居)所。徽宗立,诏反忠肃家属。用先生请,忠肃得归葬。先生又诉文及甫之诬,遂贬及甫等。先生能为文章,遭党事,为官拓落,家居避祸,以寿终。①

刘跂晚年为避党争之祸,隐居东平,作易学堂,研究传授易学,名声与泰安徂徕孙复、石介相埒。刘跂诗文俱佳。著有《学易集》20卷。子,刘长福。《宋元学案》卷二《泰山学案》之《宣教刘先生长福》条载,刘长福,精程氏易学,"学易(刘跂)之子。而艻林向侍郎之婿也。尝官右宣教郎。子荀"②。刘跂之子刘荀,字子卿,亦精于易学。《宋元学案》卷四十一《衡麓学案》《知军刘先生荀》条载,师从新州(刘挚贬居地)胡致堂、南安张横浦,并将二师的讲授整理成《思问记》。③ 南宋淳熙中(1174—1189年)知余干县,后历德安判、知江苏盱眙军。著有《政规》40卷及《文源》等共9部专著。刘挚之曾孙刘芮,史未详其父,究《宋元学案》卷二十《元城学案·孙氏门人》之《提刑刘顺宁先生芮》条记载之事,应为刘荀之子。"刘芮,字子驹,东平人也。忠肃公之曾孙,学易先生(刘)跂之孙,南渡后居湘中"。师江陵大儒孙蒙正(字正儒)学易,后又学于孙奇甫,遍游尹和靖、胡文定之门,易学"所造萃然"。刘芮贫无居所,从未借祖之光,亦不屈膝求人。汪文定公玉山提携,任刑部员外郎,出湖南提刑。著有《顺宁集》20卷。杨诚斋为之序。序中论曰:"子驹长于嗜古,短于谐今;工于料事,拙于售世"。犹如刘氏家族"三世守其家学"的素描矣。④

---

① [清]黄宗羲. 宋元学案[M].北京:中华书局,1986:127.
② [清]黄宗羲. 宋元学案[M].北京:中华书局,1986:127.
③ [清]黄宗羲. 宋元学案[M].北京:中华书局,1986:136.
④ [清]黄宗羲. 宋元学案[M].北京:中华书局,1986:839.

　　刘长言的二伯父刘蹈,北宋元丰二年(1079年)进士。早于父卒。《宋元学案》卷二《泰山学案》之《刘蹈》条载:"刘蹈,斯立弟,皆莘老(刘挚)子。以文学知名,自处约甚,人不知其为宰相子也"。"又案:先生为忠肃次子,官奉议郎。其卒也,忠肃为文祭之,称其'孝于父母,善于弟兄,行己应物,一以至诚,横逆不校,忧乐不惊'云"①。

　　刘长言的父亲刘蹟,亦政亦文。元好问《中州集》壬集第九《刘长言小传》载,刘长言"父蹟,三十五(岁)终于仪真令。工诗能文,有《南荣集》传东州(东平),今独余家有之。宣叔正隆宰相,诗文能世其家,今不复见矣"。

　　刘长言,字宣叔,东平人,宋相莘老之孙,东平府学生。应是进士出身。金正隆五年(1160年)宰相。刘长言官居宰相,但不知何因《金史》无传。历代东平史志亦罕录。稍详者仅见于元好问《中州集》壬集第九《刘长言小传》。②

　　细觅散见于《金史》《宋史》等史料,可大体梳理出刘长言宦迹。刘长言是否登科缺载。依金朝常例,若不是进士出身的汉人入职翰林学士,担任丞相显耀之位的可能性极小;再者,刘长言出身于书香世家,数代精于易学,以诗文名世;金代科举尤重经学,理推其应为进士出身。刘长言仕金为汝州郏城酒监,后擢省郎。是由曾经于北宋末和大齐阜昌间多年职于东平的范拱推荐而擢升。《金史》卷一百五,列传第四十三《范拱传》云:"齐废(1137年),梁王宗弼领行台省事,拱为官属。……拱慎许可,而推毂士,李南、张辅、刘长言皆拱荐也。长言自汝州郏城酒监擢省郎,人不知其所以进,拱亦不自言也"③。金皇统元年(1141年),刘长言撰近千字《大金漆水郡夫人耶律氏墓志铭》,属款为"承直郎、行台右司郎中"。金海陵王大德初(1149年),刘长言升迁为翰林直学士,后为翰林侍读、翰林学士。《金史》卷五,本纪第五《海陵亮》载,金天德三年(1151年)"三月庚寅,以翰林学士刘长言等为宋生日使"。宋李心传《建炎以来系年要录》卷一百六十二《绍兴二十有一年》载,绍兴二十一年(1151年)五月"戊午,金主使翰林学士、崇政大夫、知制诰兼太子少詹事刘长言,昭毅大将军、殿前右卫、充龙翔军都指挥使耶律夒,来贺天申节"④。金贞元元年(1153年)五月,刘长言撰《大金故慧聚寺严行大德闲公塔铭并序》的属款为"银青光禄大夫、翰林学士承旨"。据《金史·百官志》载,"银青

---

①　[清]黄宗羲. 宋元学案[M].北京:中华书局,1986:127.
②　[金]元好问. 中州集[M].上海:华东师范大学出版社,2014:576.
③　[元]脱脱,等. 金史[M].北京:中华书局,1975:2312-2314.
④　[宋]李心传. 建炎以来系年要录[M].北京:中华书局,2013:2638.

光禄大夫"为文散官(从二品)。"翰林学士承旨,正三品,掌制撰词命"。即刘长言时为正三品实职的从二品散官。后以横海军节度使致仕,金正隆五年(1160年)三月复起,拜尚书右丞,十一月罢相。这位工辞赋的文人,或许其治国经世到位"不足",职宰相不到10个月便被罢职。其叹云"人间始生俗礼重,而我永感方颓然"。

《金史》卷五,本纪第五《海陵亮》载:

(正隆五年,1160年)"三月辛巳,东海县民张旺、徐元等反,遣都水监徐文、步军指挥使张弘信、同知大兴尹事李惟忠、宿直将军萧阿窊率舟师九百,浮海讨之,命之曰:'朕意不在一邑,将试舟师耳。'庚子,以司徒判大宗正事萧玉为御史大夫,司徒如故,尚书右丞纥石烈良弼为左丞,横海军节度使致仕、刘长言起为右丞。"

是年"九月己卯,还宫。十月庚午,遣护卫完颜普连等二十四人督捕山东、河东、河北、中都盗贼。籍诸路水手得三万人。十一月乙酉,以济南尹仆散乌者等为贺宋正旦使。尚书右丞刘长言罢"①。

刘长言工辞赋文采不陋。长言诗文世其家,屡奉敕撰写诏书册文,但传世极少。元好问《中州集》卷九,曾收录刘长言古风《通叔以诗送古镜为长言生日之寿次韵谢之》一首:

> 彩衣禄隐非臞仙,犹有向来文字缘。
>
> 都城一别两岁晚,寄声劳苦常相先。
>
> 人间始生俗礼重,而我永感方颓然。
>
> 远凭诗句致奇物,欲挽暮景回虞渊。
>
> 规摹九寸函大方,古制不作菱花妍。
>
> 开奁拂拭愧陋质,但喜虹气浮晴天。
>
> 夫君久要心不迁,期与铁杖论清坚。
>
> 保身赖此孤月圆,明年上印归行田。

2003年,考古发现了刘长言撰写的两篇碑文,足见其文章功力。2003年秋,北京辽金城垣博物馆在北京市平谷区,发现金贞元元年(1153年)五月,刘长言撰写的《大金故慧聚寺严行大德闲公塔铭并序》塔铭,金皇统元年(1141年)刘长

---

① [元]脱脱,等. 金史[M].北京:中华书局,1975:112.

撰写的《大金漆水郡夫人耶律氏墓志铭》。

在《大金故慧聚寺严行大德闲公塔铭并序》塔铭中的序及铭文,前散后韵、结构有序、章法井然、详略得当、情理交融,很见功力,无愧为有金一代文章大家。《大金漆水郡夫人耶律氏墓志铭》,先书墓主萧资茂生平,然后志其与山东海州徐文之战事等,最后以辞收束,结构严谨,行文如流水,洋洋洒洒近千字,是一篇难得的佳作。

3. 金天会二年(1124 年)进士王尚智家族

王尚智,东平人,金天会二年(1124 年)进士,官朝散大夫,秩从五品中。①

元胡祗遹《紫山大全集》卷十六《王忠武(王公渊)墓碑铭》载,王氏"其先秦将翦之苗裔也,世为潍州北海人,七世祖徙之东平"。"曾大父尚智,金初登进士第,官朝散大夫,娶崔氏、高氏、范氏。兴家五年东平内属……"碑铭墓主王公渊,系元朝名臣王构、王桓的父亲。

元袁桷《清容居士集》卷二十九《翰林学士承旨赠大司徒鲁国王文肃公墓志铭》载:"公(王构)之系由琅琊居东平,自八世祖为宋司农卿守郓因家焉"。

王珥,东平人。金正隆五年(1169 年)进士第,官奉训大夫,沧州无棣令。朝散大夫王尚智之侄,元朝翰林学士承旨赠"大司徒、鲁国王、文肃公"王构的祖父。

《清容居士集·翰林学士承旨赠大司徒鲁国王文肃公墓志铭》载:"公(王构)之系由琅琊居东平,自八世祖为宋司农卿守郓因家焉"。"鲁祖珥登金进士第,官奉训大夫,沧州无棣令,娶范氏"。

《紫山大全集·王忠武墓碑铭》载,王氏"其先秦将翦之苗裔也,世为潍州北海人,七世祖徙之东平"。"大父珥正隆五年(1160 年)登进士第,官奉训大夫(秩从六品下),娶范氏,及其内皆文正公之后"。

王铎,王珥之子,金代曾职太卿。王铎之子王公渊,其孙王构,皆显于元。

4. 金朝父子进士赵恣、赵沨父子

赵恣(?—1161 年),字叔通,生卒年不详,约于金大定初年逝,东平人。曾职宋郓州(今山东省东平县)学正,金天眷年间进士及第后,授博州(今山东省聊城市)庙学教授。为金朝初期著名的文学家、教育家。仕至同知南京路转运使事(秩从四品)。

赵恣由宋仕金,先职宋郓州(治今山东省东平县)学正。元好问《中州集》卷

---

① 郭翠萍. 元代东平王氏家族研究[D].济南:山东师范大学,2012.

八《赵转运愿》云："愿,字叔通,黄山先生(沨)之父也。宋末汪彦章任郓州教官,叔通为学正,尝预酬唱,故其诗文皆有源委。国初登科,仕至同知南京路转运使事"①。有《拟古》等诗传世。

金天眷年间,赵愿中进士,朝廷按例授为山东西路博州教授。立于大定二十一年(1181年)的《博州庙学碑阴记》,由时同知博州防御使事王遵古撰文,其子王庭筠书、党怀英篆额。碑云:

博州庙学,厥惟旧哉!宋元丰间(1078—1985年),徐公爽以己俸置房廊,施于学以赡学者。厥后值宋季兵火,庙学被燕(焚烧)。学之故基,因扰攘间保聚为县署所占,今聊城县廨是也。圣朝天眷间(1138—1140年),学正祁彪始谋指射旧都监廨基,以议兴建。学录尚辑辅之,适赵公愿来为教授,公(徐爽)与正、录勠力规画,以赡学之资。②

平阴县石硖王去非撰文、王庭筠书丹、党怀英篆额,史誉"三绝碑"的《博州重修庙学碑》载:

夫有国家者,欲成长久之业,建不拔之基,莫大乎厚风俗。厚风俗之道,莫大乎兴学校。盖学校者,教化所从出也。……公(王遵古)由太子司经来倅博州,兼提举庙学事,既下车,谒宣圣庙。斯时,惟大成殿始新而未完,余屋皆散塑像置平地土中。公因诸生侍坐,而问其故,有对者曰,始徐大夫兴崇庙学,置赡学之资。逮兵火庙学为灰烬。天眷间,赵大夫(赵愿)为学官,以此地创建几于苟完。③

赵愿与汪藻等相互酬唱。赵愿在家乡任宋郓州学正时,与北宋末年著名文学家汪藻等酬唱。《宋史》卷四百四十五,列传第二百四《文苑七·汪藻传》载,汪藻,字彦章,饶州德兴(今江西省饶州市)人。幼年时非常聪明,与众不同,后进入太学,宋崇宁年间(1102—1106年)考中进士,迁著作郎。历官翰林学士、龙图阁直学士,知湖州。上疏请修日历、实录。其后,累官左中大夫、显漠阁学士,知徽州、宣州。夺职后居永州。"博极群书,老不释卷,尤喜读《春秋左氏传》及《西汉书》。工俪语,多著述,所为制词,人多传诵"。著有《金人背盟录》7卷和《浮溪

① [金]元好问.中州集[M].上海:华东师范大学出版社,2014:513-514.
② 阎凤梧.全辽金文[M].山西:山西古籍出版社,2002:1733-1734.
③ 聂立申.金代泰山名士稽考[M].长春:吉林大学出版社,2015:106.

集》。宋绍兴二十四年(1154年)卒。①

赵悫与平阴硕儒王去非相友善,讲论道义,援据古今,研悟孔孟。赵悫当时能与王去非讲论"以孔孟所传",应为名儒。

赵悫官至同知南京路转运使事,约于金大定初年(1161年)去世。

元好问《中州集》称赵悫诗有名。存世诗作《拟古》:

> 春风动地来,依依烧痕青。
>
> 王孙行不归,离恨何时平。
>
> 翩翩谁家儿,晓猎开红旌。
>
> 彤弓插白羽,怒马悬朱缨。
>
> 围合意气雄,厮养厌庖烹。
>
> 人生一春草,时至何足荣。
>
> 君看五陵树,日暮悲风生。

赵沨(1136—1196年),字文孺,自号"黄山",东平(今山东省东平县)人,与奉符人党怀英是同学。金大定二十二年(1182年)进士,官至礼部郎中,金代著名书法家。有《黄山集》行于世。《金史》卷一百二十六,列传第六十四《文艺志下》之《赵沨传》云,赵沨"性冲淡,学道有所得。尤工书,自号'黄山'"②。

赵沨因爱黄山佳境且曾隐于黄山,而自号"黄山"。考诸旧志,东平府境内有3地都自称"黄山"。一是平阴县。清道光《东阿县志》卷之三《山水志》,安作璋《山东通志》载,汉时,东阿、谷城二邑并建,各据一城,均属东郡,东阿城在今阳谷县境内的阿城镇,谷城在今平阴县境的东阿镇,而东阿镇的谷城黄山,金时隶属于东平府东阿县,现属济南市平阴县。二是东阿县。据清道光《东阿县志》记载,春秋时,齐桓公为嘉管仲"九合诸侯,一匡天下"之功,封此地为管仲采邑,名小谷。秦为谷城,汉设谷城县。黄石山,位于东阿城北2000米处。因秦汉隐士黄石公(留侯张良)隐居于此而得名。黄石公祠,始建于汉。三是东平县。清光绪《东平州志》卷三《山川考》载"黄华山,州北三十里"③。与凤凰山、蚕尾山连绵,群峰环抱,枫林蔽翳,昔人题咏最多。从就近方便说,赵沨应居东平黄山,或居平阴黄山

---

① 高占祥.二十五史·宋史[M].北京:线装书局,2011:2392-2393.

② [元]脱脱,等.金史[M].北京:中华书局,1975:2729-2730.

③ 郭云策,李宏生.东平州志[M].北京:中国文史出版社,2008:764.

便于师从王广道。

赵沨从名师学。赵沨聪明好学,少时得益于家传,稍大随父宦游山东,先后问学于王碙(字逸宾)、王去非、王去执。先是赵沨师王碙,继日苦读。赵秉文《闲闲老人滏水文集》卷十一《遗安先生言行碣》载:

> 先生姓王氏,讳碙,字逸宾。其先临洺人。先生实生于汴梁,尝以洺水自称不忘本也。自幼颖悟,……未几,诗名大振,加之孝于亲、友于弟、诚于人、笃于己,远近论文行,必曰王逸宾矣。初,孟公宗献友之,张公璧叔献、赵公沨文孺,皆师尊之。先生天性谦至,待之反若居己上。及数公相继魁天下、直玉堂,然后先生之道益尊,名益重。①

金章宗明昌末,诏举德行才能之士,500 人荐王碙孝义忠信、文章为世师表,特赐同进士,授亳州主簿,即乞致仕。赵秉文曾集党怀英、赵沨、路铎、刘昂、尹无忌、周昂及王碙 7 人诗刻木以传,名之曰《明昌诗人雅制》,称"其诗冲淡简洁似韦苏州,嘲戏风月,一言不及也"。元好问《中州集》卷四,录其诗 13 首,《中州乐府》录其词 1 首。

赵沨从"平阴三贤"之王广道(去执)、王仲元(清卿)父子学。赵沨师友王去执 30 余年。赵沨《王榆山先生墓表》云:"赵沨自念与先生师友几三十年,其志向相同,忍以不以文为辞哉?为遂论平生之梗概,以告来者。先生先世,见于醇德先生墓刻为详,兹不重录。(王去执)先生家榆山,故以为号云"。赵沨以师礼尊著名书画家王仲元。金末元初,寓居东平 20 年的杨奂《还山遗稿》上卷《锦峰先生墓表》纪云:"先生姓王氏,讳仲元,字清卿。广道先生之犹子,明道先生之子,世以儒道著。一时名公巨人,若党怀英、赵沨,皆师尊之"。元好问《中州集》载:"仲元,字清卿,平阴人。承安中进士。以能书名天下,历京兆转运司幕官"。

赵沨喜交名贤,历州县。聂立申《金代泰山名士稽考》第四章《名士风采——东平赵沨》对赵沨的交友和履历进行了详细的考证。② 金大定二十二年(1180年),赵沨与游学山东、之后成为文坛盟主的赵秉文结识。赵秉文《闲闲老人滏水文集》卷八《题李平夫所画黄山蹇驴诗图》之二载:"三十年前济水东,诗人曾识蹇驴翁。而今画出推敲势,却恐相逢是梦中。"据肥城《幽栖寺重修大殿记并阴碑》署

① 王庆生. 金代文学家年谱[M].南京:凤凰出版社,2005:327-330.
② 聂立申. 金代泰山名士稽考[M].长春:吉林大学出版社,2015:99-130.

名,金大定二十二年(1182 年)三月,赵沨进士及第,授将仕郎、涿州(今河北省涿州市)军事判官。历 3 年后,迁襄城县(今河南省襄城县)令。大定二十七年(1187年)正月,在其父赵𢥠的好友奉符人党怀英、东平人黄久约的共同推荐下,进京任翰林文字。《金史》卷八,本纪第八《世宗纪下》载,"己酉,以襄城令赵沨为应奉翰林文字。沨入谢,上问宰臣曰:'此党怀英所荐耶?'对曰:'谏议黄久约亦尝荐之。'"又据长清《十方灵岩禅寺田园记碑》署名,职承务郎、守秘书丞、兼尚书礼部、员外郎、骁骑都尉、赐绯鱼袋。累官礼部郎中。大定二十九年(1189 年)赵沨为《辽史》编修官。《金史》卷一百二十五,列传第六十三《文艺上·党怀英传》载:"大定二十九年,与凤翔府治中郝俣充《辽史》刊修官,应奉翰林文字移剌益、赵沨等七人为编修官。凡民间辽时碑铭墓志及诸家文集,或记忆辽旧事,悉上送官"。金明昌二年(1191 年),完颜守贞等举荐,知翰林贡举。《金史》卷七十三,列传第十一《完颜守贞传》载,曾知东平府事、时任参知政事(宰相贰)的完颜守贞,向皇帝推荐赵沨:"上尝叹文士卒无如党怀英者,守贞奏进士中若赵讽、王庭筠甚有时誉"。明昌四年(1193 年),知秘书丞、升翰林修撰。其间,沨与奉符王颐、平阴史良臣及王世赏、尹无忌、王逸宾等相交甚好。元好问《中州集》卷九《浚水王世赏小传》载:"世赏字彦功,汴人。与尹无忌、王逸宾、赵文孺相周旋"。金人赵秉文《闲闲老人滏水文集》卷十二《赠少中大夫开国伯史公神道碑》记曰:

　　始余闻季宏(史公奕,字季宏,其父为平阴令史良臣)父名于相知间,行高而学博,能文翰,善谈论。下至博弈,亦绝人远甚。及来京师,始识之。温厚谦冲,殆过所闻。其问学愈叩而愈无穷,与人交愈久而愈不厌。自赵黄山、王黄华诸公,皆屈己尊礼之。又与其婿陕西东路转运使庞铸才卿,有冰玉之誉。观其为人与其所交游,其家世可知矣。季宏又尝语其兄隽能诗,泊山东诗人王颐养道为唱和友。

　　赵沨和平凉人尹无忌为邻为友互唱和。尹无忌,原为师拓,字无忌,本姓尹,以避国讳改。在长期游学于山东时,与党怀英、路铎、赵沨相识相交。尹无忌在鱼山(今山东省济南市平阴县或东平县境)一带游学时期,曾经和赵沨卜邻而居。尹无忌《浩歌行送济夫之秦行视田园》言自己"东征""穷齐历宋"的经历与心情:"我本渭城客,浪迹来东征。穷齐历宋何所营,尚气慕侠游梁城。"赵沨为怀念师拓燕山远行,有诗《九日怀尹无忌》:"茅屋秋萧索,幽居尽日闲。碧云看欲暮,远客几时还。书剑成何事,风尘只强颜。思君千里梦,夜夜到燕山。"直言于尹无忌,走了那么长时间的"远客",何时回来?

金明昌七年(1193年),赵沨任礼部郎中,后卒于任上。

赵沨名震朝野。金章宗十分赞赏赵沨的诗。金明昌四年(1194年),金章宗中秋赏月,特招东平赵沨入侍,赵沨献《中秋》诗,金帝大为赞赏,奖赐金杯。史舜元尝从文孺(赵沨)学诗说,道陵中秋赏月瑶光楼,召文孺对御赋诗,以"清"字为韵。道陵读至落句,大加赏异,手酌金钟以赐,且字之曰:"文孺,以此钟赐汝作酒直",士林荣之。后赵沨多次陪侍金章宗春水捺钵,时赵沨有《扈从车驾至荆山》诗记之。

金末多次到东平,并与东平太清宫范圆熙结为密友的刘祁,其《归潜志》卷八云:

余先子翰林,尝谈章宗春水放海青,时黄山(赵沨)在翰苑,扈从,既得鹅,索诗,黄山立进之,其诗云:"贺鹅得暖下陂塘,探骑星驰入建章。黄伞轻阴随凤辇,绿衣小队出鹰坊。搏风玉爪凌霄汉,瞥日风毛堕雪霜。共喜园陵得新荐,侍臣齐捧万年觞。"章宗览之。称其工,且曰:"此诗非宿构不能至此。"①

赵沨书法名天下。王庆生《金代文学家年谱》第六卷《赵志赵沨年谱》尽收赵沨碑文。② 赵沨擅长正、行、草书,尤工小篆,正书体兼颜、苏;书画维秀,当在石曼卿之上;行草书备诸家体,时人以赵沨配党怀英小篆,号"党、赵"。故《金史》引赵秉文言:"沨之正书体兼颜、苏,行草备诸家体,其超放又似杨凝式,当处苏、黄伯仲间"。也就是说,赵沨的书法可与"唐宋八大家"之苏轼、黄庭坚比肩。一代宗师元好问《中州集》称:"黄山书如深山道士,草衣木食,不可以衣冠礼乐束缚,远而望之,知其为风尘物表"。

赵沨金石作品甚众。立于金大定二十二年(1182年)的山东肥城陶山的《幽栖寺重修大殿记并阴碑》,由赵沨书丹。立于金明昌六年(1195年)十月的山东长清灵岩寺天王殿东侧之《十方灵岩禅寺田园记碑》,由济南人周驰撰文、赵沨书丹、党怀英篆额。1958年在今河北省高碑店市出土、现存河北省文化馆的《荣国公时立爱神道碑》,由李宴撰文、赵沨书丹、党怀英篆额等。皆中国书法史之珍品。

① [金]刘祁.归潜志[M].崔文印,点校.北京:中华书局,1997:86-87.
② 王庆生.金代文学家年谱[M].南京:凤凰出版社,2005:313-330.

表8　赵沨存世碑刻表

碑刻年代	碑刻名称	撰(篆)额	书丹撰文	书体	文献记录	保存情况
大定二十二年(1182年)	陶山幽栖寺重修大殿记	赵沨	赵沨撰、书	正书	《八琼室金石补正》卷一百二十五	山东省肥城市《岱览》录全文
明昌元年(1190年)	开山记	不详	赵沨撰、书	不详	《寰宇访碑录》卷十	不详
明昌元年(1190年)	王榆山先生墓表	不详	赵沨撰、书	不详	《泰安府志》卷三	山东省济南市平阴县
明昌二年(1191年)	太原府学文庙碑记	不详	赵沨撰	正书	《金石汇目分编》卷十	山西省阳曲县
明昌四年(1193年)	雕藏经主重修太阴寺碑	不详	赵沨撰、书	不详	《金史纪事本末》卷三十	山西省洪洞县广胜寺
明昌四年(1193年)	秘书省碑	党怀英	赵沨撰党怀英书	不详	《畿辅金石志》卷一	北京市大兴区宏法寺
明昌六年二月(1195年)	棣州重修庙学记碑	党怀英	赵沨书党怀英撰	正书	《山左金石志》卷二十	山东省惠民县
明昌六年六月(1195年)	时立爱神道碑	党怀英	赵沨书李晏撰	正书	《艺风堂金石文字目》卷十四	河北省新城县
明昌六年十月(1195年)	灵岩寺田园碑记	党怀英	周驰撰赵沨书	正书	《八琼室金石补正》卷一百二十六	山东省长清区
明昌六年八月(1195年)	济州普照寺照公禅师塔铭	不详	赵沨撰党怀英书	八分	《金文最》卷一百一十一	山东省济宁市
承安元年(1196年)	宏法寺碑	党怀英	赵沨撰、书	不详	《山左碑目》	不详

　　赵沨文学成就非凡。被世人称道的《黄山道中》,颂金东平府东阿县(今属平阴县东阿镇)境内的黄山、小穀城。"小穀城荒路屈盘,石根寒碧涨秋湾。千章秀木黄公庙,一点飞雪白塔山。好景落谁诗句里,蹇驴驮我画图间。膏肓泉石真吾事,莫厌乘兴数往还。"此诗为赵沨赢得"赵蹇驴"的美誉。刘祁《归潜志》卷八云:

　　闲闲(赵秉文)又称赵黄山诗云:"灯暗风翻幔,虫吟叶拥墙。人如秋已老,愁与夜俱长。滴尽阶前雨,催成镜里霜。黄花依旧好,多病不能觞。"此诗信佳作也。又,黄山尝与予黄山道中作诗,有云:"好景落谁诗句里,蹇驴驮我图画间",世号

"赵蹇驴"。

在中国文学史上,因雅句而得"别号"者,是一件非常风光的事情。如北宋"张三影""贺梅子""红杏尚书"类,皆令人称羡。

赵沨重教,闻名朝野。张金吾《金文最》卷七十六,载存赵沨明昌二年(1191年)撰写的《太原府学文庙碑记》:"方今贡举之法,既取诗赋以振天下英雄之气,又谈经义以传先哲渊源之学,故放荡者退而有所拘,空疏者望而不敢进,其所以笼天下之俊造,无所遗矣"。元好问《王黄华墓碑》称:"百年以来,公(王若虚)与黄山(赵沨)、闲闲(赵秉文)两赵公,人惧以名家许之"。赵沨当时的名气,已经和金代文坛领袖王若虚、赵秉文齐名。

赵沨对家乡东平一往情深。赵沨《荷花》诗,则歌梁山泊(今东平湖)之荷。"谁开玉鉴泻天光,占断人间六月凉。日落沙禽犹未散,也知受用藕花香。"

5. 金章宗朝黄胜、黄久约父子

黄胜,东平人,出身于官宦世家。黄胜的祖父黄孝绰,有"隐德"的好名声,号"潜山先生"。是当时有名的书法家和学者。黄胜,大齐刘豫阜昌年间知山东西路济州通判。清光绪《东平州志》卷十五《人物志·黄久约传》载,"父胜,通判济州(今山东省巨野县)"①。是为知州佐贰官,掌管粮运、家田、水利和诉讼等事项。黄胜的岳父家刘氏家族是宋、金、元时期东平最显赫的家族。妻祖父刘挚是宋哲宗朝宰相,北宋著名的学者,《宋史》有传。妻父刘蹟做过仪真县令,工诗文,著有《南荣集》。妻伯父刘跂是宋元丰二年(1079年)进士,以朝奉郎的职位退休,他工文章,精通金石学,曾为李清照丈夫赵明诚的《金石录》做后序,著有《学易集》。妻兄刘长言,是金初著名的文人,亦工诗文,曾职翰林院承旨、金完颜亮朝宰相。元好问《元遗山集》和民国版《东平县志》均记载了东平黄氏家族的辉煌。其子,黄久约。

黄久约(1130—1191年),字弥大,东平须城(今山东省东平县)人。金大定三年(1163年)进士。在文学艺术领域有极深的造诣。官至右丞相,太常卿。金明昌二年(1191年)致仕,卒。《金史》卷九十六,列传第三十四有《黄九约传》。

黄久约家学渊源。《金史》卷九十六,列传第三十四《黄久约传》载,传说黄久约出生前,其母刘氏夜里做了一个梦,一只硕鼠口衔明珠,跳上床来,刘氏惊醒后,

---

① 郭云策,李宏生.东平州志[M].北京:中国文史出版社,2008:879.

黄久约呱呱坠地。人们都说,这孩子有福,以后有享不尽的荣华富贵,是黄家的一颗明珠。黄久约自家和外祖父家都是东平名门,自幼受到良好的教育。文章、书法皆负盛名。①

黄久约历州县,居宰执,仕历丰富。《金史·黄久约传》载,黄久约进士及第后,历任山东西路郓城主簿和曹州军事判官,迁礼部员外郎兼翰林修撰,磁州刺史,后来职翰林直学士,寻授左谏议大夫兼礼部侍郎。章宗朝,任右丞相,迁太常卿兼左谏议大夫。

黄久约执法如山。任曹州军事判官时,积极查讼刑狱,公正办案。当时,有起盗窃财物案,被盗者势强,告状到州府,口称小偷是强盗,办案的郡守欲重办。黄久约查阅案卷,核实实情,盗贼方免于死。任磁州(今河北省磁县)刺史时,请求政府宽刑狱,恤民情。磁州贫穷多山,盗贼很多,好多被抓着的盗贼,因审讯不及时,有不少被冤打死或在狱中被折磨致死。黄久约认为这些"盗贼"多为生活所迫的穷苦百姓,很是同情。黄久约说:"民虽为盗,而不死于法可乎?"要求全部依法审理、惩办。黄久约阻止劫富济民的动议,"时以贫富不均,或欲令富民分贷贫者,下有司议,久约曰:'物之不齐,物之情也。贫富不均,亦理之常。若从或者言,适足以敛怨,非损有余补不足之道。'"

黄久约忠言谏君,留名青史。任左谏议大夫兼礼部侍郎时,朝廷派臣出使南宋,任命黄久约为副使。到达临安时,正使患病,黄久约按常规礼仪极力配合,完成了使命。归金路过宿、泗二州,见各州县征调民夫、劳民伤财向皇宫快马进贡新荔枝,回京后即向皇帝直谏。《金史》卷八,本纪第八《世宗纪下》载,大定二十六年(1186年)"十二月甲申,上退朝,御香阁,左谏议大夫黄久约言递送荔枝非是,上谕之曰:'朕不知也,今令罢之。'"可见其"直"。金章宗即位(1190年),黄久约为治国奏陈八事为献:曰国富民贫、本轻末重、任人太杂、吏权太重、官盐价高、坊场害民、与夫选左右、严择守令,朝廷都采纳了。可见其"忠"。

黄久约重视人才。金世宗大定二十七年(1187年)正月,党怀英、黄久约推荐襄城县令、东平赵沨入翰林院任职。之前,还保举武安丞孙必福。同时,对于如何解决金求才甚众与举荐者寡的矛盾,黄久约向朝廷谏言:

> 时郡县多阙官,久约言:"世岂乏才,阂于资格故也。明诏每责大臣以守格法

---

① [元]脱脱,等. 金史[M].北京:中华书局,1975:2123-2125.

而滞人才,乞断自宸衷而力行之。"曰:"此事宰相不属意,而使谏臣言之欤?"即日授刺史者数人。久约又言,宜令亲王以下职官递相推举,世宗曰:"荐举人才,惟宰相当为耳,他官品虽高,岂能皆有知人之监? 方今县令最阙,宜令刺史以上举可为县令者,朕将察其实能而用之。"久约曰:"近日察举好官,皆是诸科监临,全无进士,何也? 岂荐举之法已有奸弊,不可久行乎?"曰:"诸科中岂无廉能人,不因察举有终身不至县令者,此法未可废也。"上曰:"尔举孙必福是乎?"久约曰:"臣顷任磁州时,必福为武安丞,臣见其廉洁向公,无所顾避,所以保举。不谓必福既任警巡使,处决凝滞。"上曰:"必福非独迟缓,亦全不解事,所以罪不及保官者,幸其无赃污耳。"久约无以对。必福五经出身,盖诸科人,故上问及之。翌日侍朝,故事,宰相奏事则近臣退避,久约欲趋出,世宗止之,自是谏臣不避,以为常。

黄久约文学艺术造诣高深。金大定二十二年(1182年)黄久约书丹泰山东岳庙《大金重修东岳庙之碑》。泰山管理委员会《泰山石刻大全(增订本)》(一)记载:

此碑在岱庙天贶殿前东碑台上,立于金大定二十二年(1182年)。碑高637厘米,宽185厘米,厚80厘米,圆首龟趺。碑阳刻文27行,满行61字,凡1050字,字径5厘米,正书。额篆书"大金重修东岳庙之碑",3行9字,字径22厘米。龟座高106厘米,宽200厘米,长413厘米,铭文详细记载了岱庙于大定十八年(1178年)遭火灾后重修的经过,对研究岱庙的兴废有重要参考价值。此碑为杨伯仁撰文,黄久约书丹,党怀英篆额。据《金史·列传》记载,伯文文辞典雅,怀英工篆籀,当时称为第一。黄久约善书,《金史》虽无记载,但世人皆赞此碑书法结构展拓,笔格秀整,不愧为大手笔。金源一代金石,合三能人之作萃为一碑的很少,应以此碑为最。①

金大定二十二年(1182年)黄久约迁翰林待制,是年十月,撰河南嵩山《大金重修中岳庙碑记》,此碑黄久约的署款为"中宪大夫、充翰林待制、同知制诰、上骑都尉、江夏县开国子、食邑五百户、赐紫金鱼袋臣黄久约奉敕书"。黄久约和党怀英合作了很多作品。金张暐《大金集礼》卷三十四载:"大定二十二年四月二十一日,以修盖东岳庙告成,奏奉敕旨令翰林侍讲学士杨伯仁撰碑文,十月九日又以中

---

① 泰山管理委员会.泰山石刻大全(增订本)[M].济南:齐鲁书社,2018:69-70.

岳、西岳、北岳重修庙宇工毕,命待制黄久约、修撰赵擖、应奉党怀英撰各庙碑文"①。

金大定二十五年(1185年),黄久约应汾阳郭侯之请托,为涿州(今河北省保定市涿州市)重修文庙撰碑文。清张金吾《金文最》卷七十二收录黄久约撰《涿州重修文宣王庙碑》记曰,涿州文宣王庙重修"起于二十五年夏四月二十五日癸丑,迄五月八日庚寅……侯乃遣人走京师,遗书其古人须昌(东平)黄久约为之记,屡辞不获,因为之记曰"。是年,黄久约升翰林直学士,迁左谏议大夫。次年,转礼部侍郎,为贺宋主生日副使。同时,黄久约撰写了许多朝廷公文。

表 9　黄久约存世碑刻表

碑刻年代	碑刻名称	撰(篆)额	书丹撰文	书体	文献	保留情况
大定二十二年(1182年)	大金重修东岳庙之碑	党怀英	杨伯仁撰文黄久约书丹	正书	《泰山石刻大金(增订本)》卷一	山东省泰山岱庙
大定二十二年(1182年)	大金重修中岳庙碑	党怀英	黄久约撰文郝史书丹	正书	《金石萃编》卷一百五十六	河南省登封市
大定二十六年(1186年)	范阳重修文轩庙碑	党怀英	黄久约撰文	不详	《授堂金石文字续跋》卷十二	河北省范阳县
大定二十七年(1187年)	重修文宣王庙碑	党怀英	黄久约撰文李嗣周书丹	正书	《金文最》卷七十二《金石汇目分编》卷一	河北省涿州市
大定二十九年(1189年)	朝散大夫镇西军节度副使张公神道碑	党怀英	黄久约撰文	不详	《山左金石志》卷二十	内蒙古清水河县,明昌二年(1191年)立
承安元年(1191年)	金节度副使张公神道碑	党怀英	黄久约撰文高延年书丹	正书	《金石汇目分编》卷十二	山东省日照市

黄久约爽朗豁达,敢言直谏,善结友人,文章典雅优美,吏治、学识皆名于当时。《金史》评价黄久约:"隽朗敢言,性友弟,为文典赡,有外祖之风云"。

黄久约数次请求致仕后,章宗于明昌二年(1191年)许其致仕,卒。

6. 金兴定二年(1218年)父子同科进士李世弼、李昶

学府因名师而名。金末、元初期,东平府学因张特立、宋子贞、康晔、彦衡文、

---

① 聂立申.金代泰山名士稽考[M].长春:吉林大学出版社,2015:205-211.

王磐等名儒宿耆而名誉天下。在这支教师队伍中,有一对著名的父子同科进士、父子同任东平府学教授——李世弼和李昶。《元史》卷一百六十,列传第四十七有《李昶传》。

李世弼,须城(今山东省东平县)人。金兴定二年(1218年)李世弼和其子李昶同以《春秋》中经义进士。

据《宋元学案·泰山学案》(从黄氏补本录人)载:

(李世弼)从外家受孙复《春秋》,得其宗旨。金贞祐初(1213年),三赴廷试不第,推恩授彭城簿。复求试。一夕,梦在李彦榜下,阅计偕士无其人,乃更名曰彦。父子同赴试,其子果以《春秋》中第二甲第二人,而先生第三甲第三人。父子褒贬各异,而先生遂不复仕。①

文中的"外家",系指"泰山学派"创始人孙复的门人、姜潜的学生——东平刘挚及子、孙一家人,均系研学《春秋》的经学名家。李世弼从其学习《春秋》及其宗旨,并推辞了恩授的彭城簿官职,一心致学,考取功名。终于于金兴定二年(1218年)李世弼和儿子李昶同以《春秋》中经义进士。重现了东平宋代梁灏(962—1004年)、梁固父子双状元的罕景,为明代东平王宪与王汝孝,刘源清与刘尔牧两对父子双进士以引领。凸显东平人杰地灵的父子双状元、双进士现象,世为佳话。

清张金吾编《金文最》卷五之王恽《玉堂嘉话》中,录有李世弼约于元太宗十一年(1239年)撰《褒崇祖免记》;同书卷二十三之王恽《玉堂嘉话》中,录有李世弼《金登科记·序》。这篇撰于在元太宗十二年(1240年)的序文,直指时科举考试之弊。《金登科记序》云:

近披阅金国登科记,显官升相位及名卿士大夫间见迭出,代不乏人,所以翼赞百年,如大定明昌五十余载,朝野闲暇,时和岁丰,则辅相佐佑所益居多,科举亦无负于国家矣。是知科举岂徒习其言说,诵其句读,擒章绘句而已哉!篆刻雕虫而已哉!固将率性修道以人文化成天下,上则安富尊荣,下则孝悌忠信,而建万世之长策,科举之功不其大乎!国家所以稽古重道者,以《六经》载道,所以重科举也。后世所以重科举者,以维持《六经》,能传帝王之道也,科举之功不其大乎!②

据《元史·李昶传》载,李世弼和李昶父子双双中进士后,世人对他们"褒贬各

① [清]黄宗羲. 宋元学案[M].北京:中华书局,1986:128-129.
② [元]王恽. 玉堂嘉话[M].北京:中华书局,2006:129-130.

异,时人以比向、歆,而世弼遂不复任,晚乃授东平教授以卒"。世人把李世弼、李昶父子比作刘向、刘歆父子。李世弼在逝世前,一直职东平府学教授。

李昶(1203—1289年),李世弼之子。《元史》卷一百六十,列传第四十七《李昶传》载,李昶少时颖悟过人,读书如夙习,无故不出户外,邻里都很少见到他。李昶少时从其父李世弼学,父子二人同入科举考场,"侪辈少之,讥议纷纭,监试者远其次舍,伺察甚严。昶肆笔数千言,比午,已脱稿。释褐,授征事郎、孟州温县丞"。金正大元年(1224年),超授儒林郎、赐绯鱼袋、郑州河阴簿。金正大三年(1226年),召试尚书省掾,再调漕运提举。①

金末战乱,蒙古兵下黄河之南,李昶奉亲归还老家东平,投东平行台严实,遂入蒙古辟授都事,改行军万户府知事。元世祖忽必烈称善,呼为"李秀才"。历史部、礼部尚书,累山东东、西道提刑按察使。元至元八年(1271年),以老疾辞,后长期生活在东平,元至元二十六年(1289年)病逝,享年87岁。著有《孟子权衡遗说》五卷。

(二)英才俊杰

1. 乡贤:张荣　吴给　龙可　王任　刘宣　吴大方　吴大年　郭弼宪　赵宪懿(悫)　李宁　乌林答复　王玉汝

张荣,宋靖康、金天会年间,郓州梁山泊(今山东省东平县、梁山县一带)渔民,抗金义军首领,号"张敌万"。后被南宋任命为泰州知州。

《金史》卷八十,列传第十八《斜卯阿里传》载,天会六年(1128年),斜卯阿里攻宋,"取阳谷、莘县,败海州兵八万人,海州降。破贼船万余于梁山泊。招降滕阳、东平、泰山群盗"②。

翦伯赞《中国史纲要》(三)《南宋和金的对峙时期》载,在宋高宗即位的第二年,南宋建炎二年(1128年,金天会六年)秋,金兵分山东、河南、陕西3路犯宋。据守梁山已经数年的"梁山泺取渔人"张荣,在梁山泊内出动了上万的船只邀击金军。③

安作璋《山东通史(宋金元卷)》载,张荣,史称"梁山泺取渔人"。④《宋史》卷

① [明]宋濂,等．元史[M]．北京:中华书局,1975:3761-3763.
② [元]脱脱,等．金史[M]．北京:中华书局,1975:1798-1801.
③ 翦伯赞．中国史纲要[M]．北京:人民出版社,1979:66.
④ 安作璋,等．山东通史[M]．北京:人民出版社,2009:66-67.

四百六十八,列传第二百二十七《宦官三·杨戬传》载:"(梁)山泺古巨野泽,绵亘数百里,济、郓数州,赖其蒲鱼之利"。即可推断张荣出身渔民。

北宋末年,郓州(今山东省东平县)地区曾爆发"宋江起义",并以梁山泊为据点,后被镇压下去,其余部散于民间。时金兵不断南下,进犯郓州,以张荣为首的广大渔民群众不堪女真贵族的征伐,组织武装,奋起抗击金兵。散于民间的农民军也纷纷前来参加,很快形成一支拥有舟船数百艘的水上义军队伍。他们以梁山泊为根据地,不时伺机出击金兵。而张荣勇敢善战,"尝劫金人",力敌万人,故人称"张敌万"。张荣领导的水上义军,成为金初活跃在山东西南地区的一支重要抗金队伍。

宋建炎三年(1129 年,金天会七年)金军攻扬州,张荣率军南下抗击金军,沉重打击了金军。南宋政府任命张荣为泰州知州,负责长江口一带的防务。宋绍兴元年(1131 年,金天会九年)张荣移兵至今江苏省兴化东的缩头湖,立寨抗金。三月,金帅挞懒(完颜昌)率军攻张荣,被张荣击败,领残兵 2000 人逃往楚州,缩头湖由此改为"得胜湖"。

梁山县志编纂委员会《梁山县志》第五十四章《知名人物·历史名人》"张荣"条载,张荣,号"张敌万",宋末金初梁山泊渔民,时梁山泊位于须城县、寿张县、郓城县等境。① 北宋末年,张荣聚众反渔霸、抗官税,深受渔民称赞。宋靖康二年(1127 年),北宋被金所灭。而后金兵多次南下,途经梁山泊,烧杀抢掠,残害黎民。张荣为抗击金兵,于南宋建炎二年(1128 年),组织渔民二三百人,建立梁山泊抗金义军。张荣领导梁山泊水军英勇善战,抗击金兵,战绩显著,被南宋朝廷授予武功大夫、忠州刺史之职。建炎三年(1129 年),金帅挞懒在南下北返途中,受到梁山泊水军的袭击,死伤惨重。张荣率军乘胜顺清河南下,攻打围困扬州的金兵,驻扎在楚州鼍潭湖(今江苏省淮安市)。在湖中积菱草付之以泥,筑起一座菱城,有效地阻击了金兵的进攻。翌年冬,金兵攻破楚州后,遂集中兵力攻打菱城。张荣军寡不敌众,便于宋绍兴元年(1131 年),弃城率领舟师转向通州,在缩头湖(今江苏省兴化东)建立水寨,驻扎兵马战船。金将挞懒自泰州率舰进攻张荣水寨。张荣便出动战船迎敌。因金兵战舰巨大,梁山泊水军无力抗击,张荣便率军弃舟登岸,伏击金兵,溺死、杀死金兵 5 千余人,金兵大败,金将挞懒之婿佛宁亦被擒。金将挞懒只好率残兵 2000 余人逃奔楚州。缩头湖大捷后,张荣率军投奔宋

① 梁山县志编纂委员会. 梁山县志[M].北京:新华出版社,1997:567.

将刘光世,受刘节制。刘光世授张荣为泰州(今江苏省泰州市)知州。后缩头湖也因战金大捷而易名为"得胜湖",以示对梁山泊水军的纪念。

《三朝北盟会编》卷一百四十三《炎兴下帙四十三》载:

> 金人攻张荣于鼍潭湖破其荻城。张荣,梁山泊渔人也。聚梁山泊,有舟师三二百人,常劫掠金人。杜充为留守时,借补(张)荣官至武功大夫,遥(授)郡刺史,军中号为张敌万。金人进兵取维扬也,荣承间率舟自清河而下,满舟皆载满粮食,驻于鼍潭湖(在今江苏省淮安市),积荻为城,以泥传之,渐有众万余。金人屯于孙村浦寿河也,屡遣人攻之,阻湖沼皆不能进。是时天寒冰冻,金人已得楚州,遂并力攻其荻城,荣不能挡,焚其积聚,弃荻城,率舟船遂入通泰州。①

吴给,金须城县人,宋遥授东平知府,在金军天会六年(1128年)攻占濮州、东平、泰山一带时,率军民聚泰山南部的徂徕山抵抗金兵。

金天会六年(1128年)十月,金将完颜粘罕攻山东,先后攻袭庆(今济宁市兖州区)、东平等地。宋御史、东平人吴给和奉符(今泰安市泰山区、岱岳区)士人孙亿(一说泗水县菀裘里人,即今新泰市楼德镇),率军民据泰山东南15千米的徂徕山为寨,抗击金军。十月,南宋遥授承务郎吴给充徽猷阁待制,知东平府,朝奉郎孙亿直龙图阁、知袭庆(今济宁市兖州区)府。十二月,宋京东西路安抚制置使、东平知府权邦彦弃城逃遁,东平为金所占。《金史》卷八十二,列传第二十《乌延胡里改传》载,金天会七年(1129年)七月,金将乌延胡里改破徂徕山义军,并毁其营栅,同时击败兖州抗金力量。十月,金将斜卯阿里招降东平、泰山抗金军兵。②

吴给知东平府不能至。《建炎以来系年要录》卷二十五《建炎三年秋七月戊寅丁丑朔》载:"诏徽猷阁待制、知东平府吴给赴行在,道梗不能至"③。时金军几乎已经占领整个山东,金兵四布,吴给已成敌后孤军。《建炎以来系年要录》卷十八《建炎二年冬十月壬子朔》载,金天会六年(1128年)十月,金将粘罕犯山东,先后进攻东平府、济南府、袭庆府等地。④

> 承议郎吴给,充徽猷阁待制、知东平府。朝奉郎孙亿,直龙图阁、知袭庆府。初,(吴)给在都司。以论事忤黄潜善,罢居须城。及金人既得兖、郓二州,(吴)

---

① [宋]徐梦莘.三朝北盟会编[M].上海:上海古籍出版社,2008:1041-1042.
② [元]脱脱,等.金史[M].北京:中华书局,1975:1836-1837.
③ [宋]李心传.建炎以来系年要录[M].北京:中华书局,2013:508.
④ [宋]李心传.建炎以来系年要录[M].北京:中华书局,2013:376.

给与(孙)亿义不从金,率军民据徂徕山为寨,数下山与金战。主管京东东路安抚制置司公事刘洪道言与朝,故有是命。

如此,吴给为宋代最后一任东平知府。

吴给精儒学。《建炎以来系年要录》卷八《建炎元年八月戊午朔》载,"时给事中许景衡、左司员外郎吴给、殿中伺御使马伸皆号得(伊川程)颐之学"①。伊川程颐为宋朝硕儒,吴给和马伸皆为东平人,又皆得"程颐之学",可窥宋时东平儒学之盛。

吴给反对伪楚"皇帝"张邦昌。《建炎以来系年要录》卷二《建炎元年二月壬午辛酉朔》载,宋靖康二年(1127年),金军掳宋徽宗、宋钦宗二帝北去,金立张邦昌为大楚"皇帝",胁迫旧宋百官拥戴,众皆唯唯诺诺。当时马伸、吴给这两位东平籍的监察御史挺身抗言,并联合部分北宋旧臣共议复赵宋之计。马伸还具书劝张邦昌迎立康王赵构。②

吴给公正直言、抗金主战。《建炎以来系年要录》卷六《建炎元年六月己未朔》载,监察御史吴给授尚书左司员外郎,"以论事忤黄潜善也"③。得罪了重臣黄潜善。而黄潜善因在东平勤王有功,在高宗御前正红,吴给被免职回老家须城闲居。

《金史·乌延胡里改传》载,天会年中,乌延胡里改进攻山东,恩州败敌,兖州破贼,"七年(1129年),讨泰山群盗,平之,毁其营栅"。据此推断,吴给营寨应是该年被攻破。

龙可,东平人,北宋靖康、金天会年间盛年。学《易》,精历学。

《金史纪事本末》卷六《太宗克汴》云,北宋靖康元年(1125年),龙可算出汴京失守。"东平龙可精历学,谓赵九龄曰:京师将有大变,吾从此去。扣之,曰:火龙日飞雪满天"④。翌年(1126年)丙辰,果不守,时大雪连绵。

王任,东平人。义军首领,自封天平军节度使。金正隆年末(1161年)参加农民起义,曾在起义军中自封天平军节度使。后归宋,授团练使。《三朝北盟会编》卷二百四十九《炎兴下峡一百四十九》⑤载,初,郓州人王任以罪亡命,金人重赏捕

①　[宋]李心传.建炎以来系年要录[M].北京:中华书局,2013:200.
②　[宋]李心传.建炎以来系年要录[M].北京:中华书局,2013:52.
③　[宋]李心传.建炎以来系年要录[M].北京:中华书局,2013:158.
④　[清]李有棠.金史纪事本末[M].北京:中华书局,2015:134.
⑤　[宋]徐梦莘.三朝北盟会编[M].上海:上海古籍出版社,2008:1787.

之急。大名府王友直在河北、山东交界的区域聚众起义,王任于是投奔王友直。王友直得王任甚喜,让王任冒充契丹人以聚众。完颜亮犯淮南时,王友直聚众已达数万。此后不断发展壮大,并一度攻破大名府,队伍发展到数十万。海陵王完颜亮死,金世宗立,王友直及众并放罪,令归农为平民,起义队伍遭解散。王友直乃与其党王革、王任谋自山东寻路南奔。不久发展到3000多人。王友直拟归宋,于是到建康府(今江苏省南京市)寻投朝廷。《三朝北盟会编》卷二百四十八《炎兴下帙一百四十八》称:"天平军节度使、河北路安抚制置使王任,检校少保、天雄军节度使、河北等路安抚使王有直,带军马八百人前来",①皇帝很高兴,授王友直检校少保、任观察使,任王革为武功大夫。友直等皆辞不敢受。朝廷乃改赏,任命王友直为防御使、王任为团练使、王革为武翼郎兼阁门宣赞舍人。《三朝北盟会编·炎兴下帙一百四十九》载,1162年"正月二十日丁亥王友直、(王)任、(王)革来归。友直除防御使"。王任、王革"皆授官有差"。

刘宣(?—1171年),东平人,金大定十一年(1171年,一说1173年),十一月组织参加大名府僧人李智究领导的反金起义时叛变。后被金军诛杀。

李智究、刘宣起义的时间,《金史》记载不一致。《金史》卷八十八,列传第二十六《石琚传》载金大定十一年(1171年):

时民间往往造作妖言,相为党与谋不轨,事觉伏诛。

智究,大名府僧,……遂谋作乱,历大名、东平州郡,假托抄化,诱惑愚民,潜结奸党,议以(大定)十一年(1171年)十二月十七日先取兖州,会徒峄山(今山东省枣庄市北),以"应天时"三字为号,分取东平诸州府。及其乡夜,使逆党胡智爱等,劫旁近军寨,掠取甲仗,军士击败之。会傅戬、刘宣亦于阳谷、东平上变。皆伏诛,连坐者四百五十余人。②

《金史·世宗纪上》载,大定十三年(1173年)九月,"大名府僧李智究等谋反,皆伏诛"。李智究英勇就义。

李智究、傅戬、刘宣等组织的抗金起义因力量悬殊,加上傅戬、刘宣的叛变,起义军来不及集中力量等原因,在金军的残酷镇压下失败了。

吴大方、吴大年、郭弼宪、赵宪懿(悫),皆为由北宋入金的东平文人。

---

① [宋]徐梦莘. 三朝北盟会编[M].上海:上海古籍出版社,2008:1780.

② [元]脱脱,等. 金史[M].北京:中华书局,1975:1961.

清乾隆《泰安府志》卷之二十七《艺文志八》载,党怀英于金大定二十五年(1185年)撰写的《醇德先生墓表》中,提到了王去非"讲论道义,援授古今"的师友:

怀英昔者宦游山东,是时东阿张子羽,茌平马定国,奉符王颐,东平吴大方与其兄大年、郭弼宪、赵宪懿(悫)、甲公绰诸公,与先生相友善,讲论道义,援据古今,以孔孟所传为诸儒倡。其后,出者闻于朝,处者行于乡,虽隐显不同,而皆以先生为归。①

该碑文中的"醇德先生",即党怀英、赵沨、周驰的老师,平阴人王去非。

先生束发知学问,为文章不喜为进取计,尝试有司,不和即屏去举业,益探六经、百家之言,务为博瞻精诣,杂取老、庄、释氏诸书,采其理要,贯穿融合,归诸大中,要本于吾儒修身养性之道,自信而力行。其发于情、接于物者,求诸古人或难焉。乡人化服,翕然咸尊之。

王去非应试不得志,在家耕读,立馆教授。门人私谥"醇德先生"。碑文中所涉吴大方、吴大年、郭弼宪、赵宪懿(悫)等,皆为由北宋归附大金国的文士,大定初均离世。甲公绰为东平府平阴县人,旧志有载。

李宁(?—1215年),东平人,金贞祐三年(1215年)十月组织起义军抗金,称"国师",十二月被害。

《金史》卷八十五,列传第二十三《镐王永中传》载:

贞祐三年,太康县人刘全为盗,亡入卫真界,诡称爱王。所谓爱王,指石古乃。石古乃实未尝有王封,小人妄以此目之。刘全欲为乱,因假托以惑众,诱王氏女为妻,且言其子方聚兵河北。东平人李宁居嵩山,有妖术。(刘)全同县人时温称(李)宁可论大事,乃使范元书伪号召之。(李)宁至,推为国师,议僭立。事觉,(刘)全、(时)温、(李)宁皆伏诛。②

乌林答复(约1150—1204年),本名阿里刺,女真族,东平猛安人。娶金世宗完颜雍女儿宛国公主,累官绛阳军节度使。

《金史》卷一百二十,列传第五十八《世戚·乌林答复传》载,乌林答复,"奉御

---

① 泰安市地方史志办公室.泰安府志[M].北京:线装书局,2017:1073.
② [元]脱脱,等.金史[M].北京:中华书局,1975:1897-1900.

出身"①,金大定七年(1167 年)尚世宗第七女宛国公主,授驸马都尉。改引进使兼符宝郎,出蠹州刺史,三迁归德军节度使。金明昌三年(1192 年),转知兴中府事,久之,为曷懒路兵马都总管。金承安四年(1199 年),拜绛阳军节度使。

李汉卿,东平人,金末美术名家,尤擅画草虫。

元好问《遗山集》卷第十三《东平李汉卿草虫卷二首》：

其一：蚁穴蜂衙笔有灵,就中秋蝶最关情。知君梦到南华境,红穗碧花风露清。

其二：过眼千金一唾轻,画家元有老书生。草虫草道空形似,正欲尔曹鸣不平。②

注,李资高亢,视钱币如粪土,贵人求画,或大骂而去,故不与世合。

王玉汝(？—1255 年),字君璋,郓(今山东省东平县)人,金朝遗民。王玉汝年轻时曾仕金做过小吏。金末时跟随民众南渡黄河逼乱,蒙古军占领山东后,王玉汝带着母亲等一家人从偏僻荒道,辗转回到东平老家。《元史》、清光绪《东平州志》、清乾隆《泰安府志》皆有传。

《元史》卷一百五十三,列传第四十《王玉汝传》载,"行台严实入据郓,署玉汝为掾史,稍迁,补行台令史。蒙古中书令耶律楚材过东平,奇之,版授东平路奏差官。以事至京师,游楚材门,待之若家人父子然"③。王玉汝面对蒙古对严实的疑忌,多次为严实言,捍卫严实利益。后迁行台知事,仍遥领平阴令。累官至龙虎卫上将军、泰定军节度使,兼兖州管内观察使,充行台参议。元宪宗五年(1255 年)八月卒。

2. 选举：马扬　田曦　高霖　刘天骥

马扬,字伯鹰,东平人。宋宣和六年(1125 年)进士,曾仕伪齐监察御史,后职金蒲城(今陕西省蒲城县)令。

王庆生《金代文学家年谱》第十二卷《张健》援引,《兰泉老人遗集》《仙蜕岩碑跋》："东平马公,名扬,见于记。其字伯鹰,博学才辩。宋宣和六年(1125 年)沈晦榜及第。仕大齐刘豫后为监察御史,以直言见贬,废于家。金皇统八年(1148

---

①　[元]脱脱,等. 金史[M].北京:中华书局,1975:2623.

②　[金]元好问. 元好问全集(上)[M].太原:山西人民出版社,1990:411

③　[明]宋濂,等. 元史[M].北京:中华书局,1975:3616-3617.

年),复起求仕,以征事郎试蒲城令"①。金皇统、天德年间,曾经为张健"两预荐名"。

田曦,东平人,金明昌年间(1190—1196 年)任棣州(治厌次,今山东省惠民县)州学教授。

金明昌六年(1195 年)二月,奉符党怀英为响应金廷崇文尚佛之诏令,为棣州撰写了《棣州重修庙学碑》。据碑文载,田曦,东原(今山东省东平县)人,时任棣州州学教授,参与了重修庙学。碑文见毕沅《山左金石志》卷七。

贾三强《陕西古代文献研究》(第一辑)《户县草堂寺金代题咏小考》载,陕西省户县(今西安市鄠邑区)草堂寺,秦始建。今草堂寺碑廊存一方金大安元年(1209 年)所立金代碑刻,录东原田曦、洹山史奕(史公奕,字季宏,大名府人)和雪嵓老人(田唐卿,名香实,号"东岫种玉翁",九江人)诗四首。② 该碑立于大安元年(1209 年)二月初十。

东原田曦诗有诗题,《大安改元春六十日,因陪子晋先生(侯子晋,元好问父亲元德明有〈同侯子晋赋雁〉诗)泊诸友过草堂而宿,偶成二绝》:

其一:萦纡一径绕山根,野草闲花种种新。要识我来林下意,不教虚负草堂春。

其二:飞花狼藉送春忙,乘兴来游古道场。拟把尘昕顿祛释,会须今夜宿山堂。

另,《关中金石记》卷七有《田曦谒祠记》,时间为金泰和七年(1207 年)四月,或此时田曦任职于关中地区,故历览秦地古迹。

高霖(? —1215 年),字子约,东平(今山东省东平县)人。金章宗大定二十五年(1185 年)进士。官至兵部尚书,参知政事(宰相贰,秩从二品)。金贞祐二年(1214 年),中都(今北京市大兴)失守时战死。谥文简。

高霖累官参知政事(宰相贰)。元好问《遗山集》卷十六《平章政事寿国张文贞公神道碑》载:"参知政事高公子约为(张万公)神道碑。碑石已具,遭贞祐之乱,不克立"③。

① 王庆生.金代文学家年谱[M].南京:凤凰出版社,2005:632.
② 贾三强.陕西古代文献研究(第一辑)[M].北京:商务印书馆,2016:255-257.
③ [金]元好问.元好问全集(上)[M].太原:山西人民出版社,1990:463-468.

高霖廉政兴学。《金史》卷一百四,列传第四十二《高霖传》载,高霖进士及第后,调符离主簿,因清正廉洁,升为泗水县令,再调安国军节度判官。其父逝,高霖归东平,守孝期间,"教授生徒,恒数百人"。丁忧满后,复起用为绛阳军节度判官。因政绩突出被举荐,召为国史院编修官。①

高霖饱学《水经》,体察基层。高霖因熟读《水经》,具有丰富的水利和治水方面的知识,因而朝廷让他3次担任都水官员。金代黄河多次泛滥,成灾频繁。高霖就治理黄河水患向朝廷建言:

> 黄河所以为民害者,皆以河流有曲折,适逢隘狭,故致湍决。按《水经》当疏其厄塞,行所无事。今若开鸡爪河以杀其势,可免数埽之劳。凡卷埽工物,皆取于民,大为时病。乞并河堤广树榆柳,数年之后,堤岸既固,埽材亦便,民力渐省。②

表10　金朝山东西路东平府科举入仕表(须城县)

姓名	籍贯	科举时间和出身	致仕	文献资料来源
高霖(有传) 子:高仁杰	须城县	大定二十五年(1185年)进士	中都留守兼本路兵马都总管,赠翰林学士承旨,谥"文简"	元脱脱《金史·高霖传》 清乾隆《泰安府志·人物志(一)》 清光绪《东平州志·人物传·忠烈》
		明昌三年(1192年)(特恩进士)	山东路按察副使	元脱脱《金史·高霖传》 清杜诏《山东通志·职官表》 陈循《寰宇通志·兖州府(下)》 清乾隆《泰安府志·选举志(上)》
赵憇(有传) 子:赵沨(有传)	须城县	金初科考及第	博州教授	元好问《中州集》
	须城县	大定二十二年(1182年)进士	礼部郎中	元脱脱《金史·文艺(下)》 清乾隆《泰安府志·人物志(三)》 清光绪《东平州志·人物传·文苑》

---

① [元]脱脱,等．金史[M].北京:中华书局,1975:2289-2290.
② [元]脱脱,等．金史[M].北京:中华书局,1975:1206.

姓名	籍贯	科举时间和出身	致仕	文献资料来源
李世弼 （有传） 子：李昶	须城县	兴定二年 （1218年），父子廷试皆经义进士及第	东平教授	张金梧《金文最》卷四十五《金登科记序》 元恽《玉堂嘉话》卷五《金登科记序》
			吏礼二部尚书 山东东、西道按察使	元脱脱《元史·李昶传》《元代奏议集录》 清光绪《东平州志·人物传·儒林》
黄久约 （有传）	须城县	大定三年 （1163年） 进士	右丞相 横海军节度使	元脱脱《金史·黄久约传》 清乾隆《泰安府志·人物志（一）》《金重修东岳庙碑》（碑存岱庙） 清光绪《东平州志·人物传·列传》
王子文	须城县	不详，进士	司侯	清乾隆《泰安府志·选举志（上）》 清光绪《东平州志·人物传·选举志》
邹革	须城县	不详，进士	县令	清乾隆《泰安府志·选举志（上）》 清光绪《东平州志·人物传·选举志》
李文	须城县	不详，进士	县令	清乾隆《泰安府志·选举志（上）》 清光绪《东平州志·人物传·选举志》
寇显	须城县	不详，进士	县令	清乾隆《泰安府志·选举志（上）》 清光绪《东平州志·人物传·选举志》
张献可	须城县	不详，进士	判官	清乾隆《泰安府志·选举志（上）》 清光绪《东平州志·人物传·选举志》
王仲元	东平 （平阴）	承安五年 （1200年）进士	判官	清乾隆《泰安府志·选举志（上）》 清光绪《东平州志·人物传·选举志》
唐舜臣	须城县	不详，进士	判官	清乾隆《泰安府志·选举志（上）》 清光绪《东平州志·人物传·选举志》
魏庭实	须城县	不详，进士	教授	清乾隆《泰安府志·选举志（上）》 清光绪《东平州志·人物传·选举志》
李世英	须城县	不详，进士	判官	清乾隆《泰安府志·选举志（上）》 清光绪《东平州志·人物传·选举志》
张安适 （有传）	须城县 （东阿）	贞祐三年 （1215年） 辞赋科进士	须城县主簿	清乾隆《泰安府志·选举志（上）》 清光绪《东平州志·人物传·选举志》

姓名	籍贯	科举时间和出身	致仕	文献资料来源
刘仲（俾）威	须城县	不详，进士	主簿	清乾隆《泰安府志·选举志（上）》 清光绪《东平州志·人物传·选举志》
王振享	须城县	不详，进士	主簿	清乾隆《泰安府志·选举志（上）》 清光绪 《东平州志·人物传·选举志》
刘天骥（有传）	须城县	天会八年（1130年）童经科举子	不详	元脱脱《金史·刘天骥传》 清光绪《东平州志·人物志》
王尚智	东平	正大元年（1232年）进士	朝散大夫	元胡祗遹《紫山大全集》卷十六《王忠武（王公渊）墓碑铭》
王瑀	东平	金正隆五年（1160年）进士	奉训大夫，无棣县令	《清容居士集·翰林学士承旨赠大司徒鲁国王文肃公墓志铭》

注：资料来源，清乾隆《泰安府志·选举志（上）》、清光绪《东平州志·人物传·选举志》

（三）幕倅

孟升卿（1176—1224年），保州（今河北省保定市）人。金兴定年间（1217—1223年）授山东西路滕州司侯，辟东平府元帅，后降职为须城令。金正大元年（1224年）卒，享年49岁。

孟升卿，世为保州人。孟升卿大父、仲伯父兄弟二人皆进士及第，仕于金。孟升卿早年丧父，遂为伯父子。成年后3次参加科举考试，赐进士及第，后以伯父荫补保州录事，迁顺天军（治保州）节度判官。金贞祐二年（1214年），在蒙古军队的进攻下，金迁都于汴（今河南省开封市），时孟升卿负责后勤保障，工作出色，受到朝廷的褒奖。"贞祐初，北鄙用兵，君为供具，截截有纪，民不扰而备。上嘉之，赐一官，不受"。孟升卿认为这是为臣应尽之责，故不受。保州失守之后，"授滕州（今山东省枣庄市滕州）司侯，辟东平府元帅，讥察，徙须城令。累官至怀远大将军。知国运日蹙，不复中振，遂不仕"。

金正大元年（1224年）秋七月卒，享年49岁，葬在登封龙潭寺。

郝经《陵川集》卷三十五《须城县孟君墓铭》载：

君讳某，字升卿，世为保州人。

君蚤失怙恃(父母),子于伯父,既生鼎腴能落纷华？以自振三赴廷试,特赐进士第,去不就。曰:"丈夫岂为牛后乎?"以任子补保州录事,摄顺天军(治保州)节度判官。贞祐初,北鄙(蒙古)用兵,(宣宗)乘舆迁汴。君为供,具截截有纪,民不扰而备,上嘉之,赐一官不受。曰:"臣子养君父分也,何以赏为已?"而北兵屠保(州),尸积数十万,磔首于城殆与城等。君率遗民聚瘗之封十余塚,兵饥荐至托迹无所,犹与州学生数人采稆食(桑)椹,讲肄不辍也。河朔亡奔行在,所授滕州司侯,辟东平府元帅。讥察徙须城令,累官怀远大将军。知国运日蹙,不复中振,遂不仕居。偃师之大口志崛气皋不忍自弃,遂感疾正大元年秋七月辛酉卒,得年四十九。寓殡于登封龙潭寺左。①

冯遵道,金大定末任须城县主簿,精篆书。

金大定二十七年(1189年)立石于泰山西麓灵岩寺《当山第五十七代来公禅师塔铭》,塔铭署"将仕郎须城县簿冯遵道篆额"。

《金史·百官一》载,文散官"正九品,上曰登仕郎,下曰将仕郎"。

张安适,东阿(今山东省聊城市东阿县)人,金贞祐三年(1215年)辞赋科进士,职东平府须城县主簿,秩九品。

清光绪《东平州志》卷十一《选举志》之《历代征辟选举表》"主簿"项载,"金,张安适"②。

清道光《东阿县志》卷十二《选举志》载,张安适,金东平府东阿县人,金宣宗贞祐三年(1215年)恩赐经义进士,须城县主簿。

(四)方伎

吴辨夫(1190—),金尚药局尚药。尚药局尚医王继先的养子、女婿。金天兴元年(1232年)十二月底,蒙古攻陷汴京后,吴辨夫北归东平老家,遂承岳父母旧业,行医营药,元好问等常请吴辨夫看病开药。之后,吴辨夫在严实治下的东平府职"医工都管句(勾)"。

吴璋,字文宝,东平人,金初任东平郡功曹。《元好问全集》卷第三十四《尚药吴辨夫寿塚记》载:"吴氏世为东平人"③。吴璋,"金朝初,用良家子推荐为吏,仕

① [元]郝经.陵川集[M].太原:山西古籍出版社,2006:780-782.
② 郭云策,李宏生.东平州志[M].北京:中国文史出版社,2008:831.
③ [金]元好问.元好问全集(上)[M].太原:山西人民出版社,1990:784.

为军功曹,以廉平见称"。子,吴子昭。

吴子昭,字进叔。东平人。元好问《尚药吴辨夫寿塚记》载,吴子昭读书认真,喜欢探究义理;性格安静,默默不语;穿戴修整清洁。因为他久居家中读书,邻居们大多见不到他的面。吴子昭与党承旨世杰(党怀英)一同研习学问,在东平府参加考试,吴子昭经常考取解魁。子,吴辨夫。

王继先,东平人。金尚药局尚医。为"世为东平人"的吴辨夫的"养父"、岳父。吴辨夫1206年17岁时父亡无靠。王继先"妇翁无子(男孩)",遂把吴辨夫收为"养老女婿",即"入赘"。同时把吴辨夫的弟弟吴思义养于家而教之。王继先夫妇借在尚药局的威望,培养、推荐吴辨夫进了尚药局做药童,之后还升了官。考其情节,王继先亦应东平人。《元好问全集》卷第三十四《尚药吴辨夫寿塚记》载,"吴氏世为东平人"。吴辨夫"童卯失怙恃,年十七,尚医王继先以子妻之。悯其茕独,并小弱弟思义养于家而教之。贞祐初,南渡河,以妇翁医术精博之故,被令旨收充侍药局药童。东宫即大位,用随龙恩泽、掌药太医院。寻被旨充皇太后医正局掌药,絫官怀远大将军。汴梁下,北归,复以妇翁旧业、行总府署医工都管句。妇翁无子,年八十以寿终"①。吴辨夫笃于卵翼之报,为王继先夫妇营造坟冢。并于元宪宗七年(1257年)请时在东平的元好问作"记"。

张诚,东平人,金大定年间"刊石"工(石)匠。《张汝为灵岩寺题记》此碑在泰山西麓灵岩寺辟支塔旁;计刻文18行,行12字,字径3.5厘米,行书;此碑《山左金石志》《济南金石志》均有收录;碑署"监寺沙门法告立石,东平张诚刊"。"刊"即"刊石"工(石)匠。金贞祐元年(1213年)立于泰山灵岩寺的完颜祯《灵岩寺赋》碑云"于是命工刊石"。

二、平阴县

(一)名门望族

平阴三贤:王去非　王去执　王仲元

王去非(1100—1184年),字广道,号"醇德先生",金山东西路东平府平阴县(今山东省济南市平阴县)人。科考不得志,教书乡里。被誉为金源一代"文脉正传之宗"的党怀英,著名书法家赵沨、周驰等,都是王去非的弟子。

---

① 〔金〕元好问. 元好问全集(上)〔M〕.太原:山西人民出版社,1990:784-785.

王去非科举不得意,居家教书,乐善好施。清顺治《平阴县志》卷七《人物志·王去非传》载:

自少好学,博通经史,应制科,不得意,即绝意仕进。岁时,督妻挛事耕织以给伏腊。家居教授,束脩有余,辄分惠人。弟子有班忱者,贫不能朝夕,一女及筓,公为办嫁妆之。比邻有丧,忌东出,西、北皆邻居,南则公之家也。公乃坏蚕室,使得南出葬焉。党怀英谓其学可比韩、欧。卒,门人谥曰醇德先生,从祀乡贤。①

《金史》卷一百二十七,列传第六十五《隐逸·王去非传》载:

王去非,字广道,平阴人。尝就举,不得意即屏去,督妻挛耕织以给伏腊。家居教授,束脩有余辄分惠人。弟子班帙贫不能朝夕,一女及筓,去非为办资装嫁之。北邻有丧忌东出,西与北皆人居,南则去非家,去非坏蚕室使丧南出,遂得葬焉。大定二十四年(1184 年)卒。②

聂立申《金代泰山名士稽考》第五章《儒士风度——平阴三贤》③考证尤详。王去非学识渊博、品德高尚。元代李之绍《醇德先生王公祠记》载:"先生早岁业儒学,为文章不喜为科选计。六经诸子百家之书,无所不窥,融贯会通,返中自信而力行之"④。党怀英《醇德先生墓表》云,王去非诚实守信,卖田偿债;拾金不昧,守护路人迷失之金帛;以德服人,感化乡里恶少;等。"讲论道义,以孔孟所传为诸儒倡"。"经传百家之纯,古今上下,经纬异同,靡不淹贯"。

王去非教授乡里,门生数百。党怀英《醇德先生墓表》言,金天会、天眷年间,"怀英昔者宦学山东,是时东阿张子羽、茌平马定国,奉符王颐,东平吴大方与其兄大年、郭弥宪、赵悫、甲公绰诸公,与先生相友善"。一起讲经论道,交游山东诸地,盛名一方。东平赵沨和孟宗献、冯璧等都是他的学生。金人赵秉文《遗安先生言行碣》载:"初,孟公宗献友之、冯公璧叔献、赵公沨文孺皆师尊之"。元代李之绍《醇德先生王公祠记》云:"大定年间讲授乡里,以尧舜周礼之道为诸儒倡,四方之士翕然向风,恒不下数百人"。元好问《中州集》卷七《迂斋先生周驰小传》云:"驰字仲才,济南人,经学出于醇德先生王广道"。

① 平阴县史志办公室. 平阴县志[M].北京:中国文史出版社,2018:156.
② [元]脱脱,等. 金史[M].北京:中华书局,1975:2749.
③ 聂立申. 金代泰山名士稽考[M].长春:吉林大学出版社,2015:131-148.
④ 平阴县史志办公室. 平阴县志[M].北京:中国文史出版社,2018:201.

王去非存世作品有《博州重修庙学碑》、诗《题左丘明墓》等。《山东通志》卷九《古迹志》："'三绝碑'在东昌(今山东省聊城市)府学宫。金大定间重修文庙碑,王去非撰,党怀英篆,王庭筠书。时称三绝"。清顺治《平阴县志》卷八(上)《文艺志》还载有其金大定二年(1162年)撰写的《清凉院记》,又称《敕赐清凉之院碑》,现存残碑。①

王去非墓在今山东省平阴县玫瑰镇石硖村。

王去执(1131—1190年),字明道,号榆山先生,王去非之弟。金翰林院医官,赠翰林院大学士。

王去执少年时习拳练武,因母多病而习医。金大定二十九年(1189年)赴京试医,取得头名,选入翰林院。次年,卒于京。

东平人赵沨《王榆山先生墓表》载:"(赵)沨自念与先生为友几三十年,其志向相同"。"未几先生卒,实明昌元年(1190年)正月八日也……以是年三月十九日,葬于邑之石硖村先茔之侧。既葬,遣价致书于赵沨曰云云"②。

清顺治《平阴县志》卷七《人物志·王去执传》载,王去执"应进士试,不合,即拂衣去,杜门讲究经传、文学,与广道齐名。以父母多病,遂精医学,金世宗时试医京师第一,入翰林。号榆山先生,从祀乡贤"③。

后人将王去非、王去执兄弟墓称"双王墓"。又与同邑元代翰林李之绍合称"三贤",并建有"三贤祠"。

王仲元(约1150—1216年),字清卿,号"锦峰老人",盛年略晚于党怀英、赵沨。金东平府平阴县(今山东省平阴县)人,金代著名文学家、书法家。卒于京兆转运司幕。《中州集》辛集第八辑有《雪中同周臣内翰赋二首》《赠青柯平隐者》诗共三首。

刘祁《归潜志》卷四:"王府判仲元,字清卿,东平人。工书,法赵黄山(赵沨),自号锦峰老人。卒于京兆幕"。

元好问《中州集》辛集第八《王仲元小传》:"王仲元,平阴人,承安中进士,以能书名天下,历京兆转运司幕官"④。

王仲元的伯父王去非,字广道,号"醇德先生",为奉符党怀英、东平赵沨和济

① 平阴县史志办公室. 平阴县志[M].北京:中国文史出版社,2018:216-217.
② 聂立申. 金代泰山名士稽考[M].长春:吉林大学出版社,2015:131-148.
③ 平阴县史志办公室. 平阴县志[M].北京:中国文史出版社,2018:156.
④ [金]元好问. 中州集[M].上海:华东师范大学出版社,2014:537.

南文士周驰的老师。

元初东平路进士会考状元杨奂《还山遗稿》卷上《锦峰王先生墓表》载:

先生姓王,讳仲元,字清卿,家平阴。广道先生之犹子、明道先生之子。世以儒道,着一时名公巨人,若党怀英、赵沨皆师尊之。先生举进士有声,承安五年(1200 年)四举推恩。资高雅,清苦寡言,笑无杂宾。尝知阿干县宪司,以简静闻,退食拥琴,昼不出,正襟危坐,似与世相忘也。遇会心者,虽对谈竟日,未尝涉贵游可喜事,人信其为,古君子也。而书名尤重,小楷介欧虞间。用荐者召应奉翰林文字,同进士入玉堂。自先生始改陕西东路转运司盐铁判官,适书蓝田山碑,饮玉浆偶得疾,死于官舍。贞祐四年(1216 年)也。死之日,家无余赀,薧葬城南雁塔之阴邻。

(二)科举

甲公绰,清顺治《平阴县志》卷八《艺文志(下)》载金进士翟升《群贤等第诗》云:"陶山先生主文盟,注:甲公绰,号陶山"①。与党怀英,翟升,同师过"董氏",并有"陶山竹溪亦席侍"。据此推断,甲公绰应为金东平府平阴县人。党怀英于金大定二十五年(1185 年)撰写的《醇德先生墓表》中,提到了王去非"讲论道义,援授古今"的师友:

怀英昔者宦学山东,是时东阿张子羽,茌平马定国,奉符王颐,东平吴大方与其兄大年、郭弼、赵宪懿、申公绰诸公,与先生相友善,讲论道义,援据古今,以孔孟所传为诸儒倡。其后出者闻于朝,处着行于乡,虽隐显不同,而皆以先生为归。得友而章者已广矣。②

碑文中的"醇德先生",即党怀英、赵沨的老师平阴人王去非,字广道,"应试不得志,在家耕读,立馆教授。"门人私谥"醇德先生"。碑文中所涉吴大方等,皆由宋入金的文士。党怀英碑文中的"申公绰",与平阴旧志的"甲公绰"姓有异。

翟升,平阴人,金进士,主簿。

清顺治《平阴县志》卷八《艺文志(下)》载:"翟升,金进士,邑人。"③并录其诗三首:《群贤等第诗》《送王廷玉辈五十三人赴试》《题左丘明墓》。清乾隆《泰安府

---

① 平阴县史志办公室.平阴县志[M].北京:中国文史出版社,2018:299-300.

② 泰安市地方史志办公室.泰安府志[M].北京:线装书局,2017:1037.

③ 平阴县史志办公室.平阴县志[M].北京:中国文史出版社,2018:299-300.

志》卷之十二《选举志（上）》载："金：翟升，平阴人，主簿"。

群贤登第诗

金进士，邑人

陶山先生主文盟，郭令建学加劝惩。平阴儒学日复振，不让五虎专前名。

靳侯才名驰冀北，初官佐治肥子国。下车首询沂上人，供室劝学增润色。

文章圆熟推许公，典而丽兮词更工。山城天荒从此破，白袍换绿崇乡中。

苏仙久居家学力，内抱英华外谦抑。丁年作赋气凌云，唾手功名不劳得。

古学众许芝亭刘，下笔万字何能休！俯就绳墨入赋室，一战而成酬焚舟。

贤哉巂河子董子，入举终场人罕比。广阳就试欲投石，尚以老成为所耻。

孝感里中重王兄，德与才称非过情。耽经玩史日无辍，蔼然素有场屋声。

升也文学宗董氏，陶山竹溪亦席侍。靳老余绪复稔闻，驽马十驾晞绿耳。

明昌天子试飞龙，董子王兄又并雄。金门献赋仆亦与，北宫唱第三人同。

至今地脉何曾断，吾乡士风天下冠。学者体法旧规模，岂止为文思过半？

甲氏名族世共知，后之苗裔振复奇。潜依祖德借余论，又向蟾宫折桂枝。

溪上先生号醇德，动为仪表言为则。发明圣道得其传，恩不及身后蕃息。

乃孙经学有渊源，乙科优中光儒门。靳侯名卿能远虑，居贤因此石硖村。

李君力学人难企，弱冠声华蔼乡里。早承鹗荐上天廷，一举明经取青紫。

翠华警跸幸南都，圣心愿治求硕儒。日边诏下免秋试，三英笑指龙门趋。

锜氏兼经勤博古，苏子天才中规矩。李生伯仲三豪间，鼎甲科名俱力取。

明年较艺入明光，王氏文词复擅场。圣代人才罔遗弃，特恩赐第亦名彰。

筠窗昼寂闲屈指，仕者十有三人矣。不才鲁钝甘隐居，但庆诸公膂器使。

为报后来有学人，前进已达犹教存。勉旃勉旃学而仕，食禄无忘先辈恩。

翟升的《群贤登第诗》，可以悟出：首先，平阴在金代读书之风浓厚。官府如县令郭好学劝学，民间如"醇德先生"王去非兴学；有志者则"力学"，在社会上形成了"吾乡士风天下冠"的儒风。其次，进士及第者的示范引领作用。诗纪在金代科举考试中进士登第的13名平阴县才俊：甲公绰（号陶山）、许祐、苏德秀、刘格、董哲（革）、王瓒、甲振、王知进、李可用、锜申、苏霖、李唐英、王天一。再加上作者翟升，医科王去执，金代平阴县"不完全统计"进士及第者达15人之众。最后，众多人物入史，如平阴县令郭好学，主簿靳子昭，"醇德先生"王去非等。

表11 金朝山东西路东平府科举入仕表（平阴县）

姓名	籍贯	科举时间和出身	致仕	文献资料来源
许祐	平阴县人	大定十年（1170年）词赋登第	潞州节度副使	清乾隆《泰安府志·选举志（上）》 清顺治《平阴县志·选举志》
苏德秀	平阴县人	大定十六年（1176年）词赋进士	凤翔府同知	清乾隆《泰安府志·选举志（上）》 清顺治《平阴县志·选举志》
刘格	平阴县人	大定二十八年（1188年）词赋进士	平州节度副使	清乾隆《泰安府志·选举志（上）》 清顺治《平阴县志·选举志》
董节（哲）	平阴县人	明昌二年（1191年）词赋进士	太原治中	清乾隆《泰安府志·选举志（上）》 清顺治《平阴县志·选举志》 薛瑞兆《金代科举》
王瓒	平阴县人	明昌二年（1191年）词赋进士	沧州盐运使	清乾隆《泰安府志·选举志（上）》 清顺治《平阴县志·选举志》 薛瑞兆《金代科举》
翟升	平阴县人	明昌二年（1191年）词赋进士	平定县主簿	清乾隆《泰安府志·选举志（上）》 清顺治《平阴县志·选举志》 明万历《兖州府志》 薛瑞兆《金代科举》
甲振	平阴县人	明昌五年（1194年）词赋进士	平山府推官	清乾隆《泰安府志·选举志（上）》 清顺治《平阴县志·选举志》 明万历《兖州府志》
王知进	平阴县人	承安五年（1200年）经义进士	不详	清乾隆《泰安府志·选举志（上）》 清顺治《平阴县志·选举志》 明万历《兖州府志》

姓名	籍贯	科举时间和出身	致仕	文献资料来源
李(可)用	平阴县人	泰和六年 （1206年） 经义进士	不详	清乾隆《泰安府志·选举志（上）》 清顺治《平阴县志·选举志》 明万历《兖州府志》
王仲元	平阴县人	承安五年 （1200年） 恩赐词赋进士	陕西路 盐铁判官	清道光《东阿县志·选举志》
锜申	平阴县人	贞祐二年 （1214年） 经义进士	沂州费县主簿	清乾隆《泰安府志·选举志（上）》 清顺治《平阴县志·选举志》 明万历《兖州府志》
李唐英	平阴县人	贞祐三年 （1215年） 经义进士	不详	清乾隆《泰安府志·选举志（上）》 清顺治《平阴县志·选举志》 明万历《兖州府志》
苏霖	平阴县人	贞祐三年 （1215年） 经义进士	阳谷县令	清乾隆《泰安府志·选举志（上）》 清顺治《平阴县志·选举志》
王天一	平阴县人	兴定四年 （1220年） 经义进士	汝州梁(或叶) 县主簿	清乾隆《泰安府志·选举志（上）》 清顺治《平阴县志·选举志》 明万历《兖州府志》
王去执 (有传)	平阴县人	大定二十九年 （1189年） 试医京师第一	翰林	清顺治《平阴县志·人物志》

（三）幕倅

刘索,字彦高,燕城(今北京市)人,由高邮府宝应县丞擢平阴县尹。[1]

---

[1] 平阴县史志办公室．平阴县志[M].北京:中国文史出版社,2018:185-187.

清乾隆二十五年《泰安府志》载:"刘索,字彦高,燕城人,为平阴尹。时有诈名贡献者,往来侵渔,百姓苦之。刘索烛其奸,绳以法,抚字尤有方。莅任三载,流民复业者数千家"。①

清光绪《平阴县乡土志·政绩录·去害》载,刘索依法惩治诈骗百姓钱财的假和尚,地方治理富有成效:"有番僧诈名贡献,往来侵渔,百姓苦之。索烛其奸,绳以法,百姓大悦。索为政严吏胥,简讼狱,莅任三载,流民复业者数千家"②。

清顺治《平阴县志·艺文志(上)》之《县尹刘君遗爱颂并序》载:"君自下车,慨然发愤,期有以自见,而不肯碌碌安于苟且"③。任职3年,劝农,减赋役,兴学校,明刑罚,"军之绩秩然有序""诣总府及宪司称颂。东平总管太中苏便嘉其廉能,荐名宪司,仍闻诸朝廷"。

郭好学,金东平府平阴县进士翟升《群贤登第诗》载:"郭令建学加劝惩"。注曰:"郭好学,平阴令",任平阴令期间曾兴学办校,劝农惩恶。

史良臣(1100—1168年),字舜卿,大名(今河北省正定县)人。宋宣和六年(1124年)进士,金世宗朝曾职东平府平阴县令。

王庆生《金代文学家年谱》第八卷《史公奕》转金赵秉文《闲闲老人滏水文集》卷十二《史少中碑》云,史良臣,上世洛阳人,自其祖史渊徙大名。宋宣和六年(1124年)进士,任成安(今河北省成安县)簿。④ 入金后,辟举监北京内东仓,历职京兆泾阳令、沧州节度判官、大名县令等,世宗即位(1153年)复为南乐、平阴县令。金大定五年(1165年)职潞城县令,大定八年(1168年)卒于任上,享年69岁。

金赵秉文《闲闲老人滏水文集》卷十二《史少中碑》载:

公史氏,讳良臣,字舜卿。其先洛阳人石晋郑王之后,曾大临祖士元皆隐德不仕,父渊徙大名,乡人称善人,力教公读书,后以公贵赠儒林郎;母太夫人蒋氏,魏之甲族也。

宋宣和六年(1124年),史良臣于24岁时中进士,历成安簿,监北京内东仓,迁冀州、南宫令,泾州观察推官,德顺州节度掌书记,京兆泾阳令,河南新安令,沧州节度判官。后历清丰、濮阳、大名3县令,金世宗即位后复为南乐、平阴二县令,潞

---

① 泰安市地方史志办公室. 泰安府志[M].北京:线装书局,2017:415.
② 平阴县史志办公室.平阴县乡土志[M].北京:中国文史出版社,2018:484.
③ 平阴县史志办公室. 平阴县志[M].北京:中国文史出版社,2018:185-186.
④ 王庆生. 金代文学家年谱[M].南京:凤凰出版社,2005:396.

州观察判官。年69卒于官。史良臣任平阴令时,矜扶贫弱,慑服豪右,深得民心。

县豪民王八十者,持吏短长,为一邑之害。小不如意,阴以法中之。县官熟视,不敢谁何。公至,召之庭中,训以义理,遂感泣改节,卒为善人。

金明昌年间,史良臣与东平赵沨、济南周驰等名士交游。

子,公奕,金大定二十八年(1188年)进士,以直学士致仕。

王端卿,金正隆末至大定六年(1161—1166年)时,在平阴县亚令即"副县长"任上。

清光绪《肥城县志》卷二《古迹志》载,金大定元年(1166年),曾到时隶平阴县,今属山东省肥城市湖屯镇的陶山游览,立《大定六年平阴亚令王端卿幽栖寺石刻》,又名《游幽栖寺呈沂上人诗碣》:"薄书拘役久低徊,暂届清凉福地来。水秀山明宽眼界,尘心茅塞顿然开。"碑署"平阴县亚令王端卿"。北京大学图书馆有藏拓。

肥城陶山,名于唐,范蠡藏于山,建有幽栖寺。金大定二十二年(1182年),东平人赵沨有撰、书《陶山幽栖寺重修大殿记》。

靳子昭,进士出身,金平阴县主簿,金大定九年(1169年)时在职。任职期间大力建校劝学。

清顺治《平阴县志》卷八《艺文志(下)》金进士翟升《群贤等第诗》云:"靳侯才名驰冀北,初官佐治肥子国。下车首询沂上人,供室劝学增润色。"靳子昭进士及第后,授"肥子国"(今河北省藁城县西南)"佐治"官,应指"主簿"。即靳子昭由"肥子国"的"佐治",平调到平阴主簿(秩九品)。

靳子昭在金大定九年(1169年)时,曾因公宿时属平阴、今隶肥城之幽栖寺,并作《宿幽栖寺得二绝句呈沂上人》,清光绪《肥城县志》卷二《古迹志》载称《大定九年(1169年)靳子昭宿幽栖寺诗石刻》:

世间八万四千法,物物头头总不同。想得吾师坐方丈,一时都在默然中。游山端自费吟鞋,暂涤尘烦亦快哉。归路逢人如借问,为言新自道场来。主簿靳公从仕,因公留此,见惠不二堂并游山佳十二绝,以光弊寺。谨命工磐石,用传永久。大定己丑小春中休日,住持僧惠沂立石。

(四)乡贤

三兴居士,元好问《中州集》辛集第八《三兴居士》载:"三兴居士,阜昌

（1130—1137年）中人"。大齐刘豫初都东平,年号"阜昌"。

元好问《中州集》卷八还录其《题平阴僧寺》诗一首:"三吴家近水晶宫,行坐红香绿影中。今日异乡僧寺里,一盆荷叶战西风。"①

由"阜昌"再到"异乡",由此可推为三兴居士或籍贯,或生人,或盛年于大齐刘豫时期的、从平阴县外来的一名道士。三兴居士则为"三吴"水乡人。北魏郦道元《水经注·渐水》曰:"永建中,阳羡周嘉上书,以县远,赴会至难,求得分置,遂以浙江西为吴,以东为会稽。汉高帝十二年(前195年),一吴也,后分为三,世号'三吴'。吴兴、吴郡、会稽,其一焉"。三兴居士的籍贯,应居其一。

福超,金山东西路平阴县陶山幽栖寺(今山东省肥城市)寺主。

《岱览》卷三二著录、北京大学图书馆藏原拓,金正隆元年(1156年),陶山幽栖寺《张汝为题名》碑称,陶山幽栖寺寺主福超于兵戈之后,重葺寺宇。十月,同知东平府尹张汝为道经陶山,宿于幽栖寺。镌石记其事称:"……闻山主福超,不惮辛勤,用心化办,兴修一新,深可嘉尚"。在之前的七月份,同知东平总尹,辽阳人张汝为曾"携家偕游"泰山灵岩寺。

惠沂,金大定初年(1161年),为平阴县都管勾当、幽栖寺住持。金大定四年(1164年),重修幽栖寺,廊庑、夹室、真堂、法厦皆备,后又陆续建成大殿,奉以法像。

《岱览》卷三二著录,北京大学图书馆藏原拓,涿州军事判官、东平人赵沨撰《幽栖寺重修大殿记》称:

大定四年(1164年),惠沂上人嗣住持事,睹其室宇卑陋,辄欲更创。而复念工费浩博,未易轻议,姑累小成大,补弊增新。爰自三门、廊庑、夹室、讲位、祖师真堂洎大法厦,积岁累月,无不完缉。唯大殿尚仍旧贯,乃集其侣,别议更始。上下闻之,翕然乐从,四方檀越,亦皆愿施。方议择木于原隰,采石于涧壑,涓刚辰,庀工徒,斤筑雷动,响振崖谷,不日告成。旧基才三尺,今则增而倍之;向来卑陋,今则崇大矣;向来黝黯,今则显敞矣;向来鄙朴,今则无遗巧矣。回视旧制,如椎轮之于玉辂也。于是中设圣象,金碧光耀,恍若天成。所费无虑巨万,人皆乐施。自非沂上人行业信于乡国,智略妙于经画,未易办此。

北京大学图书馆藏原拓,清光绪《肥城县志》卷二《古迹》载,金大定六年

---

① [金]元好问. 中州集[M].上海:华东师范大学出版社,2014:498

(1166年)《游幽栖寺呈沂上人诗碣》署款:"本县(平阴)都管勾当、寺住持沙门惠沂石"。

金大定九年(1169年)平阴县主簿靳子昭《宿幽栖寺诗刻》署款:"住持僧惠沂立石"。

金大定十九年(1179年),刘仲杰题《宿幽栖寺诗石刻》署款:"陶山幽栖寺住持比丘惠沂立石"。

戒师和尚,俗姓宗氏,法名惠润,金代东平府平阴县栾湾村人。平阴县城西清凉寺住持。

2009年,平阴县文物部门在平阴县平阴镇西关村金代清凉寺遗址,发现王去非金大定二年(1162年)撰《敕赐清凉之院碑》残碑。该碑有真、草、行、篆、宋五种字体,内容有礼部"文牒"(批文)和"尚书礼部之印"。是朝廷敕建寺院。结合清顺治《平阴县志》卷八(上)《文艺志》载有其大定二年(1162年)撰《清凉院记》(又称《敕赐清凉之院碑》)全文,可知"戒师和尚俗姓宗氏,法名惠润,世为本县栾湾村人。自十三岁出家,投陶山幽栖寺,礼僧广初为师。年二十,祝发为僧,遍历法会。听学即成,至二十五岁,传持大戒及讲说经义,启迪群迷,剃度弟子六:曰定云,曰定宝,曰定成,曰定悟,曰定琼,曰定钦"。

"戒师和尚因众心所欲,增修是院"。时清凉院有观音等塑像30余尊,有"习齐斋僧众每日食口常至数百人"之盛缘。

碑文撰者为王去非,号"醇德先生",为金代著名书法家奉符党怀英、东平赵沨、济南周驰的老师。

韩温父子,仗义疏财。清顺治《平阴县志》卷七《人物志·孝义》载:"金。韩温父子三人,仗义疏财,多所施济。金延祐(贞祐)间(1213—1217年),创建西门、南门石桥,所费不赀,温施之无倦容,不以为德"。有《石桥记》载其美德。①

三、阳谷县

(一)幕僚

李俅,历伪齐刘豫东平府阳谷县令,监察御史。

《二十五别史17·大金国志·齐国刘豫录》载,刘豫僭立,大齐阜昌元年

---

① 平阴县史志办公室. 平阴县志[M].北京:中国文史出版社,2018:165.

（1130 年），"是时，金师南征回，俾李邺、李俅、李侔、郑亿年臣于（刘）豫"。十一月，任李俅为东平府阳谷县令。详见卷十三，列传第六。

杨用道，清康熙五十五年《阳谷县志》卷之二《职官·知县》载："杨用道，金天眷三年（1140 年）任，以文学名，有爱民崇祀功"。杨用道，籍长山（今山东省邹平县长山镇），金天会十一年（1133 年）进士。

金天眷至大定年间盛年。长山，是宋代名臣范仲淹的故里。受其影响，杨用道年轻时曾游学邹鲁，崇吊孔子父母庙祀及学宫等，励志苦读，颇爱文学，终"以文学名"。

杨用道在金天眷年间任阳谷县令。据《阳谷县志·卷二·职官志》记载："杨用道。金天眷三年（1140 年）任，以文学名，有爱民崇祀功"。杨用道任上曾重修孟母庙。《阳谷县志·艺文志二》载有其天眷三年（1140 年）所撰写的《孟母庙记》：

用道少时尝游学邹鲁，吊古圣贤遗迹，若孔之父母庙祀、学宫，而孟母独缺，每兴叹焉！既仕为阳谷宰，至得孟母庙于阳谷安乐镇之西，曰孟母祈蚕祠。用道戒仪捐，辰谒奠稽首毕，乃徘徊周视，祠宇倾颓，野草蔓延，遂谨率同僚各出禄米，相与启其祠而新之。

杨用道崇儒重教。只发动同僚募善款，而未向百姓敛钱，重修了孟母庙。因此民感其德，"有爱民崇祀功"。

杨用道喜医学。在任儒林郎国子监博士期间，校、刻《附广肘后方》，这部医学著作是在葛洪《肘后备急方》的基础上增广而成。杨用道《附广肘后方》8 卷，内容涉及急救、传染病以及内、外、妇、儿、五官等科，所载方药"便、廉、验"，方法简便易行，使"贫家野居所能立办"，是我国第一部临床急救手册，也是现存较早、实用价值较高的一部医学方书。

孟遵道，字仲贤，金济南府商河县人（今山东省商河县），金大定二年（1162 年）任阳谷县尹。

清康熙《阳谷县志》卷之三《名宦》载，"元：孟遵道，字仲贤，济南府商河县人。大定二年（1162 年）任县尹。性孝友，精谙法律，敏于政事，科农以时定，赋以则，剖狱明断，民以无冤。升广东提举司。去后民怀其惠，勒石记之，祀名宦祠，至今瞻拜者肃然起敬焉"。

该志将孟遵道记为"元"朝人，而时间则记为金世宗"大定二年"，依纪年。

元代翰林学士曹元用泰定二年（1325 年）撰《县尹孟遵道去思碑》："永昭遗

美"。

武都(？—1217年)字文伯,东胜州(今内蒙古自治区托克托县东岗)人。金大定二十二年(1182年)进士,曾职东平府阳谷县主簿、山东提刑使。历任兵部、刑部、户部尚书。

《金史》卷一百二十八,列传第六十六《循吏·武都传》载,武都,"大定二十二年(1182年)进士,调阳谷县主簿,迁商水令"。① 在商水(今河南省商水县)职县令时,境内多盗贼。武都对有犯奸、纵火、抢劫、盗墓等前科的人,皆摸清底子,登记在册,并榜示于众,警其勿再犯,这些人吓得皆逃离此地。

因武都廉洁勤政,被提拔为南京路转运支度判官。后多次因功升职,宣宗即位后,知大兴府,佩虎符便宜行事,弹压中外军民,继任兵部尚书,因醉酒误事解职。后起为刑部尚书,中都被围时,出任河东路宣抚使。

金大安末年(1211年)为户部尚书。《金史纪事本末》卷三十八《卫王遇害》载,武都,大定中进士。金至宁元年(1213年)九月"户部尚书武都"。金兴定元年(1217年),患疾病逝。②

四、东阿县

(一)名门望族

侯义、侯挚家族。

侯义,字子仁,与王去非同时代。东阿人。金宣武将军(秩从五品),金丞相侯挚祖父。祖孙二人在金代文治武功,功劳卓著,在历史上占有一定地位。

清道光《东阿县志》卷之四《古迹》载,"金宣武将军侯义墓:县东三里冠山下,宣武将军孙挚丞相墓附。里人号为侯丞相林"。

平阴大儒王去非金大定二十四年(1184年)二月撰《宣武将军侯公墓志》。今山东省济南市平阴县东阿镇的冠山之南,有侯丞相林,现存长0.89米,宽0.47米,共刻字19行,损多字之残碑一方。残碑阳文为金大定二十四年(1184年)二月二十日平阴县王去非撰写并书丹的"宣武将军侯公墓志",碑文残存"侯公讳义,字子仁,东阿县邢村(今平阴县东阿镇邢沟村)人,因过淮破正阳城有功,循迁官至武德

---

① [元]脱脱,等. 金史[M].北京:中华书局,1975:2771.
② [清]李有棠. 金史纪事本末[M].北京:中华书局,2015:656.

将军。大宝(定)年间,擢宣武将军,骑都尉,封上谷县……十一月十六日终于家,死后其子向王去非求志于石"。阴面为撰刻于清道光七年(1827年)的"重修墓志铭记"。

侯挚的父亲尚无史料记述。但从其能够求到大儒王去非撰写碑铭来看,亦非凡常之人,在社会上应有一定的地位。

侯挚,先叫师尹,因讳改挚,字莘卿,东阿人。金明昌二年(1191年)进士。金末重臣。累官尚书右丞(秩正二品),行省于东平。详见卷九,列传第二。

(二)选举

张子羽(玉),字叔翔,号鱼山,刘豫阜昌年(1130年)经义进士,金东平府东阿(今山东省东阿县)人。

党怀英于金大定二十五年(1185年)撰写的《醇德王先生墓志》中称,张子羽和茌平马定国,奉符王颐,东平吴大方与其兄吴大年、郭弼宪、赵悫、甲公绰等诸儒生,都与王去非先生相友善。元好问《中州集》中州乙集第二《张子羽传》载,"马定国《茅堂集》载其师友六人:香可道上人,鲜于可、高鲲化、王景徽、吴缤、张子羽"。"叔翔,亦其一也。定国谓叔翔于文章无所不能,尝仕国(蒙古)朝,官洛阳云"①。

元好问《中州集》乙集第二《张子羽传》录其诗3首。现存张子羽在东平府寿张县(今济宁市梁山县寿张集),唱和友人滑益之诗《寿张和滑益之》:"理发秋庭趁夕阳,静中谁可共传觞。云横故国三年别,水绕孤村六月凉。病眼只贪书味永,渴心频梦橘奴香。鱼山早有终焉计,少日应容解印章。"②诗中所说的"孤村",疑为时寿张县治张秋,常水患之。"鱼山",一是可能指自己的号"鱼山",即"我";二是可能指东阿县一名胜地名"鱼山"。从诗意上看,推测是前者。

张家子,字仲可,金末元初东阿人,进士。存《东阿乡贤名录碑》,录有金朝东阿县乡贤23人,其中进士21人。为历代《东阿县志》"选举志"提供了依据。元好问于元宪宗七年五月(1257年),在东平为张仲可《东阿乡贤名录》作记。时金朝已亡23年。《元好问全集(下)》卷第四十《跋张仲可乡贤记》载,东阿县进士张仲可,著《东阿乡贤名录》,记东阿县俊杰平章政事寿国张万公、参知政事翰林学士承

① [金]元好问.中州集[M].上海:华东师范大学出版社,2014:70.
② [金]元好问.中州集[M].上海:华东师范大学出版社,2014:72.

旨高霖、平章政事萧国公侯挚而下：

> 由文阶而进者凡二十有三人，既列其姓名刻之石，又誊写别本以示同志。

> 仆意以为，寿公初谏立元妃李氏，再谏山东军括地，以为得军心而失民心，其祸有不可胜言者；言既不听，即致相印而归。风节凛凛，当代名臣无出其右者。萧公行台东平，威惠并举，山东父老焚香迎拜，有太平宰相之目。承旨公之死节，虽古人无以加；虽不见于金石，孰不敬而仰之？

> 自余二十人，不见行事，徒记爵里。仆窃以为未尽。何则？追述先贤，乡里后生实任其责，柳子厚《先友纪》《近世名臣言行录》有例也。至于大县万家，历承平百年之久，风化之所涵养，名节之所劝激，一介之士，时命不偶，赍志下泉以与草木同腐者，亦何可胜数！诚使见之纪录，如《汝南先贤》《襄阳耆旧》，以垂示永久此例独不可援乎？仲可，名家子，有志于学，故敢以相告。①

表12　金朝山东西路东平府科举入仕表（东阿县）

姓名	籍贯	科举时间和出身	致仕	文献资料来源
张万公（有传）	东阿人	正隆二年（1157年）进士	山东路安抚使、平章政事。赠仪同三司，谥"文贞"	元脱脱《金史·张万公传》 清乾隆《泰安府志·人物志（一）》 清光绪《东平州志·宦绩传》
侯挚（有传）	东阿人	明昌二年（1191年）进士	行东平省事、平章政事，封萧国公，行京东路尚书省事	元脱脱《金史·侯挚传》 清乾隆《泰安府志·宦官志（上）·侯挚传》 清光绪《东平州志·宦绩传》
张孟	东阿人张万公长子	明昌五年（1194年）进士	济南府通判	清乾隆《泰安府志·选举志（上）》 清道光《东阿县志·选举志》
杨绩	东阿人	大定十三年（1173年）进士	尚书掾	清乾隆《泰安府志·选举志（上）》 清道光《东阿县志·选举志》
张子羽（玉）号鱼山先生	东阿人	阜昌年（1130年）经义进士	同知滨州	清乾隆《泰安府志·选举志（上）》 清道光《东阿县志·选举志》

---

① ［金］元好问. 元好问全集（下）［M］.太原:山西人民出版社,1990:109-110.

姓名	籍贯	科举时间和出身	致仕	文献资料来源
张鼎	东阿人 张万公次子	泰和三年（1203年）词赋进士	博平主簿	清乾隆《泰安府志·选举志(上)》 清道光《东阿县志·选举志》
薛怀祖	东阿人	正隆二年（1157年）词赋进士	教授,滕王府文学	清乾隆《泰安府志·选举志(上)》 清道光《东阿县志·选举志》
张益	东阿人	明昌五年（1194年）进士	不详	沈仁国《金明昌进士辑补》 《寰宇通志》
高霖	东阿人	大定二年（1162年）词赋进士	平章政事	清道光《东阿县志·选举志》
高仁杰	东阿人 高霖子	明昌二年（1191年）进士	淄川令	清道光《东阿县志·选举志》
王子文	东阿人	明昌二年（1191年）进士	淄川(州)司侯	清道光《东阿县志·选举志》
邹革	东阿人	承安二年（1197年）恩赐词赋进士	鱼台令	清道光《东阿县志·选举志》
王仲元	东阿人（平阴）	承安五年（1200年）恩赐词赋进士	陕西路盐铁判官	清道光《东阿县志·选举志》
张献可	东阿人	泰和二年（1202年）词赋进士	林和观察判官	清道光《东阿县志·选举志》
魏廷实	东阿人	泰和三年（1203年）词赋进士	丰州教授	清道光《东阿县志·选举志》

姓名	籍贯	科举时间 和出身	致仕	文献资料来源
李世英	东阿人	泰和三年 (1203年) 经义进士	济南运司盐铁判官	清道光《东阿县志·选举志》
李文	东阿人	大安元年 (1209年) 词赋进士	遂平令	清道光《东阿县志·选举志》
唐舜臣	东阿人	贞祐三年 (1215年) 经义进士	登州判官	清道光《东阿县志·选举志》
刘仲威	东阿人	贞祐三年 (1215年)恩 赐经义进士	江陵主簿	清道光《东阿县志·选举志》
张安适	东阿人	贞祐三年 (1215年)恩 赐经义进士	须城县主簿	清道光《东阿县志·选举志》 清光绪《东平州志·选举志》
王震亨	东阿人	兴祐(定)二 年(1218年) 恩赐词赋进士	宁陵主簿	清道光《东阿县志·选举志》
寇显	东阿人	正大元年 (1224年) 词赋进士	宜春令	清道光《东阿县志·选举志》

注:资料来源,金张仲可《东阿乡贤名录》、沈仁国《金明昌进士辑补》

(三)幕倅

冯璧(1162—1240年),字叔献,别字天粹,退隐后号"松庵"。真定(今河北省正定县)人。承安二年(1197年)经义乙科进士。金泰和五年(1205年),任东平府东阿县丞。累职翰林修撰,吏部、刑部员外郎等,累官同知集庆军节度使,致仕。

冯璧出身官宦家庭,三世"四品"官。冯璧祖父冯仲尹,父冯子翼。金元好问《中州集》乙集第二《冯临海子翼小传》载,"子翼,字士美,大定人。金正隆二年

（1157年）进士"。冯子翼"父仲尹，子叔献，三世皆仕至四品，职名亦相近"。① 元好问《遗山集》卷十九《内翰冯公（璧）神道碑铭》云，"大父仲尹，天眷初以进士起家，仕为中议大夫，同知山东西路转运使"。"考子翼，正隆初进士，中顺大夫，同知临海军节度使事"②。

元姚燧《牧庵集》卷二十《中书右三部郎中冯公（璧）神道碑》云，金章宗泰和五年（1205年）底，谏金军滥杀宋朝百姓，主帅完颜充憾之，使召甘肃两当县溃卒。"五年（1205年），借注东阿丞。诏补尚书令史"。时冯璧46岁。是故，王庆生认为，冯璧东阿县丞实未赴任。金兴定五年（1221年）"又改同知集庆军节度使事。于是，公之年甲子周（60岁）矣。到官不逾月，即上章请老。进通议大夫一官致仕。径归嵩山"。结茅玉峰山下隐逸，与雷渊、元好问遍游名胜。

冯璧当政"民为重"。《金史》卷一百十，列传第四十八《冯璧传》载：

幼颖悟不凡。弱冠补太学生。承安二年（1197年）经义进士。制策复优等，调莒州军事判官宰相奏留校秘书。未几，调辽滨主簿。县有和籴粟未给价者余十万斛，散贮民居，以富人掌之，有腐败则责偿于民，民殊苦之。璧白漕司，即日罢之，民大悦。泰和四年（1204年），调鄌州录事。

泰和五年（1205年），自东阿丞召补尚书省令史，用宗室（完颜）承晖著授应奉翰林文字，兼韩王府记事参军。俄转太学博士。至宁初，忽沙虎弑逆，遂去官。

贞祐三年（1215年），迁翰林修撰。时山东、河朔军六十余万口，仰给县官，率不逞辈窜名其间。诏（冯）璧摄监察御史，汰逐之。③

冯璧严于执法。"诏冯璧摄监察御史"时，弹劾总领撒合间等，严斥京东总帅纥石烈牙吾塔，"不日犹汰者三千人"。

六月，改大理丞，与台官行关中，劾奏奸赃之尤者：商州防御使宗室重福等十数人，自是权贵侧目。兴定四年（1220年），以宋人拒使者于淮上，遣兵南伐，诏京东总帅纥石烈牙吾塔攻盱眙，牙吾塔不从命，乃率精骑由滁州略宣化，纵兵大掠。故兵所至原野萧条，绝无所资，宋人坚壁不战，乃无功而归。行省奏牙吾塔故违节制，诏璧佩金符鞫之。璧驰入牙吾塔军，夺其金符，易以他帅摄。牙吾塔入狱，兵

① ［金］元好问．中州集［M］.上海：华东师范大学出版社，2014：110.
② ［金］元好问．元好问全集（上）［M］.太原：山西人民出版社，1990：517.
③ ［元］脱脱，等．金史［M］.北京：中华书局，1975：2430-2433.

士哗噪，以吾帅无罪为言，璧怒责牙吾塔曰："元帅欲以兵抗制使耶？待罪之礼恐不如此，使者还奏，狱能竟乎。"牙吾塔伏地请死，璧曰："兵法，进退自专，有失机会以致覆败者斩。"即拟以闻，时议壮之。

王庆生《金代文学家年谱》第十卷《冯子翼冯璧年谱》考证甚详。刘祁《归潜志》云："宣宗喜刑法，政尚威严，故南渡后在位者多苛刻。……冯内翰璧叔献号与刘子"，以冯璧为酷吏之一。①

冯璧金亡居东平。"正大九年（1232年），河南破，北归"。北宋汴京陷，冯璧北渡后居东平。金天兴二年（1233年），冯璧在东平，为东平上清宫住持范圆曦编校的《太古集》作序。《金文最》卷四十一载有冯璧《太古集序》："今适得亲见真人法嗣普照大师范（围曦）君。君为人聪明照了，八窗玲珑。其在东平之正一（宫）也，道俗瞻依，风声千里"。

元太宗八年（1236年），过东平行省冠氏县（今山东省冠县）访元好问，移镇阳。十二年（1240年）七月，卒于家中，享年79岁。

刘祁《归潜志》卷五《冯内翰璧小传》评曰，冯璧"为人严毅整肃，望之俨然，人莫敢视。然文采风流，言谈洒落，使人爱之不能舍以去。"

子，冯渭（1189—1270年），以荫仕金，金亡入蒙古，东平路宣抚使姚枢聘为东平宣抚司参议，中书省召为右三部郎中。

雷渊（1184—1231年），字希颜，一字季默，应州浑源（今山西省浑源市）人。登至宁元年（1213年）词赋进士甲科。金贞祐二年（1214年）底，改东平录事，后任东阿令。累官至太学博士，翰林修撰。有文声。详见卷八，列传第一。

（四）宗教

释明悟，寿春（今安徽省寿县）人，金代佛僧。金皇统年间（1141—1149年）于东阿荐诚院募捐塑菩萨造像。

清道光《东阿县志》卷之二十四《杂记》载："金。释明悟，寿春讲僧。皇统间杖锡北来，由（寿）春而宋，自宋之滕（今山东省滕州市）辗转唱讲，至于东阿之荐诚院大敷法，席缁素，盈门募钱二百万，造慈氏菩萨像成，大作佛事，四众云集。后不知所终"。清道光《东阿县志》卷之十九《艺文志五》有金人邵世衍，金皇统四年（1144年）四月八日撰《东平府东阿县荐诚院慈氏菩萨记》，记载此事。时，释明悟

---

① 王庆生．金代文学家年谱［M］．南京：凤凰出版社，2005：485-497．

"愿造慈氏像于通都大邑,冀广流通,利益滋远而已。慈氏者华言弥勒者,竺语阿逸多"。明悟大师独具慧眼,看中了东阿这块风水宝地:

> 吾慈氏缘其在是乎。因以语邑之信士,众皆悦从,同力共济,以钱二百万,募工建于邑之荐诚院。自癸亥(金皇统三年,1143 年)闰月迄十月,众工告毕。巍巍堂堂,慈容相好。花冠葳蕤,璎珞窸窣。莲座高广,幡幢辉映。庄严具足,光明色相。如在天上,如从地涌。观者赞叹,得未曾有。明悟喜愿斯就,大做佛事以庆之。于是四众云集,如水凑川,如风入阿,奔前轶后,唯恐不及。扶老携幼,酌水捧花,随意稽敬,异口同音,歌传殊胜……

五、寿张县

(一)邑人

申屠义,其先汴(今河南省开封市)人。金末携其子申屠致远徙居东平之寿张(今梁山县寿张镇)。遂为寿张人。

《元史》卷一百七十,列传第五十七《申屠致远传》载,"申屠致远,字大用,其先汴人。金末从其父义徙居东平之寿张"①。

其子"致远肄业(东平)府学,与李谦、孟祺等齐名,(元)至元七年(1270 年),崔斌守东平,聘为(东平府学)学官"。累官至淮西江北道肃政廉访司事,为著名元朝大臣、硕儒。

(二)科举

韩德华,东阿人,金进士,高唐县令。清康熙《寿张县志》卷之六《选举志》载,"诸科。金:韩德华,高唐令"②。

(三)幕倅

张正伦(1174—1247 年),字公理,汤阴阳邑(今河南省安阳市汤阴县人),金泰和二年(1202 年)词赋进士。卫绍王时期职东平府寿张县主簿。历州县,累官至资善大夫,勋上护军,爵清河郡开国侯。详见卷十,列传第三。

---

①　[明]宋濂,等 . 元史[M].北京:中华书局,1975:3988-3990.
②　崔彩云,张玉珂 . 寿张县志[M].郑州:中州古籍出版社,2017:76.

六、汶上县

(一)名门望族

张汝明、张昉父子。

张汝明,金东平府汶上县(今山东省济宁市汶上县)人。金大安元年(1209年)经义进士。累官至治书侍御史。《元史》卷一百七十,列传第五十七《张昉传》载,"张昉,字显卿,东平汶上人。父汝明,金大安元年(1209年)经义进士,官至治书侍御史"。

子,张昉,入元曾职东平府事。《元史·张昉传》载:"昉性缜密,遇事敢言,确然有守,以任子试补吏部令史。金亡,还乡里。严实行台东平,辟为掾"①。入元后,历权知东平府事,参知中书省事,四川等处行枢密院参议,迁制国用使司郎中,尚书省左右司郎中,兵刑部尚书等职。卒赠中奉大夫、参知政事,追封东平郡公,谥"庄宪"。

张昉子,张克遹,职元朝平阴县尹。

(二)科举

国称,金东平府汶上(今山东省汶上县)人。金章宗泰和三年(1203年)进士。明万历《汶上县志》卷之四《政纪·科贡年表》载:"金进士:国称,泰和三年进士"。

表 13　金朝山东西路东平府科举入仕表(汶上县)

姓名	籍贯	科举时间和出身	致仕	文献资料来源
张汝明(有传)	汶上人	大安元年(1209年)经义进士	太常博士、监察御史、申州刺史	《元史·张昉传》元好问《御史张君墓表》明万历《汶上县志·选举志》
国称	汶上人	泰和三年(1203年)进士		明万历《汶上县志·选举志》

(三)幕佐

李栋,字履卿,大名府南乐(今河北省南乐县)人,金明昌年间进士。约金章宗

---

① 　[明]宋濂,等.元史[M].北京:中华书局,1975:3999-4000.

泰和年间任汶上令。

沈仁国《金明昌进士辑补》言:"李栋,字履卿,明昌中登第,为汶上令,拜监察御史,弹劾不避,仕至陈州防御使,领大名府兵马都总管"。

侯德山,金末东平府汶上(今山东省汶上县)人。东汉尚书令侯霸的后裔。金末从汉族世侯严实于长清青崖,归元后被严实任命为汶上县令。明万历《汶上县志》卷之五《宦迹传·侯德山传》载:"侯德山,邑人也,东汉尚书令侯霸裔也。元初尝擢为修武校尉。淮人彭义斌入寇,山东大震,德山从方青崖,擒(彭)义斌戮之,党余悉纵归农后,加武略将军,行汶上县令"。据《元史》卷一百四十八,列传第三十五《严实传》载,严实起于长清县青崖结寨自保,后归金,降宋,投蒙古木华黎。宋宣和七年(1225年,元太祖二十年)四月,宋将彭义斌攻东平,因东平城弹尽粮绝,蒙古行台严实被迫假意投彭义斌,是年七月,严实与蒙古军合,彭义斌战死。严实复占东平。侯德山因功被严实任武略将军。依任期规定推,约元太宗初年(1229年),严实任命侯德山为汶上县令。①

---

① [明]宋濂,等.元史[M].北京:中华书局,1975:3505—3506.

卷十二 列传第五 封爵和世爵人物

金封爵与世爵

汉制封爵：

完颜神士门　完颜昂　完颜霸合布里　张通古　完颜按苔海　完颜琮　徒单克宁　把胡鲁　王义深　卓翼　韩昉　吕韩氏

猛安谋克世爵：

完颜永功　完颜永成　完颜永升　完颜守纯　完颜璋　夹谷衡　完颜咬住　纥石烈执中（胡沙虎）　完颜合达　郭蛤蟆　温迪罕察剌

衍圣公：孔璠　孔拯　孔摠　孔元措

封爵与谥号为国家一项重要的典章制度。金朝爵制分为汉制封爵和猛安谋克世爵。汉制封爵为 9 等：王、郡王、国公（正、从一品）、郡公（正、从二品）、郡侯（正、从三品）、郡伯、县伯（正、从四品）、县子、县男（正、从五品）。食邑定制为："封王者万户，实封一千户；郡王五千户，实封五百户；国公三千户，实封三百户；郡公二千户，实封二百户；郡侯一千户，实封一百户；郡伯七百户，县子五百户，县男三百户，皆无实封"。

猛安谋克世爵由皇帝赐封给女真贵族及极个别汉族勋臣。

金朝谥号,乃三品阶以上者死后之称,谥之言列其所行。身虽死,名常存,是为谥。"官谥"自西周始,对逝之帝、妃、诸侯、勋臣、至善等人,朝廷用一二字概括评价某人的生平。如"聪明睿哲曰献"。有金一代获谥号者达 105 人。如杨云翼、党怀英,谥"文献"。"私谥"则是有名望的学者、士大夫死后,由其亲戚、门生、故吏为之议定的民间谥号。如平阴县王去非被门人谥为"醇德先生"。金朝谥号尤多,故不记。

东平,或称郓州,或东平郡、东平县,均为"封爵"之列。

一、封爵人物

郓王完颜神士门,《金史》卷七十六,列传第十四《太宗诸子》云,金太宗完颜晟,共有 14 子,其第 11 子完颜神士门,天眷元年(1138 年)封郓王。海陵王完颜亮执掌皇权后尽杀太宗子孙,完颜神士门等死于庙讧。金大定二年(1162 年),完颜神士门被追封为幽王。①

郓王完颜昂(本名完颜吾都补)(? —1142 年),"郓王昂,本名吾都补,世祖最幼子也。常从太祖征伐"。《金史》卷六十五,列传第三《始祖以下诸子》载:"世祖翼,简皇后生康宗,次太祖,次魏王斡带,次太宗……次室乌古论氏生郓王昂"。金天辅六年(1122 年),完颜昂和稍喝率兵 4000 人,监护诸部降人,镇守临潢府(今内蒙古自治区赤峰市巴林左旗),因完颜昂对降人不能抚御,致众多降人怨恨反叛。完颜昂依法当死。大臣辞不失,劝说太宗"薄其罚",于是杖完颜昂 70 棍,拘之泰州,而把稍喝作为替罪羊杀了。金天眷三年(1140 年),完颜昂为平章政事。《金史·本纪四》载,金皇统二年(1142 年),"十一月甲寅,平章政事漆水郡王昂薨,追封郓王"。详见卷八,列传第一。

郓王完颜霸合布里,《金史》卷六十六,列传第四《始祖以下诸子·衮》载:"衮,本名丑汉,中都司属司人,世祖曾孙。祖霸合布里封郓王,父悟烈官至特进"②。

郓王张通古(1088—1156 年),字乐之,易州易县(今河北省易县)人。辽天庆二年(1112 年)进士,金海陵王天德初(1149 年),迁行台左丞,进拜平章政事,封谭王,后改封郓王。

---

① [元]脱脱,等. 金史[M].北京:中华书局,1975:1734.
② [元]脱脱,等. 金史[M].北京:中华书局,1975:1563.

《金史》卷八十三,列传第二十一《张通古传》载,张通古"读书过目不忘,该综经史,善属文"①。辽天庆二年(1112 年)进士第,补枢密院令史。

天会四年(1126 年),初建尚书省,除工部侍郎,兼六部事。

天德初(1149 年),迁行台左丞,进拜平章政事,封谭王,改封郓王。以疾求解机务,不许。拜司徒,封沈王。海陵御下严厉,收威柄,亲王大臣未尝少假以颜色,惟见通古,必以礼貌。

金正隆元年(1156 年),以司徒致仕,进封曹王。是年,薨,享年 69 岁。

《金史·张通古传》评云:"通古天资乐易,不为表襮,虽居宰相,自奉如寒素焉"。

郓王完颜按苔海(1107—1174 年),又名阿鲁绍。其父完颜宗雄,本名谋良虎,康宗长子,追封为楚王,谥"威敏",配享太祖庙廷。按苔海是宗雄第二子。《金史》卷七十三,列传第十一《按苔海传》载:"其性端重,不轻发,有父之风。年十五,太祖赐以一品伞"②。按苔海 20 多岁时,在御球场赛球,作为"队长"的按苔海,带领队友连胜 3 局,受到祖父太宗皇帝的赞赏。金天眷二年(1139 年),袭父猛安。历大宗正丞、武定军节度使、侍卫亲军都指挥使,迁同判大宗正事、济南尹、西京留守、太子太保、劝农使等职。获封过金源郡王、谭王、郓王、魏王、兰陵郡王等,进金源郡王,致仕。后迁至平州。金大定十四年(1174 年)临终时,告诫诸子曰:"汝辈勿以生富贵中而为暴戾,宜自谦让。海陵以猜忌剪灭宗室,我以纯谨得免死矣"。

郓王完颜琮(?—1194 年),本名承庆,是显宗诸姬田氏生。《金史》卷九十三,列传第三十一《显宗诸子》载,完颜琮身材魁伟,貌美,性格仁厚,机警好学,是非分明。③ 从小接受皇家良好教育,女真小字和汉字皆通。成年后,形成了"轻财好施,无愠色,善吟咏,不喜闻人过"的品质,且绘画、骑射、雕塑皆精。金大定二十九年(1189 年)正月,世宗崩,章宗完颜璟继位,闰五月,完颜璟封其兄完颜琮郓王:"迁开府仪同三司,封郓王"。金明昌五年(1194 年)二月薨。谥"庄惠"。

东平郡王徒单克宁(?—1191 年),本名习显,女真族,山东东路莱州人,金世宗、章宗两朝 8 莅相位。金大定八年至大定九年(1168—1169 年)任东平尹。金章

---

① [元]脱脱,等. 金史[M].北京:中华书局,1975:1859–1861.
② [元]脱脱,等. 金史[M].北京:中华书局,1975:1683–1684.
③ [元]脱脱,等. 金史[M].北京:中华书局,1975:2056.

宗封徒单克宁为东平郡王。安作璋《山东通史(宋金元卷)》载:"徒单克宁,大定八年至大定九年任东平尹"①。

徒单克宁出身显赫,乘"势"而上。《金史》卷九十二,列传第三十《徒单克宁传》载,徒单克宁,本名习显,先金源(今黑龙江省哈尔滨市阿城区)人,其祖先属女真族徒单部,后徙置猛安于山东莱州,遂为莱州人。其父徒单况者,官至汾阳军节度使。徒单克宁的母舅(俗呼"舅老爷")为左丞相完颜希尹;女婿是皇子、沈王完颜永成。金熙宗时,完颜希尹向皇帝推荐"习显可用",授符宝祗候,不久,充护卫,转符宝郎,又升为侍卫亲军马步军都指挥使,改忠顺军节度使等。徒单克宁娶完颜宗干的女儿嘉祥县主,加上其兄徒单蒲甲被人诬陷致死,徒单克宁遭海陵王忌,降知滕阳军(驻山东西路滕州),后调到今东北地区任职。金大定初年(1161年),徒克单宁率本路兵会东京(今辽宁省辽阳市),镇压契丹移剌窝斡起义军。其后,徒克单宁任太原尹。大定三年(1163年)徒克单宁改山东东路益都尹,兼山东兵马都总管、行军都统。其间,率军趋济州(今山东省巨野县),胜贼于长泺。次年攻宋,取楚州,改大名尹,再历任河间尹、东平尹,诏为都点检等。大定十二年(1172年),升枢密副使,兼知大兴府事,后升为太子太保、平章政事,封密国公。《金史》本纪第九《章宗一》云,大定二十九年(1190年)六月,"丁卯,以太尉、尚书令、东平郡王徒克单宁为太傅,改封金源郡王"②。

徒单克宁8次莅相位。其中,在金世宗朝7次,章宗朝1次:大定十一年(1171年)拜平章政事(副相);十三年(1173年),复拜平章政事;十九年(1179年),为右丞相;二十一年(1181年)为左丞相;二十五年(1185年)行左丞相事;二十六年(1186年)为太尉兼左丞相;二十八年(1188年),兼尚书省令(秩正一品)。章宗朝,封东平郡王,拜太傅兼尚书令。元好问《遗山集》卷十六《平章政事寿国张文贞公神道碑》对金朝"宰相"的解释为"盖金朝官制,大臣有上下四府之目。自尚书令而下,左右丞相、平章政事二人为宰相;尚书左、右丞,参知政事二人为执政官"③。

徒单克宁智勇双全。善骑射,有勇略,精通女真、契丹文。金朝治兵攻打宋朝,右丞相仆散忠义驻南京节制诸军,左副元帅纥石烈志宁巡视边疆事,徒单克宁

---

① 安作璋,等 . 山东通史[M].北京:人民出版社,2009:158.

② [元]脱脱,等 . 金史[M].北京:中华书局,1975:2043-2052.

③ [金]元好问 . 元好问全集(上)[M].太原:山西人民出版社,1990:463-468.

改任益都尹兼山东路兵马都总管、行军都统。金大定四年(1164 年)伐宋，元帅府想派遣左都监完颜璋率 4000 兵由水路攻宋，金世宗皇帝下诏说："此事可交付给都统徒单习显，仍旧增加二千兵，选良将作为副职。完颜璋可以巡视山东"。于是，时任益都尹兼山东路兵马都总管、行军都统的徒单克宁，帅军出楚州、泗州之间，与宋将魏胜在楚州的十八里口(今河南省商丘市十八里镇)相遇。魏胜找来破船凿大满装石头沉到河底，然后在船上凿眼，用大木头连贯，排列竖在水中，再用铁索连贯起来，筑起河障，同时，4 万宋兵防守在淮河南岸及运河之间，阻止金军。徒单克宁派斜卯和尚选择善于游泳者潜入到水中，把大绳子系在竖木上，然后数百人在岸上拉绳全部拔出了竖木，又清除了沉船。在淮河津口渡，宋兵隔河箭石齐发，金将斜卯和尚又用竹编篱笆抵御箭石，与宋兵反复夺战淮河渡口，交战几个回合，最后打败了宋兵，渡过了淮河。宋兵反扑，徒单克宁亲自与扎也银术可等 5 骑冲锋在前，指挥金军从早晨一直战到中午，宋兵被打败后由淮河退守运河东岸边摆阵。徒单克宁派人用火箭射烧宋兵营帐，宋兵拆去桥梁败退运河西与大军会合。时宋众金寡，战况不利，金军被迫战术性退却。然后徒单克宁用猛安赛刺等90 个骑兵出其不意前去攻击，宋兵大败。追到楚州，射死魏胜，于是攻取楚州及淮阴县。此役后不久，金、宋两国约定世代为叔侄国。徒单克宁常为世宗出谋划策，被世宗比作汉朝谋士周勃，威望盛极。世宗皇帝于大定二十八年(1189 年)十一月亲自到其家中探望他："癸巳，上幸克宁第"。世宗卒后，徒单克宁为"顾命大臣"，辅皇太孙完颜璟(章宗)即位。金明昌二年(1191 年)初，徒单克宁患病，章宗皇帝亲自探视："克宁属疾，章宗往视之"，并于"榻前拜太师，封淄王，加赠甚厚"。二月，徒单克宁卒，谥"忠烈"，葬于莱州(今山东省莱州市)。

《金史·徒单克宁传》赞曰：

徒单克宁可谓大臣矣，功高而身愈下，位盛而心愈劳。《经》曰："在上不骄，高而不危，制节谨度，满而不溢"，所以长守富贵。故曰忠信匪懈，不施其功，履盛满而不忘，德之上也。孜孜勉勉，恪守职业，不居不可成，不事不可行，人主知之，次也。谏期必行，言期必听，为其事必有其功者，又其次也。①

东平郡王把胡鲁(？—1224 年)，又称巴图鲁，女真族。历职左谏议大夫、御前经历官、京兆府尹、陕西行省参议官、尚书右丞、京兆府元帅、参知政事、河中府

---

① ［元］脱脱，等．金史［M］.北京:中华书局,1975:2043~2052.

尹、平章政事等职。金正大元年(1224年)卒,诏加赠右丞相,东平郡王。

《金史》卷一百八,列传第四十六,《把胡鲁传》载,把胡鲁以国为重,多次建言,被帝采纳。如,兴定四年(1220年),时从陕西运粮接济关东,百姓运粮负担繁重,民力寖困,把胡鲁奏言:"若以舟楫自渭(河)入(黄)河,顺流而下,庶可少纾民力"。帝从之。①

"正大元年(1224年)四月,薨。诏加赠右丞相,东平郡王"。

《金史·把胡鲁传》评价称:"胡鲁为人忠实,忧国奉公。及亡,下逮吏民,皆嗟惜之"。

东平郡王王义深(? —约1233年),原山东"红袄军"李全部下。据《金史》卷一百十四,列传第五十二《白华传》载,金正大三年(1226年)五月,宋将彭义斌攻寿州、永州。当年夏天,已投宋的原"红袄军"首领李全,起兵反宋楚州(今江苏省淮安市)知府刘琸,刘琸逃跑。李全的部下夏全进兵盱眙,是年,十一月时领兵投降金;楚州的王义深、张惠、范成进等也相继降金。金哀宗完颜守绪下诏,改楚州为平淮府,封李全为金源郡王、平淮府都总管,张惠为临淄郡王,王义深为东平郡王,范成进为胶西郡王等。②

东平郡王卓翼,沛县(今江苏省沛县)人,"红袄军"国用安部将。初,卓翼投国用安,归金后被封为"十郡王"之一的"东平郡王"。其事散见于《金史》诸传。

《金史》卷一百二十三,列传第六十一《张邦宪传》曰,"秦州人张邦宪,字正叔,登(金哀宗)正大进士第,为永固令。金天兴二年(1233年),避兵徐州。卓翼率兵至城,邦宪被执,将驱之北,邦宪骂曰:'我进士也,误蒙朝廷用为邑长,可从汝曹反耶?'遂遇害"③。

金天兴二年(1233年)正月,完颜仲德行尚书省于徐州(今江苏省徐州市)。《金史》卷一百十九,列传第五十七《完颜仲德传》载,金天兴二年(1233年)"正月,车驾至归德,以仲德行尚书省于徐州。既至,遣人与国用安通问。沛县卓翼、孙璧冲者初投用安,用安封翼为东平郡王,璧冲博平公,升沛县为源州。已而翼、璧冲来归,仲德界之旧职,令统河北诸砦,行源州帅府事"④。

《金史》卷一百一十三,列传第五十一《完颜赛不传》载,金天兴二年(1233

① [元]脱脱,等.金史[M].北京:中华书局,1975:2390-2393.
② [元]脱脱,等.金史[M].北京:中华书局,1975:2503-2504.
③ [元]脱脱,等.金史[M].北京:中华书局,1975:2693.
④ [元]脱脱,等.金史[M].北京:中华书局,1975:2605-2610.

年），完颜赛不"诏行尚书省事于徐州。既至，以州乏粮，遣郎中王万庆会徐、宿、灵璧兵取源州，令元帅郭恩统之。九月，恩至源州城下，败绩而还。再命卓翼攻丰县（今江苏省丰县），破之"①。

郓国公韩昉（1082—1149 年），字公美，燕京（今北京市）人。辽天庆二年（1112 年）进士，补右拾遗，转史馆修撰。事金后，于金天会四年（1126 年）知制诰，充高丽国信使，与高丽议定称藩、进誓表，宗干高兴地说："非卿谁能办此！"历职加昭文馆直学士兼堂后官。再加谏议大夫，迁翰林侍讲学士。改礼部尚书，迁翰林学士兼太常卿、修国史，尚书如故。后任济南尹，拜参知政事。金皇统六年（1146 年），职汴京留守，封郓国公。以仪同三司致仕。金天德初（1149 年），加开府仪同三司。

《金史》卷一百二十五，列传第六十三《文艺志上·韩昉传》曰："昉性仁厚，待物甚宽。有家奴诬告昉以马资送叛人出境，考之无状，有司以奴还昉，昉待之如初"。"昉虽贵，读书未尝去手，善属文，最长于诏册，作《太祖睿德神功碑》，当世称之"②。

《金史纪事本末》卷十七《舍音宗干辅政》载，韩昉，"（辽）天庆二年（1112 年）中进士第一。（金）天会四年（1126 年），使高丽，还，擢礼部尚书兼太常卿。在职凡七年，礼制因革，均在事有功为最"③。

金天德初年（1149 年），卒，享年 68 岁。

东平县君吕韩氏（1130—1203 年），女，出身及婆家均为金幽燕地区（今北京市石景山区）汉族世家大族。金朝散大夫、尚书刑部员外郎吕忠敏之妻。依据金代外命妇封号制度，韩氏约在金大定二十年（1180 年）前封为"东平县君"。

韩氏出身于"世族大家"。据 2007 年 8 月北京市石景山区鲁谷发掘的金代《东平县君韩氏墓志铭》载，韩氏家族中在辽、金为官者众，韩氏的父亲叫韩汝教，职"经武将军，同知磁州军州事"④。

韩氏于金皇统五年（1145 年）16 岁时嫁给吕忠敏。吕姓出自姜姓，周时封于齐，唐宋时吕氏逐渐分为东平、东莱两郡望。东平吕氏世为望族。吕忠敏（？—1180 年），其高祖吕德方，进士，官至辽检校司空、顺州刺史。祖父吕嗣延，状元、太

---

①　[元]脱脱，等．金史[M]．北京：中华书局，1975：2479—2483．

②　[元]脱脱，等．金史[M]．北京：中华书局，1975：2714—2715．

③　[清]李有棠．金史纪事本末[M]．北京：中华书局，2015：358．

④　孙勐．北京出土金代东平县君韩氏墓志考释．中国历史文物[J]．2008（04）：58—70．

常少卿、殿中侍御史。父吕介石,进士,中宪大夫、安州刺史。

吕忠敏,海陵王天德二年(1150年)进士,《吕嗣延墓志》载:"忠敏举天德进士高第",释褐后"历宛平、胶水主簿、枹罕令"。之后,"入为尚书省令史,刑部主事""同知顺天军节度使事、南京路转运副使,未几,以尚书郎召还,卒于官"。①

韩氏生于金太宗天会八年(1130年),金皇统五年(1145年)时嫁给吕忠敏。据志文"太夫人以家事诿焉",太夫人即吕忠敏之母。由于韩氏"聪明严重,言动有仪矩,性精勤,善理家",受到丈夫的称赞,"公尝曰:'助我家族'"。大定二十年(1180年)七月三日吕忠敏卒,韩氏50岁时,"自公之丧,闲居乡间,守坟墓,并教其子读书,长达10余年"。74岁卒。

二、猛安谋克世爵

完颜永功,山东西路把鲁古世袭猛安。《金史》卷八十五,列传第二十三《世宗诸子》之《永功传》载,永功,金世宗完颜雍第3子。金明昌元年(1190年),章宗皇帝完颜璟迁完颜永功济南府,"授山东西路把鲁古世袭猛安"。②

完颜永成,山东西路盆买必剌猛安。《金史·世宗诸子·永成传》载,永成,金世宗完颜雍第5子。金大定十七年(1177年)其父世宗皇帝授永成"世袭山东东路把鲁古猛安",金明昌元年(1190年)章宗皇帝完颜璟"改山东西路盆买必剌猛安"。

完颜永升,山东西路按必出虎必剌猛安。《金史·世宗诸子·允升传》载,允升(永升),金世宗完颜雍第6子。金大定二十七年(1187年)其父世宗皇帝"判吏部尚书,授山东西路按必出虎必剌猛安"。

完颜守纯(?—1233年),东平府路三屯猛安。完颜守纯,本名盘都,显宗之孙,金宣宗完颜珣第2子,母亲是真妃庞氏。《金史》卷九十三,列传第三十一《宣宗三子·守纯传》载,金兴定元年(1217年),父皇完颜珣"授世袭东平府路三屯猛安"。③ 金贞祐元年(1213年)封濮王。二年(1214年),任殿前都点检兼侍卫亲军都指挥使(卫戍京师元帅)。三年(1215年),任枢密使。四年(1216年),拜平章政事。金兴定元年(1217年),授东平府路三屯猛安。金兴定三年(1219年)三月,晋封为英王时,监察御史程震向宣宗报告:守纯因饮酒过量而耽误公事,有违宫廷

① 苗霖霖. 金朝东平吕氏家族考略[M]//辽宁省博物馆,辽宁省辽金契丹女真史研究会. 辽金历史与考古(第五辑). 沈阳:辽宁教育出版社,2014:200-207.

② [元]脱脱,等. 金史[M].北京:中华书局,1975:1897-1908.

③ [元]脱脱,等. 金史[M].北京:中华书局,1975:2061-2063.

制度。于是宣宗逐级批评并将跟随守纯的司马及大奴等数人各打几十大板。兴定四年(1220年),守纯招来知案蒲鲜石鲁剌、令史蒲察胡鲁、员外郎王阿里等商讨告发丞相高琪,但石鲁剌、胡鲁泄密给办案,从而造成许多麻烦和阻力。金元光二年(1223年)三月的一天,金宣宗专门把守纯叫到面前,敦敦训诲。守纯决心改弦更辙,不负父皇的期望。

完颜璋(?—1179年),山东西路蒲底山挈兀鲁河谋克。《金史》卷六十五,列传第三《始祖以下诸子·世祖子》之《斡者传·孙璋传》载,世祖翼,"次室徒单氏生卫王斡赛,次鲁王斡者"。斡者的孙子"璋,本名胡麻愈,多勇略,通女直、契丹、汉字",深受梁王完颜宗弼喜爱。金皇统六年(1146年),完颜璋的父亲神士懑卒,袭父谋克,同知中都事;金大定二年(1162年)完颜璋与斡论、布辉等趁世宗皇帝谒山陵时谋反,世宗诛可喜等人,贬完颜璋为彰化军节度使。后历陕西路统军使、益都尹、太兴尹、景州刺史迁武定军节度使等职,约大定十四年(1174年),授山东西路蒲底山挈兀鲁河谋克,后改任临洮尹。大定十九年(1179年),卒。①

夹谷衡(1153—1199年),女真族,山东西路三土猛安(东平)人。东平府学教授。谥曰"贞献"。《金史》卷九十四,列传第三十二《夹谷衡传》载,夹谷衡,本名阿里不,章宗赐名"衡"。金大定十三年(1173年),金首创女真进士科举考试,夹谷衡名列第4,补东平府教授。②

金世宗完颜雍朝,夹谷衡历职范阳簿,选充国史院编修官,改应奉翰林文字,起居注。章宗完颜璟朝,历侍御史,转右司员外郎、左司郎中。金明昌二年(1191年),擢升御史中丞、参知政事。明昌四年(1193年),章宗皇帝完颜璟赐名"衡",谕之曰:"朕选大臣,俾参机务,必资谋画,协赞治平"。"卿忠实公方,审其是则执而不回,见其非则去而能果,度其事势,有若权衡。汝之所长,衡实似之,可赐名衡。古者命名,将以责实,汝先有实,可谓称名,行之克终,乃副朕意。"章宗认为,夹谷衡的才能、做事、人品,最配称"衡"。

金明昌六年(1195年),职尚书左丞,行省于抚州。承安年间,先后为上京留守,枢密副使。金承安四年(1199年)正月,拜平章政事,封英国公。是年逝,享年51岁。朝廷"遣使敕葬,谥曰贞献"。

金世宗完颜雍,曾给予夹谷衡很高的评价:"女直进士中才杰之士盖亦难得,

---

① [元]脱脱,等.金史[M].北京:中华书局,1975:1548-1550.
② [元]脱脱,等.金史[M].北京:中华书局,1975:2092-2093.

如徒单镒、夹谷衡、尼庞古鉴,皆有用材也"。

完颜咬住,约于金正隆末、大定初(约 1161 年)生人,山东西路徒毋坚猛安(东平)人。《金史》卷七十四,列传第十二《完颜宗望传》载,完颜咬住的高祖为太祖皇帝,祖父为完颜宗望,"封宋王,谥桓肃"。其父完颜齐,累官特进。完颜咬住的叔父益都尹完颜京因乱国除名,德州防御使完颜文因谋反被诛。"世宗尽以其财产与齐之子咬住",金大定十五年(1175 年),世宗告诉英王"卿于诸公主女子中,为咬住择婚,其礼币命有司给之"。并授袭其叔父完颜京的山东西路徒毋坚猛安。①

纥石烈执中(胡沙虎,? —1213 年),东平路世袭猛安,山东东、西两路兵马都统。纥石烈执中,本名胡沙虎,阿疏裔孙。徙东平路世袭猛安,遂为东平人。金泰和年间,纥石烈执中在山东先后职山东东、西路统军使,山东两路兵马都统。泰和六年(1206 年),曾调动东平兵屯密州、沂州等地。

《金史》卷一百三十二,列传第七十《逆臣·纥石烈执中(胡沙虎)传》载,纥石烈执中金大定八年(1168 年),充皇太子护卫等职。金明昌四年(1193 年),因嫌酒味薄殴伤移剌保,皇帝令杖 50 棍,后迁右副点检,降职为肇州防御使。金明昌五年(1194 年),迁兴平军节度使。丁母忧后,改归德军节度使、开远军兼西南路招讨副使、大名府事等。金承安二年(1197 年),迁枢密院事。金泰和元年(1201 年)知大兴府事。纥石烈执中因屡屡妄法,御史中丞孟铸曾奏弹其"贪残专恣,不奉法令。释罪之后,累过不悛。既蒙恩贷,转生跋扈。如雄州诈认马,平州冒支俸,破魏廷实家"。由是,改为武卫军都指挥使。②

金泰和五年(1205 年),仆散揆任宣抚河南军民使,纥石烈执中任山东东、西路统军使。第二年春伐宋时,改为山东两路兵马都统。纥石烈执中分兵驻金城、朐山,并请益发东平路兵屯密州、沂州等地。役后,在山西、河北、河南、北京等多地任职,授世袭东平路猛安。

金至宁元年(1213 年)八月,金廷内部发生争夺最高统治权力的斗争。卫绍王完颜永济朝政腐败,最高统治集团内部矛盾日益激化。纥石烈执中"贪残专恣,不奉法令。释罪之后,累过不悛。既蒙恩贷,转生跋扈",野心勃勃。蒙古军攻西京,纥石烈执中弃城逃奔,朝廷不敢置问,旋被任为右副元帅,权尚书左丞。至宁

① [元]脱脱,等.金史[M].北京:中华书局,1975:1700-1707.
② [元]脱脱,等.金史[M].北京:中华书局,1975:2832-2839.

元年(1213 年)七月奉命领兵屯中都(今北京市)城北抵御蒙古大军,因玩忽职守,专务游猎,不做军事部署,遭群臣抨击及卫绍王切责。纥石烈执中乃决意谋反。八月,勾结完颜丑奴、蒲察六斤等,佯称知大兴府徒单南平父子谋叛及蒙古军攻入北关,带兵返中都燕京,径入皇宫,使宦官李思忠弑卫绍王完颜永济于宫邸。九月,迎立金世宗之孙完颜珣,是为宣宗。纥石烈执中被拜为太师、尚书令、都元帅、监修国史、封泽王,授予中都路和鲁忽士世袭猛安。不久,左谏议大夫张行信奏纥石烈执中"握兵入城,躬行弑逆",宣宗乃下诏"削其官爵"。是年十月,元帅右监军术虎高琪因屡战不利,惧怕纥石烈执中处军法,于是生乱杀死了纥石烈执中,并砍下纥石烈执中的头颅去朝廷自首,"高琪持执中首诣阙待罪"。

《金史》论曰:"金九主,遇弑者三,其逆谋者十人。……卫绍王之弑曰胡沙虎,不死于司败之诛,而死于高琪之手。古所谓弑君之贼人得而讨之者,谓请于公上而致讨焉。如孔子之请讨陈恒是也。岂有如琪之擅杀而以为功者乎。金之政刑,其乱若此,国欲不亡,其可得乎!"

完颜合达(? —1332 年),山东西路吾改必剌世袭谋克。《金史》卷一百一十二,列传第五十《完颜合达传》载,完颜合达,名瞻,字景山。"少长兵间,习弓马,能得人死力"。金贞祐初(1213 年),亲卫军充护卫。贞祐四年(1216 年)以镇南军节度使驻益都(今山东省青州市),与大元兵屡战于寿光、临淄。金元光元年(1222年),迁元帅左监军,授山东西路吾改必剌世袭谋克。累官至平章政事,封芮国公。金正大九年(1332 年)在与蒙古军恒山之战中阵亡。①

郭蛤蟆(1192—1236 年),山东西路斡可必剌谋克。郭蛤蟆,汉名郭斌,赐姓颜盏,故又叫颜盏蛤蟆,会州(今甘肃省定西市会宁县)人。世代为金保甲射生手。金兴定五年(1221 年)冬,因功遥授静难军节度使,寻改通远军节度使,授山东西路斡可必剌谋克。金亡后,金国临洮路兵马都总管郭蛤蟆仍坚守孤城巩州(今甘肃省陇西县)3 年,被誉"金末孤忠"。

《金史》卷一百二十四,列传第六十二《忠义四·郭蛤蟆传》载,金兴定初(1217 年),郭蛤蟆的哥哥郭禄大以功遥授同知平凉府事兼会州刺史,进官一阶,赐姓颜盏。西夏攻会州时,郭蛤蟆、郭禄大兄弟出入阵中,射杀敌主将,矢中敌无数,战败均被擒,"夏人怜其(射箭)技,囚之"未杀。兄弟二人寻机逃出时,禄大被夏人发现捉杀,郭蛤蟆逃回,禄大遥授会州军事判官;蛤蟆遥授巩州钤辖,后授同

---

① [元]脱脱,等. 金史[M].北京:中华书局,1975:2463-2470.

知兰州军州事。兴定五年(1221年)冬,西夏万余人攻定西,"蛤蟆败之,斩首七百,获马五十匹,以功迁同知临洮府事"。金元光二年(1223年),西夏步骑十万人攻凤翔,金帅赤盏合喜以郭蛤蟆总领军事,击退了夏军,"升遥授静难军节度使,寻改通远军节度使,授山东西路斡可必剌谋克,仍遣使赏赉,遍谕诸郡焉"。金正大初(1224年),金巩州元帅田瑞据巩州叛,郭蛤蟆率众先登,战功显赫,以功迁遥授知凤翔府事、本路兵马都总管、元帅左都监、兼行兰、会、洮、河元帅府事。①

金天兴三年(1234年)正月金亡后,西部各州皆降蒙古,独郭蛤蟆树金旗坚守孤城会州。元太宗窝阔台八年(1236年),蒙古大军攻会州,因力寡城破而举家自焚殉国,时年45岁。后人念其忠烈,为其立祠,称会州城为"郭蛤蟆城"。

温迪罕察剌,女真人,管理东平府屯田军,世袭千户。《金史·食货二》载,大定二十一年(1181年)"山东刷民田已分给女真屯田户",并于东平府梁山泺安置屯田。宋徐梦莘《三朝北盟会编》卷二百四十四《炎兴下帙一百四十四》"起绍兴三十一年一月二十八日",比较详细地介绍了金朝的屯田制度及相关情况:

> 屯田之制,本出上古。金人意欲遵而行之,偶尔符合,比上古之治犹简。废伪齐豫后,中州怀二三之意,如治田均屯田军,非女真、契丹、奚家亦有之,自本部族徙居中土与百姓杂处,计其户口官田,使自播种以充口食,春秋量给衣焉。殊不多余并无支给。若遇出军之际,如月给钱米不过数人,老幼在家依旧耕耨,亦无不足之叹。今日屯田之处,大名府路,山东东、西路,河北东、西路,南京路,关西路四路皆有之,约一百三十余千户,每千户止三四百人、多不过五百。所居止处皆不在州县,筑寨处村路间千百户,虽设官府亦在其内。

温迪罕察剌,女真人,东平府世袭千户,兼管屯田军。②

三、金封衍圣公

孔璠(?—1142年),字文老,金山东西路兖州曲阜人,孔子第49代孙,大齐刘豫阜昌三年(1132年),补迪功郎,袭封衍圣公,主持曲阜孔庙祀事。伪齐刘豫政权被废以后,金熙宗于天眷三年(1140年),加承奉郎,袭封衍圣公。

《金史》卷四,本纪第四《熙宗纪》载,金天眷三年(1140年)"十一月癸丑,以

---

① [元]脱脱,等. 金史[M].北京:中华书局,1975:2708-2711.
② [宋]徐梦莘. 三朝北盟会编[M].上海:上海古籍出版社,2008:1745.

孔子四十九代孙璠袭封衍圣公"。金皇统二年(1142年),正月"壬子,衍圣公孔璠薨,子拯袭"。①

《金史》卷一百五,列传第四十三《孔璠传》载,孔璠,字文老,至圣文宣王第49代孙,故宋朝奉郎袭封端友弟端操之子。齐阜昌三年(1132年)补迪功郎,于东平事伪齐刘豫。袭封衍圣公,主管祀事。金天会十五年(1137年),齐国废。熙宗即位,兴制度礼乐,立孔子庙于上京。金天眷三年(1140年)时,金熙宗:

> 诏求孔子后,加(孔)璠承奉郎,袭封衍圣公,奉祀事。是时,熙宗颇读《论语》《尚书》《春秋左氏传》及诸史、《通历》《唐律》,乙夜乃罢。皇统元年(1141年)三月戊午,上谒奠孔子庙,北面再拜,顾谓侍臣曰:"朕幼年游侠,不知志学,岁月逾迈,深以为悔。大凡为善,不可不勉。孔子虽无位,其道可尊,万世高仰如此。"②

《金史》卷一百五,列传第四十三《任天宠传》云:"孔璠、范拱事宋、事齐(刘豫),太祖皆见礼遇,而金之文治日以盛矣"③。

宋高宗赵构封孔子的第48代嫡孙衍圣公孔端友,并在衢州建立了孔家宗庙。不久后,金国又立了孔端友的侄子孔璠为衍圣公,作为孔子真正的继承人,续山东西路曲阜之宗庙。从此,中国南宗、北宗两个孔家宗庙并立并存。

金皇统三年(1142年),璠卒。子拯袭封,加文林郎。

孔拯(?—1190年),字元济,金天德二年(1150年)袭衍圣公。《金史》卷一百五,列传第四十三《孔璠传·子拯传》载,孔拯袭位,加文林郎,立国子监,加承直郎。金大定元年(1161年)卒。④

孔摠,字元会。《金史》卷一百五,列传第四十三《孔璠传·摠传》载,金大定元年(1161年)孔拯卒,弟孔摠袭封衍圣公,加文林郎。大定二十年(1181年),皇帝召孔摠至京师,想给他封官。尚书省奏:"摠主先圣祀事,若加任使,守奉有阙"。金世宗乃授孔摠曲阜县令。

孔元措,孔子第51代孙,字梦得。《金史》卷一百五,列传第四十三《孔璠传·元措传》载,金明昌元年(1190年)其父孔摠卒,孔元措袭封衍圣公,加文林郎。三年(1192年)四月,诏曰:"衍圣公视四品,阶止八品,不称。可超迁中议大夫,永著

① [元]脱脱,等. 金史[M].北京:中华书局,1975:76-78.
② [元]脱脱,等. 金史[M].北京:中华书局,1975:2311-2312.
③ [元]脱脱,等. 金史[M].北京:中华书局,1975:2323-2324.
④ [元]脱脱,等. 金史[M].北京:中华书局,1975:2311.

于令。"四年(1193年)八月丁未,"章宗行释奠礼,北面再拜,亲王、百官、六学生员陪位"。金承安二年(1197年)正月,"诏元措兼曲阜县令,仍世袭。元措历事宣宗、哀宗,后归大元终焉"。

卷十三　列传第六　伪齐国人物

"伪齐"人物"全"貌

伪大齐国"皇族"：

刘豫　翟氏　钱氏　刘麟　刘益

伪相：

张孝纯　李孝杨　张柬　李邺　张昂　范拱　孔彦舟

"六部"幕僚：

李尚达　郑亿年　范巽　冯长宁　许伯通　马扬　李俦　李俅　马定国
朱之才　朱澜

其他人物：

孔璠　耨盌温敦思忠　祝简　赵鉴　宋厚　史平　德真　王从　徐文　赵
斌　杨伟　陆渐

怼刘豫者：

张邵　刘长孺　邢希载　毛澄　阎琦　薛筇　刘宣

一、伪大齐国"皇族"

刘豫(1073—1146年),字彦游,景州阜城(今河北省景县)人。宋建炎二年(1128年)冬,金军攻济南。宋知济南府刘豫,杀守将关胜降金。金封刘豫为京东东、西、淮南安抚使,知东平府兼诸路马步军都总管,节制河外诸军。天会八年(1129年)九月,金人立刘豫为"皇帝",国号大齐,都大名府,并"复自大名还居东平,以东平为东京,以辛亥年为阜昌元年"。阜昌三年(1132年)四月,刘豫把伪齐的都城由东平迁往开封。金天会十五年(1137年)十一月,金廷"诏废齐国,降封豫为蜀王。豫称大号凡八年"。然后,金廷把刘豫迁到临潢(今内蒙古自治区巴林左旗)府监视居住。金皇统二年(1142年)金廷封刘豫为曹王,六年(1146年),74岁的刘豫薨。元好问《中州集》称刘豫"有集十卷行于世"。《宋史》《金史》均有传。

刘豫少时品行不端,职宋时曾妄议礼制。《宋史》卷四百七十五,列传第二百三十四《叛臣上·刘豫传》载:

> 豫少时无行,尝盗同舍生白盂,纱衣。政和二年(1112年),召拜殿中侍御史,为言者所去,帝不欲发其宿丑,诏勿问。未几,豫累章言礼制局事,帝曰:"刘豫河北种田叟,安识礼制?"黜豫两浙察访。宣和六年(1116年),除河北提刑。①

刘豫投机忿宋,献城投金知东平府。《金史》卷七十七,列传第十五《刘豫传》载,刘豫"宋宣和末(1125年),仕为河北西路提刑使。徙浙西。抵仪真,丧妻翟氏,继值父忧。康王至扬州,枢密使张悫荐知济南府。是时,山东盗贼满野,豫欲得江南一郡,宰相不与,愤愤而去"。宋建炎二年(1128年)正月,刘豫知济南府,是年冬,金帅完颜宗翰(粘没喝,又名粘罕)、完颜宗辅南犯山东,其中,挞懒(完颜昌)部攻济南,宋守将关胜英勇善战,屡出城拒战。在挞懒(完颜昌)高官厚禄的诱惑下,刘豫杀关胜献城降金。于是,金廷任命刘豫为京东东、西、淮南安抚使,知东平府兼诸路马步军都总管,节制河外(旧黄河以南)诸军。以刘豫之子(刘)麟知济南府。金廷对刘豫不太放心,让挞懒(完颜昌)的军队驻守在东平周边的冲要之地,"以镇抚之"。②

---

① 高占祥.二十五史·宋史[M].北京:线装书局,2011:2544-2545.
② [元]脱脱,等.金史[M].北京:中华书局,1975:1759-1762.

刘豫助金为虐,甘当"世修子礼"的傀儡皇帝。随着金在原宋地的地盘越来越广,势力范围不断扩张,金朝需要培植"以汉制汉"的"代理人"来统治中原。《金史·刘豫传》载,"初,康王既杀张邦昌,自归德奔扬州,诏左右副元帅合兵讨之,诏曰:'俟宋平,当援立藩辅,以镇南服,如张邦昌者。'"于是,金天会八年(1130年)七月,册立刘豫为大齐皇帝,九月,金遣大同尹高庆裔、知制韩昉册封刘豫于大名府(今河北省正定县)"登基",成为金"世修子礼"的儿皇帝。之后,刘豫不负金主所望,坚持与宋为敌,大肆搜捕宋朝宗室,收编了许多流寇和宋廷叛将,并屡屡犯宋。在天会十四年(1136年)十一月集30万大军分3路南下时,宋将杨沂中在藕塘(今安徽省定远县)之战大败刘豫的侄子刘猊军,伪齐诸军仓皇退兵。天会十五年(1137年)十一月,金人诈称起兵追击宋高宗赵构,遣挞懒(完颜昌)、完颜宗弼(兀术)等入汴京今河南省开封市,在开封东华门将刘豫困住,完颜宗弼"下马执其手,偕至宣德门,强乘以羸马,露刃夹之,囚于(开封)金明池"。之后,迁刘豫及其家属于临潢府(今内蒙古自治区赤峰市巴林左旗)。刘豫从大齐皇帝突然被废为蜀王,未敢抗争,还"上表谢封爵"。金皇统元年(1141年),金廷"赐(刘)豫钱一万贯、田五十顷、牛五十头",次年又进封刘豫为曹王,在制书中称赞刘豫:"八年享国,一节事君,视去位如脱屣,以还朝若登仙",对刘豫事金给予了一定的肯定。而刘豫也在谢表中称:"帝号若释重负,王爵有感鸿恩!自得清闲而北来,未尝徘徊而南望,久安地僻,忽被改封;滔捧读于训词,若躬听于御语,温其如玉,爰然似春"。显示出刘豫对金廷的感恩戴德。

刘豫骄奢淫逸,挥霍无度。《二十五别史17·大金国志》卷三十一《齐国刘豫录》载:"豫宫嫔百余人,妊身者九"①。刘豫横征暴敛,苛捐杂税繁多。刘豫还大肆盗挖坟墓,北宋诸先帝陵寝、百姓的祖坟,都不放过。②

刘豫诗文卓有风致。顾奎光《金诗选》卷三载:"刘豫身为叛贼,与张邦昌同罪,而佐金南下,其恶更甚。不意其诗潇洒风致,工绝乃尔"。元好问《中州集》壬集第九《刘曹王豫》言其"有集十卷行于世",③并录刘豫《杂诗六首》《客馆》。其《杂诗六首》之五,意尤清新:"画色晴明着色图,山光明翠接平湖。烟岚自古人南画,远即深深近却无。"

---

① [金]宇文懋昭.二十五别史17·大金国志[M].李西宁,点校.济南:齐鲁书社,2000:
232-239.
② 王庆生.金代文学家年谱[M].南京:凤凰出版社,2005:963.
③ [金]元好问.中州集[M].上海:华东师范大学出版社,2014:574-575.

金皇统六年(1146 年),74 岁卒于临潢府。又,据《宋史》,刘豫逝于宋绍兴十三年(1143 年)六月。

翟氏(？—1132 年),刘豫母亲,伪齐皇太后。逝后葬于东平。

《宋史·刘豫传》载,1129 年"豫还东平,升为东京……十月,册其母翟氏为皇太后"。

《二十五别史 17·大金国志·齐国刘豫录》载,大齐阜昌三年(金天会十年,1132 年)九月,皇太后死,谥曰"慈献"。"阜昌四年(1133 年)二月,葬太后于东平"。①

《金史》卷三,本纪第三《太宗纪》载,金天会十年(1132 年)十月,"上如兴中府,齐使来告母丧……十一月癸亥(初六),以武良谟为齐吊祭使"②。

王庆生《金代文学家年谱》第十六卷《刘豫》转《刘豫事迹》载,大齐阜昌四年(金天会十一年,1133 年)"二月,葬太后于东平。仪仗如朝廷礼,所标揭皆田家村妇之衣"③。

据民间传说,翟氏葬于东平府城北二十里鹿泉(今东平县梯门乡芦泉),俗称"太后坟"。

钱氏,原刘豫妾,《宋史·刘豫传》载:"豫还东平,升为东京"。1129 年十月,册其"妾钱氏为皇后。钱氏,宣和内人也,习宫掖事,豫欲有所取则,故立之"。钱氏,宋宣和(1119—1125 年)年间宋徽宗的一个宫人,因为熟悉宫中的礼节,刘豫想仿照宫中各种规制,故立其为皇后。

刘麟(约 1105—1168 年),字元瑞,大齐皇帝刘豫之子,其生母或为钱皇后。《金史》卷七十七,列传第十五《刘麟传》载:"齐国建,以济南为兴平军,麟为节度使、开府仪同三司、梁国公,充诸路兵马大总管,判济南府事。明年,为齐尚书左丞相"④。后又掌皇子府、东南道行台,刘麟实际掌控了伪齐的军政大权。

刘麟初仕宋。《金史·刘麟传》载:"宋宣和(1119—1125 年)年间,父荫补将仕郎,累加承务郎"。

刘麟随父降金。宋建炎二年(1128 年)冬,金军重重包围了济南,刘豫派刘麟

---

① [金]宇文懋昭. 二十五别史 17·大金国志[M].李西宁,点校. 济南:齐鲁书社,2000:235.
② [元]脱脱,等. 金史[M].北京:中华书局,1975:64.
③ 王庆生. 金代文学家年谱[M].南京:凤凰出版社,2005:964.
④ [元]脱脱,等. 金史[M].北京:中华书局,1975:1762.

出战,府倅张柬增兵来援,金军才撤兵。挞懒(完颜昌)趁机派人以利劝诱刘豫,刘豫于是背叛了南宋,举城降金,刘麟亦随父降金。同年,刘麟率军讨伐水贼王江大胜。

组建皇子军。金天会七年(1129年)三月,金命刘麟知济南府。刘豫被立为大齐皇帝后,刘麟被金任命为兴平军节度使、开府仪同三司、太中大夫、提领诸路兵马兼济南知府,封梁国公。天会九年(1131年)"为齐尚书左丞相"。次年刘豫迁汴后,刘麟组建阜城、东平、济南、大名4地的"云中子弟"兵和规模达10万余众的乡兵"十三军"。

犯宋扰宋。刘麟屡屡率兵犯宋扰宋,"皆无功而返"。金天会十二年(1134年,宋绍兴四年)九月,刘麟率军犯南宋。同时,刘豫派知枢密院卢纬向金太宗请兵支援。金太宗以完颜宗辅为左副元帅,完颜昌为右副元帅,调渤海、汉军5万支援刘麟。步兵由楚、承进兵,骑兵由泗州奔滁州。因完颜宗弼曾渡过长江,熟悉地形,辟为前锋。刘豫以刘麟领东南道行台尚书令。南宋朝廷震恐,于是宋高宗决定下诏亲征。十一月,南宋淮西将领王师晟、张琦合兵收复南寿春府,擒获伪齐知州王靖。十二月,岳飞派部将牛皋、徐庆在庐州击溃金军,刘麟闻讯,趁夜弃辎重逃走。

金天会十四年(1136年,宋绍兴六年),刘豫听说宋高宗亲征伪齐,在驻黎阳金军助威下,纠集30万大军,由刘麟总领中路兵,刘猊率东路兵,孔彦舟统领西路,分3路攻宋。十月,南宋将领张俊、杨沂中、刘光世等人在越家坊、藕塘大败刘猊,刘麟闻后拔砦逃走。由是,刘豫父子在金廷失宠。金天会十五年(1137年),刘豫"请立麟为太子,朝廷不许"。

金废伪齐。天会十五年(1137年)十一月,金废伪齐,先执刘麟,后擒刘豫。《宋史·刘豫传》载,挞懒(完颜昌)、兀术(完颜宗弼)率军"绐麟出至武城(今山东省菏泽市武城县),麾骑翼而擒之,因驰至城中"。挞懒等约刘麟单骑渡河计事,刘麟带200骑至山东武城县时,与兀术(完颜宗弼)遇,被全部擒住。刘豫被废后,刘麟随父被迁临潢府。

复被启用。废齐后不久,金廷授刘麟北京路转运使,历中京、燕京路转运使,参知政事,尚书左丞,复为兴平军(驻济南)节度使、上京路转运使、开府仪同三司(秩从一品),封韩国公。64岁卒。金正隆二年(1157年),改赠特进、息国公。

刘益,刘豫之弟。金天会八年(1130年)九月刘豫登皇帝基,十月封其弟刘益为北京(大名)留守,不久又改为汴京留守。

二、伪相

张孝纯(约1179—1144年),字永锡,金山东西路滕阳(今山东省滕州市)人。宋元祐四年(1089年)进士,宋大观元年(1107年)为滨州通判,历职河北转运判官、永兴军转运判官、河东宣抚使兼知太原府等职。金天会四年(1126年)九月,太原城破被俘后降金。金人立刘豫为"伪皇帝",张孝纯任丞相。废齐后职汴京行台左丞相,一年后请归乡里。金皇统四年(1144年)卒,谥"安简"。有《乌有先生历险记》等存世。

张孝纯,籍山东西路滕州(今山东省滕州市)。元好问《中州集》壬集第九《张丞相孝纯小传》载:"孝纯,滕阳人"①。据《金史》卷二十五,志第六《地理志中·山东西路》载,"山东西路滕州,上,刺史,本宋滕阳军,大定二十二(1182年)年升为滕阳州,二十四年(1184年)改今名滕州。县三:滕、沛、邹"。大齐时,张孝纯的老家是刘豫辖地。另外,宋时徐州属京东西路,金时改属山东西路。北宋末和金初时,滕阳军归属徐州辖,故有张孝纯籍徐州一说。

张孝纯于太原俘降于金,又被粘罕(完颜宗翰)骗其"回乡"仕齐。金天会三年(1125年,宋宣和七年)冬,完颜宗翰攻太原,宋太原经略使张孝纯与副总管王禀力战,死守一年余,四年(1126年)九月,王禀战死,太原城陷,张孝纯被擒。《金史·太宗纪》载,"天会四年(1126年)九月丙寅(初三),宗翰克太原,执经略使张孝纯"。

《三朝北盟会编》卷一百九十三,《炎兴下帙九十三》援《林泉野记》曰,张孝纯,"宣和末年知太原府兼河东路安抚使。靖康初(1126年),粘罕来攻,先筑夹城于外,期于必取,百道进攻。孝纯与副总管王禀死守,姚古、种师中、解潜、张思政皆来援,败去",次年,"城破,孝纯不得已遂降虏"。但拒不出仕。②

伪齐立,金人以回乡为名,骗其出任伪齐丞相。《二十五别史17·大金国志》第六卷,纪年六《太宗文烈皇帝四》载,金天会八年(1130年):

五月六日,粘罕将避暑于白水泊,谓孝纯曰:"公于此无治生事,俟某秋归,还公于乡里。"又顾云中留守高庆裔:"如有人欠孝纯钱物,可督还之,非晚,孝纯归乡

---

① [金]元好问.中州集[M].上海:华东师范大学出版社,2014:576.
② [宋]徐梦莘.三朝北盟会编[M].上海:上海古籍出版社,2008:1390.

矣。"孝纯初闻是语,不知其所以。盖是时粘罕与刘豫之议密定,外人莫知之也。至是,粘罕孝纯南归,止云归乡而已。奉使宇文虚中送孝纯诗有"里间共惊新素发,儿孙将整旧斑衣"之句,则众莫知相豫也明矣。孝纯既至河朔,欲由济南归徐(州),徐(州)乃其乡里也。主者曰:"当与公共至东平节制使,某得回缴,公方可归徐(州)矣。"既行,则孝纯之兄孝忠、孝立及诸侄、乡人竟远迓之。孝纯方喜慰之际。无何,至汶(河)上,豫已僭位,遂拜伪相。①

张孝纯家滕阳,位于东平东南方向约 100 千米许。滕县为山东西路徐州属县。故金人骗其"归徐州",即回滕阳。

张孝纯曾长期在宋从事转运工作,富积财政税收的工作经验。王庆生《金代文学家年谱》卷十六《张孝纯张公药年谱》载,张孝纯进士登第后,授山东滨州通判,宋政和四年至宣和元年(1114—1119 年),先后任河北、江南西路和永兴军的转运判官。任上获罚与奖各一次。先是,因不按庆阳府户曹巩裕妄支官钱,降两官;后为永兴军辖区内的浐水河、灞河雨季泛涨不得已,本路漕臣张孝纯相度措置,运粮有功,诏减张孝纯"三年磨勘",颁发"奖金"。张孝纯求全自保仕刘豫后,刘豫行"什一税法",境内苦之,张孝纯极言其弊,请仍因履亩之法,刘豫不从。②

齐阜昌三年(1132 年)辞相还乡。《建炎以来系年要录》卷五十五《绍兴二年(1132 年)六月庚寅朔》载:"绍兴二年六月,伪宣奉大夫守尚书右丞相张孝纯告老,迁观文殿学士、银青光禄大夫,参知机务"③。

废齐后复起用。金天会十五年(1137 年),传张孝纯曾书伪齐谋宋十事,密报于南宋。废齐后,金在汴置行台尚书省,以张孝纯权行台尚书左丞相,银青光禄大夫(秩正二品下)、太子太傅。

金天眷元年(1138 年)九月,致仕,请归山东滕州乡里。元好问《中州集》卷九《张孝纯小传》言,"汴京建行台,起为左丞相。逾年得请归乡里。二兄尚安健,乡人为作《三老图》"④。

张孝纯工诗文。《三朝北盟会编·炎兴下帙九十三》曰,张孝纯,"工诗,有文武才略"。元好问《中州集》壬集第九,录有张孝纯《中运使寄酒,清明日到,以诗

① [金]宇文懋昭.二十五别史 17·大金国志[M].李西宁,点校.济南:齐鲁书社,2000:60.
② 王庆生.金代文学家年谱[M].南京:凤凰出版社,2005:994-1005.
③ [宋]李心传.建炎以来系年要录[M].北京:中华书局,2013:975.
④ [金]元好问.中州集[M].上海:华东师范大学出版社,2014:576-577.

谢之》诗一首："芳樽到日恰清明，似与嘉辰默计程。拟助林园延胜赏，肯容桃李落繁英。老来官爵浑无味，闲里杯盘却有情。虽说使车临岱麓，偿能相过共飞觥。"①清明时节，中运使朋友寄运来美酒，并且朋友已到泰山脚下，盼望着与友相聚"共飞觥"。但在沉湎于友情的同时，一种不甘仕伪齐的心情油然而生：这伪齐丞相的"官爵"，实在浑然无味！

金皇统四年（1144 年）逝，谥"安简"。《二十五别史 17·大金国志·太宗文烈皇帝四》评曰："当是之时，孝纯昵于亲党，惧于还北，因而遂丧晚节，惜也"。

李孝扬，生卒年不详。伪齐首任左丞。

《宋史·刘豫传》载，金天会八年（1130 年）九月，以张孝纯为丞相，李孝扬为左丞。

《二十五别史 17·大金国志》卷之六，纪年六《太宗文烈皇帝四》载，金天会八年（1130 年），刘豫复还东平后，"以张孝纯为尚书左丞相，李孝扬、张柬权为左右丞"②。

张柬（？—1135 年），又异载张东，伪齐首任右丞。

《建炎以来系年要录》卷十二《建炎二年（1128 年）春正月丙戌朔》载：宋"朝奉大夫、通判济南府张东（柬）进秩一等，以乔仲福捕斩李昱，（张）东应副钱粮有劳也。东后为刘豫伪相，故于此著其始"③。同书卷十六载，1128 年 12 月，金军在攻陷东平府后又攻打济南，"刘豫遣其子承务郎刑曹掾麟与战，金兵围之数日，朝散大夫、通判府事张东益兵援之，乃去"。《二十五别史 17·大金国志·齐国刘豫录》载，刘豫于宋建炎二年（1128 年）初，除中奉大夫，知济南，第二年冬十一月，金兵犯济南，"金师侵山东，豫遣子出战，金兵围之数匝，令郡倅张柬往援，金兵解去"。其后金利诱刘豫献城归降。

《宋史·刘豫传》载，金天会八年（1130 年）九月，"张柬为右丞"。

《二十五别史 17·大金国志·齐国刘豫录》称"张柬权右丞，兼吏部侍郎"。齐阜昌六年（1135 年，金天会十三年）"十二月，张柬卒"。

李邺（1088 年—？），金山东西路济州任城（今山东省济宁市）人，大齐刘豫时首任东平知府。金天会十年（1132 年）大齐迁汴后，"以知东平府李邺为尚书右

---

① ［金］元好问 . 中州集［M］.上海：华东师范大学出版社，2014：576-577.

② ［金］宇文懋昭 . 二十五别史 17·大金国志［M］.李西宁，点校 . 济南：齐鲁书社，2000：59.

③ ［宋］李心传 . 建炎以来系年要录［M］.北京：中华书局，2013：271.

丞"。废齐后,李邺知代州。其兄李邴事宋,累官至尚书右丞、资政殿学士,赠太师,谥"文敏"。

李邺,宋宣和末年官至陕府西路转运判官。金始攻宋时,以通直郎借给事中,持黄金万两出使金朝,告以宋将内禅,且求和。宋靖康元年(1126 年)奉使回宋,称"金人如虎"不可敌。宋建炎元年(1127 年)责贺州安置。三年(1129 年),复官,改知越州,充两浙东路安抚使,越州失守后降金。

《宋史》卷四百四十八,列传第二百七《忠义三·唐琦传》云:

建炎间,高宗航海,琦病留越州。李邺以城降,金人琶八守之,琦袖石伏道旁,伺其出,击之,不中被执。琶八诘之,琦曰:"欲碎尔首,死为赵氏鬼耳。"琶八曰:"使人人如此,赵氏岂至是哉。"又问曰:"李邺为帅尚以城降,汝何人,敢尔?"琦曰:"邺为臣不忠,吾恨不得手刃之。"①

《建炎以来系年要录》卷八十三《绍兴四年(1133 年,齐阜昌三年)十有二月乙亥朔》载,张孝纯与尚书右丞李邺论及齐,李邺说:"死无所惮,但恐如陆渐之祸,恶名终不可免尔"②。孝纯乃止。李邺说的"陆渐之祸"一事,指陆渐迫降刘豫后,脱身回南宋而被杀身事。据《建炎以来系年要录》卷五十五《绍兴二年(1131 年,齐阜昌二年)六月庚寅朔》载:

(宋)武功大夫、成州团练使陆渐既从金右都监北行。事见建炎四年(1130 年)七月丁亥。宗弼以付刘豫,命以官。渐脱身南归,至镇江,为人所告。言者论渐尝劝金人焚临安而去。停官,下大理(寺)。是日,(陆)渐坐诛。此为五年张孝纯上书张本、日历,渐款状云:受伪齐刘豫差使,归家般载。而孝纯书中所云不同,恐当以孝纯所云为正。③

金天会八年(1130 年)十一月,李邺被刘豫任命为东平知府。《宋史·刘豫传》载,金天会十年(1132 年)四月,刘豫迁都于汴京。六月,"以知东平府李邺为尚书右丞"。天会十四年(1135 年)九月,刘麟领东南道行台尚书令,李邺为行台右丞。天会十五年(1137 年)十一月废齐后,李邺知代州。金天眷二年(1139 年),任翰林学士承旨、行台户部尚书。

---

① 高占祥.二十五史·宋史[M].北京:线装书局,2011:2412.
② [宋]李心传.建炎以来系年要录[M].北京:中华书局,2013:1363.
③ [宋]李心传.建炎以来系年要录[M].北京:中华书局,2013:968.

张昂,伪齐右丞相、门下侍郎。

《建炎以来系年要录》卷五十《绍兴元年(1130年,齐阜昌元年)十有二月甲子朔》载:"豫又以伪权尚书右丞张昂权门下侍郎"①。《二十五别史17·大金国志·齐国刘豫录》载,阜昌二年(1131年),"张昂权右丞相"。齐阜昌三年(1132年)大齐迁都于汴京后,"张昂权右丞相兼门下侍郎"。

据《三朝北盟会编》载,废齐后,伪齐右丞张昂知孟州。

范拱(恭)(1095—1169年),有史作"恭",字清叔,济南(今山东省济南市)人。范拱宋时为东平府书记,掌管教育。大齐初任中书舍人,后升为左丞相兼门下侍郎。

《金史》卷一百五,列传第四十五《范拱传》载,范拱"九岁能属文,深于《易》学。宋末登进士第,调广济军曹,(宋知东平府事)权邦彦辟为书记,摄学事。刘豫镇东平,拱撰谒庙文,豫奇之,深加赏识"②。

金天会七年(1129年)三月,刘豫知东平府之后,范拱献《谒庙文》《六箴》,上《初政录》15篇,深得刘豫欢心。

齐国建,累擢中书舍人。上《初政录》十五篇:一曰《得民》,二曰《命将》,三曰《简礼》,四曰《纳谏》,五曰《远图》,六曰《治乱》,七曰《举贤》,八曰《守令》,九曰《延问》,十曰《畏慎》,十一曰《节祥瑞》十二曰《戒雷同》,十三曰《用人》,十四曰《御将》,十五曰《御军》。豫纳其说而不能尽用也。

金天会十年(1132年)九月,迁尚书右丞,进左丞兼门下侍郎。

当时,刘豫征收"什一税",即征缴10%税额,税赋沉重、刑法严急、官吏残暴,人民生活十分困苦。伪齐右丞相张孝纯,左丞相兼门下侍郎范拱及当时担任侍郎的哥哥范巽等,奏请刘豫停止施行"什一税法"以宽民力,刘豫没有采纳,当时虽没有责诘张孝纯和范拱,"豫虽未即从,而亦不加谴",但将范巽贬官,从此无人敢谏。范拱毅然再上疏,请止"什一税",并让刑部收集诸路千余例因税获罪的材料。刘豫见获罪者太多,被迫取消了"什一税法",改为行"五等税法",人民群众的税赋有所减轻。

废齐后,范拱为完颜宗弼汴京行台官属。宗弼询问百姓疾苦,范拱告诉宗弼

① [宋]李心传.建炎以来系年要录[M].北京:中华书局,2013:890.
② [元]脱脱,等.金史[M].北京:中华书局,1975:2313-2314.

说税赋太重。宗弼乃减三分之一,百姓生活方能维持。范拱还向金廷推荐了许多人才,如刘长言、张辅等。又据《三朝北盟会编》卷一百八十二《炎兴下帙八十二》云,伪齐右丞范拱,因体弱多病,调知淄州(今山东省淄博市淄川区)刺史。金皇统四年(1144年)"以疾求退,以通议大夫致仕。斋居读书,罕对妻子"①。金大定七年(1167年),金世宗召见范拱,任太常卿,制定国家礼制、管理礼乐事宜。大定九年(1169年)"复致仕,卒于家,年七十四"。

孔彦舟(1106—1160年),原名彦威,字巨济,相州林虑(今河南省安阳市林州市)人。宋初职京东西路兵马钤辖,宋绍兴二年(1132年)六月降伪齐后,知东平府。累官至金龙虎上将军、广平郡王。

孔彦舟初为无赖。《金史》卷七十九,列传第十七《孔彦舟传》载:

> 亡(无)赖,不事生产,避罪之汴,占籍军中。坐事系狱,说守者解其缚,乘夜逾城遁去。已而杀人,亡命为盗。宋靖康初(1126年),应募,累官京东西路兵马钤辖。闻大军将至山东,遂率所部,劫杀居民,烧庐舍,掠财物,渡河南去。②

意思是说,孔彦舟少时是个无赖,游手好闲,犯事后逃到开封,当了兵。在军中又犯事,遭拘禁后说服看守人放了他,暗夜越城墙跑了。宋建炎元年(1127年)职东平府钤辖时,听说金兵来攻,便率领部下南逃,所过之地一路杀掠,后任宋沿江招捉使。

孔彦舟叛归刘豫、仕金。《三朝北盟会编》卷一百五十一《炎兴下帙五十一》载,宋绍兴二年(1132年)八月,蕲、黄州镇抚使孔彦舟叛归于刘豫。

> 孔彦舟为蕲、黄州镇抚使也。刘豫僭伪,即令刷彦舟亲属,因得其母、妻及子共三人,赐第处之,厚给以禄。忽一日,有客人至南界,问之乃云姓卢,是彦舟之亲舅,境上以闻,彦舟使人迎之,果其舅也,彦舟以家人之礼厚待之,军中呼为卢舅。(卢舅)具言刘豫厚待彦舟亲属之故。彦舟曰:何以实之?卢舅出刘豫之文,彦舟遂有叛意,未发。③

恰巧这时孔彦舟获悉权邦彦提拔为同知枢密院事,孔彦舟在东平府时与知东平府事权邦彦不睦有隙,"而邦彦用事,彦舟疑图己,遂反。出左右妇人皆嫁之,送

① [宋]徐梦莘. 三朝北盟会编[M].上海:上海古籍出版社,2008:1318.
② [元]脱脱,等. 金史[M].北京:中华书局,1975:1784.
③ [宋]徐梦莘. 三朝北盟会编[M].上海:上海古籍出版社,2008:1094.

官员入山寺中。恐为行军所扰,彦舟临行对官属言:无负朝廷之心,所以反者,盖疑权邦彦也"。

从《宋史》卷二十六,本纪第二十六《高宗纪三》及至《高宗纪四》中,可以粗略理出孔彦舟的人生轨迹。《高宗纪三》载,宋建炎四年(1130年)"权湖北制置使付雩招喻孔彦舟,彦舟听命,因以为湖南、北捉杀使"①。之后,孔彦舟入澧州,袭杀洞庭湖农民起义军,"戊辰,孔彦舟击败钟相,擒(钟)相及其子子昂,槛(囚车)送行在",并在湖南大肆烧杀。后又入潭州败义军王以宁等,宋廷多有封赏。宋绍兴元年(1131年)八月,屯鄂州"以孔彦舟为蕲、黄镇抚使"。《高宗纪四》载,绍兴二年(1132年)六月,曾知东平府的权邦彦兼权参知政事,使曾任东平兵马钤辖的孔彦舟因二人积怨而倍感压力。于是孔彦舟在宋廷的排挤下,北降伪齐刘豫。"六月壬寅,孔彦舟叛降伪齐",随后即从刘麟攻宋。②"齐国废,累知淄州"。后屡充金军攻宋前锋,跟随宗弼攻陷郑州(今河南省郑州市)、濠州(今安徽省凤阳县)等地,镇压太行(即晋、冀、豫三省间之太行山地区)义军,金廷先后授孔彦舟以先锋、防御使、都指挥使兼知东平府、兵部尚书、河南尹、广平郡王、南京(今河南省商丘市)留守等职。

宋人称孔彦舟荒于色。先是在潭州霸占同僚妻。《建炎以来系年要录》卷六十三《绍兴三年二月丁亥朔》载:"左承务郎通判潭州张揆坐于孔彦舟、马友交通,下吏计赃抵死,以昭慈外亲免编配,送韶州收管。(张)揆妻赵氏(宋)宗室女,有美色。彦舟之败也,掠其妻以去,至是抵罪"③。后有纳女儿为妾禽兽行。《金史·孔彦舟传》云:"彦舟荒于色,有禽兽行。妾生女姿丽,彦舟苦虐其母,使自陈非己女,遂纳为妾。其官属负官钱,私其妻与折券"。

金天德三年(1151年),金中都(今北京市)在辽燕京城址上,仿北宋汴京宫室规制,大规模营建,由张浩、孔彦舟主持规划设计与建造,时征用民夫80万人、军工40万人,历时3年,中都燕京方建成。

金正隆五年(1160年),南京留守孔彦舟"竟死于汴,年五十五"。其将死前,犹上表劝金帝完颜亮夺取宋之淮南。海陵王遗表言:"伐宋当先取淮南云"。

---

① 高占祥.二十五史·宋史[M].北京:线装书局,2011:89-93.
② 高占祥.二十五史·宋史[M].北京:线装书局,2011:95.
③ [宋]李心传.建炎以来系年要录[M].北京:中华书局,2013:1081.

三、"六部"幕僚

李尚达,字达道,曹州济阴(今山东省曹县西北)人。《金史·李尚达传》载,李尚达初为东平府司户参军。刘豫建"伪齐",李尚达为吏部员外郎,摄行户部事。累官至山东西路转运使。详见卷十,列传第三。

郑亿年,汴梁(今河南省开封市)人,北宋宰相郑居中之子。伪齐工部侍郎,知开封府,后移吏部尚书令、资政殿学士。

《宋史》卷三百五十一,列传第一百一十《郑居中传》载,郑亿年,北宋徽宗朝权邦彦主考榜进士,授秘书少监。郑亿年首鼠两端,先事刘豫,再事南宋的"吏迹",散见于《建炎以来系年要录》一书中。金立张邦昌"大楚"时,郑亿年接受伪命,后随张邦昌投宋高宗,于扬州任职学士。① 宋廷向临安撤退时,郑亿年躲进宁波深山间,被金兵所获,带回北方②。郑亿年妻与子女在台州,宋绍兴二年(1132年)妻卒时,宋高宗赐钱千缗。③ 伪齐立,《宋史·刘豫传》载:"郑亿年为工部侍郎",又移吏部。④ 大齐阜昌三年(1132年)六月,郑亿年升开封府尹,吏部尚书令、资政殿学士,四年后又调礼部、吏部两部侍郎。废齐后,知开封府。《建炎以来系年要录》又载,废齐不久,郑亿年从开封跑到临安,向宋廷"上表谢罪"。⑤ 宋高宗在秦桧的说情下,复以郑亿年为直学士、资政殿学士,宋徽宗下葬,郑亿年任复按使,事后提升为提举临安洞霄宫,赐田20顷。

《金史纪事本末·刘豫之立》载,郑亿年与秦桧系亲戚。郑亿年的母亲是王仲山的亲妹妹,而秦桧为王仲山的女婿,即郑亿年和秦桧妻子是姑表姐弟;秦桧的儿子秦熺,迎娶了郑亿年的哥哥郑修年的女儿,即秦桧的儿子是郑亿年的侄女婿。因此,秦桧兴则郑亿年兴,秦桧死后,郑亿年落职,贬南安军居住。⑥

范巽,济南人,范拱之兄,伪齐侍郎。《金史·范拱传》载,刘豫于阜昌元年(1130年)始行"什一税法",时丞相张孝纯及范拱、范巽等"极言其弊,请仍因履亩之法,豫不从。巽坐贬官,自是无复敢言者"。范巽因反对刘豫的"什一税法"而被

---

① 高占祥. 二十五史·宋史[M]. 北京:线装书局,2011:282.
② 高占祥. 二十五史·宋史[M]. 北京:线装书局,2011:705,739.
③ 高占祥. 二十五史·宋史[M]. 北京:线装书局,2011:921.
④ 高占祥. 二十五史·宋史[M]. 北京:线装书局,2011:975,1635.
⑤ [宋]李心传. 建炎以来系年要录[M]. 北京:中华书局,2013:2336,2360.
⑥ [清]李有棠. 金史纪事本末[M]. 北京:中华书局,2015:253,2783,2785.

贬官。

冯长宁，大齐初立时，南宋淮宁顺昌府、蔡州镇抚使冯长宁，即"以淮宁附于刘豫"，被刘豫任命为户部侍郎。在齐与南宋的对峙中，曾被刘豫派遣赴金"乞兵"。累官至参知政事（宰相贰）。

《二十五别史17·大金国志·齐国刘豫录》载，金天会八年（1130年）十月，"冯长宁请立什一税法，除户部侍郎"。刘豫迁都于汴之前，冯长宁规划汴京原北宋皇宫宫殿，为其迁都做准备。阜昌四年（1133年）五月，"冯长宁、许伯通删修什一税法，大略云：'宋之季世税法害民，权豪兼并，元元穷蹙。'"之后，刘豫于阜昌六年（1135年）二月，改"什一税法"为"五等税法"。阜昌七年（1136年）九月，刘麟领东南道行台尚书令，冯长宁任行台户部侍郎、行军参谋。其间，冯长宁被遣去金请立刘麟为太子，金拒。阜昌八年（1137年）九月，刘豫为最后一搏，"仍遣冯长宁再与金主乞兵"。

金天会十五年（1137年）十一月，废刘豫行尚书省于汴。后来，挞懒（完颜昌）与南宋议和，将河南、陕西地与宋。金天眷二年（1139年）三月，将汴京行台尚书省迁至大名府（今河北省大名县）。《建炎以来系年要录》卷一百二十九《绍兴九年六月己酉朔》云："金以行台户部尚书冯长宁为东京（今辽宁省辽阳市）户部使，曰大名到东京凡五千里，"而冯长宁一身金服，不惧遥远，一身女真打扮，"削发左衽而赴任"。①

金贞元三年（1155年）五月，冯长宁被提拔为参知政事。后在任南京（今河南省开封市）留守时，因冯长宁有为刘豫规划汴京的经历和经验，金主完颜亮安排冯长宁规划汴京开封，不料一场大火，把全城"延烧殆尽"，海陵王为此重责了有关官员："留守冯长宁、转运使左瀛各杖一百，除名"。

许伯通，大齐御史尚书左司员外郎。

《金史纪事本末·刘豫之立》载："初，侍郎冯长宁与御史许伯通同定什一税法，与阜昌敕令，敕式皆成，二法并行，文意相妨者，从税法"②。《建炎以来系年要录》卷六十五《绍兴三年（1133年）五月乙卯朔》载：

伪齐尚书户部郎中、兼权侍郎、权给事中冯长宁，尚书左司员外郎许伯通修什一税法，及阜昌敕令格式，是日书成。凡条法三十一件，随法申明二十二件，诸律

---

① ［宋］李心传. 建炎以来系年要录［M］.北京：中华书局，2013：2093.

② ［清］李有棠. 金史纪事本末［M］.北京：中华书局，2015：254.

刑统疏议。阜昌敕令格式与什一税法兼行文义相妨者,从税法。①

马扬,字伯鹰,东平人。宋宣和六年(1125年)进士,曾仕大齐刘豫监察御史,以直言见贬,废于家。详见卷十一,列传第四。

李俦,杭州(今浙江省杭州市)人,由宋降金,伪齐监察御史,历知郓州、单州、兖州、青州、袭庆府等地,移虢州卢氏酒监。累官至汴京副留守。《建炎以来系年要录》卷二十九载,宋建炎元年(1127年)为南宋虞部员外郎。三年(1129年)十一月,"完颜宗弼犯和州,守臣李俦以城降"。②《三朝北盟会编》载,李俦曾经担任宋和州知州,是年十二月,已降金的李俦,因与宋和州知州刘诲有旧交,被金人派入城中说降。"俦已剪发左衽矣",即一身女真打扮。和州军民见二人相会,以为刘诲接洽金人有投降之意,便起事攻打州署,刘诲大呼道:"李俦是本州人,为和州知州,为金人所执剃头而来,非金人也"。但全家还是被州人所杀。③

《三朝北盟会编》卷一百八十一,《炎兴下帙》八十一《起绍兴七年(1137年)十一月十八日》载:"十一月,改阜昌元年。李邺留守东平。郑亿年吏部侍郎。冯长宁自陈州归附,请立什一税法,除户部侍郎。李俦知郓州。李俅阳谷县令"④。李邺留守东平,时东平已经改称"东京",刘豫仿金中都燕京设"京都留守",同时置郓州东平府,故有李俦知郓州一说。但《建炎以来系年要录》卷三十九载,刘豫阜昌元年(1130年)十一月二十三日布告云:"伪尚书工部侍郎郑亿年移吏部。前知越州李邺知东平府。伪监察御史李俦知单州"⑤。《二十五别史17·人金国志·齐国刘豫录》载,李俦先知单州,续知郓州。是故,李俦知郓州的时间应该很短。

李俦,其父李友闻。《建炎以来系年要录》卷七十八《绍兴四年(1133年)秋七月戊申朔》载:"(宋)集英殿修撰李友闻,提举台州崇道观。友闻。伪齐李俦父"。⑥

《二十五别史17·大金国志·齐国刘豫录》载,伪齐立,刘豫任李俦为监察御史,十一月,知单州(今山东省单县),后知郓州。阜昌二年(1131年)十月,"徙李

① [宋]李心传.建炎以来系年要录[M].北京:中华书局,2013:1105.
② [宋]李心传.建炎以来系年要录[M].北京:中华书局,2013:571.
③ [宋]徐梦莘.三朝北盟会编[M].上海:上海古籍出版社,2008:982.
④ [宋]徐梦莘.三朝北盟会编[M].上海:上海古籍出版社,2008:1309-1310.
⑤ [宋]李心传.建炎以来系年要录[M].北京:中华书局,2013:739.
⑥ [宋]李心传.建炎以来系年要录[M].北京:中华书局,2013:1275.

俦知袭庆府(今山东省济宁市兖州区)"。《建炎以来系年要录》卷四十八《绍兴元年(1131年)十有一月甲午朔》载:刘豫遣"知单州李俦知青州"。① 阜昌六年(1136年)十月,"有告李俦骂丞相张昂口溺,降官五(阶),为虢州卢氏酒监"。

金天会十五年(1137年)十一月废齐后,李俦复官阶,为汴京副留守。

李俅,历伪齐东平府阳谷县令,累官至监察御史。

《二十五别史17·大金国志·齐国刘豫录》载,刘豫僭立,"是时,金师南征回,俾李邺、李俅、李俦、郑亿年臣于豫"。阜昌二年(1131年)十一月,任李俅为东平府阳谷县令。

阜昌三年(1132年)九月,"李俅言十一税法利害,可采,遣监察御史"。

马定国(?—约1165年),字子卿,号茅堂先生,金山东西路博州茌平(今山东省聊城市茌平区)人。唐中书令马周裔孙。在宋曾官郓州。金初战乱,闲居乡里。刘豫阜昌初,任大齐监察御史,仕至翰林学士。尝考《石鼓》为宇文周时所造,有《茅堂集》存世。

马定国靠拍刘豫马屁而升官。《金史》卷一百二十五,列传第六十三《文艺上·马定国传》载,伪齐立,"阜昌初,游历下,以诗撼齐王豫,豫大悦,授监察御史,仕至翰林学士"②。

王庆生《金代文学家年谱》第二卷《马定国》,载录了马定国在济南写的《登历下亭有感》:"男子当为四海游,又携书剑客东州。烟横北渚菱荷晚,木落南山鸿雁秋。富国桑麻连鲁甸,用兵形势接营丘。伤哉不见桓公业,千古绕城空水流。"③东州,即东平。末句暗以春秋之齐喻刘豫之齐,以齐桓公喻刘豫,感叹世无管仲,不能成就霸业。言语间不无自许,乃干谒声吻,尽显奉承献媚之态。

齐阜昌四年(1134年)九月,学士院马定国进献刘豫《君臣名分论》:

京师再驾,攻围汴都,康王以帝弟之亲,总元帅之任,提天下重兵,号称勤王。自冬徂夏,迁延六月,移屯济州,坐视京师之危,略无进师之意。及夫汴京失守,二帝北狩,康主谓天下之在己,乃遽巡即帝位于睢阳。余自观之,是耶?定国应之曰"非也"。

马定国力贬宋高宗而高歌刘豫。因此,刘豫高兴的"批定国转一官"。

---

① [宋]李心传.建炎以来系年要录[M].北京:中华书局,2013:868.
② [元]脱脱,等.金史[M].北京:中华书局,1975:2719.
③ 王庆生.金代文学家年谱[M].南京:凤凰出版社,2005:87-88.

马定国是仕金的宋儒之一,也是金初借才异代时期的一位重要诗人。《金史·文艺志上·马定国传》载:"自少志趣不群。宣、政末,题诗酒家壁,坐讥讪得罪,亦因以知名"①。元好问《中州集》甲集第一《马御史定国小传》称:"宣政末题诗酒家壁"②。王庆生《金代文学家年谱·马定国》载其诗:"苏黄不作文章伯,童蔡翻为社稷臣,三十年来无定论,到头奸党是何人。"③

马定国的《客怀》尤为人赞。"结发游荆楚,劳心惜寸阴。草长春径窄,花落晓烟深。谷旱惟祈雨,年饥不问金。三齐虽淡薄,留此亦何心。"

《金史·马定国传》载:"《石鼓》自唐以来无定论,定国以字画考之,云是宇文周时所造,作辩万余言,出入传记,引据甚明,学者以比蔡正甫《燕王墓辩》"。时学者认为马定国的《唐石鼓辩》比肩蔡珪的《燕王墓辩》。

废齐后,仕翰林学士。

马定国约卒于大定初。山东旧志载,聊城市茌平区马定国墓,在区治南5千米兴隆铺。

朱之才,字师美,号庆霖居士。宜阳(今河南省洛阳市宜阳县)人,北宋崇宁二年(1103年)进士,入金仕伪齐谏官,直言进谏贬为泗水(今山东省泗水县)令,不久退官,归隐于山东西路兖州府辖地嵫阳(今山东省济宁市兖州区),是为良知文人。《中州集》称朱之才"有《霖堂集》传世",并在卷二录其诗17首。

朱之才直谏被贬,定居兖州。元好问《中州集》卷二《朱谏议小传》:"之才字师美,洛西三乡人"④。少为太学生,北宋崇宁二年(1103年)进士,曾官江南。王庆生《金代文学家年谱》第三卷《朱之才朱澜年谱》:"伪齐立,为谏官。坐直言黜泗水(今山东省泗水县)令"⑤。

齐阜昌三年(天会十年,1132年),朱之才"乞致仕,家于嵫阳"。元好问《中州集·朱谏议小传》云:"寻乞闲退,寓居嵫阳,因而家焉"。嵫阳,今山东省济宁市兖州区辖境,金时归山东西路辖。

朱之才善诗。朱之才《谢孙寺丞惠梅花》:"我来泗水上,居与墟墓邻。弥望多枣栗,碍眼皆荆榛。忽忽度岁月,不知时已春。"诗言泗水之滨的新居偏僻荒凉。

---

① [元]脱脱,等.金史[M].北京:中华书局,1975:2719.
② [金]元好问.中州集[M].上海:华东师范大学出版社,2014:58.
③ 王庆生.金代文学家年谱[M].南京:凤凰出版社,2005:87.
④ [金]元好问.中州集[M].上海:华东师范大学出版社,2014:73-77.
⑤ 王庆生.金代文学家年谱[M].南京:凤凰出版社,2005:92-95.

其《复用九日诗韵呈黄寿鹏》为"自画"诗:"忽忽天星二十九,当年曾醉琼林酒。那知晚节岱阳城,白发苍颜两闲叟。"朱之才自宋崇宁二年(1103年)登科,至写此诗时已29年,朱之才仕齐时间甚短,为保晚节,守良知而知进退,无奈之情言于表。

朱澜(约1129—)字巨观,家兖州府嵫阳,朱之才之子。元好问《中州集》卷七《朱宫教澜小传》云:"澜字巨观,霖堂先生之子。学问该洽,能世其家"①。金大定二十八年(1188年),年已60岁考中进士,足见其意志。历任诸王文学。在女真贵族当中,就有越王完颜永功及其子密国公完颜璹等向他学习。后迁应奉翰林文学,国史院编修。承安、泰和年间,"终于侍制。党(怀英)、赵(秉文)推换之力为多"。

据王庆生稽考,朱澜有《道宫薄媚曲》集,已轶。"以尝入教宫掖,故集中多宫词",《中州集》选其《宫词》一首。金代著名文学家吴文正对朱澜评价甚高。《吴文正集》卷五十六《题朱巨观道宫薄媚曲后》曰:"李杜文章在,光焰万丈长……金儒朱澜巨观劾《黎园十曲》赞杜,有为余言朱之为人及出处者,余读之悲其志云"。

朱澜传世铭文主要有:兖州府邹县《金大乘寺铸钟铭碑》,朱澜撰、元俌正书、李致道篆额;金明昌元年(1190年)撰《十方大天长观普天大醮瑞应记》;金大定二十七年(1187年)落成的《五华山碑记》;金泰和三年(1203年)撰《创建玄真观碑》等。

四、其他人物

孔璠,字文老,曲阜人,孔子第49代孙,齐阜昌三年(1132年)补迪功郎,天眷三年(1140年)袭封衍圣公。金皇统二年(1142年)逝。详见卷十二,列传第五。

耨盌温敦思忠(1089—1161年),女真族。本名乙剌补,阿补斯水人。伪齐立之初,任传宣使。

《金史》卷八十四,列传第二十二《耨盌温敦思忠传》载,金太祖完颜阿骨打伐辽时,应密文字,"往复数千言,无少误"。其后跟完颜宗翰伐宋。"封刘豫为齐帝,思忠为传宣使,俄授谋克"。以左丞相兼侍中致士,封沂国公。②

金正隆六年(1161年),73岁薨。

---

① [金]元好问. 中州集[M].上海:华东师范大学出版社,2014:428.
② [元]脱脱,等. 金史[M].北京:中华书局,1975:1881-1883.

祝简(? —约1120年),字廉夫,单父(今山东省单县)人。宋政和末年及第。伪齐立,仕为宣教郎、太常博士、兼值史馆。曾进刘豫《迁都赋》《国马赋》《君臣名分论》。

元好问《中州集》乙集第二《祝太常(博士)简小传》①载,宋末登科,宋政和丁酉(政和七年,1117年)任洺州教官。金国初期,曾倅某州,时间地点无考。伪齐立,祝简仕为宣教郎、太常博士、兼值史馆。仕至朝奉郎、太常丞兼直史馆。

祝简富文采,书"两赋一论"而得宠。《二十五别史17·大金国志·齐国刘豫录》载:"阜昌二年(1131年)十二月,东京(刘豫改东平为东京)官属并父老史平及僧道捧表,请迁都,诏史平补上州文学,僧道赐斋。阜昌三年(1132年)四月,迁都于汴"。"阜昌三年(1132年),太常博士祝简进《迁都赋》,又进《国马赋》"。后上《君臣名分论》。

祝简《迁都赋》文已不存。王庆生《金代文学家年谱》第三卷《祝简》援载:

《伪齐录》引得《迁都赋》中一句:"炎祚烬,生辟王。用阉竖,锢忠良。"《刘豫事迹》:"宣教郎、太常博士、兼值史馆祝简……进《国马赋》,大略云:'蠢尔蛮荆,弗宾弗降,固将突骑长驱,不资一苇之航'。豫批云:'文赋非治天下所宜尚,然自前朝失理,上恬下嬉,怠意监牧。国家创业,力为生灵主除祸乱,以养马为急务,尤恐官吏军民,多狃于旧俗,未知尽心于牧围刍秣之道。此赋极陈马之为用,使读之者知此为至重而不可忽,实有补于马政。祝简可减二年磨勘,以示无言不酬。'"②

又曾进《君臣名分论》,为刘豫的君位正统张目。

祝简的"两赋一论",迎合了刘豫以大齐代南宋的野心,深得刘豫的欢心,祝简因而升官、减赋。

祝简诗甚工。元好问《中州集》称,"廉夫诗甚工,如《赋雪》云:'雪屋无寒梦,油灯有细香。'《书怀》云:'白发浑无赖,朱颜更不回。''遮眼细书聊引睡,扶头浊酒最关情。'此类甚多"。祝简进士及第时作《春日》:"莺语相喧浩荡春,落花细点禁街尘。游丝飞絮狂随子,迟日和风欲醉人。"《下第鱼台东寺》诗:"病眼逢花亦倦开,流莺飞去误相猜。"

著有《鸣鸣集》传世。

---

① [金]元好问.中州集[M].上海:华东师范大学出版社,2014:66-70.
② 王庆生.金代文学家年谱[M].南京:凤凰出版社,2005:91-92.

赵鉴,字择善,济南章丘(今山东省济南市章丘)人。宋建炎二年(1128年)进士,大齐历城丞、长清令等职,因政绩显著而被刘豫提拔。累官至河北西路转运使(秩正三品),致仕。

《金史》卷一百二十八,列传第六十六《循吏·赵鉴传》载:

宋建炎二年(1128年)进士,调庐州司理参军。是时江、淮方用兵,鉴弃官还乡里。齐国建,除历城丞,转长清令,皆剧邑难治,鉴政甚著。刘豫召见,迁直秘阁、提举泾原路弓箭手、兼提点本路刑狱公事,诚之曰:"边将多不法,可痛绳之。"原州守将武悍自用,以鉴年少易之,鉴发其奸,守将坐免,郡县闻风无敢犯者。①

废齐后,赵鉴历职城阳军,山东东路转运副使,摄行台左司郎中,济州刺史,移涿州,知火山军。金大定初(1161年起)知宁海军,再迁镇西军节度使,改河北西路转运使。致仕,卒。

宋厚,《二十五别史17·大金国志·齐国刘豫录》载,阜昌三年(1132年)九月,"宋厚,上书言利害,以豫其说上官悟之故,特录用之"。

据《宋史·刘豫传》载:"方豫未僭号时,数遣人说东京副留守上官悟,及赂悟左右乔思恭,与共说悟令降金,悟并斩之"。

史平,伪齐补上州文学。《二十五别史17·大金国志·齐国刘豫录》载:"阜昌二年(1131年)十二月,东京(刘豫改东平为东京)官属并父老史平及僧道捧表,请迁都,诏史平补上州文学,僧道赐斋。阜昌三年(1132年)四月,迁都于汴"。

史平等人的捧表,迎合了刘豫借迁都汴京而壮大军事、吞南宋,进而以齐代宋的野心,故史平因阿谀奉承而得官。

德真、王从。《二十五别史17·大金国志》卷之七《纪年七》载,金天会九年(1131年)冬,刘豫的弟弟刘益任开封留守,为了迎合刘豫从东平(刘豫称东京)迁都开封的意愿,把在京官属的父老、史平等人集结归并起来,同时纠结负责佛教事务的僧录德真、负责道教事务的道录王从,"问之东平",请刘豫迁都开封。②

徐文(?—1162年),字彦武,莱州掖县(今山东省莱州市)人,宋淮东、浙西、沿海水军都统制,宋绍兴三年(1133年)因朝廷猜忌、袭击和同僚妒忌率部投归大齐刘豫,任莱州知州。金皇统年间(1141—1150年),曾知山东西路济州(今山东

① [元]脱脱,等. 金史[M].北京:中华书局,1975:2767.
② [金]宇文懋昭. 二十五别史17·大金国志[M].李西宁,点校. 济南:齐鲁书社,2000:66.

省巨野县)7年,移知泰安军(驻山东省泰安市)。累官至都水监。

《金史》卷七十九,列传第十七《徐文传》和平度市出土的金皇统四年(1144年)《徐方墓志铭》载,徐文,莱州掖县人,祖父徐荣迁徙胶水(今山东省平度市)。徐文少时以贩盐为业,在沿海诸州贩运。因刚勇重义气,同辈人都很敬畏他。初,应募为北宋密州板桥(今山东省青岛市胶州)左十将。徐文勇力过人,能挥舞重达25千克的大刀,所向无敌,人呼"徐大刀"。在宋与西夏的争战中,徐文作战英勇,曾生擒一员西夏将,补进武校尉。东还,镇压了杨进领导的起义军,升承信郎。①

南宋建炎元年(1127年),宋康王赵构渡江南奔,徐文应召为枢密院准备将,擒苗傅及韩世绩等叛臣,以功迁淮东、浙西、沿海水军都统制。因而遭同列诸将妒忌其材勇。是时,宋将李成、孔彦舟皆投归大齐刘豫,宋廷猜忌徐文也有投降之心,宋将阎皋与徐文有隙,趁机诬陷徐文欲投归刘豫。宋廷派统制朱师敏袭击徐文,徐文被迫率战舰数十艘泛海归于大齐。大齐刘豫既封徐文为海、密二州沧海都招捉使兼水军统制,又升徐文为海道副都统兼海道总管,赐金带。徐文向刘豫献计,自海道袭击南宋临安,刘豫未采用。

金天会十五年(1137年),金朝废除伪齐,元帅府承制以徐文为南京步军都虞候,权马步军都指挥使。金天眷元年(1138年),破太行贼梁小哥,以本职兼水军统制。金廷以河南地与宋,徐文任山东路兵马钤辖。

宗弼复取河南,徐文破宋将李宝于濮阳、孟邦杰于登封。宋蒋知军据河阳,徐文迟明至其城下,使别将攻城东北,自将精锐潜师袭南门。城中悉众救东北,徐文于是乘机从南门斩关入城。宋军溃去,追击败之。破郭清、郭远于汝州。郑州叛,复取之,击走宋将戚方。河南既平,宗弼劳赏将士,赏徐文银币鞍马。充行军万户,从宗弼取庐、濠等州,超换武义将军。知山东西路济州,在职7年,移知泰安军。海陵即位,录旧功,累迁中都兵马都指挥使,赐金带,改浚州防御使。未几,海陵谋伐宋,改行都水监,监造战船于通州。

赵斌,大齐帅。《金史纪事本末·刘豫之立》载,金天会八年(1130年)十月,刘豫派遣大齐元帅赵斌去商州诱劝尹惇归齐未果。"时尹惇居商州,(刘)豫遣伪帅赵斌礼聘,不从"。

杨伟,宋绍兴二年(齐阜昌三年,1132年)三月,杀宋河南镇抚使翟兴降归刘豫。

---

① [元]脱脱,等. 金史[M].北京:中华书局,1975:1785-1786.

《宋史·刘豫传》载,宋绍兴二年(1132年)三月,"河南镇抚使翟兴屯伊阳山,豫患之,使人招兴,许以王爵。兴焚伪诏并戮其使。豫乃阴结兴麾下杨伟图之。伟杀兴,持兴首降豫"。

《宋史》卷四百五十二,列传第二百一十一《翟兴,弟进传》①载,宋河南镇抚使、河东北路兵马使翟兴,孤军据守伊阳(今河南省洛阳市伊川),成为刘豫迁都汴京的路障,刘豫每遣人往陕西则假道于金人,由怀、卫、太行,取蒲津济河以达,刘豫深苦之。便派将领持书信到伊阳劝降,并以王爵相许,翟兴斩使焚书。

《建炎以来系年要录》卷五十二《绍兴二年(1132年)三月壬辰朔》载,是年正月,刘豫为打通伪齐东、西部的联系,发兵攻打伊阳,被翟兴及部将李恭击败。于是,刘豫便私下收买翟兴的部将杨伟、金润为内应,于三月再次发兵时,杨伟趁翟兴坠马落地之机害之,携其头颅投奔刘豫,邀功请赏。

武功大夫、忠州团练使合门宣赞舍人、河南府孟、汝、唐州镇抚使、知河南府兼节制应援河东北兵马使翟兴,为其将官杨伟所杀。初,伪齐刘豫之将移都汴京也,以兴屯伊阳山寨,惮之。豫每遣人往陕西,则假道于金人,由怀、卫、太行取蒲津济河以达,豫深苦之,尝遣迪功郎蒋颐持诏书遗兴,诱以王爵,兴戮颐而焚其书。豫计不行,乃阴遣人啗(注:引诱杨)伟以厚利,伟遂杀兴,携其首奔豫。兴死时年六十。其子兵马钤辖琮,收合余兵退保故寨,自是不复能军。事闻,(宋廷)诏赠兴为保信军节度使。②

又云,"刘豫遣蒋颐持书遗兴,兴戮颐于市。豫计不行,复诱兴裨将杨伟阴约内应,以谋害兴。是日,贼兵径犯中军寨,兴亲迎贼与战,遂陷重围中,贼奋击之",翟兴力战不胜,不幸于宋绍兴二年(1132年)三月二十二日坠马遇害。是年七月,宋廷诏翟兴的儿子翟琮权河南镇抚使保故寨。

《建炎以来系年要录》卷六十七《绍兴三年(1133年)秋七月甲寅朔》载:"乙未,诏河南镇抚使翟琮,且在襄阳府屯泊,听候朝旨。时,梁、卫之地悉沦伪境,琮屯伊阳之凤牛山,为伪齐所逼,孤立不能敌,率部曲突围奔襄阳"③。

陆渐,宋武功大夫、成州团练使。《建炎以来系年要录》卷八十三《绍兴四年十二月乙亥朔》载:"孝纯与伪尚书右丞李邺论及本朝,邺曰'死无所惮,但恐如陆渐

---

① 高占祥.二十五史·宋史[M].北京:线装书局,2011:2431-2432.
② [宋]李心传.建炎以来系年要录[M].北京:中华书局,2013:922.
③ [宋]李心传.建炎以来系年要录[M].北京:中华书局,2013:1137.

之祸,恶名终不可免尔'。孝纯乃止"。①

王庆生《金代文学家年谱》第十六卷《张孝纯年谱》载,陆渐,宋武功大夫、成州团练使,为宗弼所俘,命仕伪齐,后逃归于宋,言者论(陆)渐曾劝宗弼焚临安,乃下大理,坐诛。②

五、怼刘豫者

张邵(1089—1147年),字才彦,乌江(今安徽省和县)人。宋宣和三年(1121年)进士。《宋史》卷三百七十三,列传第一百三十二有《张邵传》。

《三朝北盟会编》卷二百二十二《炎兴下帙》一百二十二,宋建炎三年(1129年),因金军再次渡河南下,南宋朝廷想派使臣止其师求和,而朝廷上下没有一人愿意出使金国。张邵"慨然请行。朝廷特转五官,授奉议郎、直龙图阁借礼部尚书,充奉使大金军前使,杨宪副之"③。张邵由安徽入山东,被长期经略山东的金帅挞懒(完颜昌)扣留于密州(今山东省诸城市)。次年(1130年)四月,挞懒传令部下,将张邵送伪齐刘豫录用,于是张邵被送到东平。因刘豫曾任宋殿中侍御史,一日,张邵等刘豫升陛后,作了个揖即后讽刺刘豫说:"恭维殿院台候万福!"刘豫愕然,然后慰藉张邵,并且说明录用之意。张邵斥刘豫所作所为,陈述君臣大义,慷慨愤激,词气俱厉。刘豫大怒。当时,副使杨宪惧于刘豫淫威已经失节投降,张邵言归宋后斩杨,杨宪吓得躲开了。于是,刘豫把张邵于司理院关了半年,张邵屡次请借书看,刘豫知张邵终不可屈服,遂复送给金人,金将张邵拘留于燕山之圜福寺达14年之久,跟从张邵的人都散走了,宋廷无人知道张邵的下落。宋绍兴十三年(1143年),金人才把张邵放还南宋。宋绍兴十七年(1147年)七月,张邵卒。

刘长孺,金奉议郎,签书博州判官厅公事,因劝刘豫归宋,刘豫"怒追其官、囚之百日"。

《宋史》卷四百五十三,列传第二百一十二《忠义八·刘化源传》载:"有刘长孺者,亦耀州(今陕西省铜川市耀州区)人。时签书博州(今山东省博平县,金朝属山东西路)判官厅公事,与豫书,备陈祖宗德泽,劝以转祸为福。豫怒,追其官,囚之百日,长孺终不屈。豫后复官之,不从"。

---

① [宋]李心传. 建炎以来系年要录[M].北京:中华书局,2013:1363.
② 王庆生. 金代文学家年谱[M].南京:凤凰出版社,2005:1002.
③ [宋]徐梦莘. 三朝北盟会编[M].上海:上海古籍出版社,2008:1601-1605.

《金史纪事本末·刘豫之立》载，"博州判官刘长孺遗书劝反正，囚之"。刘豫残酷镇压反抗伪齐之士，将刘长孺免官入狱。

邢希载、毛澄，《金史纪事本末·刘豫之立》载："沧州（今河北省沧州市）进士邢希载、毛澄皆上书请密通江南，斩之"。

《金小史》卷四载："沧州（今河北省沧州市）进士邢希载上言有大利害，乞见豫，既召到，即言莫若遣使密通江南，不然结好西夏为援。豫榜于市云，上国闻知，与生灵为害不细，斩首号令"。刘豫把邢希载召到都城后，不但斩杀且榜于市，以杀一儆百。①

阎琦，宋承务郎，被刘豫杖死。

《金史纪事本末·刘豫之立》载，刘豫"大索宋宗室，承务郎阎琦匿之，杖死"。

薛筇，宋进士，因力劝豫归宋，几见死。

《金史纪事本末·刘豫之立》载："进士薛筇力劝豫归宋，几见死，（张）孝纯救免"。《宋史·刘豫传》载："豫遣刘麂与金帅撒离曷侵蜀。执进士薛筇送豫，筇勉豫：'早图反正，庶或全宗，孰与他日并妻子磔东市？'豫怒，欲兵之，赖张孝纯获免"。

刘宣，宋武功大夫，秦凤路兵马都监。仕齐后因密通宋将吴玠，并约定时日率军归宋，被告发后，刘豫残忍地将刘宣"细细撕裂"。

据《建炎以来系年要录》卷四十二《绍兴元年（1131年）二月戊辰朔》②，《宋史》卷四五三，列传第二百一十二《忠义八·刘宣传》记载，宋绍兴元年（1131年）二月，"刘宣，为秦凤路兵马都监。金人入关、陕，宣遣密书与吴玠相结，且率金（伪齐）将任拱等以所部归朝。约日已定，有告之者，金人取宣缕擘之，其家属配曹州"③。刘豫处死刘宣，其手段残忍，令人发指。刘豫又将刘宣的家属发配曹州（今山东省菏泽市曹县）。

① ［明］杨循吉．金小史［M］.沈阳：辽沈书社，1985：42-46.
② ［宋］李心传．建炎以来系年要录［M］.北京：中华书局，2013：775.
③ 高占祥．二十五史·宋史［M］.北京：线装书局，2011：2436.

卷十四　列传第七　游寓人物

游寓东平之文武诸才

文儒：

高庆裔　党怀英　毛端卿　商衡　任天宠　贾铉　孙德渊　师拓　王扩　吕豫　杨宏道　王寂

武备（一）：

完颜宗翰　完颜毅英　王伯龙　高彪　斜卯阿里　赤盏晖　耶律怀义　完颜永元　完颜蒲剌都　黄掴吾典　仆散扫合　完颜霆　杨伯渊　邹谷

武备（二）：

耿京　辛弃疾　贾瑞　李全　彭义斌　时青　时全　储进　张祐　张林

方伎：

李杲　张子和

宗教：

丘处机

文武诸才游寓东平,或参加科举、游学、宗教活动;或转战于东平地区;或探亲访友、公干出使,公私途径;等。虽寓之东平时日长短不一,但地以人重,来之有缘,且可"窥"时之形势、风情,故纪之。

一、文儒

高庆裔(? —1137年),在伪齐政权建立及刘豫"登基"中担当了"始作俑者"的重要角色。

高庆裔,辽阳渤海(今内蒙古自治区巴林左旗)人,辽朝降臣。仕金之初,因精通女真语与汉语,职翻译之通事,后历任西京留守、大同尹、上柱国、太子少保、尚书左丞等。在伪齐政权建立及刘豫"登基"中担当了"始作俑者"的重要角色。金天会十五年(1137年)六月,在金廷内部倾轧中被金熙宗以贪赃罪下狱,后处死。

宋、金进入对峙局面后,金为实现"中外一统""以汉治汉"的目标,在宋靖康二年(1127年)立"大楚"失败后,拟"更立其人",寻立新的"代理人"。《金史》卷七十七,列传第十五《刘豫传》载:

初,康王既杀张邦昌,自归德奔扬州,诏左右副元帅合兵讨之,诏曰:"俟宋平,当援立藩辅,以镇南服,如张邦昌者。"及宋主自明州入海亡去,宗弼北还,乃议更立其人。众议折可求、刘豫皆可立,而豫亦有心。挞懒为豫求封,太宗用封张邦昌故事,以九月朔旦授策。受策之后,以藩王礼见使者。①

金立大齐刘豫,高庆裔首建其谋。《金史》《二十五别史 17 · 大金国志》《三朝北盟会编》诸史料载,金太宗完颜晟时,宗望、挞懒(完颜昌)、刘彦宗把持的"东朝廷"燕京枢密院与粘罕(完颜宗翰)、兀室(完颜希尹)、时立爱把持的"西朝廷"云中枢密院,于金天会六年(1128年)合并,枢密院已权倾于宗翰及其心腹韩企先、高庆裔手中。粘罕(完颜宗翰)在立刘豫时恐为政敌挞懒(完颜昌)抢先,而积极拉拢、促立刘豫,高庆裔便成为大齐的"始作俑者"。《二十五别史 17 · 大金国志》第六卷,纪年六《太宗文烈皇帝四》载:

云中留守高庆裔献议于粘罕(完颜宗翰)曰:"吾君举兵止欲取两河,故汴京既得,而复立张邦昌。后以邦昌废逐,故再有河南之役。方今两河州郡既下之后,而官制不易,风俗不改者,可见吾君意非贪大,亦欲循邦昌之故事也。元帅可首建此

---

① [元]脱脱,等 . 金史[M].北京:中华书局,1975:1759-1762.

议,无以恩归他人。"粘罕从之,于是令右监军兀室驰请于朝,国主从之。①

《三朝北盟会编》卷一百四十一《炎兴下帙》四十一转引《节要》言:

先是虏中伪留守高庆裔献计于粘罕曰:"吾君举兵止欲取两河,故汴京既得而复立张邦昌。后以邦昌废逐,故再有河南之役。方今河南州郡自下之后,亦欲循邦昌故事。元帅可首建此议,无以恩归它人。"盖以金人自陷山东,挞懒久居滨潍,刘豫以相近奉之尤喜,挞懒尝有许豫僭逆之意。庆裔,粘罕腹心也,恐为挞懒所先,遂遽建议,务欲功归粘罕。粘罕从其说。②

也就是说,建立伪齐政权以统治汉地是金政权的既定方针,而挞懒支持刘豫,有意使其成为伪政权的首脑。但是,真正提议组织伪政权的是宗翰、高庆裔集团。高庆裔首建其谋,宗翰同意并经金太宗批准,方组伪齐政权。

为达立刘豫的目的,宗翰、高庆裔站台造势。《三朝北盟会编》载:

遣庆裔自云中,由燕山、河间越旧河之南,首至豫所隶景州。会吏民于州治,谕以求贤建国之意,郡人莫敢言之,皆曰:"愿听所举,某等不知贤者。"庆裔徐露以属刘豫,郡人迎合虏怀,惧豫权势,又豫适景人也,故共戴之。裔喜曰:"尔与朝廷、帅府之意正相合尔。"遂令列状举之。庆裔至德、博、东平一依景州之例。既至东平,则分檄诸郡以取愿状归。至云中,具陈诸州郡共戴刘豫之意,及持诸吏民愿状于报罕。复令庆裔驰问刘豫可否,豫佯辞之,又且推前知太原张孝纯。庆裔归报粘罕。又遣庆裔谕豫曰:"戴尔者河南万姓,推孝纯尔者唯尔一人,难以一人之情,而阻万姓之愿。尔可就位,我当遗孝纯辅尔。"豫诺之,粘罕于是令右监军兀室驰禀于虏主吴乞买,从之。故豫得僭位。

刘豫伪齐政权的建立是由宗翰集团扶植起来的,也得到了金太宗的支持。刘彦宗死后,设于燕京的枢密院归入云中枢密院,所以高庆裔得以具体主持伪齐政权的建立之事。因此,"豫之立也,高庆裔推之,粘罕(完颜宗翰)主之,虏主吴乞买从之,豫知恩悉从三人"。

于是,大齐立。《金史》卷三,本纪第三《太宗纪》云,金天会八年"九月戊申,

---

①　[金]宇文懋昭.二十五别史17·大金国志[M].李西宁,点校.济南:齐鲁书社,2000:56-58.

②　[宋]徐梦莘.三朝北盟会编[M].上海:上海古籍出版社,2008:1027.

立刘豫为大齐皇帝,世修子礼,都大名府",不久复居东平。①

高庆裔是完颜宗翰排除异己、淫刑毒政的"军师"。完颜宗翰的"坏心眼",多出自高庆裔。《二十五别史17·大金国志》第二十七卷《开国功臣传·粘罕传》言,在"太宗朝,罕(宗翰)之专权,主不能令,至于命相,亦取决焉。后握兵不数年,淫刑毒政,皆高庆裔教之"②。金天会十年(1132年)三月,完颜宗翰为排除异己,树立党羽,施行"磨勘法",对官吏资格进行调查及政绩评定,高庆裔、韩企先助孽为纣,承完颜宗翰旨意,大肆剪除、排斥蔡松年、曹望之等异己。

高庆裔对汉人暴戾恶毒。《建炎以来系年要录》卷四十七《绍兴元年(1130年)九月甲午朔》载:

(九月癸亥)时,盗贼愈多,宗维(注:即粘罕、完颜宗翰,下同)用大同尹高庆裔计,令窃盗赃一钱以上皆死。云中有一人拾遗钱于市,庆裔立斩之。萧庆知平阳府,有行人拔葱于蔬圃,亦斩之。民知均死,由是窃盗少衰而劫盗日盛。庆裔又请诸路州郡置地牢,深三丈、分三隔,死囚居其下,徒流居其中,笞杖居其上。外起夹城,围以重堑。宗维从而行之。宗维患百姓南归及四方奸细入境,庆裔请禁诸路百姓,不得擅离本贯。欲出行则具人数行李,以告五保、邻人,次百人长、巷长,次所司保明以申州府,方给番汉公据以行。市肆验之以鬻饮食,客舍验之以安止,至则缴之于官,回则易之以还。在路日限一舍,违限若不告而出者,决沙袋二百,仍不许全家出。及告出而转之他处于,是人行不以缓急,动弥旬日,始得就道,且又甚有所费。小商细民,坐困闾里莫能出入,道路寂然,几无人迹矣!③

高庆裔最终成为金廷派系斗争的牺牲品。金熙宗即位后,女真贵族派系斗争激烈,完颜宗翰派失势。金天会十五年(1137年)六月,金熙宗杀其亲信尚书左丞高庆裔、转运使刘思。宗翰请求免去自己的官为高庆裔赎罪,熙宗不允,七月,宗翰愤郁而死。宗翰的政敌元帅左监军挞懒(完颜昌)升为左副元帅,封鲁国王。十月,熙宗下令废完颜宗翰、高庆裔支持的伪齐刘豫,设行台尚书省于汴京。

党怀英(1133—1210年),字世杰,号竹溪,原籍冯翊(今陕西省大荔县)人。金世宗大定三年(1163年),党怀英参加东平府试,考取解元,一举成名。党怀英

① [元]脱脱,等.金史[M].北京:中华书局,1975:64.
② [金]宇文懋昭.二十五别史17·大金国志[M].李西宁,点校.济南:齐鲁书社,2000:202-203.
③ [宋]李心传.建炎以来系年要录[M].北京:中华书局,2013:854.

能诗善文,尤长书法,为金朝著名文学家、书法家,累官至翰林学士承旨。

党怀英从父落户泰安。党怀英的父亲党纯睦,曾任泰安军录事参军,卒于官。因家贫无力返还陕西老家,遂落籍于山东西路奉符县(今山东省泰安市泰山区)。

党怀英少时家窘给人放猪。王恽《玉堂嘉话》卷四第一百一十五条载:"闻土人说党竹溪未时家甚窘,至今其子为人牧猪"①。

党怀英苦学不辍终登第。《金史》卷一百二十五,列传第六十三《文艺志上》之《党怀英传》云:"少颖悟,日诵千余言"②。成年后,党怀英与后来成为宋代抗金名将的辛弃疾一起求师于亳州刘瞻,二人才学出众,号称"辛、党"。金大定三年(1163年),东平府试夺魁,但之后却面对会试、殿试未能及第的逆境和"诗人固多贫,深居隐茅蓬"(元好问《中州集》丙集第三《雪中四首》)的困境。党怀英始终坚持苦学不辍,并纵情山水。大定十年(1170年)再次参加科举考试,终进士及第。

党怀英历州县,入翰林。进士及第后,授莒州(今山东省莒县)军事判官,后历新泰县(今山东省泰安市新泰市)令,汝阴县(今安徽省阜阳市)令。金大定十七年(1175年)入朝,历国子监祭酒、翰林待制兼同修国史、泰安军(驻山东省泰安市境内)节度使等职,累官至翰林学士承旨,故时人称"党承旨"。

党怀英善诗文,著有《竹溪集》30卷,惜佚。《中州集》(卷三)、《全金诗》等辑存诗词74首、文13篇,时"学者宗之"。章宗说:"近日制诏,惟党怀英最善"。文坛盟主赵秉文称其"尤工于制诰,为金开国第一"。

党怀英书法、绘画自成一家,有"独步金代"的美誉。《金史·文艺志上·党怀英传》载:"党怀英善小篆,李阳冰以来鲜有及者"。王恽盛赞:"文献公大定间翰墨为天下第一"。泰和四年(1204年),金章宗完颜璟铸行的"泰和重宝",面文为盘篆,出自党怀英手笔,其字笔圆润老道、线条流动、柔中寓刚、洒脱透逸,为我国钱币书法之珍品。党怀英在泰山一带书法作品尤众。立于金大定二十二年(1182年)党怀英篆额的《大金重修东岳庙碑》,立于金大定二十四年(1284年)由党怀英撰文、书丹并篆额的《重修天封寺记碑》,立于金泰和元年(1201年)由党怀英撰文、篆额的《谷山寺记碑》,以及泰山谷山寺书刻"玉泉"等。

金大安三年(1210年)九月逝,终年83岁,谥号"文献"。党怀英逝后,赵秉文为其撰《翰林学士承旨文献党公碑》,赞曰:"古人各一艺,公独兼之,可谓全矣"。

---

① [元]王恽. 玉堂嘉话[M].北京:中华书局,2006:117.
② [元]脱脱,等. 金史[M].北京:中华书局,1975:2726-2727.

党怀英墓,在今泰安市岱岳区北集坡镇西旺村党家林。①

毛端卿,字飞卿,祖籍彭城(今江苏省徐州市),后迁临清(今山东省临清市),东平经义解魁,金泰和三年(1203 年)进士,累迁提举榷货司,同提举南京路榷货兼户部员外郎。

毛端卿是金"一代宗师"元好问的岳父。文渊阁四库全书本,元郝经《陵川集》卷三十五《遗山先生墓铭》,记元好问"前配太原张氏,再配临清毛氏"。即前配同郡张氏户部尚书林卿之女;再配临清毛氏,榷货司提举飞卿之女。

毛端卿于东平考中经义解魁,步入仕途。元好问《遗山集》卷三十四《毛氏宗支石记》载:"端卿……少日有志节宣武欲荫以官,不就。去学(考)进士。自父祖以廉介自持,家甚贫。年二十余,负书来济南,从名士刘蟠于章丘。备历辛苦,蟠知其有成,倾意教之。初试东平,中经义解魁。再试益都第五,遂登泰和三年(1203 年)进士第"②。

毛端卿疑有经济问题。《金史》卷一百九,列传第四十七《许古传》载,金兴定二年(1218 年),右司谏许古曾因祖护毛端卿削官一阶。"监察御史粘割梭失,劾榷货司同提举毛端卿贪污不法,(许)古以词理繁杂,辄为删定,颇有脱漏,梭失以闻,削官一阶,解职,特免殿年"③。

元好问《中州集》辛集第八《毛端卿小传》云:"端卿,字飞卿,彭城人。……飞卿二十岁始知读书,游学齐鲁间,备极艰苦,饥冻疾病,不以废业。凡十年,以经义魁东平,泰和三年擢第,累迁提举榷货司,户部员外郎。性刚明,疾恶过甚,坐与监察御史相可否,为所中伤,降郑州司侯,孟津丞。将复用矣,会卒"④。

子思通,金末元初居东平。

商衡(1187—1232 年),字平叔,曹州(今山东省曹县西)人,后迁东平。元好问《元好问全集》卷第二十一《商平叔墓铭》称,"系初陈,继迁郓"⑤。金崇庆二年(1213 年)词赋进士,积官少中大夫、濮阳县伯,食邑七百户,赐紫金鱼袋。《金史》卷一百二十四,列传第六十二有《忠义四·商衡传》。

商衡少时家贫,他的老师乡先生李昉平资助其完成学业。进士及第后,授郿

① 唐家品,高儒林. 泰安区域文化通览·东平县卷[M].济南:泰山出版社,2012:95-102.
② [金]元好问. 元好问全集(上)[M].太原:山西人民出版社,1990:783-784.
③ [元]脱脱,等. 金史[M].北京:中华书局,1975:2412-2418.
④ [金]元好问. 中州集[M].上海:华东师范大学出版社,2014:541-542.
⑤ [金]元好问. 元好问全集(上)[M].太原:山西人民出版社,1990:553.

州洛郊主簿。以廉能换眉县,寻辟威戎令。金兴定三年(1219年),岁饥,民无所于籴,衡白行省,得开仓赈贷,全活者甚众。后因地震城圮,西夏人乘衅进攻,衡率蕃部土豪守御应敌,保以无虞。秩满,县人为其立生祠。再辟原武令。未几,入为尚书省令史,转户部主事,两月擢监察御史,充右司都事。金正大八年(1131年),充秦蓝总帅府经历官。次年二月,入援河、潼(今陕西省渭南市东部),在商州庐氏山(今陕西省东南部地区)与蒙古军遭遇,在饥饿无粮、雪舞夜寒中被俘,宁死不屈,拔刀自刎。时年47岁。

任天宠(?—1215年),字清叔,山东西路曹州定陶(今山东省菏泽市定陶区)人。金章宗明昌二年(1190年)进士及第,约承安年间任泰定军(驻山东西路兖州)节度判官。累官至户部尚书。

《金史》卷一百五,列传第四十三《任天宠传》载,任天宠,进士及第后调考城主簿,再迁威戎县令。① 时县内没有文庙学舍,任天宠到任后,把废弃的县署改建为学舍,以崇教化。另有同胞兄弟二人,为争夺田地引发讼事,任天宠晓之以理义,委曲周至,二人皆感泣而去。约金章宗承安年间(1196—1200年),再调到山东西路的兖州任泰定军节度判官。父逝守丧满后,调崇义军节度判官。补尚书省令史、右三部检法司正,迁监察御史。改右司都事,迁员外郎。改左司谏,转左司郎中,迁国子祭酒。

金宣宗贞祐初年(1213年),转秘书监兼吏部侍郎,改中都路都转运使。金贞祐二年(1214年)蒙古军围中都燕京(今北京市),时京师戒严,粮运艰阻,任天宠竭尽全力,曲尽劳瘁,为京师调运粮食。任天宠甚至还把家里的钱拿出来,救济京师饥馑市民,使不少人活了下来。监察御史高夔、刘元规举荐任天宠等20人公勤明敏,富有才干,在百姓中很有威望。宣宗提拔任天宠为户部尚书。贞祐三年(1215年),蒙古军再攻中都,金中都留守完颜福兴见守城无望,仰药而死,平章政事抹撚尽忠弃城南奔,中都陷落。任天宠在败退南京(今河南省开封市)的途中,被蒙古兵杀害。金廷谥其"纯肃"。

《金史》赞曰:"任天宠之经理调度,宣宗南迁,犹赖其用焉"。

贾铉(?—1213年),字鼎臣,金山东西路博州博平(今山东省聊城市东北)人。金世宗大定十三年(1173年)进士及第后,初任山东西路的滕州(今山东省枣庄市滕州市)军事判官,单州(今山东省菏泽市单县)司侯。累官至参知政事(宰

---

① [元]脱脱,等. 金史[M].北京:中华书局,1975:2323.

相贰)。《金史》卷九十九,列传第三十七有《贾铉传》。①

　　贾铉为人正直忠厚,勤学好问。金世宗大定十三年(1173年),中进士。初,任山东西路的滕州军事判官、单州司侯,补任尚书令史。完颜璟为右丞相时,非常器重他,除陕西东路转运副使。入京为刑部主事,升监察御史,又迁侍御史,改右司谏。贾铉上疏论边防利害,得到皇帝的赞许且采纳其建议,并提拔其为左谏议大夫兼工部侍郎,与奉符党怀英、东平赵沨一同刊修《辽史》。

　　时金代的司法制度存有不少弊端,特别是州、县官吏滥用"自由裁量权",任情立威,致法外酷刑经常发生,贾铉上疏曰:"亲民之官,任情立威,所用决杖,分径长短不如法式,甚者以铁刃置于杖端,因而致死。间者阴阳愆戾,和气不通,未必不由此也。愿下州郡申明旧章,检量封记,按察官其检察不如法者,具以名闻。内庭敕断,亦依已定程式"。朝廷认为可行。金时茶税很重,百姓多隐匿茶树以少交税,地方官以核实茶树数量为名,到处敲诈百姓,人民怨声载道。贾铉对家乡的民间疾苦了解较深,其上疏论当时山东采茶事,"茶树随山皆有,一切护逻,已夺民利,因而以拣茶树执诬小民,吓取货赂,宜严禁止。仍令按察司约束"。章宗皆采纳。

　　金承安四年(1199年),贾铉迁礼部尚书,仍兼谏议大夫。时皇帝有诏,凡奉朝命商量照勘公事者,需在规定期限内上报。贾铉建议改革:"若如此,恐官吏迫于限期,姑务苟简,反害事体。况簿书自有常程,御史台治其稽缓,如事有应密,三月未绝者,令具次第以闻。下尚书省议。如省部可即定夺者,须三月拟奏,如取会案牍卒难补勘者,先具次第奏知,更限一月结绝,违者准稽缓制书罪之"。

　　一次章宗和大臣讨论宰相人选。章宗有意用贾铉,而宰臣推荐孙即康。张万公曰:"即康及第在铉前"。上曰:"用相安问榜次?朕意以为贾铉才可用也"。最后结果是孙即康当上了宰相,贾铉亦无怨言。

　　金泰和二年(1202年),贾铉改刑部尚书。泰和三年(1203年),拜参知政事。亳州医生孙士明,用黄纸大书"敕赐神针先生"等12字做广告,又在纸尾年月间模仿皇帝宝玺式样,朱红色篆青龙二字,以诳惑市人。官府将其捕获治罪。后逢大赦,大理寺认为孙士明是"伪造御宝"罪,虽遇大赦而不应赦免。判决已奏皇帝批准。贾铉上奏章宗:"天子有八宝(印章),其文各异,若伪造,不限用泥及黄蜡。今用笔描成青龙二字,既非八宝文,论以伪造御宝,非本法意"。章宗乃赦免了孙士

_____

　　① ［元］脱脱,等.金史［M］.北京:中华书局,1975:2191-2193.

明。第二天,章宗告诉大臣们说:"已行之事,贾铉犹执奏,甚可嘉也,群臣亦当如此矣"。

金泰和六年(1206 年),章宗御试进士,贾铉为监试官。久之,贾铉与审官院掌书大中漏言除授事而获罪。章宗对贾铉说:"卿罪自知之矣。然卿久参机务,补益弘多,不深罪也"。乃出为安武军节度使,改知济南府。致仕。金贞祐元年(1213 年)薨。

孙德渊,字资深,兴中府(今辽宁省辽阳市)人。金大定十六年(1176 年)进士。累官至监察御史。金章宗朝时,曾两度任职于山东西路,先知恩州,后知滕州刺史。

《金史》卷一百二十八,列传第六十六《循吏·孙德渊传》载,孙德渊中进士后,授石州军事判官、涞水丞,察廉迁沙河令。① 历北京转运司都勾判官,升中都左警巡使、监察御史、山东东路转运副使,累官至大理丞兼左拾遗。审官院奏德渊刚正干能,可任繁剧,遂再任。丁母忧,服除特迁山东西路恩州刺史,入为右司郎中,迁山东西路滕州刺史等职。金贞祐二年(1214 年),拜工部尚书,摄御史中丞。是时,山东乏兵食,有司请鬻恩例举人,居丧者亦许纳钱就试。德渊奏,此大伤名教,事遂寝。寻致仕。监察御史许古论德渊"忠亮明敏,可以大用,近许告老,士大夫窃叹,望朝廷起复,必能建明以利国家"。宣宗嘉纳。未及用而卒。

师拓,字无忌,本姓尹,避国讳改。平凉(今甘肃省平凉市)人。交游多在山东、河南,拜师学习举业。金大定二十二年(1182 年)赵沨在及第前,与师拓卜邻而居。

尹姓因避国讳更改姓师。如《金史》卷一百八,列传第四十六《师安石传》载:"师安石,字子安,清州人,本姓尹氏,避国讳而更焉"②。

师拓善诗赋。元好问《中州集》卷四《师拓小传》,"拓字无忌,平凉人。举进士不中,明昌中有司荐其才,以嗜酒不果。作诗有气象,而工于炼句,如赋《雁》云:'天低仍在眼,山没更伤心……'大为时人所称"③。

师拓的《浩歌行送济夫之秦行视田园》写其"东征""穷齐"山东的游学经历:"我本渭城客,浪迹来东征。穷齐历宋何所营,尚气慕侠游梁城"。

---

① [元]脱脱,等 . 金史[M].北京:中华书局,1975:2766.
② [元]脱脱,等 . 金史[M].北京:中华书局,1975:2393.
③ [金]元好问 . 中州集[M].上海:华东师范大学出版社,2014:260.

元好问《中州集》，录有师拓的好友、老邻居赵沨的《九日怀尹无忌》诗一首。诗云："碧云看欲暮，远客几时还？"直以尹无忌回东平为"还"家。可见尹无忌与东平赵沨邻居情深，故尹无忌游学于山东的时间应该比较长。

师拓"五言尤工"，深受金代文坛宗师赵秉文称誉，曾把王逸宾、党怀英、赵沨、路铎、刘昂、尹无忌、周德卿7人诗刻成《明昌辞人雅制》。

王扩（1157—1219年），字充之，谥"刚毅"，一说"刚敏"。定州永平（今河北省保定市顺平县）人。金明昌五年（1194年）甲科及第，以陕西东路转运使致仕。泰和四年（1204年），曾在山东西路徐州任观察判官、同知德州防御使事。时山东大旱，王扩被诏赈贷山东西路饥民，"遂专振贷东平诸郡"。63岁卒。

《金史》卷一百四，列传第四十二《王扩传》载，王扩进士及第后，历职"邓州录事、怀安令、徐州观察判官、同知德州防御使事、监察御史、同知横海军节度使，签河东北路按察使、户部侍郎，南京路转运使，宣宗曾因王扩'畏避'筹粮抗元事，削二阶，杖七十。后以陕西东路转运使，行六部尚书致仕。金兴定三年（1219年）卒，谥'刚毅'"①。

王扩耿直不容物。金元好问《遗山集》卷十八《嘉议大夫陕西东路转运使刚敏王公神道碑铭》载，贞祐二年（1214年）"在太原日，言时病有四：一将不知兵，二兵不素教，三事不豫立，四用人违所长。又陈河东利害……"②贞祐三年（1215年），与宣宗议河北义军首领求封事，数以事谏高琪。金兴定元年（1217年），王扩又上疏论两河百万军户赡养之计。

王扩政绩亦佳。《金史·王扩传》云，金泰和四年（1204年），山东大旱，朝廷多方祈雨，至五月始雨。时王扩同知山东德州防御使，"被诏赈贷山东西路饥民，棣州尤甚，扩辄限数外给之"。元好问《嘉议大夫陕西东路转运使刚敏王公神道碑铭》云："以山东旱，命驰驿赴官，遂专贷东平诸郡。公所至，推次乏绝，人受实惠，豪猾不得夤缘为奸"。

《金史·王扩传》载：

泰和（六年，即1206年）伐宋，山东盗贼起，被安抚使张万公牒提控督捕。（王）扩行章丘（今山东省济南市章丘区）道中，遇一男子举止不常，捕讯，果历城（今山东省济南市历城区）大盗也。众以为有神。

---

① ［元］脱脱，等．金史［M］．北京：中华书局，1975：2294—2296．
② ［金］元好问．元好问全集（上）［M］．太原：山西人民出版社，1990：502—507．

王扩诗文尤佳。代表作《题神霄宫》:"纷纷百虑自心生,方寸清来百虑平。未了此心私自笑,更忧时世欲澄清。"

王扩 63 岁卒。元好问《嘉议大夫陕西东路转运使刚敏王公神道碑铭》载,金兴定三年(1219 年)"公自以时运不偶,年六十三即以谢事为请,寻迁嘉议大夫,致仕。先患疽发背,至是增剧,以闰三月十有五日,薨于私第之正寝"。

吕豫,字彦先,怀州修武(今河南省修武县)人。游学东州(东平),专研易学。金天德年(1149 年)师从东平府平阴县王广道。①

《元好问全集》卷二十四《南峰先生墓铭》载吕豫"自成童知读书,既冠,游学东州。以《易》为专门,经明行修,高出伦辈。醇德先生王广道,特器重焉。一时名士,如秀容折安上,济阳王善长,安阳苗景藩,馆陶段彦昌,冠氏孙希贤、田子发,从之学者甚众。故家近太行五峯山,因以为号,示不忘本也。有《易说》若干卷传于时"②。吕豫"为人廉介沉默,为里人所尊。金贞祐(1213 年)冬兵乱,年 80 坐待归逝"。

子,天民。尝任聊城冠氏县(今山东省聊城市冠县)主簿。

杨宏道(1190—1272 年)字叔能,号"素庵",由济州(今山东省巨野县)迁家淄川(山东省淄博市)。先仕金,后仕宋,又入元。曾于 7 岁、57 岁时两次到泰山灵岩寺。金兴定元年(1217 年),赴东平谒见东平录事雷渊,并与东平名儒唱和。

王庆生《金代文学家年谱》第二十二卷《杨宏道》考,杨宏道,字叔能,号素庵,又号默翁、坚白子。人称淄川先生。③ 郝经《陵川集》卷二十六《素庵记》记号"素庵"由来:"素庵,淄川先生书室也。先生自济州迁益都,即定迁,以素其位而行之义字其室"。

杨宏道一生不展,仕途穷,家运蹙。金哀宗正大初(1224 年),以父荫仕于金,尝监麟游酒税。金天兴二年(1233 年)由邓州仕宋,为襄阳府学教谕,摄唐州司户兼州学教授。天兴三年(1234 年),金亡后旋北迁,晚年家居济源,后入元。两任妻皆被兵掠走,一生穷困潦倒。

《小亨集》卷三《重到灵岩寺》记其两次游泰山灵岩寺。"七岁曾来此,于今五十年。当时随杖履,名刹在林泉。"

---

① 聂立申. 金代泰山名士稽考[M].长春:吉林大学出版社,2015:139.

② [金]元好问. 元好问全集(上)[M].太原:山西人民出版社,1990:594.

③ 王庆生. 金代文学家年谱[M].南京:凤凰出版社,2005:1363-1396.

《优伶语录》载，金兴定元年（1217年）秋，杨宏道赴东平谒见东平录事雷渊：
"侧闻某官大夫名德日久矣，未尝望清尘、拜下风，得接粲花之论。今也路出东原
（兴定元年，东平府录事雷希颜，名渊），欲致谒于左右"。他想靠雷渊谋个差事。

杨宏道工诗，与元好问等皆以诗名，为北方巨擘。与元好问、张仲经、王郁、李
善长等文学大家有唱和。元太祖十三年（1241年），杨宏道住在济南历下，赠诗给
游寓在东平（东原）的杨鸿（字飞卿）诗《赠杨飞卿》："三百周诗出圣门，文为枝叶
性为根。不忧师说无匡鼎，但喜吾宗有巨源。我自般溪移历下，君从汝海到东原。
东原历下风烟接，来往时时得细论。"

元至元九年（1272年），杨宏道卒。王恽上疏，请赐杨宏道号，次年，元廷谥其
"文节"。杨宏道有《小亨集》六卷入《四库总目》行于世。

王寂（1127—1193年），字元老，号"拙轩"，蓟州玉田（今河北省玉田县）人，金
天德三年（1151年）进士，金大定十二年（1172年）前后，被囚于东平府监狱。

元好问《中州集》乙集第二卷《王都运寂》小传载："寂字元老，蓟州玉田人。
系出三槐，父础，字镇之，国初名士，仕至归德府判官。元老天德三年（1151年）进
士，海陵朝以文章政事显，终于中都路转运使，寿六十七，谥文肃。有《拙轩集》《北
迁录》传于世"①。

王庆生《金代文学家年谱》第三卷《王寂年谱》云，王寂《拙轩集》卷二《张子固
奉命封册长白山回，以诗送之》："我昔按囚之汶上，君今持节出辽东。分携遽尔阅
三岁，相对索然成两翁。"张子固奉命封册长白山在金大定十五年（1175年），"阅
三岁"，即大定十二年（1172年）入狱东平。②

金朝时，金贞元元年（1153年）中都县改汶阳县；金泰和八年（1209年），汶阳
县改汶上县。故王寂金大定十二年（1172年）写的"汶上"，一般指汶水之上，时泛
指东平府。如金正隆元年（1156年）立于泰山西麓的《张汝为灵岩寺题记碑》，时任
同知东平总尹的张汝为就把东平称为汶上："余素好林泉之清胜，久闻灵岩名山乃自
昔祖师之道场也。所嫌尘缘衮衮，未获游览。比虽守官汶上，邻封咫尺亦无由一
到"。

---

① ［金］元好问．中州集［M］.上海：华东师范大学出版社，2014：126.

② 王庆生．金代文学家年谱［M］.南京：凤凰出版社，2005：149-166.

二、武备（一）

完颜宗翰（粘没喝，粘罕，又载宗维，1078—1136 年），《金史》卷七十四，列传第十二《完颜宗翰传》载，宗翰，本名粘罕，又粘没喝，汉语讹为"粘罕"，国相撒改的长子。"年十七，军中服其勇"。在破辽，征西夏中屡建奇功，太宗"深嘉其功"。《金史》本传赞曰："宗翰内能谋国，外能谋政，决策制胜，有古名将之风"。①

金天会六年（1128 年），完颜宗翰在濮（今山东省鄄城县）与睿宗军队会合，然后"进兵东平，宋知府权邦彦弃家宵遁，降其城，驻军东平东南五十里（今山东省汶上县北部）"。接着，"宋人运江、淮金币皆在徐州官库，尽得之，分给诸军。袭庆府（今山东省济宁市兖州区）来降。宋知济南府刘豫以城降于完颜昌（挞懒）"。

太宗朝，宗翰为国论右勃极烈，兼都元帅。熙宗朝，拜太保、尚书令，领三省事，封晋国王。金天会十四年（1136 年）卒。赠秦王，谥"桓忠"，配享太祖庙廷。

完颜毅英（1105—1179 年），本名挞懒，皇族。金天会六年（1128 年）十二月"攻东平，毅英居最"。74 岁终仕于上京留守。

完颜毅英的父亲是银术可。《金史》卷七十二，列传第十《完颜银术可传》载："银术可（1072—1140 年），宗室子"，在伐辽征宋中，战功卓著。官至"加保大军节度使，同中书门下平章事，迁中书令，封蜀王"，谥"武襄"。②

《金史》卷七十二，列传第十《完颜毅英传》载，完颜毅英，"幼警敏有志胆，初卯角，太祖见而奇之"。年 16 岁，父亲传授其武术，伐辽时常常担任先锋，授世袭谋克。完颜毅英作战勇猛。"睿宗攻开州，毅英先登，流矢中其口，睿宗亲视之，创未愈，强起之，攻大名府"。在睿宗军队中，总的来说完颜宗弼功劳为首，完颜毅英第二。而"攻东平，毅英居最"。金兵攻东平，时金天会六年（1128 年）十二月。完颜毅英终仕于上京留守。金大定十五年（1179 年）卒，享年 74 岁。皇帝"赏其金二百五十两，银六千五百两，绢八百疋，绵二千两，马三百一十四匹，牛羊六千五百头、只，奴婢一百三十人"③。

王伯龙（？—约 1153 年），沈州双城（今黑龙江哈尔滨市双城区）人。金天会六年（1128 年）前后，用兵于山东，下青州、取濮州、攻徐州，屡立战功，充徐、宿、邳

---

① ［元］脱脱，等．金史［M］．北京：中华书局，1975：1693-1699.
② ［元］脱脱，等．金史［M］．北京：中华书局，1975：1657-1659.
③ ［元］脱脱，等．金史［M］．北京：中华书局，1975：1659-1663.

三路军马都统。

《金史》卷八十一，列传第十九《王伯龙传》载："辽末，聚党为盗。天辅二年(1118年)，率众二万及其辎重来降，授世袭猛安，知银州，兼知双州"。王伯龙降金后授世袭猛安。从攻辽临潢、中京，从宗望讨张觉于平州。"宗望伐宋，伯龙为先锋"，攻城略地，破孔彦舟、郦琼，取保州、河间。王伯龙以治攻具有功。①

王伯龙攻陷山东数城。"睿宗经略山东，伯龙从攻青州，未下，城中夜出兵袭伯龙营，伯龙不及甲，独被衣挺刃拒营门，敌不得入，因奋击杀数十人。已而军士皆甲出，杀伤宋兵不可胜计，并获其一将，斩之。及下青州，第功，伯龙第一"。金太宗天会六年(1128年)王伯龙"破李固寨众十余万于濮州(今山东省巨野县)。濮城守，城中镕铁挥我军，攻之不能克。伯龙被重甲，首冠大釜，挺枪先登，杀守陴者二十余人。大军相继而上，遂克之"。"进攻徐州，伯龙复先登，充徐、宿、邳三路军马都统。败高托山之众十五万余于清河。进击韩世忠于邳州，走之，与大军会于宿迁，追世忠至扬州"。"屯军嵫阳(山东西路兖州辖区)，破陈宏贼众四十余万。破黄戬于单州(今山东省单县)"。金天眷元年(1138年)"秋，泰安卒徒张贵驱胁良民，据险作乱，伯龙讨平之"。金时徐州、兖州、濮州、泰安均隶属于山东西路。

"天德三年(1151年)，改河中尹，徙益都尹，封广平郡王。年65岁卒。正隆间，例赠特进、定国公"。

高彪，本名召和失，辽辰州(今辽宁省盖州市)渤海(族)人。代父从军，后随父亲六哥降金，袭父知榆河州千户。曾摄滕阳军(驻山东西路滕州)以东诸路兵马都统。

《金史》卷八十一，列传第十九《高彪传》载，高彪从攻辽、伐宋，屡战有功，授猛安。金天会六年(1128年)，"伐宋，从帅府徇地山东，攻城克敌，数被重赏"。参加过出河店、攻中京、和尚原等恶战，"彪勇健绝人，能日行三百里，身披重铠，历险如飞。及临敌，身先士卒，未尝反顾，大小数十战，率以少击众，无不胜捷"②。

"齐国既废(1137年)，摄滕阳军(驻山东西路滕州)以东诸路兵马都统，抚谕徐、宿、曹、单，滕阳及其属邑皆安堵如故"，辖治山东西路的滕州、曹州、徐州等地。后历武宁军节度使、沂州防御使，历安化、安国、武胜军节度使，迁行台兵部尚书，改京兆尹，封郜国公。"正隆例授金紫光禄大夫。久之致仕，复起为枢密副使、舒

---

① [元]脱脱，等．金史[M].北京：中华书局，1975：1820-1822.
② [元]脱脱，等．金史[M].北京：中华书局，1975：1822-1824.

国公,赐名彪。卒年六十七,谥'桓壮'。彪性机巧,通音律,人无贵贱,皆温颜接之"。

斜卯阿里(约 1080—1157 年),女真族,金天会八年(1130 年)前后,转战山东西路,曾职泰宁军(驻山东西路兖州)、济南尹。

《金史》卷八十,列传第十八《斜卯阿里传》载,斜卯阿里,父浑坦,穆宗时内附,数有战功。斜卯阿里,骁勇善战,屡立战功。高丽一战,阿里一日之间,三破十余万重敌。平苏、复州叛,两中流矢负伤,苏醒再战,竟获敌千舟。金天会六年(1128 年),金兵伐宋,斜卯阿里率军攻下山东的阳谷、莘县,败海州(今江苏省连云港市海州区)兵 8 万人,海州降。在时东平府寿张县辖区的梁山泊水战中,"破贼船万余"。天会七年(1129 年)十月,斜卯阿里招降了滕阳、东平、泰山的抗金军兵。斜卯阿里历职顺义、泰宁军(驻山东西路兖州,后改泰定军),归德、济南尹。封韩国公,谥"智敏",78 岁卒。①

赤盏晖,字仲明,女真族,先附于辽,后家来州。金天会八年(1130 年)前后,参加打潍州、攻东平、克济州等战役。

《金史》卷八十,列传第十八《赤盏晖传》载:"晖体貌雄伟,慷慨有志略"。职辽礼宾副使,金天辅六年(1122 年)降金,因破张觉于南京(平州)有功,授洛州刺史。金多次伐宋,"晖皆与焉",数立战功。②

赤盏晖从睿宗经略山东时,作战非常勇猛。攻打潍州(今山东省潍坊市),赤盏晖率领军队冒着大火,攻进城中。在一次战斗中,城中打出的炮火,数次击伤赤盏晖,盔甲被击裂,"晖益奋攻,卒破其城"。然后率军攻下泗州(今江苏省盱眙县境内)。屯兵汶阳(汶河之阳,今山东省东平县东部),破贼众于东平府辖区内的梁山泺,缴获战船千余艘。继而攻克济州(今山东省巨野县)、曹州(今山东省曹县境内)、单州(今山东省单县)。

赤盏晖历任归德军节度使、定海军节度使、济南尹、太兴尹、河南路统军使、尚书右丞、平章政事等,封为戴王、景国公、济国公、荣国公,年 65 卒。大定间谥"武康"。

《金史》列传第十八赞曰:"斜卯阿里、突合速、乌延蒲卢浑、赤盏晖、大抃、阿离补等六人,皆收国以来所谓熊罴之士、不二心之臣也,其功有可录者焉"。

---

① [元]脱脱,等. 金史[M].北京:中华书局,1975:1798-1801.
② [元]脱脱,等. 金史[M].北京:中华书局,1975:1805-1807.

耶律怀义(1080—1161年),本名孛迭,契丹人,辽宗室子。24岁就以战功同知点检司事。后叛辽降金。

《金史》卷八十一,列传第十九《耶律怀义传》载,金天会六年(1128年),耶律怀义从完颜娄室伐宋,"耶律怀文从攻郑、邓州及讨平郑州叛者,攻下濮州及雷泽县,从破大名、东平府、徐、兖等州,皆有功"①。

耶律怀义历职西南路招讨使、太原尹、大名尹等,封莘王、萧王、景国公。82岁卒于云中。

完颜永元,字惇礼,本名元奴。太宗孙,父完颜充(本名神土懑)。永元幼聪敏,日诵千言。天德初,授百女山世袭谋克。海陵王疑心太宗子孙争位,杀戮其后,永元和弟弟耶补儿逃匿得免。世宗即位后授永元宗正丞,改符宝郎,为滦州刺史,世袭猛安。大定初任山东东路棣州防御使、泰宁军(驻山东西路兖州)节度使。永元曾当面指责张弘信通检山东时的残暴行为。后历任迁震武军节度使保大军节度使,昭义、绛阳、震武军,迁济南尹、北京副留守。

《金史》卷七十六,列传第十四《完颜永元传》评曰:"永元历典大藩,多知民间利害,所至称治,相、棣、顺义政迹尤著,其民并为立祠"②。

完颜蒲刺都(?—1220年),《金史》卷一百三,列传第四十一《完颜蒲刺都传》载,完颜蒲刺都,西南路按出灰必刺罕猛安人。充护卫,除泰定军节度副使。以忧去官,起复唐古部族节度副使,徙安国军,移飐详稳,累官至原州刺史、兵部尚书,金兴定元年(1217年)致仕。③

黄掴吾典、仆散扫合,《金史》卷一百二十八,列传第六十六《循吏·石抹元传》载:"贞祐初(1213年),黄掴吾典征兵东平,拥兵不进,大括民财,众皆忿怨。副统仆散扫合杀吾典于坐,取其符佩之,纵恣尤甚。元密疏劾扫合擅杀近臣,无上不道,扫合坐诛"④。黄掴吾典和仆散扫合在驻军东平时,发生内讧,仆散扫合杀黄掴吾典后,被皇廷诛杀。

完颜霆(?—1223年)本姓李,汉族。中都宝坻(今天津市宝坻区)人。贞祐起兵,归金后累官至京兆南山安抚使。金宣宗兴定元年(1217年)四月,镇压山东

① [元]脱脱,等.金史[M].北京:中华书局,1975:1826-1827.

② [元]脱脱,等.金史[M].北京:中华书局,1975:1744-1746.

③ [元]脱脱,等.金史[M].北京:中华书局,1975:2276-2277.

④ [元]脱脱,等.金史[M].北京:中华书局,1975:2770.

济南、泰安、滕、兖等州起义军,降军民 7 万余口。1223 年卒。①

《金史》卷十五,本纪第十五《宣宗纪中》,金兴定元年(1217 年)夏四月,"乙丑,济南、泰安、滕、兖等州贼并起,侯挚遣棣州防御使完颜霆讨平之,降其壮士二万人、老幼五万人"②。

《金史》卷一百三,列传第四十一《完颜霆传》载,完颜霆"稍知书,善骑射,轻财好施。得乡曲之誉。贞祐初,县人共推霆为四乡部头,霆招集离散,纠合义兵,众赖以安。招抚司奏其事,迁两官"③。遥授宝坻县丞、充义军都统。历同知清州防御事,大名路提控,遥授同知益都府事,加宣差都提控,赐姓完颜氏。金"兴定元年(1217 年),泰安、滕、兖土寇蜂起,东平行省侯挚遣霆率兵讨之,降石花五、夏全余党二万人,老幼五万口"。兴定二年(1218 年),败宋高太尉于胸山,迁安化军节度使。入关中为定国军节度使兼同知京兆府事。安抚避难于南山的百姓。金元光二年(1223 年)卒。

杨伯渊(?—1163 年),字宗之,真定藁城(今河北省石家庄市藁城区)人,后北迁临潢府(今内蒙古自治区赤峰市巴林左旗林东镇南郊)。约海陵王朝知山东西路泰安军(驻山东省泰安市),有惠政,百姓刻石纪其事。

《金史》卷一百五,列传第四十三《杨伯雄传》载:

伯渊,字宗之,父丘行,太子左卫率府率。父丘文,辽中书舍人。伯渊早孤,事母以孝闻,疏财好施,喜收古书。天会初,以名家子补尚书省令史。十四年(1136 年),赐进士第,历吏、礼二部主事、御前承应文字,秩满,除同知永定军节度使事。召为司计郎中。知平定军,用廉,迁平州路转运使。知泰安军,有惠政,百姓刻石纪其事。四迁山东东路转运使。正隆末,群盗蜂起,州郡往往雁害,独济南赖伯渊保全。大定三年(1163 年),致仕,卒于家。④

邹谷(?—1213 年),字应仲,密州诸城(今山东省潍坊市诸城市)人。约金大定二十年(1181 年)同知山东西路曹州军州事;泰和年间,在山东任沂州防御使、定海军节度使、泰宁军(驻山东省济宁市兖州区)节度使。

《金史》卷一百四,列传第四十二《邹谷传》载,金大定十三年(1173 年)进士

---

① [元]脱脱,等.金史[M].北京:中华书局,1975:2270.

② [元]脱脱,等.金史[M].北京:中华书局,1975:329.

③ [元]脱脱,等.金史[M].北京:中华书局,1975:2270-2271.

④ [元]脱脱,等.金史[M].北京:中华书局,1975:2317-2329.

第，累官至沈王府文学。尚书省奏拟大理司直，上曰："司直争论情法，折正疑难，谷非所长也"。宰臣曰："谷有吏才，陕西、河南访察及定课皆称职"。朝廷任命邹谷为同知山东西路曹州（今山东省曹县西南）军州事。召为刑部主事，转北京、临潢提刑判官，入为大理寺丞。①

《金史·邹谷传》载，邹谷职大理寺丞时，曾合情、合理、合法处理了尚书省一起"内讧"案：

尚书省点差接送伴宋国使官，令史周昂具数员呈请。左司都事李炳乘醉见之，怒曰："吾口举两人即是，安用许为？"命左右揽昂衣欲杖之，会左司官召昂去乃已，詈诸令史为奴畜。明日语权令史李秉钧曰："吾岂惟棰骂，汝进退去留，亦皆在我！"群吏将陈诉，会官劾奏，事下大理寺议，差接送伴官事当奏闻，炳谓口举两人，当科违制。谷曰："口举两人，一时之言，当杖赎。揽昂衣欲加杖，当决三十。"上曰："李炳读书人，何乃至是？"宰臣对曰："李炳疾恶，众人不能容耳。"上曰："炳诚过矣，告者未必是也。"乃从谷议。

邹谷历济南、彰德府治中，吏部郎中，河东按察副使，沂州防御使。迁定海、泰宁军节度使。金泰和六年（1206 年），致仕。贞祐初卒。

三、武备（二）

耿京（？—1162 年），济南（今山东省济南市）人，农民出身。金正隆六年（1161 年，宋绍兴三十一年）组织起义军抗金，金大定二年（1162 年）正月在攻占莱芜、泰安后，占领东平、兖州，自任天平军（东平）节度使，节制山东，河北诸路抗金义军。奉表归宋后，宋廷授耿京为天平军节度使，知东平府兼节制京东、河北忠义军马。是年，被部下杀害。

《三朝北盟会编》卷二百四十九《炎兴下帙》一百四十九载，济南府民耿京，怨金人征赋骚扰，不能聊生，乃结集李铁枪等 6 人入东山（今济南市东南龙洞山），渐次得数 10 人，取莱芜县、泰安军，有众百余。不久蔡州人贾瑞来归，辛弃疾也率 2000 余人加入耿京队伍，大名府王九率军接受耿京节制，起义军很快达 30 余万人。金大定二年（1162 年，宋绍兴三十二年）正月，耿京占领东平、兖州，自称天平军（驻东平）节度使。东路义军攻占淄州、密州、城阳、日照等城，耿京加"节制山

---

① ［元］脱脱，等．金史［M］．北京：中华书局，1975：2288-2289．

东、河北路忠义军马"头衔。时逢金军南犯两淮,耿京便派贾瑞、辛弃疾"奉表归宋"。宋高宗"喜纳之"。授耿京为天平军节度使,知东平府兼节制京东、河北忠义军马。下属也各授其官。金大定二年(1162 年)闰二月,耿京被部下张安国、邵进杀害,张、邵裹挟 5 万义军降金。①

辛弃疾(1140—1207 年),原字坦夫,改幼安,中年后号"稼轩居士",齐州历城(今山东省济南市历城区)人。南宋著名将领和豪放派词人。

"归正人"辛弃疾。宋高宗绍兴三十一年(1161 年,金正隆六年)春,一介儒生辛弃疾于泰山竖举义旗,聚众 2000 多人抗金聚众反金。是年底,在山东西部起义的耿京,聚集的义军已达数十万,占据东平府等周边地区,自称天平(东平)节度使。辛弃疾便率众归附耿京,并被任命为东平掌书记。归宋后授右承务郎、天平节度掌书记,后历任建康府通判、知滁州、秘阁修撰、京西转运判官、知江陵府兼湖北安抚等职。累仕至枢密都承旨。因为宋廷歧视义军"归正人",辛弃疾空有一身才华,未被重用。《宋史》卷四百一,列传第一百六十有《辛弃疾传》。②

聚众起义。安作璋《山东通史·宋金元卷》之《辛弃疾传》云,宋高宗绍兴三十一年(1161 年,金正隆六年),金海陵王完颜亮率 40 万军队渡淮攻宋。十月,发生兵变,完颜亮被部下所杀。中原地区,豪杰蜂起,聚众反金。辛弃疾亦于泰山竖举义旗,聚众抗金。是年底,在山东西部起义的耿京,占据莱芜、泰安、东平、兖州一带,自称"天平(驻东平)节度使",节制山东、河北地区忠义军马。辛弃疾率众归附耿京,被任命为掌书记。辛弃疾《美芹十论》:"臣尝鸠众二千,隶耿京,为掌书记,与图恢复,共籍兵二十五万"。③

追杀义瑞。时泰山灵岩寺僧义瑞,懂军文,喜谈战阵,与辛弃疾往来非常密切。义僧以习武僧人为骨干,聚众千人,在辛弃疾劝导下归耿京义军。一日深夜,义瑞盗义军大印逃走,耿京大怒,欲杀辛弃疾。辛弃疾以 3 日为限,定将义瑞捉回治罪,若不获,请死。耿京应允。辛弃疾分析义瑞可能投金营告密邀功,于是单人独马,手提利剑,间道急追,在中途截杀了义瑞。

奉表归宋。金大定二年(1162 年,宋绍兴三十二年),金朝在北方的统治已基本稳固,义军独立抗金已难以取得胜利。辛弃疾受耿京之命"奉表归宋"。《宋

---

① [宋]徐梦莘.三朝北盟会编[M].上海:上海古籍出版社,2008:1787.
② 高占祥.二十五史·宋史[M].北京:线装书局,2011:2165-2166.
③ 安作璋,等.山东通史[M].北京:人民出版社,2009:538-540.

史·辛弃疾传》："高宗劳师建康,召见,嘉纳之,授承务郎、天平节度掌书记,并以节使印告召京"。

勇闯金营。辛弃疾返回山东时,义军叛徒张安国、邵进已杀耿京降金。辛弃疾在海州(今江苏省连云港市),闻听耿京死讯,悲愤交集,决心为其报仇,约宋统制王世隆等率兵驰往济州(今山东省济宁市任城区),突袭金军大营,生擒正与金将饮酒作乐的张国安,后将其献于宋朝。高宗令斩张国安于临安。时辛弃疾23岁。

杰出词人。辛弃疾在文学上与苏轼齐名,号称"苏辛",与李清照并称"济南二安"。与党怀英同窗。辛弃疾著作长于词,为南宋词坛一代大家,存词600多首,有《稼轩集》传世。强烈的爱国主义思想和战斗精神是辛词的"主旋律"。辛词热情洋溢、慷慨悲壮、笔力雄厚、风格多样,为中国文学史上著名的"豪放派"词人,被后人誉为"人中之杰,词中之龙"。郭沫若为辛弃疾墓撰写的楹联,给其绝美评价:"铁板铜琶,继东坡高唱大江东去。美芹悲黍,冀南宋莫随鸿雁南飞。"

仕宋淹志,壮志未酬。擒缚张国安后,宋廷任命辛弃疾为建康府通判。宋自符离集之战失利后,一战丧胆,一味纳贡求和,出身义军"归正人"的辛弃疾虽智勇双全,立志抗金,并多次奏请北伐,以图收复旧疆,但因其是"归正人"而受到朝廷歧视,壮志难酬。宋开禧三年(1207年)九月十日,疾呼"杀贼(金人)!"病逝,享年68岁。宋德祐元年(1275年),加赠少师,谥"忠敏"。

贾瑞,蔡州(今河南省汝南县)人。聚众数十人抗金,后投耿京,被委任义军诸军总提领。

《三朝北盟会编》卷二百四十九《炎兴下帙》一百四十九载:济南府民金耿京正隆六年(1161年)秋聚众起义后,"取莱芜县、泰安军,有众百余。有蔡州贾瑞者,亦有众数10人,归(耿)京,京甚喜"。归京后,被耿京任命为义军诸军总提领的贾瑞,为耿京四处招募人马,为耿京起义军的壮大立下汗马功劳。"(贾)瑞说(耿)京以其众分为诸军,各令招人,自此渐盛,俄有众数十万"。金大定二年(宋绍兴三十二年,1162年)正月,耿京欲归宋,遣诸军总提领贾瑞、掌书记辛弃疾"奉表归宋"。高宗"嘉纳之",贾瑞等200人被宋各授官职。①

李全(1190—1231年),潍州(今山东省潍坊市)北海人。"红袄军"首领,金至宁元年(1213年)举义兵抗蒙古。李全与益都人杨安儿、泰安人刘二祖,成为山东

① [宋]徐梦莘.三朝北盟会编[M].上海:上海古籍出版社,2008:1787.

"红袄军"的 3 支主力。李全反复变诈,首鼠两端,先归宋,后降蒙。金正大八年(宋绍定四年,1213 年)正月,被宋军剿杀。《宋史》卷四百七十六,列传第二百三十五有《叛臣中·李全传上》。① 李全曾于宋嘉定十三年(1220 年)、宋宝庆元年(1225 年)两次攻打东平,均无功而返。

彭义斌(? —1225 年),开封(今河南省开封市)人,金崇庆元年(1212 年),从泰安人刘二祖"红袄军"起义于泰安,并出击淄、沂二州,为"红袄军"刘二祖主要部将。刘二祖牺牲后,从霍仪、郝定,据山东西路滕(今山东省滕州市)、兖(今山东省济宁市兖州区)等州,建"天齐"政权。郝定牺牲后,归李全附宋,职统制。宋嘉定十五年(1222 年),率部克复京东一带州县,十七年(1224 年),宋廷赐钱 30 万缗,以犒劳将士。宋宝庆元年(1225 年)四月,攻占蒙古军占领下的东平府。在恩州(今山东省平原县西)击败李全为扩展势力而发动的进攻。后率部进击蒙古军统治的真定(今河北省正定县)。七月,与蒙古军队战于赞黄五马山(今河北省石家庄市东北赞皇县境内),战败被俘,英勇就义。

举义旗,加入"红袄军"。《宋史》卷四百七十六,列传第二百三十五《叛臣中·李全传上》载:"初,大元兵破中都(北京),金主窜汴,赋敛益横,遗民保岩阻思乱。于是刘二祖起泰安,掠淄、沂。彭义斌、石珪、夏全、时青、裴渊、葛平、杨德广、王显忠等附之"。孙祚民《中国农民战争史(四)·宋辽金元卷》载,泰安人刘二祖领导的起义军,活动于泰安州、淄州、沂州等,石珪、夏全、霍仪、彭义斌、时青、裴渊、葛平、杨德广、王显忠等也相继起义,并受刘二祖节制。金贞祐三年(1215 年)三月,金将夹谷石里哥率军镇压,刘二祖牺牲。彭义斌归霍仪,兵败后投李全。彭义斌在东平打了两场大仗,一场是攻东平,另一场是守东平。

投南宋,两缘东平。安作璋《山东通史》载,南宋宝庆元年(1225 年,金正大二年),彭义斌投归南宋封为统制后,受命率部返回山东,招抚分散于各地的"红袄军"余部,并伺机攻城略地,占领了山东、河北的许多州县。而《元史》则将彭义斌收复山东、河北州县记为1224 年。如《元史》卷一百五一,列传第三十八《赵天锡传》:"甲申(1224 年),彭义斌据大名"。《元史》卷一百九十三,列传第八十《忠义一·耶律忒末传》:"甲申(1224 年),攻大名,拔之。……合蒙古诸军南与贼战,走(金将)武仙,复真定"。②

---

① 高占祥. 二十五史·宋史[M].北京:线装书局,2011:2549-2553.
② [明]宋濂,等. 元史[M].北京:中华书局,1975:4383.

金正大二年（1225年）四月，彭义斌围攻东平，蒙古行台严实献东平府以降。五月，与彭义斌同为"红袄军"归宋的李全欲吞并彭义斌军，发兵攻东平，义斌坚守，李全不克撤兵。

尽忠义，以死殉国。金正大二年（1225年）七月，严实与蒙古将孛里海联系会合，聚力战彭义斌，彭义斌势单不敌被擒。《宋史·叛臣·李全传上》载，"义斌俟命不至，拓地而北，与大元兵战于内黄之五马山。大元兵说之降，义斌厉声曰：'我大宋臣，且河北、山东皆宋民，义岂为他臣属耶！'遂死之"。

时青（？—1228年），金山东西路滕阳（今山东省滕州市）人。初入"红袄军"泰安人刘二祖部，败后归彭义斌，后投李全附宋。兴定初，归金职山东西路济州（今山东省济宁市）义军万户，驻军东平。宋嘉定十一年（1218年）正月，李全投奔南宋后，时青和石珪、夏全等义军将领先后附宋抗金。宋宝庆三年（1227年），因李全恨时青在"楚州兵变"中反复，杀时青。

时青由"红袄军"投金后驻军东平。《金史》卷一百十七，列传第五十五《时青传》载："时青，滕阳人。初与叔父时全俱为红袄贼，及杨安儿、刘二祖败，承赦来降，隶军中。金兴定初，（时）青为济州义军万户。是时，叔父（时）全为行枢密院经历官。金兴定二年（1218年）冬，（时）全驰驿过东平，（时）青来见，因告（时）全将叛入宋，（时）全秘之"①。

安作璋《山东通史》载，金贞祐初，刘二祖在泰安州（今山东省泰安市）领导农民起义，活跃于泰安州、淄州（今山东省淄川区），沂州（今山东省临沂市）等地。石珪、夏全、霍仪、彭义斌、时青等地相继起义，并都接受刘二祖节制。贞祐三年（1215年）三月，金将夹谷石里哥率军镇压，刘二祖牺牲于费县大沫堌。余部推举霍仪为首领继续抗金。金兴定元年（1217年）二月，东平行省侯挚派完颜霆（李二措）败霍仪，迫降石珪、夏全、时全、时青等人。兴定四年（1220年），金宣宗"九公封建"，时青被封为"滕阳公，阶银青荣禄大夫"。②

时青由金附宋。金兴定二年（1218年）冬，时青在东平与其叔父时全谋面时，"因告（时）全将叛入宋，（时）全秘之。顷之，（时）青率其众入于宋。宋人置之淮南，屯龟山，有众数万"。兴定四年（1220年）金帅纥石烈牙吾塔遣人招降时青，时青回信称"如朝廷赦（时）青之罪，乞假邳州以屯老幼"，则愿全军来归。十月，牙

---

① [元]脱脱，等．金史［M］.北京：中华书局，1975：2565–2568.
② 安作璋，等．山东通史［M］.北京：人民出版社，2009：84–88.

吾塔向金廷报告后,"诏加青银青荣禄大夫,封滕阳公,仍为本处兵马总领元帅、兼宣抚使"。但时青以"不得邳州,复为宋守"复归宋。兴定五年(1221年),时青泗州西城之战中被金兵伏击,败走。

时青在"红袄军"内讧中被李全诛杀。据《宋史》之《叛臣下·李全下》载,宋宝庆二年(1226年),楚州宋淮东制置使刘琸克扣忠义军粮款,且挑拨离间,致李全部下内讧,国用安、张林等杀李全的哥哥李福及李全次子李通、李全妾刘氏。宋廷檄文告知盱眙总管张惠、时青等兵进楚州,尽杀李全在楚州的家人。而时青又暗里报讯于青州的李全。元拖雷监国元年(1228年),已投蒙古的李全回楚州复仇,因恨时青反复变诈,杀时青及其妻,并其军。

时全(?—1222年),时青叔父,宋崇庆元年(1212年),时全与时青俱为"红袄军"泰安人刘二祖部将。金兴定元年(1217年)二月,时青、时全等降金,时全任金行枢密院经历官。兴定二年(1218年),时全来东平会时青,时全对时青欲附宋隐秘未报。后多次隐时青欲归宋事。金元光元年(1222年)伐宋时因其"谬误"致金军大败,被诛。

《金史·时青传》载:

> 兴定五年(1221年)正月二十五日夜,(时)青袭破泗州西城,提控王禄遇害。是时,时全为同签枢密院事,朝廷不知(时)青袭破(泗州)西城,止称宋人而已。诏(时)全往督泗州兵取西城。(时)全至泗州,获红袄贼一人,诘问之,乃知(时)青为宋京东铃辖,袭破西城。(时)全颇喜,乃杀其人以灭口。

金元光元年(1222年)二月,时全与讹可节制3路军马伐宋时,时青曾与时全两军相拒,时全故意将已缴获的"资粮"弃之,留给时青,"(时)全匿其事"。五月,"诸军将渡(淮),(时)全矫称密诏'诸军且留收淮南麦',遂下令人获麦三石以给军。众惑之,讹可及诸将佐劝之不听,军留三日"。讹可对时全说,应趁淮河水浅攻宋,否则暴雨来了河水暴涨,将无法渡淮,被时全怒叱。"是夜,大雨。明日,淮水暴涨,乃为桥渡军。宋兵袭之,军遂败绩"。时全与时青"里应外和",致金军大败。于是,金宣宗下诏,讹可削官两阶,时全诛之。《金史》卷十六,本纪第十六《宣宗纪下》载,元光元年(1222年)五月"壬戌,讹可、时全军大败。甲子,讹可以败绩当死,上面数而责之,勉其后效命,腟官两阶"。"壬申,时全伏诛"①。

---

① [元]脱脱,等. 金史[M].北京:中华书局,1975:361-362.

储进,字升之,金山东西路新泰(今山东省新泰市)人,"红袄军"泰安人刘二祖部或兖州泗水人郝定部将领。投东平行省侯挚,授宣武将军(秩从五品下)、山东西路兖州磁阳县(今山东省济宁市兖州区)尉。

清光绪《新泰县志》(下)卷十五,人物第二十九(上)《名臣·储进传》载:"储进,字升之,其先东城白石人。刘齐阜昌,祖(储)存游新泰之孙村,遂为家焉。金季应募即戎。金迁汴(1214年),东平行台侯挚承制封拜,录进战功,授宣武将军,兖州磁阳县尉"①。

安作璋《山东通史》载,金贞祐初,刘二祖在泰安州(今山东省泰安市)领导农民起义,活跃于泰安州(隶奉符、莱芜、新泰3县)、淄州(今山东省淄博市淄川区)、沂州(今山东省临沂市)等地,夏全、霍仪、彭义斌、裴渊及新泰人时青、石珪等皆受刘二祖节制。贞祐三年(1215年)三月,刘二祖在与金军作战中牺牲。霍仪率余部继续抗金斗争。②

《金史》卷一百八,列传第四十六《侯挚传》载,金贞祐四年(1216年)春,"红袄军"首领兖州泗水人郝定,集"杨安儿、刘二祖散亡之余,今复聚及六万"人,在去年冬天占领今山东省"泰安、滕、兖、单诸州,及莱芜、新泰等十余县"后称"大汉皇帝"。宣宗诏侯挚"行省事于东平,权本路兵马都总管,以招诱之,若不从即率兵捕讨"。③

由此推断,储进"应募即戎",或与郡人石珪父子一样,参加了刘二祖义军;或入郝定义军,后被东平行省侯挚奉诏招降于金。

张祐,字伯祥,新泰人,累官至定远大将军(秩从四品上)。清光绪《新泰县志》(下)卷十五,人物第二十九(上),《名臣·张祐传》载,张祐,"其先沂州人,金天眷间(1138—1140年)迁新泰。因从大军攻取大沫堌(今山东省费县西南)有劳,授进义校尉加明威将军,迁定远大将军,授束帛之赐以旌治效"④。

《金史》卷一百二,列传第四十《仆散安贞传》载,金贞祐二年(1214年)十二月

① 新泰市史志办公室.新泰县志[M].新泰市史志办公室整理.新泰:新泰市文化广播电视新闻出版局,2009:291.
② 安作璋,等.山东通史[M].北京:人民出版社,2009:74.
③ [元]脱脱,等.金史[M].北京:中华书局,1975:2384-2390.
④ 新泰市史志办公室.新泰县志[M].新泰市史志办公室整理.新泰:新泰市文化广播电视新闻出版局,2009:291.

"诸军方攻大沫堌,赦至,宣抚副使、知东平府事乌林答与即引军还"①。张祐应从乌林答与大军攻取大沫堌。旧志载,张祐墓在县南张家沟东,封"定远大将军",有碑。

张端仁,张祐长子。清光绪《新泰县志》(上)卷十二,选举志第二十八(上),《征辟》载:"金,张端仁,祐之子,以材选授本(泰安)州讲究议事官"②。

张林(?—1227年),初为金益都(今山东省青州市)府卒,后因功职益都府治中。曾陷严实之长清城,随李全攻东平未下。张林归金、降宋、投蒙古,反复变诈。

《金史》卷一百二,列传第四十《田琢传》载:"初,张林本益都府卒,有复立府事之功,遂为治中"③。金兴定元年(1217年,宋嘉定十年),田琢由陕西调山东,任山东西路转运使,次年改山东东路转运使,权知益都府事,行六部尚书宣差便宜招抚使,成为张林的上司。"红袄军"李旺占据胶西,田琢派遣张林讨伐,生擒李旺。张林"凶险不逞,耻出(田)琢下",加上田琢在山东"征求过当,颇失众心",张林早就想凭借自己的实力除掉田琢,取而代之,但一直没有机会。恰逢"红袄军"将领于海、牟佐占据莱州,田琢命令张林带兵征讨,张林手握兵权,趁田琢在府上时,"众噪入府中",田琢仓促回到兵营领兵与张林战,不胜,便向西且战且退,至章丘,兵变,求救于邻道,"东平行省蒙古纲以状闻",才解了围。金宣宗想利用张林势力为金廷服务,就遣人诏田琢离开益都,并任命张林为山东东路都元帅。

《宋史·叛臣·李全传》载,宋嘉定十一年(1218年),原潍州"红袄军"首领李全,投宋后率兵临益都,招降张林,金元帅张林以青、莒、济南等12州归宋,西向拓地时陷严实长清县城。宋嘉定十三年(1220年,金兴定四年)八月,李全合张林军数万人北渡黄河(金元故道),袭金东平府之城南,金行省蒙古纲率军固守,李全与张林以3000人金银甲、赤帜,绕濠跃马索战。时大暑,李全见东平府城的护城河河宽水深,矢石不能及,改为在城南的夹汶水边立寨,中间通过浮桥来往。被金东平副帅干不搭及刘节使女儿(一说刘二祖的女儿)击败,兵力损失多半。张林兵还益都,李全退回楚州。宋嘉定十五年(1222年),李全和弟弟李福因盐场、榷货贸易利益之争内讧,将张林逼走青州。宋嘉定十六年(金元兴元年,1221年),宋京东安抚使张林降蒙古木华黎部,被木华黎任为山东东路益都府,沧、景、滨、棣等州

---

①　[元]脱脱,等.金史[M].北京:中华书局,1975:2245.

②　新泰市史志办公室.新泰县志[M].新泰:新泰市文化广播电视新闻出版局,2009:225.

③　[元]脱脱,等.金史[M].北京:中华书局,1975:2252.

都元帅。

四、方伎

李杲(1180—1251年),字明之,真定(今河北省正定县)人。晚年自号"东垣老人",故人称李东垣。曾于金末(约1230年)始在东平行医、著书达12年。居东平期间,与硕儒元好问、东平万寿上清宫住持范圆曦等友善。李杲为"易水派"砥柱、中医"脾胃学说"的创始人,与刘完素的"火热说"、张从正的"攻邪说"、朱震亨的"养阴说",共享"金元四大家"之誉。《金史》卷一百三十一,列传第六十九和《元史》卷二百三,列传第九十均有传。

张子和(1156—1228年),名从正,号"戴人"。金睢州考城(今河南省兰考县)人。中国金、元著名医学家。"金元四大家"之一。世业医,学宗刘完素,精医术。行医教授范围以今河南省兰考县为中心,辐射毗邻的徐州、山东、河北地区。元刘祁撰《归潜志》卷六称张从正"名重东州"。

为人放诞,无威仪,颇读书,作诗,嗜酒。久居陈,游余先子门,后召入太医院,旋告去,隐然名重东州。麻知几九畴与之善,使子和论说其术,因为文之,有《六门三法》之目将行于世。①

部分学者认为"东州"泛指开封以东地区,但未见宋、金文人著作中将开封府以东,例如今山东菏泽市、济宁市等地称"东州"者。

《金史》卷一百三十一,列传第六十九《方伎·张从正传》②,未载其东平从医经历。金元好问和刘祁、刘郁兄弟相友善,他们的著作中都常以"东州"代指东平。故疑张子和曾在东平一带行医。存疑。

五、宗教

丘处机(1148—1227年),字通密,道号"长春子",登州栖霞(今山东省栖霞县)人。道教全真道掌教、全真道"七真"之一,以及龙门派的祖师。位于东平腊山的三清宫,建有老君堂、藏经楼、邱祖阁。丘祖阁为丘处机修行处。

丘处机为南宋、金朝、蒙古国统治者以及广大信众所共同敬重,并因以74岁

---

① [金]刘祁.归潜志[M].北京:中华书局,1983:82-87.
② [元]脱脱,等.金史[M].北京:中华书局,1975:2811.

高龄行 3 万多里而远赴西域,劝说成吉思汗止杀爱民而闻名于世。金正大四年(1227 年,元太祖二十二年),丘处机在长春宫逝世,享龄 80 岁。元世祖忽必烈时,追尊其为"长春演道主教真人"。

东平湖西岸的腊山,邻唐代造像群有金、元建筑三清宫,宫建之上有丘祖阁,传为丘处机修行处。根据史料,全真教一代宗师丘处机在东平腊山修行的时间有 3 个可能:一是金大定九年(1169 年,南宋干道五年,)十月,王重阳带领马珏、谭处端、刘处玄、丘处机由宁海西去汴梁,应经东平至汴京的官(驿)道,其间,可能在东平腊山短住;二是金明昌二年(1191 年),丘处机从终南山祖庭东归栖霞太虚观,途中有可能在东平腊山逗留。三是《磻溪集》所说的"五岳曾经四岳游"。《磻溪集》诗曰:"五岳曾经四岳游,群山未必可相俦。只因海角天涯背,不得高名贯九州。"丘处机游了除南宋统治下的衡山外的(泰山等)其他四岳。这首诗作于金卫绍王大安二年(1209 年),如果是丘处机金明昌二年(1191 年)四月东归山东时未到泰山或东平,诗载游泰山时间应是 1191—1209 年之间。但无论如何,丘处机和东平还是有"关系"的,如李道谦《七真年谱》云,金贞祐四年(1216),"金主命东平监军王庭玉,赍诏召师归汴京……乃不起"。丘处机先后拒绝了金、南宋的邀请。金朝派东平幕府的监军去请丘处机,从一个侧面说明,由宁海去汴京,选择好行之路的话,应走东平至汴京的官道,这就基本坐实了丘祖腊山三清宫修行事。

卷十五　列传第八　金朝遗老

金朝遗老名录

武备：

耶律辨材　石珪　张子良　王守玉　王德禄　信亨祚　严瑾　严显　时珍
赵秉文

宗教：

范圆曦

金末、蒙古初，多方交战，胜者树帜，于是大批金朝文武人才由仕金而转事蒙古，史以"金朝遗老"谓之。尤以东平严实崛起时，随者为众。录入者，是由金而归于元者；作传之时，则重笔叙金，轻描元。

一、武备

耶律辨材（1171—1237 年），辽族，辽太祖长子东丹王之八世孙，金章宗右丞相耶律履之子。金泰和年中（1201—1208 年），曾任山东西路曹州司侯。中夏受兵，山东西路行台檄公成东平。金正大九年（1232 年）南宋与蒙古议和时，蒙古国向南宋索要其归北。

元好问《遗山集》卷二十七《奉国上将军武庙署令耶律公墓志铭》载，耶律辨材的父亲耶律履,"章宗明昌初,拜尚书右丞,谥文献公",耶律辨材为其长子,耶律楚材为其第三子。①

(耶律辨材)资倜傥,躯干雄伟,每以志节自负,不甘落人后。年十八,以门资试护卫;校射者余七百人,皆天下之选,而公中第三。俄以公事免。泰和中(1201—1208 年),从军南征,攻取三关,以十一骑轻身入光州。时宋已复三关,复夺而出,身被十三创。以功授冀州录事判官,转曹州司侯。中夏受兵,山东西路行台檄公戍东平。

耶律辨材仕金,累官至许州兵马钤辖,武庙署令。金正大九年(1232 年)正月,蒙古中书令耶律楚材,奉命向金索要耶律辨材北归。"二月朔,谕旨于隆德殿。公涕泣请留死汴京,哀宗幸和事可成,赐金币固遣之。公归,留寓真定"。元太宗九年(1237 年)卒,享年 67 岁。

石珪(? —1223 年),金山东西路泰安州新泰(今山东省新泰市)人,《元史》卷一百九十三,列传第八十《忠义一·石珪传》载,石珪,北宋名儒徂徕先生石介裔孙。金末随刘二祖、霍仪领导"红袄军"起义于泰安。金贞祐四年(1216 年),降金。宋嘉定十年(1217 年)随李全等降宋,官涟水(今江苏省涟水县)忠义军统辖。元太祖十五年(1220 年)降蒙古,与严实分据东平府,任济、兖、单州总管,山东路行元帅。元太祖十八年(1223 年)职东平兵马都总管,山东诸路都元帅。是年七月,领兵攻曹州,金东平元帅府守将郑倜(字从宜)奋战得胜,擒石珪送至汴京(今河南省开封市)处死。②

张子良(1194—1271 年),字汉臣,范阳(今河北省涿州市)人。金大安年间(1209—1211 年)募兵守护乡里,归金后,在金兴定四至五年间(1220—1221 年五月)曾率军民数万口"就食东平"。后投宋。元太宗十年(1238 年,宋嘉熙二年),由泗州率众数万降蒙古,累官至昭勇大将军、金枢密院事、上轻车都尉,追封清河郡侯,谥"翼敏"。

元好问《遗山集》卷二十八《归德府总管范阳张公先德碑》载:"大安兵兴,公(张子良)以材选为军中千夫长,以功迁都统。时耕稼既废,道殣相望,乃率涿州定兴、新城户数千,就食东平"③。

---

① [金]元好问. 元好问全集(上)[M].太原:山西人民出版社,1990:649.
② [明]宋濂,等. 元史[M].北京:中华书局,1975:4378-4379.
③ [金]元好问. 元好问全集(上)[M].太原:山西人民出版社,1990:661-664.

《元史》卷一百五十二,列传第三十九《张子良传》载:

金末四方兵起,所在募兵自保。子良率千余人入燕、蓟间,耕稼已绝,遂聚州人,阻水,治舟筏,取蒲鱼自给,从之者众,至不能容。子良部勒定兴、新城数万口,就食东平,东平守(蒙古纲)纳之。久之,(1221年五月)弃守东平还汴,檄子良南屯宿州,又南屯寿州。

明年(1128年),子良进米五百石于汴,授荣禄大夫,总管陕西东路兵马,仍治宿州。当是时,令已不行于陕,而用安亦卒不得志。徐、宿之间,民无食者,出城拾橡橇以食,子良严兵护之,以防钞掠。

岁戊戌,率泗州西城二十五县、军民十万八千余口,因(蒙古)元帅阿术来归。①

《宋史纪事本末》卷九十一《会蒙古兵灭金》又载,金天兴二年(1233年,元太宗五年)四月,宋将孟珙在抗击金军武仙、武天锡犯光化州时,"壮士张子良斩天锡首以献,俘将士四百余人"②。

张子良投元后,历京东路行尚书省兼都总帅、大名路总管等,元至元八年(1271年),78岁卒,赠昭勇大将军、上轻车都尉。追封清河郡侯,谥"翼敏"。

清乾隆《泰安府志》卷十八《人物志三》载:

张子良,字汉臣,范阳人。金末,四方兵起,所在募兵自保。子良部勒数万口(人),就食东平,东平守(蒙古纲)纳之。久之,守弃东平还汴,李敏据州,子良率部下造州,(蒙古)太宗命为东路都总帅,卒年七十八,追封清河郡侯,谥翼敏。③

王守玉,金锦州守将,累官至左监军。金兴定年末兵乱,领兵就食东平,时侯挚、蒙古纲守东平,纳之。后降蒙古木华黎。

金贞祐三年(1215年,元太祖十年),左监军王守玉诏隶蒙古木华黎部石抹也先元帅。崔立汴京变时,杀王守玉家属。"初,(崔)立以副元帅药安国首事难制,忌之。因其夜取故监军王守玉之妻,且坐都堂,以安国犯令,叱左右斩以徇"。

王德禄(1193—1224年),北京兴中府人,金兴定末(约1221年),以骑兵从锦州将王守玉屯东平,后从严实归蒙古。

① [明]宋濂,等. 元史[M].北京:中华书局,1975:3597.
② [明]陈邦瞻. 宋史纪事本末[M].北京:中华书局,2015:1026.
③ 泰安市地方史志办公室. 泰安府志[M].北京:线装书局,2017:569.

元好问卷三十《兖州同知五翼总领王公墓铭》载，王德禄，世为农家，"以骑兵从锦州将王守玉屯东平。辛巳（1221年）夏，东平不守，归今行台严（实）公，隶五翼军，以功转总领"①。后随严实南征北战，六七年后提拔为同知兖州军州事。金正大元年（1224年）五月，在大名与宋将彭义斌的战斗中受重伤而死，享年32岁。10年后，王德禄的战友段迁，把王德禄葬于东平梯门宪王陵之东。

信亨祚，字光祖，籍上谷（今河北省易县）人。金末兴兵，被侯挚征招从天平军，镇守东平。后附严实入蒙古。

元好问卷三十《五翼都总领豪士信公之碑并引》载，金末贞祐年间：

> （信亨祚）以良家子入伍，从平章政事萧国侯（挚）公镇天平（军），萧公还朝（1217年）不一二年，国世沦败，它帅不能军，军遂乱。军中有欲图光祖者，光祖偕乡曲千余人壁梁山。（金东平）提控郑偶来攻，前后三数月，出入百战，未尝挫衄。闻光祖姓名者，皆恐怖毛竖。（郑）偶败走。自是归光祖者日众矣。②

金兴定五年（1221年）春，信亨祚归附严实。时泰安人司仙统万余户壁于徂徕山，因亨祚自归，亨祚受之，秋毫无所犯。金正大二年（1225年，元太祖二十年）彭义斌攻占东平，信亨祚始终跟随严实共进退。元太宗十二年（1240年），卒于东平私第，葬于须城县芦泉乡金谷山之东原。

子信世昌，蒙古国须城县（今山东省东平县）令。

严瑾（？—1222年），奉符（今山东省泰安市徂汶新区）人。蒙古占领山东后，严瑾聚众自保，后投金东平行省事侯挚，被任命为怀远将军（秩从四品下）。镇压郝定"红袄军"。元太祖十七年（1222年，宋宣和四年），宋将彭义斌部攻泰山天胜寨时，严瑾战死。

唐家品、高儒林总主编《泰安区域文化通览·东平县卷·岱岳区卷》载，北宋亡后，金不断南伐，攻掠偏安一隅的南宋王朝。金贞祐二年（1214年）五月，蒙古军攻破泰安州城，严瑾在泰山南部的徂徕山天平寨聚众为军抵抗蒙古军。③ 元杜仁杰《泰安严氏迁葬之碑》载，"当贞祐甲戌之乱，郡城失守，君率乡民避地于天平寨……主其寨"。天平寨位于徂徕山中部，唐仲冕著《岱览》称，"隐仙观南二里，为清风岭，高可却署。下为卧石山，《近游草》谓之吒羊山。奇石络绎，自巅及趾，

---

① ［金］元好问. 元好问全集（上）[M].太原：山西人民出版社,1990:698.
② ［金］元好问. 元好问全集（上）[M].太原：山西人民出版社,1990:699.
③ 唐家品,高儒林. 泰安区域文化通览·东平县卷[M].济南：泰山出版社,2012:245.

如羊数百群。西三里为天平前寨,(唐朝)赤眉军所堡即此,地极畅衍,累行为台,基址犹存"。其西南"群山四断"处为天平后寨。二寨合称天平寨。天平寨一带的演武场、柱窝遗迹及中军帐的垒石营落等都是严瑾抵抗蒙古军兵时驻扎过的地方。

金贞祐三年(1215年),严瑾投归金东平行省事侯挚,被封为怀远将军,并与李仪、燕宁等据守泰山傲徕峰天胜寨。贞祐四年(1216年),金山东西路兖州泗水人郝定率领"红袄军"抗金,自称"大汉"皇帝,攻占莱芜、新泰、泰安等城,严瑾奉命率部击败"红袄军",夺回泰安城,坑杀义军甚众。后郝定在泗水被金东平行省侯挚所破。金兴定五年(1221年)五月,蒙古军攻兖州、东平等地,严瑾力战。退守泰山傲徕峰天胜寨。

《金史·完颜弼传》载,元太祖十五年(1220年)十二月,蒙古军南下,连克真定、大名,至东平,阻水不克,乃大掠而还。之后金遣李仪、燕宁、严瑾固守傲徕峰天胜寨。次年五月,东平城陷,严实入驻,建东平行台。严瑾归严实。元太祖十七年(1222年)九月,宋将彭义斌率军收复京东诸州县,遣大将于江攻袭泰山傲徕峰天胜寨,严瑾被擒杀。①

子严显,字子明,被金授为山东西路兖州泗水县令,任泰安本地纠察。

时珍(1182—1252年),字国宝,金末、元初期泰安州新泰县(今山东省泰安市新泰市)人。仕宋,职袭庆府(今山东省济宁市兖州区)事兼京东西路(治东平)兵马令。降蒙后,封陇西郡开国侯,食邑千户。

时珍的祖父时忻,赠昭武大将军。父时坚,镇国上将军。时珍性长厚,幼为人所爱信。世乱,盗起东海,郡县守令皆望风遁去,老幼震骇,无所请命。加之连岁兵践,郡聚为寇,猎人为食。时珍率部捕杀,获甚众,余悉溃去,一方帖然。宋安抚使彭义斌占山东、河北,荐时珍为袭庆府(今山东省济宁市兖州区)事兼京东西路(治东平)兵马令,改授武翼郎。于是,时珍集疮痍之民,垦田畴、完屋庐,朝抚暮煦,期月而病民复生,闾里相庆。宋嘉定末年,署昭勇大将军、泰定军(驻今山东省泰安市)节度使、兖州营内观察使、元帅左监军。是岁,从改益都。宋宝庆二年(1226年,元太祖二十一年),蒙古兵攻山东青州时,时珍降归蒙古,授镇国上将军,右副元帅。蒙古军平定益都宋军后,任命时珍镇兖州。己丑,改左副元帅,封陇西郡开国侯,食邑千户。元太宗十年(1238年),请老于东平行台严实,致仕。

---

① ［元］脱脱,等.金史［M］.北京:中华书局,1975:2252.

时珍谢政后射猎于郊,以寻山水之乐,年70以疾终于家。墓在今新泰市天宝镇时家庄村,为新泰市重点文物保护单位。

赵秉文(1159—1231年),字周臣,号"闲闲居士",晚号"闲闲老人",磁州滏阳(今河北省磁县)人。金世宗大定二十五年(1185年)进士。金代著名学者、书法家,"文坛盟主"。大定十六年(1176年)前后入山东济南府学,后游东阿、东平、曲阜,与东平赵沨相识。

《金史》卷一百一十,列传第四十八《赵秉文传》载,赵秉文27岁进士登第,调安塞主簿。历平定州刺史,为政宽简。累官至礼部尚书。金哀宗即位,改翰林学士,兼修国史。历仕5朝,自奉如寒士,未尝一日废书。积官至资善大夫、上护军、天水郡侯。① 元好问《遗山集》卷十七《翰林学士承旨资善大夫知制诰兼同修国史上护军天水郡开国侯食邑一千户实封一百户赵公墓志铭》(《闲闲公墓铭》)称,赵秉文七言长诗笔势纵放,不拘一律。律诗壮丽,小诗精绝,多以近体为之。至五言,则沉郁顿挫,似阮嗣宗;真淳古淡,似陶渊明。② 能诗文,诗歌多写自然景物,金明昌、承安年间主文坛40年之久,为金朝末期"文坛盟主"。赵秉文在书法上与同时代的党怀英、王庭筠、赵沨齐名,元好问《中州集》丙集第三《礼部闲闲赵秉文小传》称:"工书翰,字画有魏晋风调,草书尤警绝"③。

据王庆生《金代文学家年谱》第五卷《赵秉文年谱》考证,赵秉文于金大定十六年(1185年)前后在山东游学。④ 其《闲闲老人滏水文集》"留痕"了赵秉文在山东的行迹。卷四《七夕与诸生游鹊山》,卷八《宿王佐宅》:"鞍山枳水事茫茫,犹记同游宿上方。"由此可知赵秉文与济南府学"诸生"同游济南鹊山,与王佐同舍生;又游过济南南部的马鞍山,泗水县的枳水。卷八《题李平夫〈黄山蹇驴诗图〉》载:"三十年前济水东,诗中曾识蹇驴翁。"东平赵沨,因《黄山道中》"好景落谁诗句里,蹇驴驮我画图间"被誉"蹇驴翁"。东平在古济水之东,赵沨为东平人,大定二十二(1182年)进士;而李平夫《黄山蹇驴诗图》绘画于金兴定年间(1217—1221年),"三十年前"应指大定二十九年(1189年)前后。元好问在作品中亦称东平一带为"济东"。

赵秉文和东平幕府的张万公、路铎、雷渊、济州李演及奉符党怀英、东平刘从

① [元]脱脱,等.金史[M].北京:中华书局,1975:2426-2429.
② [金]元好问.元好问全集(上)[M].太原:山西人民出版社,1990:477-481.
③ [金]元好问.中州集[M].上海:华东师范大学出版社,2014:190.
④ 王庆生.金代文学家年谱[M].南京:凤凰出版社,2005:247-303.

益相交游。姚奠中主编《元好问全集》卷十六《平章政事张文贞公神道碑》载,因谏元妃李氏,张万公和"监察御史宗端修、右拾遗路铎、翰林修撰赵秉文,皆得罪去"①。因而,在赵秉文《闲闲老人滏水文集》中,记载了他对这几位好友的思念、怀念之情。卷四有《送雷(渊)希颜赴泾州录事,李(革)君美治中廨南楼座中作》;雷渊,为东平治中。卷十一,有为党怀英去世而作的《翰林学士承旨文献党公神道碑》。书法有《济州(今山东省济宁市)刺史李演碑》。卷十三,金贞祐四年(1216年),有为东平行省侯挚所作的《双溪记》。

金正大八年(1231年)病逝,享年74岁。有《闲闲老人滏水文集》传于世。

二、宗教

范圆曦(1177—1249年)号"玄通子",宁海(今山东省牟平区)人。师郝大通,为全真著名高道。范圆曦在金末蒙古初,曾三进东平。其中金正大三年(1226)至元太宗窝锅台十年(1238年),范圆曦应东平行台严实之聘,在东平上清万寿宫(今上清宫)担任住持12年,署道教都提点,敕封"玄通普照惠和真人"。蒙古海迷失后元年(1249年)十月仙逝,享年72岁。葬于东平上清宫之翛然堂。

幼业儒,年十九,师太古。金朝遗老、元中书省平章政事、曾职东平路祥议官的宋子贞《普照真人玄通子范公墓志铭》载,范圆曦"性有夙慧,能记始生时事"。范圆曦天生异禀,与常人不同,一出生就能记事。而且他"少长见屠豕,遂不茹荤"。范圆曦少时看到过一次屠户杀猪,被涂炭生灵所震惊,从此之后就不再食荤。"幼业儒,喜涉猎书传,务通大义而已"。范圆曦对儒学兴趣不大,仅仅粗通大义。"居母丧,露处墓侧。父丧,具凶服日一往,虽大风雨不避"。范圆曦是一位孝子。

宋子贞《普照真人玄通子范公墓志铭》云,范圆曦"年十九,从郝太古学为全真,太古深器之,潜授秘诀,且属以观事,常住多羡余几十万缗,听其出入不问"。范圆曦在金承安元年(1196年)19岁时,拜郝大通为师,与王志瑾成为师兄弟。范圆曦深受郝大通器重,不但教其秘诀,而且把观中的财务交给范圆曦全权管理。

郝大通(1149—1212),名璘,字太古,号"恬然子",又号"广宁子",自称"太古道人",法名大通。宁海(今山东省牟平区)人。为全真道华山派的创立者。与丘处机、刘处玄、王处一、孙不二等6人并称为金代"全真道北七真"。郝大通自幼通

---

① 姚奠中.元好问全集(上)[M].山西:山西古籍出版社,1990:463-472.

读《老子》《庄子》《列子》，犹喜《易经》，洞晓阴阳、律历、卜筮之术。不慕荣仕，禀性颖异，厌纷华而慕淡雅，渐隐以卜筮自晦。金大定七年（1167年）（一说大定八年）从王重阳学全真教，大定十五年（1175年）于沃州行乞时突有所悟，于桥下苦修六年，人称"不语先生"。九转功成后，往北传教。元至元年间赐"广宁通玄太古真人"，世称"广宁真人"。著有《太古集》《太易图》等。

范圆曦当时拜"七真"之中声望较低的郝大通为师，主要原因可能是"就近"。因为时刘处玄居莱州灵虚观，王处一居圣水玉虚观，丘处机居栖霞太虚观，只有郝大通在宁海传教。

修炼"坐环"，校补《太古》，弘道传教。郝大通金崇庆元年（1212年）腊月仙逝之后，其他道众贪图其管理的钱财，欲谋害范圆曦。范圆曦得知此事后，笑着说："吾为众守耳，何至如是？"于是就把库房钥匙交了出来，离开了所住道观赴胶西。他在胶西为透悟心性，坐环苦修一年，"屏绝世虑，自死循环室中，究其所谓精气神之学"。之后，范圆曦在河北赵州又一次"筑环堵不出"。据何道全《随机应化录（下）》云："环者，乃还本还元之意"。"有死环活环之理。死环者，四面皆墙，坐环者在内，将门封闭，不令出入，按时送饭，须安身绝念，息气调神，百日而出，有志者功多，无志者反成疾病。活环者，以四大假合为墙壁，以玉锁金关为封闭，令一点灵光在内，刻刻不昧，使神不离气，气不离神，内想不出，外想不入，闹中取静，静裹分明，精神内守，务令外扰，如此百日胜如死环千日"。一年后，范圆曦又迁往密州（今山东省诸城市）传道，不久就获得了当地人的敬信。金卫绍王大安三年（1211年），山东杨安儿与其女杨四娘子、李全领导的"红袄军"起义，攻打密州时，使范圆曦名声大震。《普照真人玄通子范公墓志铭》云：

贞祐初，红寇起，东海富人多以财宝寓公。城破寇入，公度不可保，乃尽出所有以啖渠帅，老幼获免者甚众。寇退，遗民奉公为主，复为城守。先是有诏能完复一州一县者，各就拜其州县长官，已而命下，公力辞之日，道人得此安用？改赐普照大师、本州岛岛道正，受之。①

"红寇起"指的是金大安三年（1211年）益都杨安儿、李全等在山东莒、淄、潍、青等地领导的"红袄军"起义。范圆曦作为全真高道，出于保一方平安的济世情怀，以财物向"红袄军"首领疏通，使"老幼获免者甚众"，因而受到密州百姓的尊

---

① 陈垣.道家金石略[M].北京:文物出版社,1988:502-505.

敬,得到了朝廷的肯定,获赐"普照大师",并被任命为密州道正。

由于"红袄军"与金军不断交战,山东益乱,范圆曦到东平小住后离开了山东,赴师郝大通修炼传教近20年的河北一带,弘道传教。宋子贞《普照真人玄通子范公墓志铭》载:"山东益乱,由东平入覃怀,登太行,下辽山以达邢台。时邢台以归命,遂属国朝。寻迁赵州,筑环堵不出。居一岁,闻丘长春奉诏南下,诣谒与燕山,大蒙印可,俾充河间真定等路道门提点"。范圆曦在其师伯即被元太祖授"俾掌管天下道门"的丘处机提携下,担任了河间、真定等路道门提点。一年多后,金正大二年(宋理宗保庆元年,1225年),发生了武仙杀死史天倪事件,史称"武仙之变",范圆曦回到泰山。金正大三年(1226年)至元太宗窝锅台十年(1238年),范圆曦应蒙古东平行台严实之聘,在东平上清万寿宫(今上清宫)担任住持12年。离开东平后,范圆曦先回宁海,再赴河北,又游关中。宋子贞《普照真人玄通子范公墓志铭》记载,范圆曦"戊申,朝命加赐玄通广济普照真人,牢让不受。是岁游关中,祀重阳祖师于终南,秦陇帅太傅国公素蹇傲,未尝下士,见公不觉膝屈,三返致疏,请提点重阳万寿宫。公辞以年老,不任应接,帅檄关吏不令出,公不得已为之住持。才半载,假以行缘诸方,复还真定"。"戊申",元定宗贵由三年(1248年),范圆曦被朝廷赐"玄通广济普照真人"。并于这一年离开河北来到陕西关中,祭祀王重阳于终南山重阳万寿宫,被当地官吏强行留任重阳万寿宫(今上清宫)担任住持半年后,又回到河北真定(今河北省正定县)。蒙古海迷失后元年(1249年),范圆曦仙逝于河北大名,享年72岁。

宋子贞《普照真人玄通子范公墓志铭》对范圆曦的一生评价甚高:

公为人开朗尚义,汲汲于济物,而疾恶之心太重,若将有志于世者。闲暇谈笑,叠叠可爱,一有不合,则面折力争,虽毫发不贷。要之胸中无滞碍,故言虽切直,人不以为讦。与人交必尽诚,振乏急难,轻财如粪土。乐从士大夫游,汴梁既下,衣冠北渡者多往依焉。尤邃于玄学,神怪幻惑之术,略不挂口。其尝受戒箓称为门弟子者,不可胜计。四方请益之士多乞为歌诗,及其手字,公布纸落笔动数百幅,殊不致思,而文采可观,得片言只字,皆藏之什袭,以为秘宝。所至之地,则候骑络绎,幢盖塞路,马首不得前,自郡守县令而下莫不奔走致敬,北面师事,其为时所重如此。

情有独钟,"三进"东平。范圆曦作为道教高僧,自19岁入道门至仙逝,两次到东平,居住长达12年之久;仙逝后又嘱咐弟子将其葬于东平。范圆曦对东平可谓"情有独钟"。

范圆曦第一次"进"东平,是由于"红袄军"与金军的战事益乱。据翦伯赞《中国史纲要》载,金大安三年(1211 年)起,山东多路农民起义军奋起抗金。其中,杨安儿、李全等人领导的起义军,都穿红袄作标志,当时人称"红袄军"。"红袄军"控制了山东半岛的绝大部分地区,并迫使金朝委派的莱州知州徐汝贤也举城投降。杨安儿的声势大震。杨安儿病死后,他的女儿杨四娘子(杨妙真)下寨于莒县磨旗山中,继续抗金。在这种形势下,范圆曦便奔赴相对稳定的东平。范圆曦在东平小住一段时间后,由东平去了覃怀。

范圆曦第二次"进"东平,是由于严实请聘住持东平上清万寿宫(今上清宫)。范圆曦由河北"挈徒走泰山"不久,东平行台严实迎请他到东平主持道事。

张广保著《金元全真教史新研究》援引杜仁杰撰《泰安阜上张氏先茔记》云:

东平大行台严公迎修上清万寿宫,署道教都提点,时遣人候起居,或就谘访,礼意勤缛,莫与为比。公亦论列利害不屈,左右行台之政,多所裨益。

东平严武惠公以宁海范普照住持上清万寿宫,舆议以谓,治军民如武惠,掌道教如普照,可谓无前矣,必得峻洁知办如张志伟者以贰宫政,斯可矣。至三谒然后惠然。居无几,废者兴,缺者完,惰者勤,慢者敬,凡所应用,无一不备,金曰称哉。已而驿禀朝廷,赐号崇真保德大师,授紫衣,缘以金襕,报之也。①

东平上清万寿宫(今上清宫)时为著名道观。陈垣《道家金石略》之《全真观记》云:"上清万寿宫甲山东,切宫之西墙即巷,巷西即玄通普照惠和真人范公畴昔环堵尸居之地也"。由于管理有方,道观秩序井然,严实非常满意,连副住持张志纯都被严实报之朝廷,赐号"崇真保德大师",授紫衣,缘以金襕。

范圆曦第三次"进"东平,是由于其仙逝后葬于东平。蒙古海迷失后元年(1249 年)十月二十五日,范圆曦仙逝于河北大名,享年 72 岁。仙逝之后,其弟子王裕中等将其灵柩运回东平,于第二年二月二十五日葬于东平上清万寿宫(今上清宫)之翛然堂。

范圆曦广交文士名流。在东平的 12 年间,范圆曦与元好问、刘祁、李杲等文士名流交往甚密。著名中医、"金元四大家"之一李杲,就把范圆曦作为精神领袖。在李杲迷惘之时,范圆曦鼓励李杲著书立说,为其指明了人生方向。元好问以范

---

① 张广保. 金元全真教史新研究[M].香港:青松出版社,2008:414-418.

圆曦为密友,元太宗十年(1238年)元好问宿范圆曦正一宫,作《范炼师真赞》《普照范炼师写真》等文。元好问为李杲写的《伤寒会要·序》,就是在范圆曦正一宫写的,"闰月望月,河东元某书于范尊师之正一宫"。

范圆曦在传教和管理道教事务之余,把恩师郝大通的著言,"点校精审"、整理为《太古集》,并邀请寓居过东平的翰林学士冯璧、刘祁作序。

附　录

金朝东平大事记

1123 年　太宗天会元年,金始开科举取士。所试科目有辞赋进士、策论进士（女真进士科）、律科、经童、武举等。其后,东平成为全国府学生最多、监考官最多、考场规模最大的全国科举考试考点。"山东西、大名、南京者,则赴东平府试之"。

1127 年　太宗天会五年(宋靖康二年),正月初三至二月二十日,在金军犯汴之际,宋康王赵构以天下兵马大元帅名义于东平府 48 天内聚兵 16.7 万军兵勤王,奠定了帝业之基。时驻徐州的安肃军 2000 人来投康王,驻扎东平。建炎元年(1127 年)五月一日赵构于南京即位,是为宋高宗。

1128 年　天会六年(宋建炎二年),为抵御金兵南下,宋东京(今河南省开封市)守将杜充,在河南滑州(今河南省滑县)人为决开黄河堤防,造成黄河改道,致曹州、郓州等地数十万民众流离失所、无家可归。洪水向东南由泗水和济水入黄河,虽时有北冲,但均被人为强迫南流,终为黄河在开封、兰考、淮阴等入黄海。即"宋元故道",行水达 620 年。

是年,山东等地"群盗蜂起",大者攻犯城邑,小者延蔓岩谷,人数多者达万计。

是年秋,金帅宗翰(粘罕)、宗辅再次进攻山东,先后进攻袭庆府(今山东省济宁市兖州区)、东平府等地。十二月十日,南宋守京西路安抚制置使、东平知府权邦彦在金军的强大攻势下弃城逃遁,金军遂占东平府。金廷将山东、河南等地交给献城降金的原南宋济南知府刘豫管辖。鲁国王、左副元帅挞懒监抚之。

1129年　天会七年初,粘罕以东平为基地,渡过长江南下,纵火焚烧扬州,宋高宗被迫入海;金军一路杀戮南宋军民数以万计。八月,粘罕自东平回云中元帅府。

是年,在梁山泺坚持反宋廷压迫,"尝劫金人"的渔民起义领袖张荣,在金军压境下,率舟师顺清河南下鼋潭湖抗金。

1130年　金廷施"以汉治汉"立"大楚"张邦昌失败后,于天会八年七月颁诏立"大齐"刘豫,于九月刘豫在大名"登基"。不久,"复自大名还东平,以东平为东京"。至天会十年(1132年)四月迁汴(今河南省开封市),刘豫定都东平时跨"三年"。天会十五年(1137年)十一月废齐。在刘豫统治的8年间,"官制不易,风俗不更",并在东平设置总管府、转运司。

1131年　天会九年(宋绍兴元年)刘豫于东平拘押宋使张邵,半年后交给金人继续拘押。

1132年　天会十年四月,刘豫将大齐都城由东平(京)迁往河南开封。

1157年　正隆二年秋,山东、中都(今北京市)等地蝗灾。

1160年　正隆五年十二月,诏禁山东等地网捕禽兽及畜养雕隼。"正隆末,山东盗起"。

1161年　正隆六年八月,济南、泰安、莱芜的耿京、李铁枪、辛弃疾等起义,耿京义军一度占领东平府。

十一月　大定元年,金葛王(后来的金世宗)完颜雍率军5万驻郓州、齐州(今山东省济南市)。

1162年　大定二年,朝廷"遣太子少师完颜守道等山东东、西路收籴军粮,除户口岁食外,尽令纳管,给其直"。次年,再次和籴"四十五万余石"。

1164年　大定四年十月,命泰宁军节度使张弘信等24人分路通检诸路物力。

1168年　大定八年,黄河于李固渡决口,洪水波及曹州(今山东省菏泽市)。

1169年　大定九年三月,诏御史中丞移剌道察廉山东、河南。

1172年　大定十二年正月,山东大旱,金廷诏免去年租税。

1175年　大定十五年,梁肃"通检东平、大名两路户籍物力,称其平允"。时山东西路转运司当为"先进单位"。

1176年　大定十六年六月,山东益都、东平两路蝗灾。

1181年　大定二十一年正月，因黄河夺淮入海，东平府域内的梁山泺淤高，金世宗即以"黄河已移故道，梁山泺水退，地甚广"而"遣使安置屯田"。大名、济州官府也纷纷将梁山泊田改为官地。

1189年　大定二十九年，黄河溢曹州小堤北，工部上言："营筑河堤，用工六百八万余，就用埽兵军夫外，有四百三十余万工当用民夫。"于是朝廷下令，役所五百里内的府、州差夫，不差夫之地均征雇钱，每工钱150文外，仍日支官钱50文、米1.5升，致黄河沿岸百姓纷纷逃移。

1191年　明昌二年，金章宗同意尚书省奏：山东女真屯田户可与汉民通婚。是冬来春，山东旱，大饥。

1194年　明昌五年，黄河在河南原阳决口，由封丘流经东明、菏泽，然后在东平府西域分为南、北两派：北派经东阿、平阴、长清、济南、济阳、利津北上渤海；南派水盛，经嘉祥、鱼台到江苏经淮河入黄海。

1196年　承安元年三月，大旱不雨。金章宗遣使祈雨于东岳，四月祈雨于北岳等地。十一月，仍遣官祈雪于东岳。

1199年　承安四年九月，以知东平府事仆散琦等为贺宋主生日使。

1200年　承安五年九月，礼部尚书贾铉佩金符行省山东等路括地，其在山东、河北等路括地30余万顷。"山东拨地时，腴地尽入势家，瘠者乃付贫户"，以致怨嗟争讼不绝。

1204年　泰和四年二月，山东、河北大旱；诏祈雨东岳、北岳。四月，诏免旱灾州县徭役及当年夏税。定县令以下考课法。

1205年　泰和五年春，调山东、河北军夫改治河道漕渠。八月，诏罢宣抚司。是年冬，山东饥荒。

1206年　泰和六年四月，金廷命纥石烈执中（胡沙虎）任山东西路兵马都统使，完颜撒敕副之。是春，山东旱灾、蝗灾。九月，尚书户部侍郎梁镗行六部尚书事于山东。

1207年　泰和七年六月，山东"盗"发。

1208年　泰和八年六月，因连年蝗灾，免山东、河南等6路夏税。

1209年　卫绍王大安元年正月，现火流星天象，"辛丑，飞星如火，起天市垣，有尾，迹若赤龙。"

1210年　大安二年正月，现流星天象，"日中有流星出，大如盆，其色碧，向西行,渐如车轮,尾长数丈,没于浊,至地复起,光散如火。"

1211 年　金大安三年(元太祖六年)二月,蒙古开始发动对金战争,战火频燃致金遭受巨大损失。多年战争的浩劫和自然灾害的侵袭,使"民失稼穑,官无俸给,上下不安,皆欲逃窜"。"东平以东,累经残毁。"十月,山东西路转运使俞良裔,在蒙古军久围中都燕京(今北京市)近弹尽粮绝时,运粮饷至燕京:"时山东路都运俞良裔,河北路都运唐鼎,各运米五万石至京师,民皆呼万岁。"

1212 年　崇庆元年,山东西路等地大旱,百姓大饥,一斗米价数千,流莩满野。

1214 年　贞祐二年,刘二祖、石珪在泰安,郝定在兖州起义反抗金廷统治,曾一度攻下兖州、滕州、莱芜、新泰等十余城。

1215 年　贞祐三年,东平置元帅府。

1221 年　兴定五年五月,时金东平行省蒙古纲在蒙古大兵压境和义军袭攻下,弃守东平,山东西路总管府徙邳州(今江苏省邳州市)。严实入驻东平。

1225 年　四月,宋将彭义斌攻占东平,严实假降;七月,失守。严实复占东平。从此,东平归元。

金朝与辽、宋、元纪年表

公元	干支	金(1115—1234)	辽(907—1125)	宋(960—1279)	元(1206—1368)
1115	乙未	金太祖收国元年,正月阿骨打称帝,国号金,九月,攻陷辽黄龙府	天祚天庆五年	宋徽宗政和五年	
1116	丙申	收国二年,十二月金太祖改元天辅	六年	六年	
1117	丁酉	金太祖天辅元年	七年	七年	
1118	戊戌	天辅二年	八年	八年,十一月徽宗改重和元年	
1119	己亥	天辅三年	九年	重和二年,二月徽宗改宣和元年	
1120	庚子	天辅四年,陷辽上京	十年	宣和二年	

公元	干支	金(1115—1234)	辽(907—1125)	宋(960—1279)	元(1206—1368)
1121	辛丑	天辅五年,大举伐辽	天祚保大元年	三年	
1122	壬寅	天辅六年, 十二月伐燕京	二年,天锡 帝死、淳立	四年	
1123	癸卯	天辅七年,八月太祖 崩,弟晟立,改元天会	三年,太子雅里 五月称帝,十月卒	五年	
1124	甲辰	金太宗天会二年, 正月西夏称藩	四年,西辽大石 称帝,改元延庆	六年	
1125	乙巳	三年,十二月兵 分两路大举伐宋	五年,史载二月, 天祚被金擒,辽亡	七年	
1126	丙午	四年,闰十一月克汴		宋钦宗靖康元年	
1127	丁未	五年,三月立"大楚" 张邦昌,十二月份 三路伐宋		二年,四月二帝北 狩,赵构在南京即 位,改建炎元年	
1128	戊申	六年,六月命修国史		高宗建炎二年	
1129	己酉	七年,犯扬州		三年,十月帝入海	
1130	庚戌	八年,九月立"大齐" 刘豫,改元阜昌		四年,秦桧归宋	
1131	辛亥	九年,赐刘豫陕西地		宋高宗绍兴元年	
1132	壬子	十年,六月试进士		二年	
1133	癸丑	十一年,徙猛安 谋克南迁		三年	
1134	甲寅	十二年		四年	
1135	乙卯	十三年,正月太宗崩, 亶立,颁大明历		五年	
1136	丙辰	十四年		六年	
1137	丁巳	十五年,十一月废齐		七年	
1138	戊午	金熙宗天眷元年		八年	
1139	己未	天眷二年		九年	
1140	庚申	三年,宗弼伐河南陕 西,徙猛安谋克南迁		十年	
1141	辛酉	金熙宗皇统元年,金、 西夏开榷场,国史修成		十一年,十一月 宋、金和议成	

公元	干支	金(1115—1234)	辽(907—1125)	宋(960—1279)	元(1206—1368)
1142	壬戌	二年,金、宋界置権场		十二年	
1143	癸亥	三年,蒙古反金, 颁皇统新律		十三年	
1144	甲子	四年		十四年	
1145	乙丑	五年,颁行女真小字		十五年	
1146	丙寅	六年		十六年	
1147	丁卯	七年		十七年	
1148	戊辰	八年,修《辽史》成		十八年	
1149	己巳	九年,十二月亮弑帝 自立,改天德元年		十九年	
1150	庚午	金海陵王天德二年, 滥杀宗室及大臣		二十年	
1151	辛未	三年,四月诏 迁都建燕京		二十一年	
1152	壬申	四年		二十二年	
1153	癸酉	五年,三月改贞元 元年,定都中都燕京		二十三年	
1154	甲戌	金海陵王贞元二年		二十四年	
1155	乙亥	三年		二十五年	
1156	丙子	四年,二月改正隆元 年,五月颁正隆官制		二十六年,六月 钦宗逝于金	
1157	丁丑	金海陵王正隆二年		二十七年	
1158	戊寅	三年		二十八年	
1159	己卯	四年		二十九年	
1160	庚辰	五年,河北、 山东等农民起义		三十年	
1161	辛巳	六年,六月迁都开 封,九月伐宋,十一 月海陵王被弑;十月, 世宗即位,改元大定		三十一年	
1162	壬午	金世宗大定二年, 十一月,仆散忠伐宋		三十二年,六月 禅位太子眘	

公元	干支	金(1115—1234)	辽(907—1125)	宋(960—1279)	元(1206—1368)
1163	癸未	三年		宋孝宗隆兴元年	
1164	甲申	四年,张弘信等分十三路推排		二年,十二月宋、金和议成	
1165	乙酉	五年		宋乾道元年	
1166	丙戌	大定六年		二年	
1167	丁亥	七年		三年	
1168	戊子	八年,六月河决李固渡,水入曹州		四年	
1169	己丑	九年		五年	
1170	庚寅	十年		六年	
1171	辛卯	十一年		七年	
1172	壬辰	十二年		八年	
1173	癸巳	十三年		九年	
1174	甲午	十四年		宋孝宗淳熙元年	
1175	乙未	十五年,梁肃等26人分路推排		二年	
1176	丙申	十六年,河北、山东蝗灾		三年	
1177	丁酉	十七年		四年	
1178	戊戌	十八年		五年	
1179	己亥	十九年		六年	
1180	庚子	二十年,正月定商税法,十二月河决卫州		七年	
1181	辛丑	二十一年		八年	
1182	壬寅	二十二年		九年	
1183	癸卯	二十三年		十年	
1184	甲辰	二十四年		十一年	
1185	乙巳	二十五年		十二年	
1186	丙午	二十六年,八月河决卫州,李晏分路推排		十三年	
1187	丁未	二十七年		十四年	

公元	干支	金(1115—1234)	辽(907—1125)	宋(960—1279)	元(1206—1368)
1188	戊申	二十八年,五月 置女真太学		十五年,十月 高宗崩	
1189	己酉	二十九年,正月世宗 崩,太孙璟即位, 明年改元明昌		十六年,三月 禅位太子惇	
1190	庚戌	金章宗明昌元年		宋光宗绍熙元年	
1191	辛亥	二年,许齐民与 女真通婚		二年	
1192	壬子	三年,三月卢沟桥成		三年	
1193	癸丑	四年,八月河决阳武		四年	
1194	甲寅	五年		五年,七月 禅位太子扩	
1195	己卯	六年		宋宁宗庆元元年	
1196	丙辰	金章宗承安元年, 十一月改元承安		二年	
1197	丁巳	二年		三年	
1198	戊午	三年		四年	
1199	己未	四年,更定科举法		五年	
1200	庚申	五年,明年改元 泰和,括地山东		宋宁宗庆元 六年	
1201	辛酉	金章宗泰和元年		宋宁宗嘉泰元年	
1202	壬戌	二年,年末改交钞法		二年	
1203	癸亥	三年,四月定县令以 下考课法,山东大旱		三年	
1204	甲子	四年		四年	
1205	乙丑	五年		宋宁宗开禧元年	
1206	丙寅	六年,十月大举伐宋		二年,五月 发兵攻金	元太祖元年,十二月 太祖成吉思汗称帝
1207	丁卯	七年,山东多"盗", 九月推排物力		三年	二年

公元	干支	金（1115—1234）	辽（907—1125）	宋（960—1279）	元（1206—1368）
1208	戊辰	八年，十一月帝崩，弟永济立，明年改元大安		宋宁宗嘉定元年，宋、金和议成	三年
1209	己巳	金卫绍王大安元年，五月科举考试		二年	四年，金、蒙绝交
1210	庚午	二年		三年	五年，是春，元起兵袭金乌沙堡
1211	辛未	三年，十一月益都杨安儿起义，明年改元崇庆		四年	元太祖六年，二月蒙古犯金，八月克西京，入居庸关
1212	壬申	崇庆元年，五月泰安刘二祖起义		五年	七年，十月元克金东京
1213	癸酉	二年，五月改至宁元年，八月胡沙虎弑王，九月珣立，改贞祐元年		六年	八年，十月围金中都燕京
1214	甲戌	金宣宗贞祐二年，三月献公主及金帛于元，五月迁都汴		七年	九年，三月金示和后撤中都之围，七月再围金中都燕京
1215	乙亥	三年，东京中都失守，十月蒲鲜万奴据东京建"大真国"		八年	十年，二月克金东京，五月克金中都，秋袭金南京败退
1216	丙子	四年		九年	十一年
1217	丁丑	五年，四月伐宋，九月改兴定元年		十年，六月诏伐金	十二年
1218	戊寅	二年		十一年	十三年，伐西夏，围兴州，夏主遵顼奔西涼
1219	己卯	三年，筑汴京里城		十二年	十四年，六月蒙古征西域诸国
1220	庚辰	四年，封建九公		十三年	十五年，严实投元

公元	干支	金(1115—1234)	辽(907—1125)	宋(960—1279)	元(1206—1368)
1221	辛巳	五年,二月大举征宋		十四年	十六年,宋、蒙古遣使通好
1222	壬午	六年,八月改元光元		十五年	十七年,冬蒙古征西域班师
1223	癸未	金宣宗元光二年,十二月帝崩,子守绪立,明年改元正大		十六年	十八年,是冬,元灭钦察国
1224	甲申	金哀宗正大元年,六月与宋通好		十七年,闰八月帝崩,子昀立,明年改元宝庆	十九年
1225	乙酉	二年,九月宋、西夏和议成		宋理宗宝庆元年	二十年
1226	丙戌	三年		二年	二十一年
1227	丁亥	四年,五月李全降蒙古,十二月丘处机卒		三年	二十二年,六月灭西夏,十二月太祖逝六盘山,葬起辇谷
1228	戊子	五年		宋理宗绍定元年	二十三年,太祖第四子监国不纪元
1229	己丑	六年		二年	太祖第三子窝阔台即位于和林,改元太宗元年
1230	庚寅	七年,正月大昌原之捷		三年	二年,七月窝阔台自将伐金
1231	辛卯	八年		四年	三年,六月假宋道攻金,十二月趋汴
1232	壬辰	九年,正月三峰山惨败,三月改开兴元年,西夏改天兴元年,蒙古军围汴京		五年	四年,正月歼金主力于三峰山,三月围汴京议和退师,十二月约宋灭金

公元	干支	金(1115—1234)	辽(907—1125)	宋(960—1279)	元(1206—1368)
1233	癸巳	二年,正月帝走归德,崔立叛降蒙,四月二王后妃北迁,三月官努作乱,六月帝奔蔡州,宋、元合围蔡		六年,十一月宋、蒙会师于蔡州	五年,蒙古军穷猛追金,年底联宋围蔡
1234	甲午	三年,正月帝传立承麟,城陷帝自焚,承麟为乱兵所杀,金亡		宋理宗端平元年	六年,三月联宋灭金,以陈、蔡东南地归宋,班师